UN MODÈLE POUR TOUS

OU

VIE

DE

CHRISTOPHE-ÉDOUARD-FRANÇOIS

COMTE DE MALET

ANCIEN OFFICIER DE LA GRANDE-ARMÉE

PRÊTRE

FONDATEUR D'UNE COMMUNAUTÉ RELIGIEUSE

SUIVIE DE SES LETTRES DE DIRECTION

PARIS
RENÉ HATON, LIBRAIRE-ÉDITEUR

33, RUE BONAPARTE, 33

Tous droits réservés.

MONSIEUR L'ABBÉ,

COMTE DE MALET,

ANCIEN OFFICIER DE CAVALERIE DE LA GRANDE ARMÉE.

ANNECY.
ANCIENNE IMP. BURDET. J. NIERAT & CIE, SUCCESSEURS.

UN MODÈLE POUR TOUS

OU

VIE

DE

CHRISTOPHE-ÉDOUARD-FRANÇOIS

COMTE DE MALET

ANCIEN OFFICIER DE LA GRANDE-ARMÉE

PRÊTRE

FONDATEUR D'UNE COMMUNAUTÉ RELIGIEUSE

SUIVIE DE SES LETTRES DE DIRECTION

PARIS
RENÉ HATON, LIBRAIRE-ÉDITEUR
33, RUE BONAPARTE, 33

Notre Saint-Père le Pape Urbain VIII, ayant statué, par son décret du 5 juin 1631, que, dans le cas où l'on donnerait aux personnes mortes le nom de saint ou de bienheureux, on serait tenu de déclarer qu'on n'emploie ce titre que pour exprimer l'innocence de leur vie et l'excellence de leur vertu, sans préjudice de l'autorité de l'Église catholique, à laquelle seule appartient le droit de déclarer les saints et de les proposer à la vénération des fidèles : en conséquence de ce décret, auquel nous sommes sincèrement et inviolablement soumis, nous protestons ici que nous ne reconnaissons pour saints ou pour bienheureux que ceux auxquels le Saint-Siége apostolique accorde ces titres, et nous déclarons que les faits rapportés dans ce livre n'ont qu'une autorité privée et ne peuvent acquérir une véritable authenticité qu'après leur approbation par le jugement du Souverain-Pontife.

PRÉFACE.

L'ouvrage que nous publions est la vie d'un prêtre vénérable, mort depuis plus de trente ans, et dont la mémoire est restée en bénédiction chez toutes les personnes qui ont eu le bonheur de se trouver en relations avec lui.

Sa jeunesse, empreinte de la gravité qu'inspire le christianisme, peut servir de modèle aux jeunes gens destinés à vivre dans le monde.

A dix-huit ans, jouissant déjà de sa fortune et de sa liberté, le désir de mener une vie utile lui fait embrasser la noble carrière des armes. Nous le verrons en supporter vaillamment et gaiement les fatigues et les périls, jusqu'à ce que, couvert de blessures, il soit laissé parmi les morts sur le champ de bataille. Là, il est sauvé d'une manière presque miraculeuse par un officier ennemi, qui le fait prisonnier, et lui rend enfin la liberté sur promesse de ne plus porter les armes pendant toute la durée de la campagne.

Ne pouvant plus servir, Monsieur de Malet revient à Paris, où il épouse une de ses parentes ; mais Dieu, qui le voulait totalement à lui, rompt l'un après l'autre les liens qui le retenaient dans le monde : il perd son unique enfant, et bientôt après Madame de Malet est ravie à son affection.

C'est là que la grâce attendait ce généreux chrétien. A trente-deux ans, l'âme brisée par les douleurs de la terre, mais ranimée déjà par le nouvel élan de la vie surnaturelle, il frappe à la porte du sanctuaire, et veut se préparer, dans la retraite, le recueillement et la prière, à vivre uniquement pour Dieu.

A peine entré au séminaire, il annonce les grands exemples de vertus qu'il devait un jour donner à l'Eglise. Prêtre, nous admirerons sa charité, son zèle sacerdotal, sa foi vive, sa tendre dévotion envers la très-sainte Vierge, sa piété fervente, son esprit de pénitence et même de pauvreté, qui donnent à ses enseignements une puissance merveilleuse.

En vain les dignités ecclésiastiques lui

sont-elles plusieurs fois offertes : il n'a qu'une ambition, porter le fardeau du ministère évangélique au milieu des petits et des pauvres. La communauté de Lorette, fondée par lui, et qui fut jusqu'à la fin de ses jours l'objet de sa tendre sollicitude, révèle le secret de ses œuvres.

Directeur plein de zèle, et divinement éclairé dans l'art de conduire les âmes à la plus éminente sainteté, il sera le guide, le soutien, le conseiller intime d'une foule de personnes appartenant à tous les rangs de la société ; les fragments de correspondance que nous avons publiés à la fin de la biographie, témoignent de la sagesse et de la prudence avec lesquelles il dirigeait les âmes qui aspiraient à la perfection au milieu du monde.

Le fidèle disciple de Notre-Seigneur devait être gratifié d'une large part de la croix. Non-seulement il l'accepta, mais il l'aima comme le plus précieux gage de prédilection de son divin maître, comme l'aliment de l'amour dont il brûlait lui-même.

Nous ne pouvons, dans une si courte biographie, qu'effleurer la vie intime de Monsieur de Malet. Ces quelques traits épars, pieusement recueillis, ne laisseront pas de glorifier Dieu dans son serviteur, et de présenter un riche tableau de vertus chrétiennes et sacerdotales.

Puisse la lecture de ces pages consoler la piété des âmes ferventes ! Dans le siècle actuel, les hommes ont banni le surnaturel de leurs pensées, ils voudraient en effacer les traces sur la terre, ou du moins en méconnaître la salutaire influence. Néanmoins, malgré l'incrédulité, la frivolité, l'indifférence, les vrais serviteurs de Dieu seront toujours puissants et vénérés. Le signe de Dieu qu'ils portent sur leur front leur assure l'amour des bons et le respect même des méchants.

MONSIEUR L'ABBÉ,
COMTE DE MALET,

ANCIEN OFFICIER DE CAVALERIE DE LA GRANDE ARMÉE.

CHAPITRE I.

Naissance de Monsieur de Malet. — Son caractère dans les premières années de son enfance. — Il est mis en pension d'abord à Paris, puis à Saint-Germain-en-Laye. — Il sort de pension.

Henry-Joseph, comte de Malet de la Jorie, fils de Bertrande Bertin, nièce de Monsieur Bertin ministre de Louis XV, et lui-même chambellan de Monsieur, comte de Provence, qui fut depuis Louis XVIII, était issu d'une très-noble et très-ancienne maison du Périgord.

Il épousa, en 1783, Marie-Thérèse-Nicole Teissier, fille de Mademoiselle Bontemps et de Monsieur Jacques-Christophe Teissier, commissaire général de la Maison du Roi. Cette jeune personne, non moins remarquable par sa beauté et ses manières élégantes que par la distinction de l'esprit et la délicatesse exquise des sentiments, fut très-admirée à

Paris, où elle était fort répandue dans le grand monde. Elle eut, de son mariage avec Monsieur le comte de Malet, un fils et une fille. L'un est Christophe-Édouard-François, comte de Malet, héritier de l'honneur en même temps que du nom de ses ancêtres, et le dernier de la branche des Malet de la Jorie, des vertus duquel nous essayons de tracer ici une légère esquisse. L'autre, Félicité-Nicole de Malet, qui mourut à quinze ans.

Christophe-Edouard de Malet naquit à Paris, le 25 juin 1784, et fut baptisé le même jour, dans l'église Saint-Laurent, sa paroisse. A peine eut-il vu le jour, qu'il sembla voué à la souffrance. Ses premières années furent maladives, et il perdit son excellente mère avant d'être en âge de pouvoir apprécier ses soins et sa tendresse. Bientôt après, les troubles révolutionnaires forçant Monsieur le comte de Malet à fuir le sol embrasé de sa patrie, où il avait chaque jour à déplorer de nouveaux malheurs et la perte de ses plus proches parents, l'obligèrent à abandonner ses enfants. Le jeune Édouard se trouva donc en quelque sorte orphelin à l'âge de six ans. Il fut recueilli par sa grand'mère, Madame Teissier, née Bontemps, alors remariée à Monsieur Jean-François de Bonnevie, vicomte de Pogniat.

Dès son enfance, Édouard annonça ce qu'il serait un jour, et nous avons retrouvé avec étonnement, dans les souvenirs confus d'une de ses parentes, compagne des jeux de son jeune âge, les traits les plus saillants du caractère que les amis de Monsieur de Malet apprécièrent en lui jusqu'à sa mort. « Il aimait, « dit cette cousine, à se montrer le protecteur de notre

« faiblesse, de sa sœur et de moi, qui avions deux ans
« de moins que lui. A cinq ans, nous lui obéissions
« déjà aveuglément, tant il était bon pour nous, et
« tâchait de nous consoler dans toutes nos petites
« peines d'enfant. »

Cette cousine se rappelait surtout avoir grandement admiré le courage d'Édouard, que rien n'effrayait, pas même l'inoculation qu'on lui fit subir en même temps qu'à elle et à Félicité de Malet. Pendant que leurs bonnes menaient chez Antoine, le fameux médecin de l'époque, les trois enfants condamnés à être inoculés, la petite Félicité, habituellement souffrante, pleurait à chaudes larmes, de peur de l'opération ; sa cousine chantait et Édouard paraissait réfléchir, quand tout à coup, se mettant à rire et montrant d'avance cette finesse d'observation dont il devait être doué plus tard : « Tu es une poltronne,
« dit-il à sa sœur, mais on te le pardonne, parce
« que tu es une petite malade. Tiens, Louise a aussi
« peur que toi, et c'est pour le cacher qu'elle chante
« si bien. Fais comme elle. »

Une fois arrivé chez le docteur, Édouard demanda à être inoculé le premier : « C'était, disait-il, pour
« donner du courage à ses petites compagnes. »
Alors Félicité jetait les hauts cris, et Louise ne chantait plus ; mais Édouard supporta l'opération avec un admirable sang-froid, s'efforçant de consoler sa sœur et sa cousine.

Nous avons déjà vu que Monsieur le comte de Malet, obligé de partir pour la terre étrangère, avait confié son fils et sa fille à Madame la vicomtesse de Pogniat, sa belle-mère. Bientôt, les jours de l'époque où nous sommes arrivés devinrent de plus en plus sombres, et Édouard, dont l'intelligence et les sentiments étaient développés d'une manière bien au-dessus de son âge, sentit vivement les persécutions qu'eut à éprouver sa grand'mère, soit à cause de l'émigration des membres de sa famille, soit à cause du rang qu'elle avait occupé avant la révolution et qu'on lui reprochait comme un crime. La force d'âme dont la Providence avait doué le jeune Édouard, afin qu'il pût répondre à la vocation difficile à laquelle elle l'appelait, celle du malheur, « qui fut, selon ses expressions, le fidèle compagnon « de ses jours depuis le berceau jusqu'à la tombe, » lui faisait supporter avec une douceur inaltérable, et sans se plaindre, l'ennui que l'enfance éprouve naturellement en présence de la vieillesse. Son intelligence précoce savait déjà comprendre combien cet isolement et ces contrariétés étaient moins pénibles que les vexations continuelles, les visites domiciliaires souvent plus que quotidiennes, auxquelles étaient assujettis ses pauvres parents.

Vers la fin de la Terreur, Édouard perdit sa grand'-mère, Madame la vicomtesse de Pegniat. Monsieur le comte de Malet n'étant pas encore rentré en France, Monsieur le baron de Jumilhac, son cousin-germain, consentit à se charger de la tutelle de ses enfants. Édouard fut alors reçu dans cette seconde maison paternelle, qui le devint doublement, quelques années plus tard, par son mariage avec la troisième fille du baron de Jumilhac et de Mademoiselle de Launay, dont le père, gouverneur de la Bastille, fut si cruellement massacré au 14 juillet, 1789.

Quelque temps après la mort de sa grand'mère, le jeune de Malet fut mis dans une des meilleures pensions de Paris ; elle était située près de la barrière du Trône. C'est là qu'il commença ses premières études. Mais, comme si la douleur devait sans cesse s'attacher à ses pas, cette pension ne fut pour lui qu'un continuel souvenir des malheurs arrivés à sa famille : de la cour, où il jouait avec ses condisciples, il voyait l'échafaud dressé, souvent même des exécutions, qui lui rappelaient et la fidélité et le sort des siens.

C'était vis-à-vis de cette pension que l'échafaud, si longtemps élevé en permanence sur la place Louis XV, puis sur la place de la Bastille, avait été transporté. Par les fréquentes exécutions dont les enfants étaient continuellement témoins, ils se familiarisèrent à tel point avec la pensée de la mort, qu'un de leurs jeux, bien digne de cette époque, était celui de la guillotine, dont ils représentaient l'appareil et le supplice. Il est plus facile de penser que d'exprimer ce que le jeune de Malet eut à souffrir des divertissements de ce genre. Enfin, ces tristes jeux se terminèrent par une cruelle réalité : il vit périr sous ses yeux son maître de pension, qui fut mis à mort, vis-à-vis de son établissement, en présence de ses élèves.

Ce fut alors que Monsieur le baron de Jumilhac envoya son pupille à Saint-Germain-en-Laye, dans un autre établissement où il se trouva avec les jeunes gens qui devaient former la nouvelle noblesse de l'Empire, et près d'un pensionnat où étaient élevées les futures princesses de la cour impériale. Monsieur de Malet eut pour condisciple le prince Jérôme Bonaparte. Sur les mêmes bancs se trouvait aussi Rocaforte, l'un des auteurs de la révolution du Mexique, en 1819 ou 1820, et qui fut l'envoyé de cette République auprès du gouvernement français, de 1825 à 1830. Rocaforte n'oublia jamais son ancien camarade. Aussitôt arrivé à Paris, il se hâta d'aller visiter Monsieur l'abbé de Malet, dans son humble retraite de la rue du Regard.

En mettant son pupille dans la pension de Saint-Germain-en-Laye, Monsieur le baron de Jumilhac qui, au milieu des jours du délire impie auquel la France était en proie, conservait ses principes religieux, avait exigé du chef de l'établissement la promesse que, matin et soir, il serait exact à faire remplir à Édouard ses devoirs de chrétien, et que chaque dimanche, il le conduirait à la messe. Une autre famille avait seule donné pour son fils les mêmes prescriptions au maître de pension ; mais les jours de *décadis*, ces deux élèves n'en étaient pas moins tenus d'assister aux réunions et de suivre les processions du culte *théophilanthropique*. Cette mascarade impie inspira, dès lors, au noble jeune homme une profonde horreur pour les inventions et les folies de la raison humaine en matière de religion.

Ce fut dans sa pension de Saint-Germain-en-Laye que Monsieur de Malet fit sa première communion, action si importante et qui décide souvent du sort de la vie ! Nous n'avons recueilli aucun détail sur la manière dont il accomplit ce grand acte, mais la constance de sa foi, même au milieu des camps, prouve qu'il avait porté aux saints autels un cœur pur qui ne mit aucun obstacle aux desseins de miséricorde spéciale que Dieu avait sur lui pour l'avenir.

Vers 1800, le jeune de Malet quitta sa pension, où il n'avait fait que des études *incomplètes*, soit, parce que les troubles si fréquents de cette époque ne pouvaient guère en permettre de plus suivies, ou peut-être aussi, parce que le maître n'avait pas la facilité de se procurer d'habiles professeurs, alors qu'il était même souvent de mode de ne pas faire apprendre le latin. Quoi qu'il en fût, Monsieur de Malet n'était qu'en quatrième, lorsqu'à seize ans il retourna dans la famille de son tuteur, jouissant déjà de la fortune de sa mère et de sa liberté.

CHAPITRE II.

Entrée de Monsieur de Malet au service. — Il est blessé à Iéna et reçoit la Croix d'honneur des mains de l'Empereur. — Blessé de nouveau à Eylau, il échappe à la mort d'une manière presque miraculeuse. — Prisonnier sur parole, il rentre dans ses foyers.

Au lendemain de la Terreur, et comme pour en oublier les douloureuses émotions, Paris se hâta de se livrer aux plaisirs et de rétablir les fêtes interrompues par les forfaits de ces journées sanglantes. Monsieur de Malet allait beaucoup dans le monde ; il en éprouva bientôt la satiété. La vie oisive qu'il menait devait, en effet, paraître insupportable à un jeune homme plein d'énergie et dont le cœur n'annonçait que des inclinations élevées.

Un soir, revenant du bal en voiture avec un de ses amis, tous les deux couchés nonchalamment sur leur banquette, déploraient leur désœuvrement et l'ennui qu'il traînait à sa suite. Peu de mois après, les deux amis se retrouvaient au bivouac, sous l'habit de soldat. Ainsi, à dix-huit ans à peine, libre de satisfaire tous ses caprices, jugeant que la fortune et un rang distingué ne suffisaient pas, Monsieur de Malet sentit le besoin de faire quelque chose, et de se créer une position où, en acquérant de l'honneur, il pût en même temps payer sa dette à son pays et être utile à ses semblables. La carrière militaire avait pour lui un grand attrait : son inclination le portait à l'embrasser. Il n'avait pas connu l'ancien régime, et, quoique son père lui eût tout sacrifié, voyant la pacification presque totale de la Vendée qui, après d'héroïques efforts, rentrait peu à peu dans le calme, la dissolution de l'armée de Condé, dont les débris se dispersaient de jour en jour, il comprit qu'il lui était désormais impossible de servir sous les drapeaux de l'auguste famille à laquelle avaient été dévoués ses ancêtres.

Alors, sous le titre de Premier Consul de la République française, se faisait remarquer un homme déjà célèbre par ses victoires. Ses vues profondes en administration, l'énergie de son gouvernement semblaient promettre à la France le rétablissement de l'ordre, et peut-être celui de l'ancienne dynastie qui, pendant plusieurs siècles, avaient fait sa gloire et son bonheur. Ce fut sous l'empire de ces pensées, qui n'étaient cependant pas parfaitement distinctes dans son esprit, que, vers 1802, Monsieur de Malet, s'engageant comme volontaire et s'équipant à ses frais, entra comme simple soldat dans le 10e régiment de chasseurs d'élite, commandé par le comte Auguste de Colbert, son parent.

A cette époque, où l'École militaire n'existait plus, et où Saint-Cyr n'était pas encore fondé, on ne donnait point de brevets de sous-lieutenant ; la conscription et l'engagement volontaires étaient les seules portes qui restaient ouvertes aux jeunes gens bien nés pour entrer au service. Quatorze ou quinze d'entre eux, l'élite de la société parisienne, prirent alors le même parti que Monsieur de Malet, et servirent avec lui comme simples chasseurs dans le régiment de Monsieur de Colbert.

Bonaparte appréciait d'une manière particulière cet officier qui, bien que fort jeune, était aussi remarquable par la fermeté de son commandement que par sa bravoure et sa bonté pour le soldat. Peut-être, doit-on mettre encore au nombre des causes de la bienveillance de l'Empereur, habitué à voir tout plier devant lui, l'aisance et presque le sans-façon avec lesquels Monsieur de Colbert se tenait en sa présence.

Ces allures indépendantes plaisaient à Monsieur de Malet ; il s'attacha à son colonel comme à un père, et, en retour, il reçut de lui des marques du plus vif intérêt. Ce n'est pas qu'il lui donnât de vains témoignages d'une préférence propre à exciter l'envie, sans rendre plus heureux celui qui en est l'objet ; mais, par ses sages conseils, Monsieur de Colbert s'appliquait à former le nouveau soldat à l'amour de la discipline, et surtout à la connaissance des hommes, science rare, que le jeune colonel possédait admirablement. Monsieur de Malet se plaisait à en citer un trait dont il avait été témoin, et qui prouvait, en même temps, une grande présence d'esprit.

Monsieur de Colbert était au nombre des colonels appelés par Bonaparte pour assister à son sacre. L'Empereur lui fit, comme aux autres, différentes questions sur son régiment. « Combien manque-t-il d'hommes « dans vos cadres ? Combien en avez-vous à l'hôpital ?

« Combien de chevaux malades ? » Le colonel du 10ᵉ chasseurs fut le seul qui, sans se déconcerter, répondit d'une manière précise. Le lendemain, ses camarades étonnés lui en firent compliment, et lui demandèrent comment il s'y prenait pour être si parfaitement instruit de ce qui regardait son régiment ? « Je ne
« m'y prends pas autrement qu'un autre, répondit-il,
« et je n'en sais pas plus que vous. Je sais seulement
« que l'Empereur n'ira pas voir si mes réponses
« sont exactes, mais qu'il se souviendra que je les ai
« faites sans hésiter. »

Monsieur de Malet aimait aussi à rappeler une anecdote de Monsieur de Colbert, dont la leçon pratique était restée profondément gravée dans son esprit. Peu de temps avant sa mort, il s'en servait encore pour faire comprendre que, dans tous les états, on doit voiler les fautes de ses égaux, sans les faire retomber en quelque sorte sur soi-même par la publicité, puisque tous les membres d'un corps sont solidaires.

Par suite d'un tort qu'avait eu un sous-officier, celui-ci fut insulté d'une manière grossière par un de ses camarades, et les autres avaient approuvé l'insulte, du moins tacitement, par le silence qu'ils avaient gardé. Informé de ce fait, Monsieur de Colbert réunit près de lui le corps des sous-officiers, puis, en peu de mots, d'un ton aussi ferme que paternel, il leur montra qu'ils ne pouvaient espérer obtenir le respect du soldat, s'ils ne savaient pas se le rendre mutuellement. « Je vous déclare, leur dit-il en finis-
« sant, que je ne vois rien de plus factieux que
« l'oubli de sa dignité, car certainement il est im-

« possible que celui qui ne sait pas respecter son
« égal soit jamais respecté lui-même. »

Monsieur de Malet faisait partie du corps d'armée destinée à tenter une descente en Angleterre, et il assista à la première distribution des croix de la Légion d'honneur, au camp de Boulogne. Bientôt après, les plans de l'Empereur ayant changé, le 10ᵉ régiment de chasseurs partit pour l'Allemagne. Monsieur de Malet était alors maréchal des logis, et il disait souvent, avec une grande simplicité, que c'était sa promotion à ce grade qui lui avait causé le plus de bonheur.

D'une taille superbe, approchant de six pieds, remarquable par la noblesse de ses traits et la distinction de ses manières, Monsieur de Malet pouvait passer pour un des plus beaux hommes de l'armée française. Il joignait à ces qualités extérieures celles, bien plus précieuses, du cœur et de l'esprit. D'une fermeté d'âme que ne purent ébranler ni les fatigues, ni les dures privations, sa douce gaîté et son humeur égale ne l'abandonnèrent jamais. Tous ses camarades l'aimaient, parce qu'il savait toujours s'oublier pour les autres. On le vit, par un froid intense, donner son manteau à un soldat blessé et continuer la campagne sans paraître s'apercevoir de la rigueur de la saison. Il combattit avec le même courage aux différentes batailles qui eurent lieu en Prusse, en Autriche, en Pologne, de 1804 à 1807. Il était dans les rangs de l'armée à Austerlitz, à Ulm. A la bataille d'Iéna, il reçut un coup de sabre qui, lui ayant fendu la joue gauche, lui laissa toute sa vie une profonde et glorieuse cicatrice.

Ce fut peu de temps après qu'il reçut la croix de la Légion d'honneur de la main même de Napoléon. Lorsque son colonel le présenta pour cette décoration, l'Empereur semblait hésiter à la lui accorder et prononça ces mots : « Il est bien jeune. » Monsieur de Colbert fit alors signe au jeune sous-officier d'arracher l'appareil de sa blessure. A cette vue, l'Empereur reprit : « C'est bien, c'est bien. Quand on est ainsi
« balafré, on peut prétendre à tout Cela ne vous
« empêchera pas, Malet, d'épouser la plus belle et la
« plus riche héritière de Paris. » La prédiction s'accomplit. Madame de Malet unissait, en effet, aux biens de la fortune les charmes de la beauté.

Quelque jeune qu'il fût encore, et malgré le glorieux prestige qui environnait le grand capitaine, Monsieur de Malet ne se laissa pas séduire par l'éclat de ses victoires, dont tant d'autres étaient éblouis. Déjà même il commença à donner des preuves, bien rares à cet âge, de cette maturité de jugement, de cette droiture, de cette vigueur de principes qui devaient être les traits dominants de son caractère, car il racontait que, se rendant de son quartier au lieu où l'Empereur allait lui remettre la Croix, tourmenté par la pensée du serment qu'il aurait à prêter et des obligations qu'il lui imposerait, peu s'en est fallu qu'il ne retournât en arrière.

Personnellement, il ne devait rien à la famille déchue ; ce n'était donc pas le souvenir d'anciennes obligations, ou d'anciennes promesses qui le retenaient, mais il lui répugnait d'être attaché par des liens aussi sacrés à un homme dont l'ambition démesurée lui semblait annoncer à la France de longues années de luttes sanglantes.

Monsieur de Malet était un homme d'honneur selon le monde ; il était un homme aimable : Dieu voulut en faire un saint. Ce fut, comme il arrive presque toujours, par la souffrance et par le malheur qu'il prépara son âme à la visite de la grâce.

Deux jours avant la bataille d'Eylau, dans un combat d'avant-garde commandé par Murat, le 10e régiment de chasseurs fut repoussé par les Prussiens et les Russes réunis ; les chevaux s'étaient engagés dans des marais dont ils ne se tiraient qu'avec peine, lorsque tout à coup, les Cosaques, fondant à l'improviste sur les Français, tuèrent et blessèrent plusieurs soldats. Monsieur de Malet, atteint à l'œil gauche par un coup de lance, fut renversé de son cheval ; l'avant-garde ennemie lui passa sur le corps. Se croyant alors sans espoir de salut, il sentit se ranimer la foi de son enfance, se souvint de Dieu et pria.

Jusque-là, Monsieur de Malet, quoiqu'il respectât sincèrement la religion, n'y avait guère pensé d'une manière sérieuse. Mais quand l'homme n'a plus d'appui sur la terre, son cœur s'élève comme naturellement vers le Ciel. Si la main paternelle de la Providence frappe quelquefois des coups qui paraissent si rigoureux, c'est pour guérir qu'elle fait des blessures profondes.

Monsieur de Malet demanda avec ferveur sa délivrance, promettant que, s'il échappait à ce danger, il servirait fidèlement le Seigneur tout le reste de sa vie. Cette prière fut exaucée.

Lorsque l'avant-garde ennemie retournait dans son camp, et se disposait auparavant à dépouiller les morts, malgré les nombreuses blessures dont il était couvert, Malet se leva pour mourir en officier français et vendre chèrement son dernier soupir. A l'instant se dirigent sur lui une multitude de sabres et de lances dont plusieurs l'atteignirent. Mais un officier russe, apercevant ce qui se passait, vient à son secours. Il lui fait prendre la crinière de son cheval, et l'enlève, en piquant des deux, à la rapacité des soldats.

Conduit au milieu du camp ennemi, Monsieur de Malet y fut traité avec les plus grands égards. On pansa ses plaies, et le prince commandant l'armée confédérée, ayant appris qu'un parent du général Colbert avait été blessé, donna ordre de le transporter dans sa chambre, lui prodigua les soins les plus empressés, et, après lui avoir donné des marques d'un vif intérêt, lui offrit de l'or et la liberté, à condition qu'il ne servirait plus durant la campagne.

Le lendemain, les alliés quittèrent la petite ville qu'ils occupaient, et les Français, vainqueurs à Eylau, vinrent s'y établir deux jours après. Au milieu des pertes que les chasseurs du 10e avaient à déplorer, à la suite de cette affaire, celle de Monsieur de Malet était surtout douloureusement sentie ; mais quelle ne fut pas la joie de ses camarades, quand ils le virent à une fenêtre, leur tendant les bras et exprimant, par les signes les plus affectueux, le bonheur qu'il éprouvait à les retrouver !

Prisonnier sur parole, Monsieur de Malet ne pouvait

plus participer aux opérations de la campagne, et sur la demande du général Colbert, qui commandait alors la cavalerie du sixième corps de la grande armée, le maréchal Ney, commandant général, l'autorisa à rentrer dans ses foyers jusqu'à son échange.

Cet ordre est daté du quartier général d'Underwagen, 16 février 1807. Monsieur de Colbert se chargea lui-même de le faire parvenir à Monsieur de Malet, avec un mot de sa main, que ce dernier garda toujours, comme un précieux souvenir des bontés de celui qui l'en avait comblé pendant toutes ses campagnes. Il était conçu en ces termes :

« Mon cher Malet,

« Je vous envoie une permission pour aller atten-
« dre votre échange dans vos foyers ; vous y
« pouvez, mieux qu'ailleurs, soigner vos blessures.
« Je suis bien aise, mon cher Malet, que les
« chances que vous avez parcourues si honorable-
« ment, ne vous aient pas plus maltraité.
« Recevez, mon ami, les adieux d'un homme qui
« vous aime tendrement.

« A. DE COLBERT. »

Cette lettre fut, en effet, le dernier témoignage de l'affection du général Colbert pour son ancien soldat; il ne cessa pas de lui conserver un attachement sincère, mais les circonstances les tinrent éloignés l'un de l'autre, jusqu'à la mort de Monsieur de Colbert, qui arriva peu d'années après.

Le 17 mars 1807, Monsieur de Malet reçut à Bromberg la feuille de route qui l'autorisait à partir avec un domestique, et lui fournissait une voiture pour le transporter jusqu'à Posen, où il devait trouver de nouveaux renseignements sur l'itinéraire qu'il avait à suivre. Il arriva à Paris le 8 avril.

CHAPITRE III.

Monsieur de Malet accomplit la promesse qu'il avait faite à Dieu sur le champ de bataille. — Il se retire du service et obtient sa retraite. — Il épouse Mademoiselle de Jumilhac. — Sa conduite en 1815. — Il perd sa fille. — Maladie de Madame de Malet. — Son voyage aux eaux. — Sa mort. — Résignation de Monsieur de Malet dans ces malheurs accablants.

Monsieur de Malet avait trop d'honneur pour manquer à sa parole ; et celle qu'il avait donnée à Dieu, alors que ses jours étaient en péril, lui semblait, avec raison, plus sacrée qu'aucune autre. Aussi se hâta-t-il de remplir ses devoirs de chrétien, auxquels on le verra désormais constamment fidèle.

Peu après son retour d'Allemagne, il fit sa première confession à Monsieur l'abbé Ranzon. Ce vénérable ecclésiastique, ne doutant pas que le jeune officier ne dût à la protection de la très-sainte Vierge la double grâce de conservation et de salut qu'il avait obtenue sur le champ de bataille d'où, sans une assistance particulière du Ciel, il ne pouvait échapper, puisqu'en cette sanglante journée, il reçut vingt-deux blessures, l'engagea à remercier la Mère de miséricorde de la faveur qu'elle lui avait accordée. Cette parole, comme il l'avouait depuis en toute franchise, ouvrit les yeux à Monsieur de Malet, et lui révéla la bonté toute puissante de Marie, qu'il n'avait pas encore bien comprise. Depuis ce moment, il ne cessa de regarder la Mère de Dieu comme le canal de toutes les bénédictions que le Ciel accorde à la terre. Jusqu'à son dernier soupir, sa confiance et son amour pour Elle furent sans bornes.

Plus de trente ans après cette miraculeuse préservation, il se plaisait à en perpétuer le souvenir dans un petit cantique qu'il composa pour des enfants. C'est une paraphrase du *Memorare*, où nous trouvons son histoire rappelée par ce quatrain :

> Près d'expirer sous la lance ennemie
> Et loin des siens, le guerrier valeureux
> Espère en vous. Il s'écrie : O Marie !
> Prenez pitié d'un soldat malheureux.

A son arrivée à Paris, Monsieur de Malet s'était retiré de nouveau dans la famille de son tuteur ; bientôt il conçut le dessein de quitter le service. Sa santé altérée par ses blessures, un profond chagrin, causé par le départ et ensuite par la mort de Monsieur de Colbert, envoyé comme général de division à l'armée d'Espagne, où il fut tué ; peut-être aussi le bonheur dont il jouissait au sein de la famille de Jumilhac, furent autant de raisons qui le déterminèrent à abandonner, à vingt-trois ans, une carrière qu'il avait embrassée par goût, et de son propre choix.

Il sollicita donc sa retraite de l'Inspecteur général du 10e régiment de chasseurs ; celui-ci, par un rapport du 28 novembre 1807, en fit la proposition, et l'ordonnance en fut immédiatement rendue. Enfin un décret impérial du 15 janvier 1808 accorde à Monsieur de Malet, sous-lieutenant de chasseurs à cheval, une pension de retraite pour blessures reçues à la grande armée.

Fixé dans un intérieur agréable, entouré de parents que la reconnaissance jointe à l'affection lui rendait doublement chers, il passa alors les seules douces années de sa vie. Sa santé même parut s'améliorer, malgré les blessures dont il était couvert. Son cœur aimant s'attacha d'une manière particulière à la dernière fille de son tuteur, Mademoiselle Athénaïs de Jumilhac, qui devint fille unique par la mort de ses sœurs aînées, enlevées toutes deux à l'amour de leurs parents par une maladie semblable dont le caractère ne fut pas parfaitement connu, mais qu'on soupçonna être une fièvre maligne.

Les trois sœurs étaient également fortes, grandes et belles ; tout en elles annonçait la meilleure constitution. Athénaïs, parvenue à l'âge qui avait été fatal à ses sœurs, fut attaquée comme elles d'une maladie qui, ne présentant pas absolument les mêmes symptômes, la conduisit néanmoins aux portes du tombeau. Mais son heure n'était pas venue ; Dieu voulait sans doute, en lui conservant la vie pendant quelque temps encore, la donner pour modèle à ce monde au milieu duquel il avait permis qu'elle fît son éducation. Les grands exemples de détachement, de mépris de ses vanités, de patience, de douceur, d'une piété toute angélique qu'elle devait lui offrir, étaient d'autant plus propres à le frapper, que ses parents l'avaient fait vivre au sein de la plus extrême dissipation et dans un véritable tourbillon de fêtes, de bals, de plaisirs tout mondains.

Lorsqu'elle parut complètement rétablie de la maladie violente qui avait mis sa vie en danger, ses parents consentirent à l'unir avec son cousin, le comte Édouard de Malet, pour lequel elle avait aussi une prédilection marquée, reconnaissant en lui toutes les qualités qui peuvent assurer le bonheur d'une femme.

Leur mariage eut lieu le 28 août 1810 : Mademoiselle de Jumilhac commençait sa dix-huitième année. Jamais deux cœurs ne surent mieux se comprendre, et jamais union ne fut plus chrétienne. Dieu sembla, un moment, la bénir, même d'une bénédiction temporelle, en leur accordant une fille. Rien ne manquait plus au bonheur de Monsieur de Malet. Il vivait retiré dans son intérieur, uniquement occupé à le rendre heureux et prospère. Il partageait ses jours entre les exercices de la piété chrétienne, les devoirs d'un chef de famille et les bonnes œuvres, qu'il pratiquait avec un admirable discernement. Il avait établi dans sa maison un magasin d'objets destinés aux pauvres, et il les leur distribuait deux fois par semaine, suivant leurs besoins. Il nourrissait les uns, vêtissait les autres, mais ne donnait jamais d'argent, afin d'en éviter le mauvais emploi.

Des années si saintement remplies s'écoulèrent avec rapidité. Bientôt survinrent les événements de 1814. Louis XVIII, dont Monsieur le comte de Malet père avait été chambellan avant la révolution, fit offrir à son fils plusieurs charges importantes à la Cour ;

mais il les refusa toutes. Il dut cependant accepter celle d'officier de la garde nationale à cheval.

Un trait prouvera à quel degré de perfection il était déjà parvenu à cette époque. En sa qualité d'officier supérieur de la garde nationale, il faisait souvent le service aux Tuileries, près de Monsieur, depuis Charles X. « Dans les commencements, « disait-il plus tard à un prêtre de ses amis, les « nuits me paraissaient bien longues et bien en- « nuyeuses, au milieu des conversations plus qu'in- « signifiantes, car elles étaient souvent bien peu « chrétiennes, des officiers de garde avec moi ; « mais, lorsque j'eus appris à faire oraison, il n'en « fut plus ainsi : Je m'établissais sur un canapé ou « dans un fauteuil, où je paraissais dormir ; et là, « une fois avec Dieu, je n'étais plus troublé par le « bruit, ni par les mauvaises plaisanteries de mes « camarades. »

Dieu, qui voulait être un jour l'unique objet des affections de Monsieur de Malet, lui donnait dès lors un grand esprit d'oraison, au milieu des occupations en apparence les plus dissipantes. C'est ainsi que peu à peu il s'emparait de son âme pour la préparer à la tribulation, qui devait bientôt le visiter ; et depuis, Monsieur de Malet avouait avec franchise à ses amis qu'en passant des revues, en montant à cheval, en manœuvrant avec la garde nationale, il lui était souvent arrivé de faire une oraison aussi profonde que prosterné dans son oratoire, au pied d'un crucifix.

Le 16 mars 1815, au moment des Cent-Jours, il fut nommé chef de légion de la garde nationale du département de Seine-et-Oise, avec le titre de colonel. Le retour de Bonaparte le surprit, mobilisant les troupes de cette arme, dans le département qui lui était confié, et où il habitait alors la terre du baron de Jumilhac, son beau-père, près de la Ferté-Aleps.

Autant Monsieur de Malet s'était montré indifférent pour les places et les honneurs qu'on lui avait offerts, à la cour de Louis XVIII, autant il fit paraître de zèle et de dévouement pour défendre son trône, sa cause, sa personne. C'est qu'à cette époque, les principes, qu'il regardait comme la seule base solide de la société en France, comme l'unique garantie contre les bouleversements continuels, ces principes, dis-je, réclamaient le concours et l'appui des hommes de cœur, et il aurait été prêt à leur sacrifier sa fortune, sa santé, sa vie même.

Ils n'exigèrent ni l'une ni l'autre. Dieu, qui veillait sur la France, lui rendit bientôt la paix. Mais Monsieur de Malet touchait aux jours de l'épreuve et d'une douleur telle, nous a-t-il répété bien des fois, que s'il ne se fût donné tout à Dieu, il n'aurait jamais pu souffrir, sans mourir, de pareils déchirements.

Jusque-là, rien n'avait troublé son bonheur intérieur, et quoique, le jour même de son mariage, Madame de Malet, vivement frappée de la perte récente de ses deux sœurs, eût déclaré à son mari qu'elle conservait en elle les germes de la maladie qui les avait fait périr, et que l'amour qu'elle avait pour lui l'attachant trop fortement à la vie, elle le priait de l'exhorter tous les jours à la mort, ce qu'il exécutait avec fidélité ; cependant, rien ne semblait confirmer d'aussi tristes pressentiments : la santé de sa femme continuait à paraître bonne, et Monsieur de Malet espérait passer avec elle de longs et heureux jours sur la terre. La charmante petite fille que le Ciel leur avait donnée contribuait pour sa part à cette espérance. Cette santé si chère ne lui avait pas encore causé la plus légère inquiétude, lorsqu'une affaire l'obligeant à s'absenter de la campagne, à son retour, il ne retrouva plus vivante l'enfant qu'il avait laissée la veille pleine de santé. Agée de dix-mois, prise de convulsions, la petite fille mourut presque subitement. Monsieur de Malet ressentit vivement le coup qui venait de le frapper ; mais il s'en inquiéta surtout pour la malheureuse mère, à laquelle il ne devait être que trop funeste.

Peu de temps après, Madame la comtesse de Malet fut atteinte d'une maladie mortelle ; elle se manifesta par des symptômes alarmants, qui mirent en défaut la science des médecins : ils ne la connurent pas d'abord. Bientôt la malade perdit presque totalement la faculté de marcher ; et, pendant les dernières années de sa vie, on ne sut qu'admirer davantage, ou de sa résignation dans les plus vives souffrances, ou des soins touchants que lui rendait son mari, avec une constance qui ne se démentit pas un seul instant.

Lorsque Monsieur Dubois fut appelé, le docteur vit aussitôt que le mal était sans remède. Il connaissait Monsieur de Malet, et savait que son âme était forte. « Résignez-vous, lui dit-il, les secours de l'art ne « peuvent rien pour votre femme : son agonie com-

« mence, elle peut durer deux ans. » Dieu frappait alors son serviteur d'une manière terrible, mais, en même temps, sa main toute-puissante le soutenait. Il était l'unique confident de ce qui se passa alors dans ce cœur si douloureusement blessé ; car Monsieur de Malet était d'une admirable résignation.

Renfermant en lui seul son fatal secret, il ne songea plus qu'à calmer les souffrances et à adoucir les derniers mois de la vie d'une femme parfaitement aimée, et méritant de l'être, que chaque jour il allait voir dépérir sous ses yeux, sans pouvoir même espérer que ses soins assidus la ramèneraient un jour à la santé. Tout ce qu'il avait à attendre des moyens indiqués par les plus habiles docteurs, était une courte prolongation de cette existence si chère. Pour n'en négliger aucun, au mois de juin 1815, il entreprit le voyage de Vichy.

Les eaux ne produisirent pas d'effets salutaires : elles parurent même aggraver les souffrances de la malade. L'unique consolation qui restât à son mari, était d'adorer les décrets de la Providence et de s'y soumettre avec un abandon filial.

Pendant son séjour à Vichy, Monsieur de Malet lisait la vie de sainte Thérèse, pour laquelle il avait une dévotion particulière. Enchanté de cette lecture, et désirant faire éprouver le même plaisir à un académicien de ses amis qui était venu le voir, il lui prêta ce gros volume. Chose presque incroyable à dire, et cependant très-exacte, d'après sa propre déclaration, ce volume avait été le compagnon de tous ses voyages, pendant ses campagnes d'Allemagne, faisant partie de son bagage de suite, quand il ne le portait pas avec lui sur son cheval. Ce savant, comme beaucoup d'autres, était probablement bien loin de se douter de ce qu'une vie de saint peut offrir de charme. Il consentit cependant à la lire; il en fut ravi à son tour, et y puisa peut-être la solide piété dont il continue maintenant encore à donner l'édifiant exemple.

De retour à Paris, la maladie dont Madame de Malet était atteinte commença à faire des progrès d'une rapidité effrayante : son mari passait les journées entières auprès d'elle, cherchant à la distraire, soit en lui lisant les livres qu'elle aimait, soit en faisant avec elle une partie d'échecs, qui l'amusait quelquefois ; mais le plus souvent, il l'entretenait de choses pieuses et des vérités éternelles ; car, malgré sa grande jeunesse, Madame de Malet ne se faisait point illusion sur son état, et on sait déjà que, depuis plusieurs années, elle avait exigé de son mari qu'il la préparât chaque jour à la mort.

Les nuits même n'interrompaient pas les soins de Monsieur de Malet : il veillait près de la malade, et lorsque le sommeil venait un moment calmer ses douleurs, lui, souffrant seul alors, priait et offrait au Ciel son sacrifice, qui ne tarda pas à être consommé. Dieu, après avoir versé goutte à goutte l'amertume dans l'âme de son serviteur, rompit enfin les derniers liens qui l'attachaient au monde et rappela à lui Madame la comtesse de Malet. Elle mourut le 6 janvier 1816, n'ayant pas encore terminé sa vingt-troisième année.

Sous le poids de cette cruelle douleur, Monsieur de Malet fut un modèle de la plus parfaite résignation. Le lendemain du jour où il avait rendu les derniers devoirs à une femme accomplie, si cruellement enlevée à la fleur de son âge, un de ses amis intimes étant venu pleurer avec lui, il le conduisit sur cette tombe, à peine fermée. Après avoir versé d'abondantes larmes : « Ne pleurons pas, dit-il à son ami ; il est « vrai, sa dépouille mortelle est ici, mais son âme « est au ciel. » Le courage, la foi, la piété et la résignation avec lesquelles Madame de Malet avait supporté ses souffrances et accepté la mort, faisaient juger à son mari qu'elle était déjà dans le sein de Dieu.

Depuis la maladie de sa femme, au soin de laquelle il s'était totalement consacré, Monsieur de Malet avait renoncé à entretenir aucun commerce avec le monde ; après qu'elle eut cessé d'exister, il se sépara plus que jamais de ses anciennes relations. Le lieu où reposaient les cendres de celle qu'il avait choisie pour la compagne de sa vie, et dans le tombeau de laquelle il s'était préparé une place après sa mort, devint presque le seul but de ses promenades solitaires, et l'on peut apprécier les sentiments qui l'animaient par les deux phrases qu'il fit tracer sur la pierre du monument, pour en former l'unique épitaphe. A la suite des noms de Madame de Malet, auxquels n'est ajouté aucun titre, on ne lit que ces mots : *Sa vie a été courte, mais elle a été chrétienne ; elle a donc assez vécu.*

Plus tard, une statue colossale de la très-sainte Vierge surmonta cet asile de la mort, et sur le frontispice de la chapelle mortuaire furent écrites ces consolantes paroles : *Sous la protection de Jésus et de Marie on repose en paix*, tandis que la salutation angélique et les chiffres de Marie gravés tout autour, semblent indiquer l'invocation de cette puissante médiatrice, comme le moyen de parvenir à un bienheureux repos.

C'est là que dans ses prières et ses méditations de chaque jour, Dieu fit sentir à Monsieur de Malet le néant de tout ce qui n'est pas lui, et le vide que laissent après elles les affections terrestres les plus légitimes, lorsqu'il lui plaît de les briser ; mais en même temps, pour l'aider à supporter cette séparation totale des créatures, qu'il exigeait de lui, il inonda son âme des consolations célestes les plus abondantes, et lui fit goûter intérieurement la douce onction de sa grâce. Monsieur de Malet passait alors les journées presque entières en oraison, jouissant d'une union intime avec Dieu. Ainsi, la main paternelle qui avait fait la blessure, y appliquait elle-même le remède ! Par un coup à la fois cruel et miséricordieux, elle donnait la couronne à une âme mûre pour le ciel, et se servait de la croix pour en préparer une autre à porter des fruits plus parfaits.

Au bout de longues années, Monsieur de Malet, qui n'évoquait pas sans émotion les souvenirs de cette époque de douleur, dont les plaies étaient toujours saignantes, dans les épanchements de l'intimité, ou lorsqu'il s'agissait de donner des consolations à une personne affligée, en parlait cependant quelquefois.

« Moi aussi, disait-il alors, j'ai cherché le bonheur

« sur cette terre, mais je l'ai cherché inutilement.
« Je l'ai cherché, non plus dans les plaisirs, dont
« j'ai bientôt reconnu la vanité. J'espérais du moins
« le trouver dans de saintes affections, jointes aux
« pratiques d'une vie chrétienne. Mais Dieu, qui
« avait ses vues, a tout moissonné autour de moi, et
« je suis resté seul! Même au milieu de ceux qui
« m'étaient chers, quelque chose, que je ne pouvais
« comprendre, manquait à mon repos. Dieu m'a fait
« sentir qu'il voulait toute mon âme, et qu'il la
« voulait dépouillée de toute affection terrestre. Je
« n'avais sans doute pas assez compris que je ne
« devais aimer qu'en lui et pour lui les êtres si
« chers qu'il m'avait donnés; dans sa justice, il les
« a repris.

« Sa grâce m'aide; j'achève tranquillement mon
« pèlerinage, consolé par la pensée que je retrouve-
« rai un jour, dans son sein, ceux que j'aimais et
« que j'ai perdus. »

CHAPITRE IV.

Monsieur de Malet se décide à quitter le monde. — Il dépose son épée et l'anneau de son mariage aux pieds de Notre-Dame-de-Paix, dans la chapelle de Picpus. — Il entre au Séminaire d'Issy. — Sa conduite dans cette maison.

Désabusé de tout ce qui passe, pour combler le vide de son cœur, Monsieur de Malet avait besoin que Dieu le remplît tout entier. Le monde lui était devenu un désert insupportable, et il songea à le fuir, en se consacrant au service des autels ; mais avant d'exécuter ce dessein, il alla le mettre sous la protection de la très-sainte Vierge, sans la direction spéciale de laquelle il ne voulait désormais commencer aucune entreprise, encore moins disposer de son existence à venir.

Près de la statue, regardée depuis plusieurs siècles comme miraculeuse, honorée jusqu'à la révolution de 1793, sous le titre de Notre-Dame de Paix, chez les PP. Capucins de Paris, auxquels l'avait laissée le Père Ange de Joyeuse, et maintenant l'objet d'une grande vénération, dans la chapelle des religieuses de Picpus, il suspendit aux murailles du saint lieu son épée et l'anneau de son mariage, établissant ainsi Marie dépositaire et gardienne de la promesse qu'il faisait, en ce jour, de ne plus aimer et servir que son divin Fils.

Peu de temps après, dès le mois de juin 1816, quatre mois seulement s'étant écoulés depuis la mort de sa femme, Monsieur de Malet se décida à entrer au séminaire, malgré les violences inouïes qu'il eut à se faire pour prendre les habitudes de cette nouvelle vie, et que lui-même exprimait, vingt ans après, en disant « qu'il avait embrassé le séminaire comme un « noyé saisirait une barre de fer rouge, pour échap- « per au danger qui le menace. »

Dieu parlait trop fortement à son âme, pour qu'il pût, ou voulût même lui résister ; mais la volonté d'être fidèle à la voix qui l'appelait, n'étouffait pas les révoltes de la nature, et celles-ci l'engagèrent intérieurement dans une lutte terrible : il y aurait succombé sans un nouveau secours de la sainte Vierge.

Abreuvé d'amertumes, presque vaincu par la tentation, au moment où il entra pour la première fois au séminaire d'Issy, peu s'en fallut qu'il ne retournât sur ses pas ; mais devant lui se trouve une statue de sa puissante protectrice ; il se jette à ses pieds, la prie avec ferveur, et bientôt, se relevant vainqueur, sans que personne eût connu ses combats, il continua sa marche et se présenta courageusement au vénérable Monsieur Duclaux, alors supérieur du séminaire de Saint-Sulpice. C'était un jour de promenade, et les jeunes gens qui virent cet ancien militaire, avec son air si noble, sa croix d'honneur, son visage couvert de cicatrices, étaient loin de se douter que, dans quelques jours il allait devenir leur condisciple.

Monsieur de Malet ne parut que cette seule fois au séminaire avec sa croix d'honneur ; dès ce moment, il cessa de la porter, pénétré de ce principe de Monseigneur de Quélen, que lui-même répétait souvent : « Qu'un prêtre ne doit pas avoir d'autres « décorations que celles qui l'attachent plus forte- « ment à Jésus-Christ et à son Eglise. »

Embrassant, dans toute son étendue, la sainte rigueur de la vie ecclésiastique, il renonça également à son titre de comte, et depuis son entrée au séminaire, il ne permit jamais à ses domestiques de le lui donner.

Monsieur de Malet n'avait que trente-deux ans ; il était le dernier des Malet de sa branche ; il devait jouir un jour d'environ quarante mille livres de rentes, et il est rare que les hommes du monde, même chrétiens jusqu'à un certain point, comprennent qu'on puisse sacrifier ainsi son nom et sa fortune à ce qu'ils appellent une exaltation religieuse.

Monsieur le comte de Malet avait déjà entretenu son fils de projets de mariage, que celui-ci avait repoussés bien loin, sans cependant parler de ses propres desseins. Aussi, lorsque son père apprit sa détermination d'entrer au séminaire, il lui écrivit une lettre portant l'empreinte du plus vif mécontentement. Monsieur de Malet n'en fut point ému : il répondit d'une manière très-respectueuse, mais à la fois si ferme, que depuis ce moment, personne n'essaya d'ébranler sa résolution de tout quitter pour se donner à Dieu.

Le genre de vie qu'on mène au séminaire n'est

guère propre à faire éclater des vertus qui donnent du relief aux yeux des hommes : chaque jour ramène, et dans le même ordre, les exercices de la veille ; les œuvres extérieures ne viennent point interrompre la monotonie de la vie commune. Le mérite du bon séminariste est donc, en quelque sorte, insaisissable à tout autre qu'au scrutateur des cœurs. Toutefois, l'œil attentif peut souvent remarquer de grands actes de vertus dans cette vie si commune ; et quelquefois des circonstances ménagées par la divine Providence, produisent des fruits d'abondantes bénédictions, dans ces pieux asiles de la tribu sainte.

L'entrée de Monsieur de Malet au séminaire d'Issy fut une de ces grâces spéciales que ses anciens amis se rappelleront toujours avec le sentiment d'une grande reconnaissance envers Dieu. Dès le premier jour, celui qui était chargé de lui faire connaître les usages de la maison put pressentir ce que serait le nouveau séminariste.

On n'exige pas des nouveaux arrivants une ponctualité dont ils ne peuvent avoir l'habitude ; mais Monsieur de Malet débuta par des actes de l'obéissance la plus édifiante : ayant deviné, à la manière avec laquelle on répondait à ses questions, que le silence était gardé dans les escaliers, il s'y soumit aussitôt ; s'apercevant, de même, qu'on demandait une permission pour se retirer dans sa chambre, il alla avec empressement en demander l'autorisation au Supérieur. Cette ponctualité, qui procédait d'une estime profonde pour l'obéissance, il l'a pratiquée, comme le plus jeune séminariste, tout le temps de son séjour à Issy, jusqu'à ce point que, pouvant obtenir des permissions générales, il préféra demander humblement, chaque jour, de quitter la récréation du soir, pour aller se coucher, ce qui ne manquait guère d'exciter l'hilarité et de provoquer les plaisanteries de ses jeunes condisciples ; en effet, comme Monsieur de Malet ne se plaignait jamais de ses souffrances, en le voyant avec les apparences de la santé la plus robuste, personne ne se doutait qu'il eût une fièvre presque continuelle, accompagnée de crachements de sang, et que sans son courage et une force extraordinaire de volonté, il n'eût pu suivre aucun des exercices de la maison.

Sa simplicité ne fut pas moins remarquable que son obéissance. Dès son entrée au séminaire, il affecta dans sa mise et dans son ameublement une modestie qui, sans avoir cependant rien d'exagéré, était parfaitement conforme à la pauvreté évangélique, dont il ne se départit jamais : il la regardait comme obligatoire pour un prêtre qui, en recevant la tonsure, a déclaré « prendre le Seigneur pour son héritage. »

Il manifesta aussi une détermination absolue de n'accepter jamais aucun adoucissement tendant à le distinguer de ses condisciples, et les Supérieurs virent ses domestiques verser des larmes à la pensée que, leur maître, accoutumé à mener une vie, sinon de luxe, du moins commode et en rapport avec sa fortune, et qui avait plusieurs personnes à ses ordres, allait faire lui-même son lit et sa chambre ! Pour

Monsieur de Malet, c'était un vrai bonheur de s'acquitter de ces emplois vils et grossiers aux yeux des hommes, et il ne voulut, sous aucun prétexte, profiter de la faculté que la règle même du séminaire donne de laisser le soin de la chambre aux domestiques de la maison.

Son abandon à la Providence édifia beaucoup quelques-uns de ses camarades, qui furent témoins de la manière avec laquelle il reçut, pour directeur de sa conscience, Monsieur l'abbé Montagne, que lui assignait le Supérieur de la maison. Sans faire aucune observation, il se contenta d'écouter ce que ce vénérable vieillard lui disait des qualités de son nouveau guide, et tout dans son attitude indiquait un homme bien décidé d'avance à se laisser conduire comme un enfant ; en un mot, à ne considérer que Dieu dans la personne de son directeur, pour lequel il conserva toujours un profond respect joint à une affection sincère.

Toute sa vie, Monsieur de Malet s'estima heureux d'avoir été admis dans l'intimité de ce vertueux prêtre, qui unissait à une science profonde une parfaite connaissance des hommes, un rare discernement des esprits. Mille fois il s'est plu à raconter tout ce qu'il devait aux sages observations et aux prévisions en quelque sorte prophétiques de ce pieux sulpicien, sur l'avenir du clergé et de l'Eglise de France. La déférence qu'il eut pour ses avis était telle, qu'il assurait ne se gouverner encore que par ses principes ; et deux ou trois ans seulement avant sa mort, parlant à quelqu'un de sa connaissance particulière, des vertus de Monsieur Olier, qu'il vénérait singulièrement, cette personne lui demanda si le catéchisme de la vie intérieure du fondateur des Sulpiciens ne lui paraissait pas avoir quelque rapport avec l'esprit et les dispositions dont il lui conseillait la pratique : « Je n'ai jamais lu aucun des « ouvrages de Monsieur Olier, répondit Monsieur de « Malet ; ils sont, il est vrai, dans ma bibliothèque, « mais mon Directeur du séminaire m'en avait dé- « fendu la lecture, et j'ai continué à lui obéir. »

Ce qui frappait surtout à Issy, ce qui contribuait à en rendre le séjour délicieux, c'était la cordialité qui régnait entre tous les séminaristes, et dont les récréations offraient le doux spectacle. On peut dire, sans exagération aucune, que Monsieur de Malet fut un de ceux qui contribuèrent le plus à y faire régner, de son temps, cette aimable vertu.

Au milieu de jeunes gens de dix-huit à vingt-deux ans, la plupart sans connaissance du monde, appartenant à une classe inférieure à la sienne, réunis de tous les points de la France ; de caractères, de genres et de goûts différents, chacun trouvait, dans ses rapports avec cet excellent confrère, une aisance qui en rendait la compagnie pleine de charme. Il avait un aspect imposant, et inspirait le respect ; mais on l'aimait si réellement, que les meilleures récréations perdaient de leur prix, quand on ne les passait pas avec lui.

Sa conversation était agréable, instructive, édifiante. Plein d'amour pour Dieu et ce qui a rapport à son service, il en parlait d'abondance de cœur, cependant jamais avec un ton de maître, ni d'une manière sentencieuse. Ses entretiens, au contraire, étaient accompagnés de cette aimable *joyeuseté* dont parle saint François de Sales, alors son auteur favori. Mais, pas une raillerie piquante, pas un mot contre la charité, ne sortit jamais de sa bouche, quoiqu'il trouvât quelque plaisir dans des plaisanteries inoffensives.

Son talent pour éviter de se mettre en scène était aussi remarquable. En un mot, dans leurs rapports journaliers avec lui, ses condisciples trouvèrent toujours cette délicieuse abnégation de soi-même qu'on aime tant à rencontrer; et elle sut lui gagner tous les cœurs.

Au séminaire, Monsieur de Malet ne se lia point avec ceux que la naissance semblait avoir rapprochés de lui; moins encore avec ceux que son nom ou sa fortune pouvaient rendre plus obséquieux à son égard; il préféra, avant tout, la fréquentation des jeunes gens qu'il crut devoir être un jour de saints prêtres, et devoir prêcher, sans les altérer, les saines doctrines du christianisme : cette amitié, qu'il leur avait vouée, dura jusqu'à la mort.

Parmi les séminaristes ainsi distingués de lui, on peut citer le saint abbé Passerat, ecclésiastique sans fortune, auquel il donna l'hospitalité à sa sortie d'Issy, et dont il reçut le dernier soupir; et le pieux abbé Krieff, descendu dans la tombe peu de mois avant son saint ami.

Après ceux qui étaient les plus pieux, Monsieur de Malet paraissait accorder quelque préférence à ceux de ses condisciples qui avaient le moins d'avantages suivant le monde, dont il faisait gloire de mépriser les maximes, et ne parlait jamais que pour en inspirer le mépris.

Monsieur de Malet était un homme d'oraison, avant de quitter le monde ; il s'occupait déjà de matières spirituelles et il était très-versé dans la science des saints. Afin de connaître son esprit, et savoir quel livre il devait lui conseiller, son directeur, peu d'instants après son entrée à Issy, lui demanda quelles avaient été jusque-là ses lectures : « Sainte Thérèse, » répondit-il. « C'est bien fort, » ajouta Monsieur Montagne, et l'humble disciple garda le silence. Depuis ce temps, il ne cessa de se livrer à la méditation des livres ascétiques les plus profonds, et acquit une grande expérience des voies de Dieu.

Mais ce qui doit paraître le plus admirable dans la vie du nouveau séminariste, c'est son assiduité au travail ; et quel travail ! Interrompu dans ses études par la Révolution, il n'avait pas continué ses classes au-delà de la quatrième ; ensuite militaire, homme du monde, il n'avait plus songé au latin ; d'ailleurs, l'étude des langues lui offrait de grandes difficultés, et, pendant trois ans que ses campagnes le retinrent en Allemagne, il n'avait jamais pu, disait-il, apprendre un mot d'allemand.

Cependant son dessein bien arrêté, d'embrasser l'état ecclésiastique, le mettait dans la nécessité de posséder à fond la langue que parle l'Église, et dans laquelle sont écrits les livres où s'enseigne la théologie. A la rigueur, il aurait pu obtenir quelques dispenses, mais les hommes sages et expérimentés qu'il consulta, ayant remarqué en lui une justesse d'idées et une rectitude de jugement peu communes, pensèrent qu'un sujet de si haute espérance pouvait suivre, avec succès, le cours de trois ans de théologie, et ne rien négliger pour se mettre en état de rendre un jour de grands services à l'Église.

Ces considérations déterminèrent Monsieur de Malet : à trente-deux ans, il consentit à redevenir écolier de septième, car, il avait à peu près oublié tout ce qu'il avait appris dans son enfance ; et malgré l'aridité, malgré l'ennui inséparable de ce genre de travail, celui qui fut alors chargé de lui donner des leçons atteste que jamais élève ne porta autant d'ardeur aux études les plus attrayantes, que Monsieur de Malet en mit à celle du rudiment et de la syntaxe.

Au bout de quinze mois, il était capable de suivre le cours de théologie et de parler la langue latine en classe, comme aux examens. Son excellent jugement lui fut d'un grand secours, même pour apprendre les éléments du latin ; son maître ne se contentait pas d'une traduction vague, mais exigeait, pour assurer de rapides progrès, l'analyse de chaque phrase, l'explication de chaque mot. Dans ses rapports habituels avec Monsieur de Malet, ce maître put apprécier mille fois combien il y avait dans son âme de force chrétienne, d'abnégation et de désir de se rendre propre au ministère sacré ; ce qui faisait dire plaisamment à Monsieur Montagne « que « l'abbé de Malet était fait pour être prêtre, comme « le nez pour être au milieu du visage. »

Lorsque à l'occasion des fêtes, il expliquait les hymnes de l'Eglise, ou quelques homélies des Pères, cette étude avait pour lui le charme des jours de récréation. Il traduisait surtout avec bonheur celles de saint Bernard, qui se trouvent dans le bréviaire de Paris au jour de l'Assomption, car on n'a pas oublié la dévotion toute particulière que Monsieur de Malet avait, depuis plusieurs années, pour la très-sainte Vierge. Pendant tout le temps de son séminaire, il ne cessa d'en donner l'exemple, ni d'exhorter ses amis à redoubler de zèle et d'amour dans le service de cette puissante Reine des anges, qui est, en même temps, la Mère compatissante des hommes.

Outre ses études de latin, Monsieur de Malet en cultivait un grand nombre d'autres, et se formait à l'argumentation, en même temps qu'il apprenait le rudiment. Les belles thèses de la philosophie de Lyon lui servaient quelquefois de devoir ; mais, il s'était tellement occupé de religion, avant son entrée au séminaire, qu'il lui restait seulement à s'habituer à la forme scholastique : pour la partie morale, l'élève était un véritable maître.

Ainsi préparé par un travail opiniâtre, prolongé même pendant deux vacances, Monsieur de Malet entra en théologie où, fidèle à suivre à la lettre tout ce qu'on recommandait aux élèves, il s'efforçait d'apprendre, par cœur, les très-nombreux textes de l'Ecriture sainte et du Concile de Trente, ce qu'il avouait depuis lui avoir été extrêmement pénible.

Dans cette étude publique, comme dans toutes celles qu'il avait faites en particulier, il se montra toujours un modèle d'obéissance, en même temps qu'il se distingua par la justesse de son esprit et la solidité de son jugement. Aussi emporta-t-il l'estime de tous ses maîtres, comme de tous ses condisciples, lorsque, vers l'année 1820, l'altération notable de sa santé l'obligea à quitter le séminaire, n'étant encore que sous-diacre.

CHAPITRE V.

Monsieur de Malet quitte le séminaire. — Il se retire rue de l'Arbalète. — Il reçoit le Diaconat. — Il abandonne son traitement de la Légion d'honneur à un officier breton. — Sa santé s'altère de plus en plus. — Il conçoit le désir de fonder un établissement pour soulager les âmes du Purgatoire. — Dieu lui en fournit l'occasion. — Arrivée à Paris de la Sœur Marie de Lorette.

La vie sédentaire à laquelle Monsieur de Malet s'était adonné, par dévouement pour sa femme, était trop contraire aux besoins de sa robuste constitution, pour ne pas lui devenir funeste.

La retraite absolue dans laquelle il se renferma plus que jamais, après avoir reçu les derniers soupirs de sa sainte compagne, le travail excessif auquel il dut se livrer à son entrée au séminaire, et la répugnance inouïe qu'il éprouvait pour ce même travail, jointe à la douleur qu'il ressentait de la mort de Madame de Malet, et le défaut d'exercice, ruinèrent si complètement sa santé, que ses supérieurs, reconnaissant l'impossibilité où il était désormais de suivre la règle commune, lui conseillèrent de quitter Saint-Sulpice ; ils espéraient que, des soins et un régime plus conforme à son état de santé l'aideraient à obtenir un prompt rétablissement.

Monsieur de Malet se retira alors dans le quartier le plus pauvre de Paris ; il y prit, rue de l'Arbalète, faubourg Saint-Marcel, un appartement plus pauvre encore, résolu d'attendre là, dans un parfait abandon, que Dieu manifestât sa volonté, et prêt à y soumettre la sienne, soit que la Providence lui donnât des forces pour achever l'œuvre entreprise pour sa gloire, soit qu'elle le destinât à vivre inutile, inconnu et dans la souffrance.

Le printemps de l'année 1821 apporta une légère amélioration à son état ; il put recevoir le diaconat aux Quatre-Temps de la Trinité de cette même année, et, à la messe de l'ordination, il assista Monseigneur l'archevêque de Paris, comme diacre, tandis que l'abbé duc de Rohan, plus tard archevêque de Besançon et cardinal, ordonné le même jour, faisait les fonctions de sous-diacre.

Mais, depuis ce temps, les forces de Monsieur de Malet allèrent en déclinant de jour en jour ; bientôt, il s'affaiblit au point de ne pouvoir plus ni sortir, ni se tenir quelque temps debout. Il fut même obligé de renoncer à la récitation du bréviaire : tout cela, avec un certain embonpoint et un air de vigueur qui le faisaient passer, aux yeux de bien des gens, pour un malade imaginaire, prenant un soin excessif de lui-même.

Naturellement très-courageux, cette opinion qu'on ne dissimulait pas toujours assez pour qu'il ne s'en aperçût point, le mortifiait singulièrement. Il se rappelait surtout avoir éprouvé une sensible humiliation, un jour où il allait à l'archevêché pour demander dispense de la récitation de l'office divin. Monseigneur de Quélen, ordinairement plein de bienveillance pour lui, se retourna alors vers plusieurs ecclésiastiques qui l'entouraient, et leur dit, en le montrant : « Voyez, Messieurs, voilà un homme qui, « faute de force, demande à être déchargé de l'obli-« gation du bréviaire. »

Monsieur de Malet avait alors entièrement rompu avec le monde, et il n'entretenait plus de relations avec ses anciens amis ou camarades, que pour leur rendre des services. Un d'entre eux lui recommanda un officier breton, décoré de la croix de la Légion d'honneur, mais qui n'avait pu en obtenir le brevet qu'à titre purement honorifique, tandis que lui avait quelques avantages pécuniaires attachés à sa nomination.

Avec empressement, il écrivit au grand-chancelier de l'ordre, pour le prier de substituer à ses droits cet officier sans fortune. La chose paraissait difficile à arranger : Monsieur de Malet fit autant de sollicitations pour obtenir de se dépouiller de ce qui lui appartenait qu'on en fait ordinairement dans le monde pour s'enrichir. Ayant enfin réussi dans ses démarches, il abandonna, en même temps, plusieurs années d'arrérages de cette pension, et terminait ainsi la lettre à son ami, aide-major de la garde royale, auquel il annonçait cette bonne nouvelle, et l'envoi d'une somme de huit cents francs :

« Je bénis Dieu, mon ami, de m'avoir associé à
« vos bonnes œuvres, je le bénis encore de ce qu'il
« nous associera un jour à sa gloire, et nous réu-

« nira dans son sein, par les mérites de son divin
« Fils. »

Quoique Monsieur de Malet eut à peu près terminé le cours de théologie, sa santé ne lui permettait pas de songer à recevoir le sacerdoce, et plusieurs années s'écoulèrent pendant lesquelles Dieu sembla le rendre incapable d'autre chose que de souffrir ; cependant, à cette époque même, il manifesta ses desseins sur son serviteur, en le chargeant d'une œuvre qui, à dater de ce moment, devint la principale occupation du reste de ses jours, et l'objet de ses constantes sollicitudes.

Elle a droit à une large part dans cette histoire, à laquelle elle est étroitement liée. On peut même dire, s'il est permis de s'exprimer ainsi, qu'elle est la révélation la plus complète de l'âme de Monsieur de Malet, et de sa manière d'envisager la perfection, dans l'état de perfection lui-même : je veux parler de Sainte Marie de Lorette (1), petite communauté plus connue de Dieu que des hommes, où l'obéissance, la pauvreté, la vie religieuse, en un mot, devaient être pratiquées avec une ferveur digne des premiers siècles du christianisme.

Pour expliquer l'origine de cette Maison, nous sommes obligés de reprendre les choses de plus haut.

Pendant son séjour au séminaire, Monsieur de Malet s'était uni de l'amitié la plus étroite avec deux

---

(1) Cette communauté s'est réunie, il y a peu d'années, à la congrégation des Oblates de saint François de Sales, dont la Maison-Mère est à Troyes : elle en a pris le nom.

ecclésiastiques qui lui paraissaient d'une piété rare, et uniquement occupés de la gloire de Dieu, à laquelle ils avaient l'intention de travailler, par la fondation d'une œuvre destinée à l'amélioration de la classe ouvrière.

Monsieur de Malet approuvait leur plan, mais il aurait désiré trouver un moyen de faire participer aux avantages de cette bonne œuvre les âmes du purgatoire, pour lesquelles ses réflexions habituelles l'avaient porté à se pénétrer de compassion.

Sa charité envers ces pauvres âmes, retenues par la justice divine, quoiqu'en grâce avec Dieu, dans ces prisons ténébreuses du purgatoire, où elles souffrent jusqu'à ce qu'elles aient achevé de payer la dernière obole des fragilités humaines et devenues, en même temps, impuissantes pour leur propre soulagement, lui faisait calculer avec douleur le tort immense que la destruction des fondations pieuses existant en France, avant la Révolution de 1793, avaient dû leur causer ; et cette pensée, qui était chez lui le sujet de profondes méditations, l'aurait fait s'estimer heureux de réparer une partie des injustices commises à leur égard par la génération précédente.

Cependant, comme il ne voulait jamais rien précipiter, dans la crainte de prendre l'activité de sa propre nature pour l'impulsion de l'esprit de Dieu « que sa voie, disait-il, était de suivre sans la de- « vancer, » il avait abandonné ses projets à la Providence.

A peine sorti du séminaire et fixé en province,

l'un des amis de Monsieur de Malet mit à exécution l'idée dont nous avons parlé relativement à l'amélioration de la classe ouvrière. Quelque temps après, il envoya à Paris une novice de son Institut de Notre-Dame de Lorette, avec une religieuse appelée sœur Marie de Lorette, et les adressa toutes les deux à Monsieur de Malet.

Celui-ci venait d'être très-dangereusement malade d'un crachement de sang auquel tout portait à croire qu'il succomberait. Un de ses amis, qui était allé le visiter, l'ayant trouvé fort mal, le quitta avec la conviction qu'il ne le reverrait plus, et se mit en prière pour lui obtenir la grâce d'une bonne mort ; mais, pendant cette oraison, il acquit l'intime persuasion que son ami ne mourrait pas de cette maladie, et qu'il était destiné à établir une œuvre consacrée au soulagement des âmes du purgatoire. Nous tenons ces détails de Monsieur de Malet, qui nous les a souvent racontés depuis ; leur souvenir l'a plus d'une fois soutenu et encouragé dans les difficultés de sa pieuse entreprise.

L'arrivée de la sœur Lorette à Paris donna lieu à l'exécution du plan providentiel, et, après un grand nombre d'années de tribulations, cette religieuse devint, avec Monsieur de Malet, fondatrice d'une congrégation dont chacun des membres s'oublie lui-même au point de faire aux âmes qui gémissent dans le purgatoire un abandon total du mérite de ses bonnes œuvres. Cet acte charitable, que beaucoup de personnes pieuses font maintenant à Paris et dans d'autres lieux du monde, y était alors inconnu, et souvent même on accusa faussement les filles de Monsieur de Malet d'outrepasser en cela les règles autorisées par l'Eglise.

Mais avant d'entrer dans les détails de la fondation de cette congrégation, nous avons cru qu'on serait bien aise de connaître celle que Dieu choisit pour en être l'instrument ; c'est ce qui nous a déterminé à réunir les principales circonstances de la vie de la sœur Lorette, depuis son enfance jusqu'à son arrivée près de Monsieur de Malet.

CHAPITRE VI.

Abrégé de la vie de la sœur Lorette, jusqu'à l'époque de son arrivée à Paris.

La sœur Lorette reçut le jour de parents d'une condition honnête, quoique modeste. Elle fut nommée au baptême Marie-Josèphe-Désirée. Sa mère s'appliqua avec soin à former son jeune cœur à l'amour de Dieu, et lui apprit de bonne heure à craindre le péché. La délicatesse de sa santé ayant fait juger nécessaire d'envoyer cette enfant à la campagne, elle éprouva de fâcheux effets de sa séparation momentanée de sa vertueuse mère.

En s'humiliant beaucoup d'une malice qui, disait-elle, l'avait fait commencer si tôt à offenser Dieu, la Mère Marie de Lorette racontait à ses filles une foule de petits traits qui annonçaient une intelligence précoce. Nous en citerons deux seulement, et nous la laisserons parler elle-même. « Etant petite, mes
« parents me mirent, pour me fortifier, en sevrage
« à la campagne, chez une femme qui, bien qu'ils
« ne s'en doutassent pas, était loin de se montrer
« scrupuleuse en fait de probité, et ses enfants lui
« ressemblaient.

« Sa fille m'ayant menée un jour avec elle dans
« les champs, vit accourir près de nous un agneau
« égaré ; vite elle l'entortilla dans son tablier et me

« fit asseoir dessus pour l'empêcher de crier ; puis,
« se doutant bien qu'on viendrait à la poursuite du
« pauvre animal, elle alla se cacher derrière un
« buisson, en me recommandant de ne rien dire.
« Quelques instants après, un berger arriva tout
« essoufflé, et s'informa auprès de moi, si je n'avais pas
« vu son agneau. Conformément aux instructions que
« j'avais reçues, je lui fis signe qu'il s'était enfui, en
« indiquant un endroit opposé à celui où la fille venait
« de se retirer.

« J'avais très-bien compris le mal que faisait cette
« fille ; et quoique je m'en sois confessée, je me
« reproche toujours cette circonstance de ma vie.
« Avec des gens aussi peu honnêtes, je serais devenue
« menteuse et voleuse, si ma mère, qui découvrit
« quelques mauvais tours de leur façon, ne m'eût
« promptement retirée de chez eux. »

« Voyez, ajoutait la sœur Lorette, combien il
« importe de donner aux enfants de bons exemples
« et de bons conseils, puisque dans cet âge tendre,
« ils deviennent si aisément ce qu'on les fait. »

De retour à la ville, on envoya Désirée à l'école, dans une petite pension, où elle fit remarquer son intelligence ; elle y réussit avec tant de succès, que, chaque soir, en rentrant chez ses parents, elle faisait à une domestique voisine, qui désirait apprendre, la répétition de la leçon de lecture et d'écriture qu'elle venait de recevoir ; elle s'acquitta si bien de ce petit professorat, que son zèle et son habileté lui méritèrent une légère rétribution. Elle avait alors sept à huit ans.

Bientôt arriva l'âge de sa première communion. On était en 1793 ; les lois révolutionnaires avaient banni les prêtres ; les églises étaient fermées. Plus d'une fois, la maison des vertueux parents de Désirée servit de refuge aux ministres du Seigneur. Sa mère, femme adroite autant que chrétienne, avait un extérieur qui savait imposer aux satellites mêmes de la Révolution.

Un jour, pendant qu'elle entendait la messe dans un endroit caché, une horde impie le découvre et pénètre dans la chapelle avec scandale ; c'était au moment de l'Elévation. Au lieu de manifester de la frayeur, cette femme courageuse se retourne avec calme, et dit à haute voix : « Citoyens, à genoux ! » Chose étonnante, elle est obéie, et on peut consommer les saintes espèces.

Pendant que la mère accomplissait ses devoirs religieux, sa fille, instruite par ses sages leçons, recevait en son logis une visite domiciliaire ; mais, sans blesser sa conscience par un mensonge, elle savait diriger les pas et attirer l'attention des visiteurs loin des lieux qui recélaient habituellement quelque vénérable ecclésiastique. Son père se montra également attaché à la cause de Dieu. Il fut lui-même arrêté comme prêtre, tant son extérieur était respectable.

Toutes ces persécutions n'empêchèrent pas la pieuse famille d'aller dans les prisons de la ville visiter et soulager les ministres de Dieu qui y étaient détenus. Désirée accompagnait ordinairement sa mère, dans ses courses charitables. Ayant ainsi reçu l'instruc-

tion nécessaire pour sa première communion, on songea à prendre jour pour lui faire accomplir cette importante action et à en chercher les moyens. On se proposait de passer sa robe blanche dans un parapluie ; quelque autre stratagème devait être mis en œuvre pour introduire les ornements sacrés, et déjà le prêtre se réjouissait d'avoir cette occasion d'offrir le saint sacrifice dans le lieu de sa captivité, lorsqu'un jour, en revenant de la prison, Désirée parut toute triste : « Maman, reprit-elle, je ne puis
« pas faire ma première communion, mon confes-
« seur ne me convient pas, il me traite trop en
« enfant, cela ne me prépare pas assez à cette
« grande action. »

Cette jeune âme avait besoin d'une direction plus vigoureuse, et sentait déjà qu'il lui fallait une nourriture plus solide que les paroles indulgentes qu'on dit à un enfant.

Malgré le déplaisir que cette détermination causait à sa mère, et malgré les conseils du bon prêtre, la jeune personne tint ferme. La suite prouva qu'elle n'avait pas agi par entêtement ou par caprice ; car, elle fit sa première communion dans des jours plus calmes, avec beaucoup plus de préparation, et, par conséquent, avec plus de fruit.

Elle entra ensuite en apprentissage chez une bonne maîtresse. D'une activité rare, Désirée trouvait encore moyen d'utiliser son temps matin et soir. Etant parvenue à se procurer de l'ouvrage, dès qu'elle rentrait chez sa mère, elle employait avec soin tous ses instants et retirait un petit produit de son travail, sans manquer à ce qu'elle devait à sa maîtresse.

A la fin de son apprentissage, elle commença à travailler pour son compte. Peu après, sa mère, qui était d'une robuste constitution, fut frappée d'une attaque de paralysie, dans un âge encore peu avancé. Ce fut pour sa fille un surcroît de peines et de travail, en même temps qu'un grand sujet de patience, à cause des fantaisies que la maladie donnait à sa mère. Désirée ne se déchargeait sur personne des soins qu'exigeait son état ; elle passait souvent les nuits auprès d'elle, et, pendant les derniers mois de la vie de sa chère malade, elle fut si longtemps sans se coucher, qu'on craignait qu'elle ne succombât elle-même à cet excès de fatigue.

Enfin, Dieu appela à lui sa bonne et vertueuse mère. Elle perdit encore son unique frère à la guerre d'Espagne, et resta seule avec un père déjà avancé en âge. La Providence, qui appelait Désirée à élever des jeunes filles, lui en donnait aussi le goût, en même temps que les qualités propres à cet emploi. Elle logea alors, et prit en pension chez elle un certain nombre d'apprenties, pour leur enseigner la couture ; et elle profitait de la facilité que cet arrangement lui donnait pour leur apprendre à connaître et à servir Dieu.

Vers cette époque, Désirée entra dans une confrérie dont les membres s'adonnaient aux œuvres de miséricorde : elle mérita d'y occuper les premiers rangs. Mais ces actes de la vie chrétienne ne lui suffisaient pas ; elle se sentait appelée à un état plus parfait. Sa belle âme, si droite, cherchait à connaître les desseins de la Providence sur elle, pour les accomplir avec fidélité. Car, si d'une part, son attrait intérieur la portait vers la vie religieuse, de l'autre, son père âgé réclamait ses soins et ne pouvait se passer d'elle.

Comme le service de Dieu était l'unique préoccupation de sa vie, elle résolut d'obtenir par la mortification, unie à la prière, que la sainte Vierge lui ménageât la faveur d'entrer en religion et se chargeât elle-même de lever tous les obstacles qui s'y opposaient. Elle fit, à cette intention, grand nombre de neuvaines ; et, pendant trente jours, après son travail, qui se prolongeait assez tard, elle dit une oraison les bras en croix. Plus d'une fois, tombant par terre de sommeil et de lassitude, elle se réveilla dans cette position, après y avoir passé une partie de la nuit. Enfin, au mois d'octobre 1821, Dieu lui fournit les moyens de satisfaire le désir qu'elle nourrissait depuis si longtemps de se consacrer tout entière à son service.

On venait d'établir, en faveur des jeunes filles pauvres, une œuvre qui avait pour but de les former à la piété, au travail et à la condition domestique. Une personne telle que Mademoiselle Désirée, accoutumée à conduire ses ouvrières, et possédant toutes les qualités nécessaires pour en diriger avec succès un plus grand nombre, présentait des avantages qui ne pouvaient manquer d'être appréciés par les fondateurs. Ils lui offrirent de faire son postulat dans le monde, afin d'avoir le loisir de régler ses affaires ; elle y consentit, et se prépara à ce changement de vie par une retraite, pendant laquelle elle supplia la très-sainte Vierge de lui obtenir la grâce d'entrer dans la maison du Seigneur, avant la fin de l'année 1822.

Après cette retraite, quoique Désirée fût encore dans le monde, sans la faire passer par les épreuves prescrites par les saints Canons, le 1er novembre 1821, on l'admit au nombre des novices, sous le nom de sœur Marie de Lorette. L'année suivante, les obstacles qui concernaient son père ayant été levés, elle entra définitivement en religion le 27 septembre 1822, un an après la retraite dont nous avons parlé. Elle fit profession le 2 février 1823.

En même temps que la Maison des jeunes filles pauvres, les fondateurs avaient formé un pensionnat pour la classe riche ; et ces deux œuvres exigeant un grand nombre de religieuses, ils crurent, dans ces commencements où l'Institut, à peine établi, manquait de sujets, et n'avait pas encore de règlements bien arrêtés, pouvoir s'écarter des habitudes ordinaires de l'Eglise, qui veut un noviciat d'un an révolu, avant la profession religieuse, dans quelque ordre que ce soit.

Le 25 janvier 1823, la sœur Marie de Lorette, dont on connaissait les vertus, la capacité, et aussi l'influence sur les personnes charitables, fut mise à la tête de l'établissement pour la classe pauvre. On ne saurait imaginer toute la peine qu'elle se donna pour procurer des ressources à cette maison : quêtes, démarches, vente d'objets qu'elle avait reçus en aumône, tout fut mis en usage par la mère adoptive de cette nouvelle petite famille, pour lui procurer des ressources. Dieu bénit ses efforts ; beaucoup de dames d'un rang élevé la secondèrent et lui apportèrent de riches offrandes. Madame la Dauphine, alors duchesse d'Angoulême, l'honora elle-même de sa bienveillance.

Insensible aux succès d'amour-propre, et ne songeant qu'à ses pauvres enfants, la sœur Marie de Lorette se réjouissait de voir améliorer leur sort. Mais qu'on juge de son désappointement, lorsque celui qui l'avait mise à la tête de la maison, et chargée, pour elle, de cette vente de broderies, lui en enleva le produit pour le consacrer aux bâtiments de son pensionnat ? N'étant que supérieure locale, encore depuis peu de temps, manquant d'expérience dans ces sortes d'affaires, pouvait-elle faire autre chose que gémir en secret d'une action faite, sans doute, par le désir du bien, mais qui lui paraissait, et était en réalité une injustice ? Placée dans la dépendance, elle baissa la tête et obéit.

Peu de temps après, le supérieur rappela la sœur Marie de Lorette à la maison-mère ; et, quoique le premier établissement où il l'avait envoyée ne fût pas solidement affermi, il lui enjoignit d'aller à Paris en fonder un autre, n'ayant pour compagne qu'une jeune novice, à laquelle il donna le voile noir, à l'occasion de son départ.

CHAPITRE VI.

La sœur Marie de Lorette descend à Paris rue Mezières. — Sa visite à Monsieur de Malet. — Il devient le premier bienfaiteur de son œuvre. — La sœur Lorette reçoit quelques aumônes et prend un logement plus convenable, rue des *Vieilles-Tuileries*, actuellement nommée rue du *Cherche-Midi*. — Monsieur de Malet l'engage à faire une neuvaine aux âmes du purgatoire, pour monter une chapelle. — Elle est exaucée le troisième jour.

En lisant le sommaire qui précède, on aura été surpris peut-être, de nous voir entrer dans des détails aussi étendus sur la communauté de Lorette ; mais, nous l'avons déjà dit, cette œuvre est liée à la vie de Monsieur de Malet d'une manière inséparable. Réduit, par ses infirmités, à ne pouvoir exercer que très-rarement les fonctions du saint ministère, il se consacra tout entier au soin de cette petite maison, dont la pauvreté et les vertus cachées s'accordaient parfaitement avec l'attrait qu'il avait lui-même pour l'obscurité, l'oubli des créatures et le désir de vivre inconnu aux yeux des hommes. Pendant ses vingt dernières années, il vécut d'ailleurs si inconnu du monde, que bien qu'il ait pratiqué une multitude de bonnes œuvres, si l'on retranchait ce qui a trait à Lorette, à peine pourrait-on recueillir quelques faits à rapporter ; tant il suivait à la lettre le précepte de l'Evangile : « Que votre main gauche ignore le « bien fait par votre main droite. »

Ce sera donc en puisant dans les souvenirs des conversations qu'il eut avec ses chères filles de Lorette, que nous réunirons le plus de matériaux pour notre travail ; ce sera aussi le meilleur moyen de pénétrer dans les pensées intimes du saint prêtre, et de surprendre le secret de ses vertus. Notre désir de le faire connaître par lui-même nous rendra un peu prodigue de citations de ses paroles ou de ses écrits ; elles deviendront même si fréquentes dans les chapitres qui vont suivre, que nous laisserons, en quelque sorte, raconter à ses lettres l'histoire de plusieurs années. Le charme de simplicité et de piété qu'elles renferment eût été impossible à reproduire par l'analyse, et le lecteur ne pourra que gagner à nous voir prendre ce parti.

« L'origine et l'établissement de la communauté de Lorette à Paris, écrit un prêtre qui en a été témoin oculaire, a quelque chose de si singulier et de si merveilleux, qu'on ne peut s'empêcher d'admirer les desseins de Dieu, et de reconnaître le doigt de sa Providence.

« Vers le mois de juin 1823, le fondateur de cet Institut mit en diligence deux postulantes de sa maison, leur donna assez d'argent pour faire leur voyage et payer les premiers mois d'un très-petit loyer, en leur disant : « Allez à Paris, placez-vous « dans le premier local que vous trouverez ; re-« cueillez les premières petites filles pauvres et « délaissées que vous rencontrerez dans la rue,

« faites pour elles ce que vous nous avez vu pratiquer
« ici pour ces pauvres petites créatures, à peu près
« abandonnées de leurs parents, et exposées, par là,
« à mille dangers. Jetez ainsi les fondements d'une
« Maison semblable à la nôtre. »

Mademoiselle Emilie et Mademoiselle Pauline (tels étaient les noms des personnes ainsi envoyées), arrivèrent à Paris avec une lettre pour un vicaire du faubourg Saint-Germain, auquel leur Supérieur les adressait, en le priant de les diriger et de les aider à former un asile destiné à être une succursale du sien. Mais le vicaire, trop occupé par les devoirs de sa position pour donner le temps nécessaire à une pareille entreprise, engagea son ami à placer à la tête de cette fondation une religieuse en état de la conduire, et à choisir un autre ecclésiastique qui pût, à la fois, se charger de la direction spirituelle et temporelle de la Maison.

Ce fut alors que le supérieur mit en route pour Paris la sœur Lorette, personne d'une sagesse rare, d'un esprit solide, d'un zèle infatigable. Elle partit le 3 juillet 1823, avec sa compagne novice, la sœur Anne de Jésus, arriva le 7 à Paris, et alla loger rue Mézières, numéro 10, au fond d'une cour, dans un petit appartement loué par Mesdemoiselles Emilie et Pauline, qui n'avaient pas autrement commencé l'œuvre.

Les bourses mises en commun, on se trouva avoir pour toute fortune et pour tout mobilier, une somme de dix francs, et trois paillasses. C'était, à la vérité, bien peu pour fonder une maison où on ne devait loger et nourrir que des enfants pauvres, et les y recevoir, autant que possible, gratuitement ! Mais des âmes assez détachées, assez généreuses, assez abandonnées à la Providence, et assez obéissantes pour quitter leur pays à la voix d'un supérieur, et aller dans une ville étrangère commencer une œuvre avec d'aussi faibles ressources, devaient posséder en elles-mêmes un riche trésor de vertus, capable de disposer en leur faveur Celui qui tient dans ses mains tous les cœurs charitables.

Il permit, toutefois, que dans ces premiers moments elles souffrissent beaucoup de leur pauvreté. Elles se virent réduites à chercher dans le sable de leur cave les petits morceaux de bois et de charbon laissés par le précédent locataire, et, pendant quelque temps, ce fut le seul combustible qu'elles eurent pour préparer leurs modestes repas. On apprendra encore avec admiration que, pendant dix jours, cinq personnes vécurent avec deux sous et demi, qui formaient tout leur avoir.

Voici comment elle agissait. Comptant sur le Père des pauvres, la sœur Lorette partait pour le marché avec son argent, et demandait le prix de quelques légumes ; il s'élevait toujours au-dessus de sa fortune, et, sur sa réponse qu'elle ne pouvait payer la somme entière, puisqu'elle ne possédait que deux sous et demi, les marchandes lui abandonnaient leurs provisions, s'en remettant à sa bonne foi pour acquitter cette dette quand sa bourse serait mieux garnie : au bout de dix jours, elle fit honneur à ses petites affaires.

Nous avons dit que son supérieur avait adressé la sœur Lorette à Monsieur l'abbé de Malet ; munie de sa lettre de recommandation, elle se rendit chez lui avec la sœur Anne de Jésus. Il les accueillit avec sa bienveillance ordinaire, et leur remit, pour première aumône, une pièce de quarante francs, qui, d'après ce que nous venons de raconter, arrivait bien à propos. Mais, pénétrée d'un profond sentiment de vénération pour l'air de sainteté qui paraissait empreint dans tout l'extérieur de ce digne ecclésiastique, la sœur Lorette résolut de conserver, comme une précieuse relique, sa pièce de quarante francs. « Elle lui avait porté bonheur, disait-elle « depuis, et le bon Dieu ne l'avait jamais mise dans « l'obligation de la changer. » Ses filles la garderont à leur tour, tant que la nécessité ne leur fera pas une loi de s'en servir.

Le vicaire du faubourg Saint-Germain, dont nous avons parlé, et Madame la baronne Capel, femme du ministre de ce nom, sous Charles X, et alors secrétaire général au ministère de l'intérieur, furent les seconds bienfaiteurs des religieuses de Lorette.

Dans le courant de juillet et d'août, la Providence leur envoya plusieurs aumônes, qui montèrent à une somme de deux cent soixante francs, et leur permirent de louer, numéro 33 de la rue des Vieilles-Tuileries, actuellement rue du Cherche-Midi, un appartement plus convenable, dont elles durent payer le terme d'avance, car leur misérable mobilier, et leur apparence si pauvre, ne pouvaient offrir au propriétaire une garantie suffisante. Elles prirent possession de ce logement, le 15 novembre, après y avoir fait porter leurs trois paillasses, et deux matelas qu'on leur avait prêtés.

La communauté se composait alors de cinq membres : deux religieuses et trois postulantes, attirées par la pauvreté de la Maison. Dans ce nombre, figurait une jeune personne qui, revêtue de l'habit, sous le nom de sœur Marie des Anges, se fit remarquer par ses vertus, et sembla terminer sa vie dans l'acte même de l'obéissance. Monsieur de Malet l'avait trouvée très-mal le matin, et presque à l'agonie. Obligé de s'en retourner, il lui dit en sortant : « Ma « fille, je vous défends de mourir avant cinq heures ; « je ne puis revenir auparavant, et il faut que vous « m'attendiez pour recevoir une dernière bénédic- « tion. » Elle l'attendit, en effet, car il ne l'eut pas plutôt bénie à l'heure convenue, qu'elle expira.

Avant l'arrivée de la sœur Lorette, la bonne fille dont nous venons de parler logeait rue Mézières, numéro 10. Une nuit, en songe, elle vit des religieuses d'un costume qui lui était inconnu, auxquelles elle se joignit ; mais, en les accompagnant à la promenade dans une prairie, elle perdit son voile, et ne put le rattraper qu'après l'avoir poursuivi avec effort. Sa surprise fut extrême en reconnaissant ensuite, dans la sœur Lorette, la religieuse qui l'avait occupée en songe, peu de temps auparavant. Les différentes circonstances de son rêve se réalisèrent l'une après l'autre ; elle perdit le voile et le reprit plus tard, pour ne le quitter jamais.

Mademoiselle Pauline avait aussi commencé les

exercices du noviciat sous la sœur Lorette ; elle prit l'habit, reçut le nom de sœur Geneviève, et mourut, quelques années après, rue du Regard, en odeur de sainteté, avec une joie et un bonheur inexprimables d'aller rejoindre son divin Époux. Elle avait compris et goûté cette parole que Monsieur l'abbé de Malet disait souvent à ses filles : « Le jour de votre « profession est, à la vérité, le jour de vos fiançail- « les ; mais le jour de votre mort est celui de vos « noces. »

Mademoiselle Émilie était déjà retournée à la maison-mère, elle y resta peu de temps, et en sortit pour s'établir dans le monde.

En entrant dans son nouveau local, tout pénétrée du désir d'accomplir sa vocation, qui la destinait à élever de petites filles pauvres, la sœur Lorette en adopta une de onze ans, pour honorer l'enfance de la très-sainte Vierge, et lui donna le nom de Lorette ; c'est la première enfant qui ait été reçue par la Maison de Paris ; elle fut bientôt suivie de plusieurs autres.

On approchait alors de la fin du mois de septembre. Monsieur de Malet comprit la nécessité où était le nouvel établissement d'avoir une chapelle pour l'hiver. Il conseilla à la supérieure de faire commencer à la communauté une neuvaine aux âmes du purgatoire, afin d'obtenir, par l'intercession de leurs anges gardiens, les fonds nécessaires pour l'établir.

Le troisième jour de la neuvaine, dernier vendredi du mois, jour spécialement consacré par Monsieur de Malet au soulagement de ces âmes souffrantes, un prêtre, Monsieur l'abbé Dunoyer, que la sœur Lorette n'avait pas l'honneur de connaître, envoya tous les objets nécessaires pour offrir le saint sacrifice, et même une belle pierre sacrée, chose assez difficile à se procurer en ce moment, puisque Monsieur de Malet en faisait en vain chercher une pour lui-même, depuis quelque temps.

Grande fut la joie de ces pauvres de Jésus-Christ, en voyant la bonté avec laquelle le Seigneur pourvoyait à leurs besoins, d'une manière si inespérée. Un autel leur manquait encore. Mais la Providence ne tarda pas à y pourvoir. M. Miel, menuisier, qui connaissait le dénûment de la Maison, offrit d'en faire l'avance : sa proposition fut acceptée de grand cœur, et l'essentiel pour une chapelle se trouva ainsi réuni.

CHAPITRE VII.

La sœur Lorette conçoit le désir d'avoir Monsieur de Malet pour supérieur ; elle le demande à Monseigneur de Quélen, archevêque de Paris. — Elle obtient la promesse qu'il lui en donnera les pouvoirs après son ordination. — Monsieur de Malet engage les religieuses de Lorette à dire chaque jour une dizaine de chapelet pour les âmes du purgatoire, et à demander, par leur intercession, le retour de la bienveillance de Monseigneur l'archevêque, prévenu contre leur Institut. — Le prélat accorde la permission de faire bénir la chapelle des religieuses de Lorette. — Fragments de lettres.

Seule et sans guide à Paris, la position de la sœur Lorette était bien difficile. Les règles de son Institut, nouvellement fondé, n'avaient pas été arrêtées d'une manière définitive ; le Supérieur général venait, il est vrai, de temps à autre, visiter l'établissement ; mais il modifiait chaque fois quelques-uns des règlements qu'il avait faits à la précédente visite ; il amenait de nouvelles religieuses, pour soulager les premières arrivées ; et les frais de presque tous ces voyages, retombant sur la Maison de Paris, déjà si dénuée de ressources, l'épuisaient totalement, sans lui être d'un grand secours pour le spirituel, par suite de l'éloignement habituel du Supérieur.

Frappée de ces inconvénients, la sœur Lorette sentit le vif désir d'avoir à Paris un Supérieur, pour l'aider à faire l'œuvre de Dieu, et fut pressée intérieurement de demander Monsieur de Malet qui, n'étant encore que diacre, à cause de sa mauvaise santé, l'assistait néanmoins de ses conseils. La sagesse et l'esprit de foi de ce pieux ecclésiastique lui avaient déjà prouvé tout ce qu'elle pourrait attendre de son gouvernement, lorsque le titre et l'autorité de Supérieur lui permettraient de donner à son zèle un plus libre essor.

Mais, pour réussir dans sa démarche, il fallait avoir une audience de Monseigneur l'archevêque ; la sœur Lorette était étrangère, et personne ne voulait l'introduire auprès du prélat, ni parler en sa faveur. Toujours priant Dieu et la sainte Vierge, à laquelle elle recommandait instamment les intérêts d'une œuvre qui portait son nom, et qui lui était entièrement consacrée, elle alla seize fois à l'archevêché, sans pouvoir arriver jusqu'au prélat ; et chaque fois, elle s'en retournait remportant dans son cœur quelque objection nouvelle. Enfin, à la dix-septième fois, lorsque, selon l'habitude, elle attendait dans l'antichambre que quelqu'un consentît à la présenter à Sa Grandeur, elle vit sortir son valet de chambre, et eut la pensée de lui faire part de sa peine. Ce brave homme en fut touché ; il alla aussitôt solliciter de son maître l'audience que la sœur Lorette désirait depuis si longtemps ; et elle l'obtint à l'instant par lui : comme si Dieu réservait à l'entremise d'un domestique le succès d'une œuvre qui avait pour but le bonheur de personnes destinées à cet état.

Monseigneur reçut la sœur Lorette avec une grande

bonté, l'écouta avec beaucoup d'attention ; puis, la regardant, le sourire sur les lèvres : « Eh bien ! sœur Lorette, lui dit-il, qui voulez-vous donc que je vous donne pour Supérieur ? » Elle exprima le désir que ce fût Monsieur de Malet. « Hélas ! reprit le prélat, il est bien à craindre que sa santé ne lui permette pas de recevoir le sacerdoce. Cependant, si le bon Dieu lui fait cette grâce, je vous promets de lui accorder tous les pouvoirs que vous désirez, aussitôt qu'il sera prêtre. » Monseigneur encouragea ensuite la sœur Lorette, lui donna sa bénédiction et la congédia bien satisfaite.

En sortant de l'archevêché, elle se hâta de faire part à Monsieur de Malet du succès de ses démarches, et de lui exprimer le bonheur qu'elle éprouvait d'être bientôt sous sa conduite. Mais Monsieur de Malet ne partageait pas ces espérances. Des crachements de sang habituels, de violentes douleurs de poitrine, accompagnées d'une fièvre continue, et d'une excessive faiblesse, semblaient lui présager qu'il ne pourrait jamais être ordonné.

Pleine de confiance en l'efficacité de la prière, la sœur Lorette s'unit à plusieurs personnes pieuses, outre celles qui composaient sa communauté, et elles employèrent les neuvaines aux âmes du purgatoire et à la sainte Vierge, les mortifications, les bonnes œuvres, pour toucher le cœur de Dieu. Le Ciel se laissa fléchir par tant de vœux et de supplications ; Monsieur de Malet éprouva une légère amélioration qui lui permit d'aller voir Monseigneur de Quélen ; et dès les derniers jours d'octobre, il écrivit à la petite

communauté de la sœur Lorette : « Malgré ma mau-
« vaise santé, Monseigneur veut m'ordonner prêtre ;
« priez toutes pour moi. »

Toujours occupé des intérêts de ses chères âmes souffrantes dans le lieu de l'expiation, en même temps que de ceux des filles de la sainte Vierge, qu'il croyait appelées à les secourir d'une manière toute particulière, il savait profiter des tribulations des unes, pour être utile aux autres. Un ecclésiastique de ses amis, étant venu lui dire que les religieuses de Lorette n'étaient pas vues de bon œil à l'archevêché, il l'écrivit à la sœur de Lorette et ajoutait : « J'ai répondu qu'étant autori-
« sées par Monseigneur l'archevêque, vous aviez le
« nécessaire, et que Dieu ferait le reste. Ayons
« confiance, Madame la Supérieure, nous n'avons
« rien à craindre, puisque nous travaillons l'un et
« l'autre sous l'étendard de l'obéissance. Dites un
« *Memorare* avec vos filles, pour demander à Dieu
« de bénir la lettre que je viens d'écrire à Monsei-
« gneur en votre faveur. Mais je vous prie d'offrir,
« très-souvent, à Notre-Seigneur, les mérites de
« votre petit établissement, pour le soulagement des
« âmes qui languissent en purgatoire, par suite de
« la destruction des fondations de France ; faites
« dire à cette intention une dizaine de chapelet
« chaque jour, et suppliez Notre-Seigneur de vous
« prouver qu'il agrée cette offrande et cette prati-
« tique, en procurant à votre œuvre, et à ceux qui
« y travaillent, la bienveillance de Monseigneur l'ar-
« chevêque de Paris : *ce qui est un vrai miracle,*

« *vu les circonstances actuelles ;* mais vous l'obtien-
« drez, j'en ai du moins la confiance.

« Faites aussi écrire l'*Ave Maria* sur votre autel,
« ce signe sera votre sauvegarde ; c'est celui de la
« Reine du ciel et de la terre.

« Allons, Madame la Supérieure, rendez toutes
« vos chères filles des saintes, et tout réussira. »

La communauté de Lorette avait bien une chapelle, mais il lui restait à en obtenir la bénédiction, ce qui paraissait impossible, après un avertissement semblable à celui que Monsieur de Malet venait de recevoir. Mais la sœur Lorette était accoutumée aux difficultés et même aux rebuts, et elle ne se laissait ni ébranler par les uns, ni effrayer par les autres, lorsqu'il s'agissait de la gloire de Dieu. Elle n'en résolut donc pas moins d'aller demander à Monseigneur l'archevêque l'autorisation nécessaire pour faire cette cérémonie, et jouir des priviléges qui en sont la suite, tels que de conserver le Saint-Sacrement, etc., car Monsieur de Malet lui avait procuré un saint ciboire d'un prix conforme à la pauvreté de sa Maison : il coûtait vingt et un francs ! La coupe en était cependant d'argent et dorée à l'intérieur, mais le pied était seulement en cuivre argenté.

La sœur Lorette se mit en route pour l'archevêché, après avoir reçu de son pieux guide une lettre où on peut reconnaître, tout à la fois, son amour de la vie obscure et humble, et sa charité : l'une et l'autre s'y peignent parfaitement.

« Vous ferez bien, Madame la Supérieure, y est-il
« dit, de venir me voir en sortant de chez Monsei-

« gneur. Il faudra, au sujet de la bénédiction de
« votre chapelle, lui observer que vous êtes de
« pauvres filles, qui ne pouvez mettre en cela le
« moindre apparat, et que si vous en mettiez un
« jour, ce serait quand vous auriez un local suscep-
« tible de recevoir du monde. Je ne sais, Madame
« la Supérieure, mais je voudrais vous voir com-
« mencer si petitement, si obscurément que rien
« plus ; car, dans l'œuvre de Dieu, la grandeur de
« la réussite est en raison de la petitesse des com-
« mencements.

« Maintenant que l'essentiel de la chapelle est
« réuni, je tiens à ce que vous tourniez vos soins
« vers le temporel : j'entends le coucher et le
« manger : l'hiver approche, il faut imiter la fourmi.
« J'ai d'ailleurs la confiance que Notre-Seigneur ne
« se laissera pas vaincre en bons soins, et qu'il
« saura payer celui que les filles de Lorette ont pris
« de le loger. Je vous prie, si vous êtes sans argent,
« de m'en envoyer demander ; c'est une prière que
« je vous fais, n'ayant point encore mission pour
« vous adresser un commandement. »

Dieu bénit le courage de la sœur Lorette ; Monseigneur l'archevêque promit de lui envoyer l'autorisation qu'elle demandait : la main de Dieu était si visible que Monsieur de Malet ne craignait pas de l'appeler un *miracle*.

« J'ai été hier chez Monseigneur, mandait-il quel-
« ques jours après, c'est un véritable miracle que
« vous en ayez obtenu ce que vous désiriez : il était
« très-prévenu contre l'Institut en général, et cela

« d'après des lettres venues de B...; mais Dieu,
« dont vous avez cherché la volonté, en obéissant à
« votre Supérieur, a été avec vous et vous a secourue
« dans le besoin. J'ai trouvé Monsieur S..., à l'ar-
« chevêché; il a dû dire aussi un mot pour détrom-
« per Monseigneur. »

Enfin, le dernier vendredi du mois d'octobre, Monsieur de Malet reçut du secrétariat de l'archevêché l'autorisation promise, et l'adressa à la sœur Lorette avec le billet suivant :

« Je vous envoie, Madame la Supérieure, une let-
« tre qui vous fera bien plaisir; c'est la permission
« de faire bénir votre chapelle : vous remarquerez
« qu'elle arrive le dernier vendredi du mois, et
« que c'est à pareil jour, le mois dernier, que votre
« chapelle a été pourvue d'ornements. Dieu ne
« voudrait-il pas vous montrer, par là, que votre
« offrande pour les âmes du purgatoire, et la prati-
« que du chapelet à leur intention, lui est agréable ?
« Engagez bien toute votre petite famille à remercier
« Notre Seigneur de la faveur qu'il vous fait dans
« ce moment, et à se bien pénétrer de la pensée
« que la meilleure manière de rendre grâces est de
« s'aimer les unes les autres, pour l'amour de lui,
« et d'accomplir leurs règles avec beaucoup d'exacti-
« titude. »

« Que Notre Seigneur bénisse lui-même votre
« chapelle par les mains du bon Monsieur S..., que
« la très-sainte Vierge en devienne la protectrice
« spéciale ; qu'elle vous environne des légions
« d'anges, dont elle est la Reine, et que ces bonnes

« filles dont, avec l'aide de Dieu, vous aurez pro-
« curé le salut, soient un jour votre couronne. »

En *post-scriptum* de cette lettre, Monsieur de Malet ajoutait que, dans deux heures, il allait prendre les ordres de Monseigneur l'archevêque pour son ordination. A cette visite, il put remarquer avec joie que, mieux informé, le prélat commençait à revenir peu à peu des préventions qu'il avait conçues contre l'œuvre de Lorette, et se hâta d'en informer la Supérieure en ces termes : « Je vous ai dit hier que
« Monseigneur n'était ni pour, ni contre votre
« œuvre ; mais soyez sûre, cependant, qu'il souhaite
« qu'elle réussisse ; et, dès qu'elle offrira plus de
« consistance, il sera le premier à s'en déclarer
« l'appui. En attendant, Dieu ne nous manquera
« pas, et plus nous éprouvons de difficultés, plus
« je crois que Dieu veut le succès de cette œuvre
« qui, malgré tous les obstacles, avance toujours
« un peu ; car enfin, depuis deux mois, nous avons
« maison, chapelle montée, permission de la bénir,
« et même un commencement de mobilier.

« Ayons donc bon courage, puisque nous ne
« cherchons que la volonté de Dieu. »

Ces différentes lettres que nous venons de citer, prouvent avec quel empressement Monsieur de Malet saisissait toutes les occasions d'inspirer à la petite communauté de Lorette la touchante dévotion qui lui tenait si fort au cœur, et qu'il se regardait, avons-nous déjà dit, comme chargé par la Providence de l'y établir. Plus d'une fois, cette divine Providence sembla elle-même accréditer ses paroles par des marques visibles de protection qui suivaient les neuvaines commencées pour les âmes du purgatoire, au moment où la Maison manquait de tout. Dieu venait alors à son secours, d'une manière tout à fait inattendue : ainsi, pendant longtemps, une personne remit, chaque jour à la porte, un pain de quatre livres, sans vouloir dire par qui elle était envoyée.

Dans une autre circonstance, la sœur dépensière voyant épuisées certaines petites provisions de fruits, qu'elle conservait dans une armoire proche de la chapelle, se tourna vers le Saint-Sacrement et dit avec foi : « Seigneur, il n'y a plus rien. » Quelqu'un, dans la journée, apporta un panier de pommes.

Monsieur de Malet enregistrait avec soin, dans sa mémoire et dans son cœur, chacun de ces petits faits, et quelque minimes qu'ils puissent paraître à des yeux moins exercés que les siens, à découvrir les voies mystérieuses de la Providence, ils l'assuraient qu'il suivait l'ordre de Dieu. S'il n'eût pu se rendre ce consolant témoignage, toute œuvre, même la plus grande, la plus méritoire en apparence, eût perdu devant lui sa valeur, et, de son propre aveu, elle l'aurait empêché de faire la plus légère démarche. Voilà pourquoi il était si prudent dans ses entreprises, jusqu'à ce qu'il se crût assuré des desseins de Dieu. Ces trois mots : *Dieu le veut*, devenaient, au contraire, en quelque sorte, magiques ; ils le rendaient invincible au milieu des plus grandes difficultés : c'était le secret de sa patience, et la leçon qu'il ambitionnait le plus de graver au cœur de ses filles, en sorte qu'on ne peut lire presque un seul des petits mots adressés par lui à la sœur Lorette, sans qu'elle y soit retracée et commentée, tantôt sous le nom d'obéissance, tantôt sous celui d'abandon ou de soumission aux desseins de la Providence : on trouvera toujours le même thème, quoique l'expression en soit variée.

CHAPITRE VIII.

Monsieur de Malet est ordonné prêtre. — Monseigneur de Quélen veut le fixer à l'archevêché. — Il reçoit les pouvoirs de Supérieur des religieuses de Lorette. — Divers fragments de ses lettres.

L'époque fixée par Monseigneur l'archevêque de Paris pour l'ordination de Monsieur l'abbé de Malet approchait, et il se prépara à cette grande action par un redoublement de ferveur. Nous n'avons pu nous assurer d'une manière précise du jour où il reçut la consécration sacerdotale, mais la cérémonie eut lieu vraisemblablement aux environs de la fête de la Présentation de la sainte Vierge.

Une lettre, adressée par lui à la sœur Lorette, et datée du 13 novembre 1823, nous apprend que sa retraite était déjà commencée, « ce qui ne l'empê-
« chait pas, disait-il, de songer à la petite commu-
« nauté, et à engager celle qui en était la mère à
« profiter du premier argent qu'elle aurait, pour
« acheter des couvertures et des chaussures, comme
« aussi à entretenir du feu, par un temps aussi ri-
« goureux qui lui perçait le cœur, parce qu'il n'avait
« pas le courage des filles de Lorette. » Il ajoutait :
« Récitez avec bien de la ferveur la prière que vous
« adressez chaque jour pour moi à Notre Seigneur ;

« ce n'est pas seulement pour mon ordination, mais
« pour les suites de mon ordination, que j'en ai
« besoin. »

En parcourant la même correspondance, nous
avons acquis la certitude qu'au moment où Monseigneur de Quélen prescrivait à Monsieur de Malet, au
nom de l'obéissance, de recevoir le sacerdoce, il lui
offrit, en même temps, de demeurer à l'archevêché,
avec le titre de vicaire-général. L'humilité du saint
prêtre, qui s'efforçait soigneusement de dérober aux
yeux des hommes les témoignages flatteurs rendus à
son mérite, aurait enseveli celui-ci dans un oubli
total, si les précautions elles-mêmes qu'il prit pour
le cacher, ne l'avaient consigné dans une lettre écrite
encore à la sœur Lorette.

« Je vous prie, lui mandait-il, à la date du 14
« novembre, de ne parler à personne, pas même à
« Monsieur S.., de la petite confidence que je vous
« ai faite au sujet de mon déménagement pour l'ar-
« chevêché. Cela doit rester entre Dieu et nous,
« jusqu'à ce qu'il y ait quelque chose de décidé. »
Sans doute, l'amour de la retraite et de l'obscurité
l'emporta encore, dans le cœur d'un homme plein
d'humilité, sur le désir d'être agréable à un prélat,
dont il savait apprécier la piété et toutes les vertus.

L'état de souffrance de Monsieur de Malet ne lui
permettant pas de supporter la longueur des cérémonies d'une ordination générale, Monseigneur de
Quélen voulut bien l'ordonner en particulier. Il célébra ensuite sa première messe dans une chapelle
modeste et solitaire : celle des sœurs de la Charité de

la rue de l'Epée-de-Bois. Il serait plus facile aux anges qu'aux hommes, de dire avec quelle ferveur il remplit les augustes fonctions d'un ministère redoutable, même à ces esprits bienheureux : aussi n'entreprendrons-nous pas d'en rendre compte ; nous dirons seulement qu'il crut alors n'avoir plus rien à désirer sur la terre, si ce n'est de pouvoir monter journellement au saint autel, pour offrir la victime de propitiation. « C'était, disait-il, vu son état d'infir-
« mité et son peu d'aptitude, tout ce que Dieu de-
« mandait de lui, excepté le soin des religieuses
« de Lorette, » auxquelles il écrivait bientôt après :
« Il est certain que Dieu ne me donne de grâce et
« de force que pour ce qui est d'absolue nécessité ;
« ayez donc bien souvent besoin de moi, car, alors
« j'en aurai plus de force et plus de grâce. »

Suivant la promesse qu'il avait faite, Monseigneur de Quélen ne tarda pas à charger Monsieur de Malet de cette petite Maison ; très-peu de jours après l'avoir ordonné prêtre, il lui en conféra les pouvoirs de Supérieur. Quoique malade, pouvant à peine sortir, il guidait cette communauté naissante avec une sagesse digne des hommes les plus consommés dans la direction. Sous sa conduite, l'esprit d'obéissance, de pauvreté et de charité, était parvenu, dans cette Maison, à un point de perfection qu'il est difficile d'exprimer.

Dans les courts intervalles que lui laissaient ses douleurs, il s'appliqua d'abord à bien saisir le but de la fondation, à calculer les moyens que la confiance en Dieu et la grâce dictaient pour l'obtenir, au point de vue spirituel, et s'efforça d'en pénétrer les religieuses ; il s'occupa ensuite de ceux que la prudence indiquait pour assurer le temporel.

En sa qualité de Supérieure, la sœur Lorette était obligée de veiller aux intérêts matériels ; mais ce n'était pas sans de grandes difficultés. Elle sortait quelquefois, pendant des journées entières, pour recueillir de légères aumônes, n'ayant rien pris qu'un morceau de pain et de fromage ; et une nourriture aussi peu substantielle devait la soutenir jusqu'à cinq ou six heures de l'après-midi. Encore, en rentrant à la maison, ne trouvait-elle le plus souvent, pour manger, que quelques feuilles de salade, ou bien des haricots, si vieux, si secs et si durs, qu'on était obligé de les faire cuire plusieurs jours.

On peut penser que, malgré la puissance de la foi et de la résignation de cette bonne religieuse, sa nature trouvait, de temps en temps, l'épreuve un peu forte. Alors, en véritable père, Monsieur de Malet ranimait sa confiance, et rendait le calme à son âme par quelques-uns de ces mots consolants, qu'il savait si bien dire, et que nous retrouvons souvent dans ses lettres : « Ayons courage, ma « chère fille ; nous ne perdons pas notre temps, « nous faisons la volonté de Dieu. Si Dieu le veut, « nous réussirons ; s'il ne veut pas, nous échoue- « rons, mais sans cesser de lui être agréables, « puisque nous travaillons, l'un et l'autre, sous le « drapeau de l'obéissance.

« Je vous ai laissée hier un peu triste et peinée « du poids de la supériorité : ne pensez pas à vos

« misères, tout le monde en a, et cela pourrait
« dégénérer en tentation. Ne vous étonnez pas non
« plus des petits gémissements de votre cœur,
« vous travaillez à une œuvre si grande selon la foi,
« que vous avez besoin de sentir les ennuis du
« jardin des Olives, afin de ne pas éprouver de
« retours sur vous-même, mille fois plus dangereux
« que toute autre épreuve. Les plus grands saints,
« entre autres sainte Thérèse, ont ressenti tout cela,
« et ils y ont trouvé un sujet de mérite. Il en sera
« de même de vous, ma très-chère fille, croyez-moi
« bien, je vous écris en présence de Notre Seigneur.

« Si je m'adressais à une de vos sœurs, je lui
« dirais : Allez à votre mère, car elle a reçu, de
« notre bon Maître, une ample provision pour ses
« filles ; mais je suis obligé de vous dire : Venez
« vous consoler près de cette espèce de père que
« Dieu vous a donné à Paris, car il faut bien aussi
« que quelqu'un vous console. Ne craignez pas sur-
« tout de me dire tous vos petits découragements ;
« Notre-Seigneur sera avec moi, quand vous vien-
« drez à moi en son nom, et la maladie ne me
« gagnera pas.

« Ayez confiance, je vous le répète. Mais pour-
« quoi vous souhaiter ce que vous avez déjà, bien
« que, quelquefois, vous croyiez ne pas l'avoir ? Si
« j'osais me compter pour quelque chose dans les
« moyens dont Dieu se servira pour édifier la Maison
« de Lorette à Paris, je vous dirais, ma bien chère
« fille, que depuis longtemps déjà je me suis donné
« tout entier à la sainte Vierge, la priant de disposer

« de moi et de ma fortune en la manière qu'il lui
« plairait ; et j'ajouterais qu'il me semble qu'elle
« veut que je sois entièrement à votre œuvre, pour
« en procurer l'établissement.

« Bénissons Notre-Seigneur et sa sainte Mère, ma
« très-chère fille, et recevez l'assurance de mon
« absolu dévouement. »

Parmi toutes les qualités morales qui distinguaient Monsieur de Malet, l'esprit d'ordre et d'économie occupait le premier rang ; aussi, un des premiers principes qu'il inculqua à ses filles, fut de ne jamais contracter de dettes. Fidèles à suivre en ce point, comme sur tous les autres, les leçons de leur père, le 1er février 1824, ayant soldé la dépense du mois précédent, il restait à l'économe vingt-cinq centimes, pour faire dîner dix-huit personnes ; encore n'avait-elle aucune provision. On pense bien que jamais repas ne fut plus frugal ; mais aussi, jamais récréation ne fut plus gaie. A trois heures de l'après-midi, Dieu inspira, à Madame la comtesse de Saint-Maurice, la pensée de visiter le petit établissement des religieuses de Lorette : en sortant, elle laissa une aumône de dix francs, et depuis ce jour, la Maison n'a jamais manqué du strict nécessaire.

Les embarras pécuniaires ne furent pas les seuls qui affligèrent la sœur Lorette ; on peut même dire, justement, que ce ne furent pas les plus difficiles à supporter. Dans ces commencements où son œuvre, à peine formée, paraissait ne pouvoir pas se soutenir, à cause de l'insuffisance de ses ressources, chacun voulait s'occuper d'elle, lui donner des conseils. Quelques personnes l'engageaient à se réunir à des œuvres chancelantes par le même motif, afin de ne pas diviser les dons ; d'autres lui conseillaient de se mettre en commun, pour les quêtes faites à la suite de discours de charité, ou à domicile ; il ne lui fallut rien moins que la prudence de Monsieur de Malet pour résister au milieu de tant de contradictions. Elle recourait à lui dans toutes ses difficultés, et toujours des réponses dictées par la sagesse venaient lui montrer la route la plus sûre pour en triompher.

Sur le premier point, il lui répondait : « Ne lais-
« sez pas à ces Messieurs grand espoir de réunion,
« afin qu'ils ne puissent pas se plaindre que nous
« les avons trompés. Mais s'ils reviennent à la
« charge, faites ce dont nous sommes convenus,
« et aussi ce que Notre-Seigneur et les anges qui
« président à cette œuvre vous inspireront. Du
« reste, ayez bien confiance que notre bon Maître
« et sa sainte Mère vous regardent, et vous portent
« dans leurs bras, avec votre petite communauté.
« Les vents peuvent souffler, mais ils ne vous abat-
« tront pas. »

Pour le second point : les quêtes communes, nous trouvons deux lettres, qui prouvent combien Monsieur de Malet pesait mûrement les choses avant de donner son avis : « Je viens, disait-il dans l'une, de
« recevoir la lettre de Madame Flocquard ; elle m'in-
« vite à me rendre, mardi prochain, à l'archevêché.
« Je vous recommande bien, Madame la Supérieure,
« de prier et faire prier Dieu, pour que j'aie, en
« cette occasion, la prudence nécessaire pour faire

« sa volonté et être utile à Lorette. Plus j'y pense,
« et plus je crois qu'il ne faut pas accepter ces
« quêtes communes à l'œuvre de N... et à la vôtre ;
« cela servirait de prétexte et de moyen pour nous
« ramener au point d'où nous nous sommes cons-
« tamment éloignés. Il me semble, d'ailleurs, que
« toutes ces belles promesses n'aboutiraient qu'à
« peu de choses, sous le rapport des secours, et à
« beaucoup sous celui des tracasseries qui naîtraient
« d'une bourse commune.

« Si vous jugiez autrement, ou si Notre-Seigneur
« vous inspirait quelque pensée à ce sujet, je veux
« absolument que vous me le disiez avant mardi :
« vous avez des grâces plus particulières que moi
« pour cette œuvre, et vous en faites sûrement un
« meilleur usage. »

La sœur Lorette ayant émis une opinion conforme à celle de Monsieur de Malet, il lui répondit :

« J'ai beaucoup réfléchi à ma visite de demain, et
« je me suis toujours plus affermi dans des pensées
« conformes aux vôtres ; mais, si vous voulez que je
« vous le dise, je me sens bien plus fort depuis que
« je sais que nous pensons de même. Quand, comme
« moi, on ne manque de rien, il est facile de prêcher
« aux autres la pauvreté ; et c'est ce qui me faisait
« craindre de refuser des secours, dont la privation
« ne doit pas me faire souffrir. Au reste, vous avez
« un bon maître, et ce que les religieuses de Lorette
« refuseront pour mieux remplir leur vocation, leur
« sera rendu au centuple, même dès ce monde.
« Ainsi, je suivrai, dans toute son étendue, ma

« pensée et la vôtre, quand bien même on devrait
« dire que je fais tout cela uniquement pour rester
« votre Supérieur ; car la possibilité de ces *on-dit*
« me retenait un peu : ce qui vous prouve que je
« n'ai pas fait un grand progrès dans l'abnégation
« de moi-même. »

Une autre fois, après bien des démarches et des sollicitations de la sœur Lorette, qui lui avaient procuré quelques ressources, une œuvre étrangère s'en empara à son préjudice ; sa charité s'alarma ensuite d'avoir averti ses bienfaiteurs de la petite mortification qui lui était arrivée. Monsieur de Malet lui écrivit tranquillement : « Vous avez bien fait de
« dire ce qui était. S... reçut les légumes qui vous
« étaient destinés : cela ne vous a pas appauvrie, et
« ne l'a pas enrichi. Qu'il enlève donc ce qui plaira
« à Notre-Seigneur, et nous, demeurons dans son
« amour. »

En effet, le petit larcin dont nous venons de parler n'enrichit pas l'œuvre au profit de laquelle il avait été commis. Lorette subsiste, et elle a disparu depuis longtemps.

Au milieu de cette pauvreté et des privations qui l'accompagnaient nécessairement, une religieuse de Lorette tomba malade. On peut se figurer les angoisses de la pauvre Supérieure ! Dans ces tristes circonstances, le cœur paternel de Monsieur de Malet devint aussi un cœur de mère pour ses filles affligées.

« Mon Dieu, leur écrivait-il, que mon cœur est
« brisé de tout ce que vous souffrez ! bien que je
« sache que c'est pour la malade et pour vous une

« source de mérites, et pour la Maison une source
« de bénédictions ! Hélas, Seigneur, mesurez les
« croix à notre faiblesse, et prenez pitié de vos
« pauvres enfants.

« Dites à la malade que, dans son état, un simple
« soupir vers le ciel lui est cent fois plus méritoire
« que tout ce qu'elle pourrait faire en santé ; que
« je partage son mal, mais non ses mérites.

« Et vous, ma chère fille, qui n'êtes pas mère
« pour rien, et qui trouvez dans cette maladie une
« croix bien lourde, que vous dirai-je ? sinon que ce
« petit surcroît de peine est un nouveau signe du
« bien que fera l'établissement de Paris, pour le
« salut des âmes et la gloire de Dieu.

« Vos filles seront un jour votre couronne : cette
« couronne sera toute de roses en paradis ; c'est
« pour cela qu'elle est toute d'épines dans la rue
« des Vieilles-Tuileries. »

La croix est le cachet des élus ; elle est aussi celui des œuvres de Dieu, que le démon jaloux s'efforce, par tous les moyens, de ruiner dès son origine. Mais, si l'œuvre est fondée sur le roc de la volonté de Dieu, les flots de la colère de l'homme ennemi ont beau se déchaîner, elle résiste à leur fureur la plus violente : telle fut la Maison de Lorette à Paris, attaquée sur tous les points, presque détruite, et subsistant toujours.

Quelque temps après, la Supérieure éprouva un nouveau genre de tribulations, qu'elle ressentit vivement. Ayant été desservie près de son Supérieur général, celui-ci lui adressa des reproches immérités. Monsieur

de Malet l'en consola par les paroles suivantes :
« Votre cœur est bien affligé dans ce moment, ma
« fille ; un peu de courage, un peu de confiance, et
« après tout ceci, il sera bien grand. N'aimons que
« Dieu, et ne voyons nos frères et nos Supérieurs
« qu'en Dieu. Ah ! ma fille, que cette petite croix
« sera un grand sujet de joie pour votre cœur,
« quand il sera réuni au cœur tant aimable de Notre-
« Seigneur ! Il fut aussi accusé, condamné, crucifié
« sans l'avoir mérité. Et vous, ma fille, ne trouvez-
« vous pas juste de participer un peu à ses souf-
« frances, puisque vous souhaitez de participer un
« jour à sa gloire ? Songez qu'une épouse de Jésus-
« Christ doit avoir pour chapeau une couronne d'é-
« pines. Ne voudriez-vous pas accepter cette marque
« de vos fiançailles, et pourriez-vous en vouloir à
« à ceux qui l'ont tressée ?
« Allons, ma chère fille, vive Jésus ! et sa très-
« sainte volonté. »

Ennuyée, fatiguée de tant d'épreuves de tout genre, la sœur Lorette sentait défaillir son âme ; elle soupirait après le jour où, déchargée du fardeau de la Supériorité, elle pourrait rentrer dans le rang d'inférieure, ce qui la faisait souvent songer à sa ville natale et aux moyens d'y retourner. Elle avoua simplement à Monsieur de Malet la peine qui la troublait sur ce point. Nous trouvons dans ses lettres la charmante réponse qu'elle en reçut :

« Voilà que vous avez encore le cœur gros, ma
« fille. Seigneur, quand serons-nous un peu détachés
« de nous-mêmes, et abandonnés à la volonté de

« Dieu ? Bonaparte nous conduisit à cinq cents lieues
« de notre pays, et nous y allions en riant. Et quoi
« faire ? Mourir de froid, de faim, de misère ou de
« quelque coup de canon. Et quand Dieu demande
« à une de ses épouses de venir à Paris lui sauver
« des âmes, quand il l'y couvre de sa protection
« pour lui prouver que c'est là qu'il la veut ; elle y
« va, mais en soupirant ; elle y reste, mais avec le
« cœur gros de larmes ; elle retourne sans cesse la
« tête, comme la femme de Loth. Allons, ma chère
« fille, un peu de courage, détournez vos yeux de
« tout ce qui n'est pas selon la très-sainte volonté
« de Dieu ; c'est le moyen d'acquérir un cœur géné-
« reux et digne de votre Époux.

« J'espère que Notre-Seigneur ne vous renverra
« pas à S... ; cependant, qu'il soit béni où qu'il
« vous envoie, car nous serons toujours bien tant
« que nous ferons sa volonté. »

Nous citerons encore une seconde lettre sur le même sujet : « Le démon veut renverser l'œuvre de
« Paris, et il sait bien ce qu'il fait, en l'attaquant
« du côté de votre cœur. Dieu m'est témoin que
« l'œuvre à laquelle nous travaillons ne me ferait
« pas faire un seul pas contre sa très-sainte volonté,
« quelque intérêt que j'y prenne, et que si je vous
« croyais appelée à S..., je serais le premier à vous
« engager à y retourner. Mais ne vous y trompez pas,
« ma chère fille, ne vous faites pas illusion, Dieu a
« arrangé les choses de façon que l'œuvre de
« Paris sera détruite le jour où vous la quitterez :
« j'entends avant son entier affermissement. Ainsi,

« ma fille, quand vous réfléchissez sur les moyens à
« prendre pour vous en retourner, c'est comme si
« vous réfléchissiez sur les moyens à prendre pour
« renverser l'œuvre. Dieu peut certainement la faire
« sans vous, mais il a disposé les choses de façon
« à la faire par vous. Voyez après cela si vous
« voulez quitter votre poste? Je me souviens qu'un
« jour, en revenant de chez X..., vous me proposâ-
« tes de faire l'œuvre, en m'assurant que vous me
« seconderiez de toutes vos forces. Si je vous eusse
« dit alors : Mais, ma sœur, quand j'aurai travaillé
« avec vous quelque temps, quand l'œuvre sera en
« train, vous aurez peut-être un souvenir de la terre
« natale, alors vous laisserez le bâtiment, à peine
« élevé, entre mes mains, et, voyant tant de peines
« et de travaux perdus, je n'aurai plus que le
« regret de l'avoir entrepris. Vous m'auriez, n'est-il
« pas vrai, bien assuré du contraire. Eh bien !
« faites maintenant ce que vous auriez fait alors.
« Donnez-vous toute au présent, sans penser à
« l'avenir. Hélas, Seigneur! que nous sommes de
« pauvres gens! »

Aux croix que Dieu envoyait aux religieuses de
Lorette sa bonté mêlait quelquefois de petites consolations, et Monsieur de Malet en jouissait autant
qu'elles-mêmes. Voici ce qu'il leur écrivait dans une
de ces circonstances : « Je ne puis différer un seul
« instant, ma chère fille, à vous annoncer la bonne
« nouvelle que j'ai à vous donner, et dont vous
« rendrez grâces à Dieu bien plus dignement que
« moi. Une personne à qui j'ai envoyé votre pros-

« pectus, et dont j'attendais à peine quelques pièces
« de cent sous, vient de m'apporter pour vous un
« billet de cinq cents francs, en me laissant entre-
« voir que les années suivantes il pourrait nous en
« arriver autant. Que Notre-Seigneur en soit béni ! »

Il ne manquait pas alors d'en tirer pour ses filles des motifs d'encouragement, de reconnaissance et de confiance dans le secours de Dieu. « Que de grâ-
« ces, leur mandait-il, au commencement de janvier
« 1825, que de grâces Notre-Seigneur n'a-t-il pas
« faites à votre petite Maison depuis une année ?
« Et combien vous devez unir vos cœurs pour l'en
« remercier ! Je vous donne pour étrennes cette
« parole que saint Jean l'évangéliste répétait sans
« cesse à ses chers disciples : *Aimez-vous les unes*
« *les autres*, c'est à cela qu'on reconnaîtra que vous
« êtes les vraies épouses de Jésus-Christ. J'ai enten-
« du dire d'une petite communauté que c'était la
« plus pauvre, la plus unie et la plus fervente, et
« que c'était pour cela qu'elle subsisterait, malgré
« les obstacles qu'elle rencontrerait de toutes parts.
« Faisons en sorte qu'on en puisse dire autant de
« cette petite Maison ; qu'elle soit la demeure de
« la charité et de la simplicité : ce sont deux sœurs
« qui ne se quittent point.

« Bénissons le Seigneur, en faisant de cette com-
« munauté un petit paradis où toutes les âmes
« soient en paix. Que les saints anges se plaisent
« avec nous, et que les gens du monde soient attirés
« à Dieu, par l'odeur de Jésus-Christ qu'ils respi-
« reront en entrant à Lorette. »

CHAPITRE IX.

Monsieur de Malet va habiter rue du Regard. — Triste état de sa santé. — Sa patience. — Sa résignation au milieu des épreuves ; fragments de lettres témoignant de ses dispositions. — Difficultés qui surviennent entre Monsieur de Malet et le Supérieur général des religieuses de Lorette. — Pour satisfaire à un sentiment de justice, qu'il croyait blessé, Monsieur de Malet donne une somme de 1200 francs, et se démet ensuite de la supériorité de la Maison de Paris.

Dès les premiers mois de l'année 1824, l'œuvre de Lorette avait acquis assez d'extension pour rendre insuffisant le logement de la rue des Vieilles-Tuileries, où elle s'était établie, au mois d'octobre précédent. Monsieur de Malet engagea alors les religieuses à en chercher un autre plus commode avec jardin, afin que les jeunes filles qu'elles instruisaient et appliquaient à l'ouvrage, une grande partie de la journée, pussent, pendant les moments consacrés à la récréation, prendre l'exercice nécessaire à leur santé et presque à leur vie.

L'intérêt paternel qu'il portait à ces pauvres enfants lui faisait désirer, avec un peu d'impatience, de trouver un nouveau local pour les loger. Sa charité fut réellement mise à l'épreuve par un léger retard qui eut lieu ; il se vit obligé de recourir à sa vertu de prédilection : la soumission aux desseins de la Providence, et il écrivit à ce sujet, à la sœur Lorette : « J'ai vainement attendu la réponse qu'on « m'avait promise, ma chère fille. Il est bien probable « que tout ceci n'est qu'une petite épreuve. Du « reste, si nous désirons aller ailleurs, ce n'est que « pour mieux faire l'œuvre que Notre-Seigneur nous « a confiée ; s'il nous aime mieux où nous sommes, « qu'il en soit béni à jamais ! »

Au commencement de juillet 1824, la Maison qu'il désirait si vivement fut enfin trouvée et louée par Monsieur de Malet pour ses filles ; elle offrait bien quelques inconvénients, par son exiguité, son exposition et l'humidité du jardin ; mais c'était la seule qu'on eût pu rencontrer, dans des conditions un peu convenables, de quartier et de relations. Il annonça cette nouvelle à la Supérieure par un mot plein de l'esprit de foi dont il était toujours animé : « Eh bien ! ma chère fille, j'ai donné parole « ce matin. Ainsi, à dater du 1er d'octobre, la « Maison de Lorette sera située rue du Regard, « numéro 16. Vous y voilà pour quatre ans. Puissiez-« vous faire de ce lieu un paradis dont la paix et « le bonheur soient enviés au loin ! Après-demain, « on y portera la statue de notre bonne Mère, qui « sera logée d'abord comme à Bethléem, dans une « écurie. Dieu veuille que ses filles de Lorette aillent « lui rendre leurs hommages avec un cœur aussi pur « que celui des bergers et aussi généreux que celui « des Mages.

« Je n'ai pas besoin de vous engager à rendre « grâces à Dieu avec toute votre communauté.

« Priez maintenant pour que je trouve à me loger
« près de vous. »

Ce dernier vœu fut bientôt exaucé. Peu de temps après, Monsieur de Malet alla habiter, rue du Regard, numéro 11, une maison située presque en face du couvent, pour être plus à portée de lui donner des soins ; autrement, il lui eût été impossible de se charger de la direction des consciences ; car, depuis sa sortie du séminaire jusqu'à sa mort, sa santé ne lui a jamais permis de faire une course, même en voiture, sans être aussitôt pris d'un accès de fièvre, souvent accompagné de crachement de sang.

Vers le mois d'octobre, il quitta son logement de la rue de l'*Arbalète*, pour celui de la rue du *Regard*. L'état d'infirmité dans lequel Dieu retenait alors ce saint prêtre, ne lui permettait de dire la messe qu'une fois par semaine ; souvent même, il se voyait privé de ce bonheur beaucoup plus longtemps encore, n'ayant pas la force de rester debout pendant la durée du saint sacrifice, ni celle de soutenir l'application de son esprit, en célébrant, sans que les crachements de sang se manifestassent. Cependant, le désir d'être utile aux âmes du purgatoire le faisait s'exposer à ce redoublement de souffrances : nous en trouvons l'aveu dans une lettre datée du 23 juin 1824. Elle renferme à la fois l'expression de son humilité, de sa charité, et une sorte de prédiction, trop malheureusement réalisée.

« J'aurai demain quarante ans, écrivait-il ; me
« voilà aux deux tiers de ma carrière, et je n'en ai
« employé qu'une bien petite partie au service de

« Dieu ! et comment encore ? Je ne puis résister au
« désir de dire demain la messe, afin de commencer
« ma quarante-unième année par un acte utile au
« prochain. Priez pour moi, ou plutôt pour les âmes
« qui languissent en purgatoire. J'ai la confiance
« que leurs bons anges veilleront sur nous. »

A quarante ans, Monsieur de Malet était, en effet, aux deux tiers de sa carrière ; il venait de commencer sa soixantième année, lorsque la mort l'a enlevé à ses amis ! Réduit à une sorte d'impuissance, pour tout ce qui tenait à l'application de l'esprit, il se livrait rarement à des études sérieuses sans en éprouver des fatigues considérables ; mais, ennemi de l'oisiveté, il savait recourir à d'heureuses inventions, pour employer son temps d'une manière utile. Il apprit à enchaîner des chapelets, et passait souvent des heures entières dans ce travail, dont le résultat était distribué aux pauvres enfants de sa petite communauté. Et ce brave soldat de la Grande Armée, dont les mains avaient manié si vigoureusement l'épée et le sabre, et dont le visage portait encore de si nobles cicatrices, s'estimait bien plus honoré et plus glorieux de n'avoir désormais d'autre occupation que de tresser des couronnes pour la Reine du ciel !

Dieu lui ravit même cette consolation. Pendant les dernières années de sa vie, ses yeux, surtout celui qui avait été atteint d'un coup de lance, le jour où il fut miraculeusement sauvé sur le champ de bataille, devinrent trop faibles pour lui permettre désormais de se livrer à ce genre de délassement. Il y trouva matière à sacrifice, s'estimant heureux de pratiquer ainsi l'humilité ; en rapprochant cette époque de retraite absolue avec celle où la confiance qu'il inspirait le força à se livrer à la direction, il la dépréciait lui-même en ces termes : « Alors je faisais « plus que je ne disais ; maintenant, je dis plus que « je ne fais. »

Mais au milieu de toutes ses épreuves, il conserva toujours sa sérénité, sa douce gaîté, sa résignation et sa soumission à la Providence. Voici la manière dont il terminait un petit mot écrit pendant une de ses grandes crises de souffrances :

« Je suis encore malade ; que Dieu en soit béni, « et que sa très-sainte volonté soit faite ; car, il n'y a « rien d'aimable et de bon, que ce qui est marqué « à ce coin. »

Il fallait être admis dans son intimité, comme quelques ecclésiastiques en possédaient le bienheureux privilége, pour comprendre tout ce qu'il y avait d'admirable dans cette acceptation amoureuse et joyeuse même, de croix qui étaient pour lui d'autant plus pénibles, et d'autant plus amères, que les élans d'un zèle plein d'ardeur lui auraient fait vivement désirer de remplir les sublimes fonctions du sacerdoce ! Quelquefois ses amis le pressaient de recourir aux médecins les plus célèbres, afin de se procurer du soulagement ; il répondait alors avec cet esprit de foi et d'abandon à Dieu, qui dominait toutes ses actions : « J'ai fait tout ce que je devais faire ; « j'attends les moments de la Providence, et qu'elle « me manifeste elle-même sa volonté. »

La nature cependant ne perdait pas tous ses droits, elle se faisait, de temps en temps, vivement sentir à Monsieur de Malet, pour lui procurer de nouveaux sujets de mérites : « Je souffre de la poitrine, et ne « vais pas vous voir aujourd'hui, mandait-il dans un « de ces moments pénibles ; je boude dans mon « coin, sans trop savoir pourquoi ; mais il faut bien « sentir la partie inférieure de l'âme. Que Dieu en « soit béni !

« Demeurez en paix, Notre-Seigneur le veut ainsi. « Qu'il soit votre appui et votre consolation. »

D'autres fois, à ses souffrances physiques, Dieu joignait encore des peines intérieures qui plongeaient l'âme de son fidèle serviteur dans des tristesses mortelles. « Depuis trois jours, écrivait-il, je souffre de « corps et d'esprit, je suis en purgatoire ; j'ai des « tentations de découragement si grandes, qu'il y a « des moments où je voudrais que le bon Dieu « m'envoyât une bonne et prompte mort, et où il « me semble que je la lui demande : vous voyez, « ma fille, que votre père ne sait guère prêcher « d'exemple ; aussi, Notre-Seigneur a-t-il dit : Ne « faites pas ce qu'ils font ; mais faites ce qu'ils disent, « et vous vivrez. »

Nous trouvons encore dans la correspondance de Monsieur de Malet ces lignes qui expriment bien les angoisses de son âme : « Et moi aussi, j'ai besoin « d'être encouragé et aidé dans mes croix qui, au « fond, ne sont grandes que parce que ma soumis- « sion à la volonté de Dieu et mon courage sont « petits. J'ai aussi mes peines et mes tentations, et

« je n'ai pas, comme vous, près de moi, quelqu'un
« à qui je puisse m'ouvrir. Je viens de sommer la
« très-sainte Vierge de me secourir. Priez-la donc
« un peu pour moi, par les entrailles qui ont porté
« Jésus-Christ. Priez-la de me regarder en pitié ! »

Depuis le mois de décembre 1823, jusqu'à la fin d'octobre 1826, Monsieur de Malet continua à gouverner la communauté de Lorette avec la prudence qui le caractérisait en toutes choses, et qu'on a pu apprécier par les diverses lettres dont nous avons donné des fragments. Si les premières années de cette supériorité offrirent un grand nombre de difficultés de différents genres, on peut dire que la dernière ne fut, pour lui et les religieuses de Lorette, qu'un tissu d'incidents pénibles : nous touchons à une crise où cette œuvre faillit périr.

On a déjà observé que la sœur Lorette avait été accusée injustement auprès de son Supérieur général. Bientôt leurs rapports commencèrent à témoigner du refroidissement de leur confiance mutuelle, par suite de divergence dans leurs appréciations respectives. La bonne religieuse s'en troubla, et son esprit conçut de tristes prévisions, contre lesquelles Monsieur de Malet s'efforçait de la rassurer : « L'ennemi du salut
« est pour beaucoup dans vos inquiétudes, ma chère
« fille, lui disait-il ; ayons toute confiance et soumis-
« sion à la volonté de Dieu ; car, voyez-vous, dans
« l'adversité, l'esprit prévoit plus de mal qu'il n'en
« doit arriver, et dans la prospérité, plus de bien. Les
« hommes sont des demi-fous : j'entends les plus
« sages. »

Il l'engagea ensuite à écrire à son Supérieur, avec une déférence toute filiale : « Faites partir cette « lettre aujourd'hui, ma chère fille, ajoutait-il ; il « est temps que l'harmonie se rétablisse entre S... « et Paris ; et le moyen de la rétablir, c'est une « grande soumission. »

Malgré tant de sages ménagements, l'orage éclata. Avec un zèle qui ne savait reculer devant aucun obstacle, et qui était la source de bien de travaux, de peines, et de fatigues, la sœur Lorette était parvenue à recueillir un certain nombre d'aumônes ; elle avait fait comprendre à ses bienfaiteurs tout l'avantage qui résulterait pour Paris d'un établissement où des jeunes filles honnêtes, fidèles et pieuses, seraient formées pour le service. Les bourses s'étaient ouvertes, et elle avait pu réunir une somme de douze cents francs. Instruit de ce résultat, considérant la Maison de Paris comme une succursale de la sienne, et ayant besoin d'argent pour les bâtiments de son pensionnat, le Supérieur général se crut en droit de demander les économies de la sœur Lorette : ainsi agissent ordinairement les congrégations religieuses, dont la Maison-Mère fait les frais de fondation, et réclame, en retour, le superflu des établissements formés, afin de se mettre en état de subvenir de nouveau au bien général. Mais telle n'était pas la position de la sœur Lorette. Arrivée à Paris sans aucune ressource, les personnes charitables avaient seules soutenu son œuvre ; elle craignit donc de tromper l'attente de ses bienfaiteurs ; la délicatesse de sa conscience s'alarma, et elle ne crut pas pouvoir obéir sans demander conseil.

Elle communiqua à Monsieur de Malet, son Supérieur à Paris, la lettre où cette demande était faite : celui-ci la désapprouva. Il écrivit à son ami, qu'agir comme il le proposait, serait manquer aux personnes respectables, dont l'intention avait été de donner leurs aumônes à Paris, et non en province, et faire un larcin aux pauvres de la ville, qu'elles avaient eu l'intention de soulager. Les réponses du Supérieur affligèrent Monsieur de Malet, qui l'avait sincèrement considéré comme un de ses meilleurs amis. Il mandait : « J'ai reçu une lettre
« de S... Je suis triste. J'en ai été tout découragé
« et tenté pendant cette journée ; mais Notre-Sei-
« gneur a bien autrement souffert au désert ! »

Enfin, ne voulant pas entretenir plus longtemps, par sa présence, des contestations inévitables entre personnes dont les opinions diffèrent sur un point qu'elles prennent également à cœur de défendre, plutôt que de blesser son ami, Monsieur de Malet songeait à se retirer modestement et sans bruit : résolution qui redoublait les inquiétudes de la sœur Lorette. Elle pressait son pieux guide de ne pas l'abandonner dans des conjonctures aussi critiques. « Soyez en
« paix, lui répondait-il, je n'ai jamais été plus dé-
« terminé à ne rien précipiter et à ne rien faire à la
« légère ; et cette détermination est d'autant plus
« solide qu'il y a, dans cette affaire, des points sur
« lesquels je ne dois pas céder. Croiriez-vous que
« j'ai songé à tout cela une partie de la nuit ? J'ai

« prié Dieu, et je le prie encore de nous éclairer tous
« les deux de la lumière de son saint Esprit, mais
« je ne puis vous cacher combien ces manières de
« faire me semblent éloignées de celles de saint
« Vincent de Paul et de saint François de Sales ;
« et combien aussi, de la voie par laquelle Dieu
« m'appelle et me paraît appeler à votre Institut.

« Plus je crois voir la nécessité de quitter cette
« œuvre, plus je suis résolu de ne rien faire de
« moi-même, et sans y avoir bien réfléchi. Que vous
« dirai-je, ma chère fille? Cette cruelle nécessité
« me déchirera le cœur, si elle a lieu. Mais enfin,
« la volonté de Dieu avant tout. Si Notre-Seigneur
« me veut encore avec mes filles et mes enfants
« d'adoption, j'ai, comme vous, la confiance qu'il
« fera un nouveau miracle pour réunir ce qui est
« désuni. S'il veut m'imposer cette séparation, mon
« cœur est prêt. Qu'il soit béni ! Mais je ne veux
« pas que vous alliez à la chapelle plus qu'à l'ordi-
« naire, et surtout, faites la récréation. L'obéissance
« vous obtiendra plus de grâces que la prière.

Il ne croyait pas, sans doute, que le bon droit
pût lui manquer dans les prétentions qu'il élevait,
car, avec le cœur rempli d'un égal désir du bien,
les esprits diffèrent souvent sur la manière d'envisager les moyens qui doivent y conduire. Le Supérieur général persévéra dans sa première opinion ;
il exigea que la somme de douze cents francs fût
envoyée à la Maison-Mère. Fermement arrêté dans
ses convictions, par un sentiment de délicatesse et de
justice, Monsieur de Malet remit de ses deniers, à la

sœur Lorette, une somme égale à celle qu'elle allait adresser en province ; mais, en même temps, il cessa de se regarder comme Supérieur de sa Maison, et instruisit Monseigneur des motifs qui lui faisaient une loi de donner sa démission. Monseigneur de Quélen approuva, en tous points, la conduite de Monsieur de Malet, et refusa de donner un Supérieur aux religieuses de Notre-Dame de Lorette, tant qu'elles ne dépendraient pas uniquement de l'autorité diocésaine.

Avant de prendre une dernière résolution, et de s'éloigner définitivement de ses chères filles, Monsieur de Malet voulut encore examiner et décider la vocation d'une novice, dont l'avenir l'inquiétait beaucoup. Pour assurer autant que possible le salut de cette jeune personne qui lui paraissait bien exposée à se perdre, si elle retournait dans le monde, il l'engagea à faire une promesse conditionnelle aux âmes du purgatoire, si elle était admise pour ses premiers vœux, à une époque déterminée. Dieu bénit ce conseil ; la novice reçut le voile avant le jour fixé, et reconnut qu'elle ne devait qu'aux sages avis de son bon père, et à l'intercession des âmes souffrantes, sa persévérance dans une vocation qui fait encore tout son bonheur. Les dernières paroles de Monsieur de Malet, en quittant la sœur Lorette, furent une recommandation spéciale pour cette dévotion. « Je ne sais, lui dit-il, « comment tout cela finira, mais je suis convaincu « que si vous continuez les pratiques et les prières « convenues entre nous pour les âmes du purgatoire,

« Notre-Seigneur arrangera les choses, et vous fera
« sortir de la pénible situation où vous vous trouvez. »
Le lendemain, il lui adressa la lettre suivante :

« Madame la Supérieure,

« Je reçois à l'instant une lettre de Monsieur
« Desjardins, qui m'apprend que je ne suis plus
« votre Supérieur. Je ne quitte pas sans quelque
« peine une place qui m'a procuré, pendant trois
« ans, l'occasion d'être utile à votre intéressante
« communauté. Mais l'espoir que ma retraite mettra
« fin aux petites discordes, qui retombaient toujours
« un peu sur l'œuvre, en en gênant la marche, me
« servira de consolation.

« Dans toute autre circonstance, je me serais
« estimé heureux de conserver près de vous la
« charge de chapelain ; mais je crois que la tran-
« quillité de cette Maison et la mienne exigent que
« je lui devienne entièrement étranger. J'enverrai
« demain chercher mes ornements, mes palles, mon
« linge d'autel, et s'il restait quelque autre chose à
« moi, je vous prie de l'y garder. Je vous offre
« entre autres mes burettes, qui vous sont, je crois,
« nécessaires. Je vous demanderai seulement une
« attestation, qu'au moment où j'ai quitté la Supé-
« riorité, cette Maison n'avait point de dettes.

« Si l'aumône a sa récompense dès ce monde,
« je l'ai trouvée surtout dans le plaisir que j'ai eu
« à me rendre utile aux religieuses de Lorette.
« Toutes les fois que vous aurez besoin de moi,
« pour vos malades ou autrement, écrivez-moi, je

« ferai ce que je pourrai : j'exige seulement que
« votre Supérieur soit instruit, une fois pour toutes,
« de ces rapports, et qu'ils ne s'étendent pas au-delà.
« Vous pouvez faire prendre du gras et du bouillon ;
« seulement, avertissez-moi la veille, afin que je ne
« sois pas obligé d'envoyer au couvent, ce qui me
« gênerait.

« Puisque vous devez faire part ce soir à vos
« sœurs de ma retraite, dites-leur de bien prier pour
« moi, et que je ne les oublierai jamais devant
« Notre-Seigneur. Je regretterai longtemps la Maison
« de Lorette ; je me plaindrais presque de l'avoir
« connue, si je n'étais convaincu que c'était dans
« l'ordre de Dieu.

« Je sais, Madame la Supérieure, qu'il eût été à
« propos que j'allasse faire mes adieux à vous et à
« toute la communauté, et vous donner une der-
« nière bénédiction ; mais j'avoue que je n'ai pu
« m'y décider. Si vous croyez, les unes et les autres,
« m'avoir quelques obligations, prouvez-le en priant
« pour moi, et en devenant des modèles de sim-
« plicité et de vertus religieuses.

« Que la paix de Notre-Seigneur soit avec vous
« toutes ; c'est le vœu bien sincère de votre dévoué
« serviteur.

« Ed. de MALET, prêtre. »

CHAPITRE X.

La communauté de Lorette reste sans Supérieur à Paris. — Monseigneur l'archevêque déclare qu'il ne veut la conserver dans son diocèse, qu'à la condition qu'elle relèvera uniquement de l'Ordinaire. — Le Supérieur général consent à une séparation. — Monsieur l'abbé de Malet est de nouveau nommé Supérieur, et, comme représentant de l'archevêque de Paris, il reçoit le vœu d'obéissance des religieuses. — Il devient fondateur du nouvel Institut, qui prend le nom de Sainte-Marie-de-Lorette.

Les peines, les contrariétés, en un mot, les croix sans nombre qui vinrent assaillir la sœur Lorette, après la retraite de Monsieur l'abbé de Malet, ne sauraient être calculées, ni toutes rapportées ici. Il suffira de dire que, sans secours ni conseils, laissée à elle-même par les prêtres du diocèse de Paris, auxquels Monseigneur l'archevêque n'accordait, à son égard, que les pouvoirs de confesseurs, dépendant d'un Supérieur général fort éloigné et prévenu contre elle, par suite de la résistance qu'elle avait cru devoir apporter à l'exécution de ses ordres, ayant dans son intérieur une admonitrice envoyée par ce même Supérieur, et chargée d'examiner toutes ses démarches, cette pauvre religieuse ne savait quel parti prendre, ni quelle ligne de conduite tenir. Dieu seul était son appui, et son assistante, la confidente des douleurs de son âme.

Elle s'efforçait alors, par ses prières ferventes, ses privations et mortifications de tous genres, ses abaissements en présence du Seigneur, de faire violence au ciel. Fidèle à suivre les conseils que Monsieur l'abbé de Malet lui avait donnés au moment de son départ, elle promit de consacrer, pendant le mois de janvier 1827, tous ses exercices de piété, toutes ses bonnes œuvres et ses afflictions au soulagement des âmes du purgatoire, et de faire brûler des cierges dans la chapelle, à cette intention ; mais la pauvreté de sa maison ne pouvant suffire à cette dépense, elle eut recours à la seconde bienfaitrice de l'établissement de Lorette, Madame la baronne Capelle, qui lui donna des bouts de bougie, afin d'accomplir sa promesse.

Pendant tout le temps de cette cruelle épreuve, qui dura près de cinq mois, la sœur Lorette passa une grande partie des jours, et souvent même des nuits, dans la prière. Lorsqu'elle sortait de la chapelle, après y être restée de longues heures, son visage inondé de larmes dévoilait ses souffrances morales, ce qui affligeait le cœur de ses filles. Le soir, lorsque chacune d'elles s'était retirée au dortoir, elle demeurait si longtemps devant le Saint-Sacrement, que sa compagne de chambre, qui essaya plusieurs fois de l'attendre, fut toujours vaincue par la fatigue, et obligée de se coucher la première. Joignant, comme nous l'avons dit, la mortification à l'oraison, cette pieuse fille bourrait encore sa paillasse avec des morceaux de bois, et pour couvrir ensuite cette pratique du voile de l'humilité, lorsqu'on s'en apercevait, elle assurait préférer les lits les plus durs.

Au moment où elle se trouvait ainsi sans Supérieur à Paris, la sœur Lorette, peu instruite de la discipline ecclésiastique, donna l'habit religieux à une postulante, sur la seule permission de son Supérieur général, et sans en référer à l'autorité diocésaine ; mais, peu de temps après, ayant appris qu'elle avait eu tort, elle écrivit, avec une grande franchise, à Monseigneur l'archevêque de Paris, dont nous avons sous les yeux la réponse.

Après avoir fait remarquer sa faute à la sœur Lorette, le prélat la lui pardonne, avec des expressions de bienveillance, en lui assignant un rendez-vous pour le lendemain. Dans cette visite, Monseigneur déclara qu'après mûre délibération, il ne voulait plus consentir à garder dans son diocèse les religieuses de Lorette qu'à la condition expresse qu'elles se sépareraient des autres maisons de leur Institut, auraient leurs règles propres et demeureraient sous son unique obéissance. Il ordonnait à la sœur Lorette de faire connaître cette décision irrévocable au Supérieur de sa congrégation.

Il n'y avait plus alors à reculer ; il fallait choisir entre Paris et la Maison-Mère, ce qui mit toute cette petite famille spirituelle en grande perplexité ! La Providence mit fin à ces pénibles conjonctures, en permettant que le Supérieur général consentit lui-même à une séparation, et laissât les religieuses libres de rester à Paris ou de s'en retourner. Toutes acceptèrent l'obéissance de

Monseigneur l'archevêque de Paris, excepté celle qui avait été envoyée comme admonitrice ; elle les quitta promptement.

Enfin, le 7 mars 1827, la sœur Lorette reçut du secrétariat de l'archevêché une lettre lui annonçant que Monsieur l'abbé de Malet était de nouveau investi de la supériorité de sa Maison. Le lendemain, il se présenta lui-même, avec le titre qui lui conférait ces pouvoirs.

Remplie de joie, la communauté se rendit aussitôt à la chapelle, où le Supérieur, tenant entre ses mains le Saint-Sacrement, reçut le vœu d'obéissance, que chacune des religieuses fit, en sa personne, à Monseigneur l'archevêque de Paris et à ses successeurs. Par cet acte, elles renonçaient à toute autorité étrangère à la sienne.

Afin de consacrer le souvenir de ce jour, mémorable pour la communauté de Lorette, et aussi pour distinguer cette œuvre de celle qui lui avait donné naissance, elle changea son nom, de *Notre-Dame-de-Lorette*, en celui de *Sainte-Marie-de-Lorette*, qu'elle a toujours porté depuis cette époque.

Rien n'approche de l'impression de bonheur qu'éprouvèrent les habitantes de la petite maison de la rue du Regard, lorsqu'elles entendirent le son de la cloche qui annonçait le retour de leur bon père. Enfants et religieuses, toutes n'avaient qu'un même sentiment. Depuis ce bienheureux jour, jusqu'à celui qui fut pour lui le dernier, et qui a coûté tant de larmes à la communauté de Lorette, Monsieur l'abbé de Malet n'a cessé de lui prodiguer ses soins paternels, ni de travailler à former cette œuvre selon les desseins de Dieu.

Il n'avait accepté que par obéissance la mission difficile dont le chargeait Monseigneur l'archevêque, et, dès lors, il comprit bien que le titre de fondateur se trouverait nécessairement joint à celui de Supérieur. Pour établir cette Maison d'une manière solide, il fallait la constituer sur de nouvelles bases : l'autorité ecclésiastique exigeait qu'elle suivît des règles qui lui fussent propres, et les filles de Lorette n'avaient encore ni constitutions, ni règlements, ni même une parfaite idée de la vie religieuse. Monsieur l'abbé de Malet se livra donc, plus que jamais, à l'oraison, étudia les auteurs qui traitent plus particulièrement de l'état religieux. Sainte Thérèse, saint François de Sales, sainte Françoise de Chantal, dans ses réponses aux Supérieures de la Visitation, saint Vincent de Paul, furent surtout ses conseillers favoris ; et, sous la direction de ces habiles maîtres, il travailla aux règles de sa communauté. Lorsqu'elles furent terminées, avec la sagesse et la maturité que réclamait une œuvre de cette importance, il ne voulut pas qu'elles fussent définitives, et, comme saint Vincent de Paul, il résolut d'attendre à dix ans pour y retoucher. Dieu lui en donna la facilité et la grâce ; et ce fut peu de temps avant sa mort, qu'il y mit la dernière main. Elles respirent, d'une manière remarquable, cet esprit de foi, de pauvreté et d'abnégation qui est l'âme de la vie religieuse.

Puisque nous avons commencé à anticiper sur les

événements, nous ajouterons que les constitutions de l'Institut de Sainte-Marie-de-Lorette furent approuvées par Monseigneur Affre, archevêque de Paris, le 24 juin 1842. Après les avoir fait imprimer, Monsieur de Malet les remit aux religieuses, et termina ainsi une touchante instruction qu'il venait de leur adresser sur leurs devoirs :

« Voici, mes filles, ce petit livre qui, depuis
« dix-sept ans, a été si ardemment désiré. Vos
« constitutions sont approuvées, vous êtes désormais
« véritablement religieuses.

« Je vous dirai maintenant ce que Moïse disait
« autrefois aux Israélites, lorsque, de la part de
« Dieu, il leur donna les Tables de la Loi : je vous
« présente la vie ou la mort, choisissez. Si vous
« accomplissez vos règles, vous aurez la vie ; si, au
« contraire, vous ne les suivez pas, vous trouverez
« la mort.

« Comme Moïse fut choisi de Dieu, pour conduire
« son peuple, de même la sœur Lorette fut choisie
« pour établir cette œuvre ; mais, encore comme
« Moïse, elle avait besoin d'un Aaron, et, tout misé-
« rable que je suis, Dieu a bien voulu se servir de
« moi, pour l'aider à conduire cette petite Maison.
« Souvenez-vous, toutefois, que ce ne furent ni
« Moïse, ni Aaron, qui introduisirent le peuple de
« Dieu dans la terre promise : cet honneur fut ré-
« servé à Josué, dont le nom signifie Jésus.

« C'est donc Jésus seul qui doit vous conduire
« au ciel, cette véritable terre promise, renfermant
« tous les biens, et dont l'autre n'était que la figure. »

La dernière année de sa vie, Monsieur l'abbé de Malet composa encore pour ses filles un office particulier de la sainte Vierge, et un office des trépassés. Dans le mois de juin 1843, c'est-à-dire deux mois avant sa mort, il acheva de les faire imprimer, en même temps que leur cérémonial.

CHAPITRE XI.

Origine de la compassion toute particulière que Monsieur l'abbé de Malet portait aux âmes du purgatoire. — Son zèle pour les soulager. — Lumières que Dieu lui donnait sur leur état. — Abrégé des règles qu'il prescrivit aux religieuses de Sainte-Marie-de-Lorette, touchant la dévotion envers ces âmes affligées.

Nous avons souvent parlé jusqu'ici, de la compassion très tendre dont Monsieur l'abbé de Malet était pénétré pour les âmes du purgatoire, de son désir de contribuer à leur soulagement d'une manière efficace et permanente, et de la conviction qu'il avait que Dieu destinait l'Institut de Sainte-Marie-de-Lorette, à opérer à leur égard le commencement d'une œuvre réparatrice. — Il est temps de dire quelle fut, chez lui, l'origine de cette dévotion, et ce que nous avons retenu et compris des lumières que ce vénérable ecclésiastique avait reçues d'en haut, sur le lieu d'expiation, où, en sortant de cette vie, les âmes achèvent de se purifier, avant d'être admises à l'entière possession de Dieu. Nous ferons ensuite connaître la manière dont les religieuses de Sainte-Marie-de-Lorette se consacrent, d'après leurs constitutions, à la délivrance de ces pauvres âmes.

Profondément blessé au cœur par la mort d'une

femme tendrement aimée, Monsieur de Malet dut naturellement transporter ses pensées au-delà de la tombe, pour y suivre les destinées de celle qu'il avait perdue et qu'il regrettait avec tant de résignation, mais dont le vide se faisait sentir à son âme avec tant d'amertume ! Dans cette recherche et ces méditations fréquentes, le dogme catholique se présenta avec toute sa force. Il vit la déchéance de notre nature, triste fruit de la faute de nos premiers pères, et comparant les actions des hommes même les plus vertueux avec la sainteté de Dieu et l'inexorable rigueur de ses jugements, il comprit qu'une multitude d'âmes justes descendent chaque jour au Purgatoire, pour y attendre le moment où, dans ce lieu d'expiation, elles auront entièrement effacé les taches et la rouille de tant de péchés, dont les souillures les suivent jusqu'au delà du tombeau. N'est-il pas de foi que les âmes n'entrent dans le ciel, si, au moment de leur mort, il leur reste encore quelques dettes à payer à la justice divine, qu'après avoir, comme l'or *purifié jusqu'à sept fois*, séparé dans le lieu de l'épreuve, tout l'alliage qui s'était attaché peut-être à leurs meilleures œuvres ? La foi ne nous apprend-elle pas encore que les prières des vivants, et leur application aux âmes du Purgatoire, peuvent beaucoup abréger leurs souffrances ? De là, Monsieur de Malet tirait cette conclusion, dont il a fait une des principales maximes de ses filles : « Que si l'on se donne
« tant de peine à soulager ses amis et les pauvres qui
« souffrent dans ce monde, afin de leur procurer un

« bonheur qui passera si vite, on doit faire infiniment
« plus encore, pour soulager ceux qui sont si cruel-
« lement éprouvés dans l'autre vie, et pour leur
« procurer un éternel bonheur. »

On retrouve encore quelques-uns de ses sentiments, à cet égard, dans un cantique qu'il composa pour être chanté souvent à Lorette.

I.

Fléchissez votre Dieu, désarmez sa justice,
S'exerçant à regret sur des enfants chéris :
Secourez vos parents, secourez vos amis
En proie à la rigueur d'un si cruel supplice.

II.

Pourriez-vous différer de secourir vos frères,
Quand Dieu même vous dit d'intercéder pour eux (1) ?
Il est las de punir, et son cœur généreux
Pour terminer leurs maux, n'attend que vos prières.

III.

Comme vous autrefois, ils vivaient sans alarmes,
Et comme eux, tôt ou tard, vous verserez des pleurs.
Ah ! soyez maintenant touchés de leurs douleurs,
Si vous voulez qu'un jour d'autres sèchent vos larmes.

La piété, les vertus de Madame de Malet, les souffrances de ces longues années d'infirmité qu'on l'a vue supporter avec une admirable patience, et, infiniment plus que tout cela, le saint sacrifice de la messe, si souvent offert pour elle, permettaient à

---

(1) C'est une sainte et salutaire pensée que de prier pour les morts.
(MACHABÉES.)

Monsieur l'abbé de Malet d'espérer que les jours de la justice avaient fini pour son épouse bien-aimée ; aussi était-il, depuis longtemps, convaincu qu'elle jouissait des délices de la patrie céleste. Mais, dans les graves pensées où l'affection naturelle l'avait engagé d'abord, son zèle s'était enflammé pour chacun de ses frères souffrant et malheureux ; les âmes les plus inconnues, les plus délaissées excitaient tout particulièrement sa sollicitude ; c'étaient celles-là qu'il recommandait au ciel avec le plus d'instances, sans désignation de nom ni de personne, quoiqu'il ne négligeât pas, à l'occasion, d'adresser des prières spéciales pour des parents ou des amis, dont on lui apprenait la mort, ou pour lesquels un mouvement intérieur l'avertissait d'offrir le saint sacrifice, ses bonnes œuvres, ses souffrances mêmes. Tout en lui se mettait au service des âmes qui lui étaient ainsi désignées, jusqu'à ce qu'un autre sentiment intime vînt lui apporter la persuasion, je dirais même la certitude, que le bon ange de ces âmes les avait conduites, du cachot d'expiation, dans le lieu de l'éternel repos et des délices infinies.

Sans doute, en récompense de la charité de ce saint prêtre qui, non content de pratiquer seul cette dévotion, s'efforçait de l'inculquer dans le cœur de toutes les personnes avec lesquelles il entretenait des relations pieuses, Dieu envoyait les Anges gardiens des âmes du purgatoire, auxquels il se recommandait habituellement, lui apporter des connaissances particulières sur l'état de celles qui leur avaient été confiées pendant la vie. De là, ces paroles que Monsieur de Malet disait assez fréquemment à ses amis intimes : « Telle âme me tourmente ; priez pour elle. » Ou bien : « Je suis rassuré sur le compte de cette âme. » Ou bien encore : « Elle n'a plus besoin de prières. » En pareil cas, ses chères filles de Lorette lui demandaient des détails, auxquels il répondait avec une grande simplicité ; mais elles n'oseraient rendre compte de semblables conversations, trop élevées au-dessus de leurs lumières, pour qu'elles ne craignissent pas de les dénaturer en les répétant. Nous ne pouvons donc exprimer la manière dont Monsieur l'abbé de Malet recevait ces connaissances ; nous pouvons seulement affirmer qu'une impression très-vive et très-forte l'avertissait que telles et telles âmes réclamaient son suffrage, ou qu'elles étaient parvenues au séjour de la gloire.

Pendant combien d'années, de lustres, ou de siècles peut-être, un Dieu de toute pureté retient-il, dans le lieu des terribles expiations, des âmes qu'il aime, les ayant trouvées au moment de la mort justes, de cette justice nécessaire pour n'être pas exclues de l'héritage des élus, mais, couvertes encore de souillures qui retardent le jour de la récompense? Nul ne le sait ; ce secret est le secret du Ciel. Ce que personne ne devrait du moins ignorer, et ce que cependant presque personne ne calcule, c'est la perte immense que les âmes du purgatoire ont faite à la Révolution de 1793, par la confiscation des biens ecclésiastiques. La plupart de ces biens, en effet, étaient à l'origine des fondations pieuses, avec affectation des revenus au soulagement des âmes du purgatoire, au moyen d'aumônes, de prières ou de messes.

Plus sages que nous, nos ancêtres avaient su comprendre que les intérêts de ces âmes étaient les leurs, comme ils sont aussi les nôtres ; car, même après une pieuse mort, nous entrerons probablement, un jour, dans le partage de leurs souffrances, à moins de grâces extraordinaires et exceptionnelles, sur lesquelles on ne saurait compter sans présomption. Cependant, de tous ceux qui, lésés dans leurs propriétés, devinrent les tristes victimes de notre désastreuse révolution, les âmes du purgatoire furent les seules auxquelles on ne songea pas ; elles ne reçurent aucune indemnité.

Ce défaut de justice était impardonnable aux yeux d'une foi aussi vive et d'une droiture aussi grande que celles de Monsieur l'abbé de Malet ; il le croyait capable d'attirer sur la France de nouveaux malheurs. C'est donc autant pour réparer les fautes du passé que pour prévenir les malédictions de l'avenir, qu'il résolut de faire, suivant l'expression de l'Église, pour les âmes du purgatoire, *un lieu de rafraîchissement, de lumière et de paix*, de sa petite communauté, dont toutes les bonnes œuvres spirituelles et corporelles sont dirigées vers cette fin, comme lui-même y consacrait presque toutes ses messes et leur appliquait les indulgences de l'autel privilégié qu'il avait fondé à Lorette.

Mais, quoique le très-saint sacrifice de la messe soit le moyen le plus puissant pour obtenir les grâces du ciel et dont l'efficacité ne pourrait, sans blasphème, être comparée à aucune autre œuvre de piété, puisque le Fils de Dieu s'y rend victime, afin d'intercéder auprès de son Père au nom des pécheurs, la charité de Monsieur de Malet n'eût pas été satisfaite de s'en tenir là : il lui fallait des sacrifices personnels qu'il pût unir à celui de Jésus-Christ et renouveler mille fois par jour ; aussi ne cessait-il d'offrir toutes ses prières, particulièrement le chapelet, ses bonnes œuvres et surtout ses souffrances pour les âmes du purgatoire ; il enseignait la même pratique aux personnes qui s'étaient confiées à sa direction spirituelle. Quelques fragments de lettres adressées à une de ses filles spirituelles donneront, mieux que tous autres détails, la mesure du dévouement absolu et de chaque instant qu'il conseillait pour ces âmes affligées, dont il s'était constitué le consolateur et l'avocat. Nous avons pensé que ces lignes si simples et si touchantes auraient le double avantage d'être salutaires aux morts et utiles aux vivants.

« Vous êtes souffrante, ma chère fille, toujours
« souffrante et encore souffrante, et vous vous rési-
« gnez mieux que nous. Il est vrai que c'est le che-
« min du ciel et que, dans ce saint voyage, tout
« profite, même les répugnances et les impatiences.
« Les répugnances sont matière à mortification et les
« impatiences matière à humilité. Vous tirez parti de
« tout cela, je vous en assure, et les pauvres âmes
« du purgatoire aussi ! C'est une consolation pour
« nous de penser que ce qui nous est si pénible
« adoucit les douleurs de nos frères ! Que d'amis nous

« acquiert une semaine de souffrances et de contra-
« dictions ; que de remerciements elle nous vaudra
« et que de secours elle nous procure ! Nous sommes
« quelquefois fatigués de souffrir et honteux de si
« mal souffrir ; mais ces pauvres âmes en profitent
« et en jugent bien autrement que nous ; elles trou-
« vent du bien où nous voyons du mal, et nous en
« aiment et plus absolument et plus tendrement.

« Il est vrai, d'ailleurs, que les souffrances et les
« épreuves sont le véritable purgatoire de l'âme en
« ce monde, le moyen le plus efficace d'en éviter
« un bien autrement douloureux. Elles expient nos
« fautes en nous acquérant des mérites, et cette
« expiation, moins douloureuse que celle de l'autre
« vie, a de plus l'avantage d'être fructueuse. C'est
« chose admirable de penser que les âmes du pur-
« gatoire, qui peuvent tout pour leurs amis de l'Église
« militante, ne peuvent rien pour elles-mêmes, tant
« Dieu tient à encourager cette touchante dévotion ;
« conservez-la bien, ma fille, c'est la plus charitable
« et la plus profitable. »

Pour encourager et entretenir cette dévotion, au succès de laquelle sont liés nos plus chers intérêts à nous tous, qui, d'un côté avons, il est vrai, le pouvoir de prier avec efficacité, mais qui continuons aussi à posséder de l'autre l'effrayante liberté d'offenser Dieu, Monsieur de Malet s'était fait le père nourricier de l'établissement de Sainte-Marie-de-Lorette, dont tous les membres, à différents titres et à différents degrés, travaillaient sous sa direction au soulagement des âmes du purgatoire. Privés de ses généreux et puissants secours temporels, ils ont du moins recueilli l'esprit de leur incomparable père ; es enfants récitent des *De Profundis* à l'intention de ces chères âmes souffrantes ; les novices se bornent aussi à la prière, en se préparant à leur sacrifice ; mais les constitutions, approuvées par Monseigneur l'Archevêque de Paris, que Monsieur de Malet remit à la communauté, peu de temps avant sa mort, obligent chaque religieuse à faire, à cette intention, une consécration spéciale de ses œuvres, de sa personne et des mérites qu'elle pourra acquérir pendant toute sa vie, sans cependant prétendre s'y engager par un vœu.

Cette consécration est faite par l'aspirante du premier degré, pour tout le temps que dure son vœu d'obéissance et par la professe pour toujours. Elle se fait, pour l'aspirante aussi bien que pour la professe, à une messe pour les âmes du purgatoire, célébrée en noir et le plus tôt qu'on le peut, après la profession des vœux de religion ; les sœurs agrégées la font également, et la supérieure la renouvelle solennellement chaque année, au nom de la communauté, à la messe du jour du saint Cœur de Marie.

Lorsque cette consécration est faite pour la première fois, par une religieuse nouvellement admise, elle se présente à la sainte table, ayant un cierge à la main, et prononce la formule de consécration ainsi conçue :

« Moi, N., religieuse, désirant honorer la très-sainte
« Vierge en procurant, autant qu'il est en moi, le
« soulagement des âmes du purgatoire, je consacre

« aujourd'hui à cette intention tous les mérites
« qu'avec la grâce de Dieu je pourrai acquérir. Je
« prie Notre-Seigneur d'agréer cette offrande du peu
« que je suis, et de ce qu'avec son aide je pourrai
« devenir ; je le prie d'en disposer en faveur de ces
« âmes souffrantes et pour la gloire de sa sainte mère ;
« je ne me réserve rien pour moi : je me dévoue
« entièrement à cette œuvre de charité et m'en re-
« mets, pour tout ce qui me regarde, à la protection
« des saints Anges, aux bontés de Marie et à la
« miséricorde de notre divin Époux. »

Afin de rappeler sans cesse à la mémoire de ses filles, l'objet de leur engagement, Monsieur de Malet eut soin de fixer aux murs de la chapelle deux planches noires, en forme de tableaux, sur lesquelles sont tracées, en lettres d'or, les inscriptions suivantes :

La première est tirée de l'Écriture, au livre des Machabées.

C'est une sainte et salutaire pensée de prier pour les morts.

La seconde indique le but même de la fondation de l'Institut de Ste-Marie-de-Lorette ; elle est ainsi conçue :

Les œuvres de cette maison sont offertes pour le soulagement des âmes du purgatoire, dont la délivrance peut se trouver retardée par l'anéantissement des fondations de France.

Pendant tout le temps de sa longue supériorité, Monsieur de Malet n'a cessé d'inculquer à la communauté la dévotion dont il était pénétré pour les âmes qui gémissent dans le purgatoire, non-seulement en vue de procurer un adoucissement à leurs maux, et la délivrance, objet de tous leurs soupirs, mais encore dans le dessein de commencer, selon leurs forces et selon leurs moyens, le rétablissement d'une partie du moins des ressources spirituelles que la France possédait avant la Révolution, pour venir en aide à ces âmes saintes et malheureuses.

Les règlements qu'il a laissés à ses filles prescrivent un certain nombre d'exercices pieux, qu'elles et leurs enfants doivent faire chaque jour, chaque semaine, chaque mois, pour le soulagement des âmes du purgatoire ; ces exercices peuvent être considérés comme la détermination des actes extérieurs, par lesquels sont acquittées les obligations qu'impose aux religieuses l'acte de consécration totale qu'elles prononcent immédiatement après leurs vœux. En les accomplissant, leur conscience peut être tranquille, mais elles ne s'en tiennent pas là : il n'en est aucune qui ne fasse mille fois plus encore, quant au sacrifice intérieur, car elles ont appris de leur admirable père que la charité donne *tout* et ne se réserve rien.

On aurait tort cependant de conclure de ce qui précède que, pleines de confiance en leurs propres œuvres, et ne croyant pas avoir besoin pour elles-mêmes des indulgences de l'Église, les religieuses de Lorette font l'abandon de leurs prières et de leurs mérites, sans espérer en retour un accroissement des bénédictions divines. L'esprit de leur fondateur était bien éloigné de cette pensée. Voici la manière dont il expliquait leur vocation à ses filles elles-mêmes :

« Saint Odilon, supérieur de Cluny, ne fut pas
« seulement charitable envers les vivants ; il le fut

« aussi envers les morts. Après avoir épuisé les tré-
« sors de son Monastère pour nourrir les membres
« de Jésus-Christ souffrant dans ce monde, il voulut
« encore que ses religieux, par des prières et par une
« fête solennelle, pourvussent au soulagement des
« âmes du purgatoire, et c'est là l'origine de la fête
« que l'Église célèbre sous le nom de Commémora-
« tion des fidèles trépassés.

« La charité de ce Saint est le modèle de la vôtre ;
« prier pour les morts fait un des principaux points
« de votre vocation. Vous ne devez rien omettre pour
« soulager les âmes détenues et souffrantes dans le
« lieu de l'expiation ; mais vous devez trouver dans
« cette pratique de miséricorde elle-même un moyen
« d'attirer sur vous la miséricorde et les bénédictions
« du Seigneur.

« Les hommes ne négligent rien pour se faire des
« amis sur la terre, et ces amis leur manquent au
« besoin ; cherchez à vous faire des amis dans le
« ciel, vous les trouverez toujours prêts à vous rendre
« service. Si vous désirez obtenir quelque chose pour
« vous, pour les vôtres, pour votre communauté ou
« pour l'Église, commencez par procurer quelque
« soulagement à ces pauvres âmes, par des prières
« ou des mortifications. Allez ensuite demander à
« Dieu avec confiance, leurs bons anges présenteront
« votre requête.

« Comment le Seigneur refuserait-il de prendre
« soin de quelqu'un qui a tout donné au prochain, et
« qui, s'étant fait pauvre pour lui plaire, n'attend
« plus rien que de sa bonté ! »

CHAPITRE XII.

Règles des religieuses de Sainte-Marie-de-Lorette, par rapport aux différentes œuvres auxquelles leur Institut se consacre pour contribuer à l'amélioration de la classe pauvre. — Bonté touchante de Monsieur l'abbé de Malet envers les enfants élevées par ces Dames, et dont il s'était fait le père.

Si les lumières de la foi sollicitaient Monsieur l'abbé de Malet à employer toutes les ressources de sa charité pour soulager, dans l'autre vie, des frères malheureux, mais inconnus, quel ne devait pas être son zèle pour secourir sur la terre des pauvres, que la même foi lui représentait comme membres de Jésus-Christ, et dont les misères excitaient sa compassion, en présentant sans cesse à ses yeux le spectacle de leur triste condition !

En effet, aucun genre d'infortune ne s'adressait en vain à ce prêtre charitable. Un chapitre sera consacré, plus tard, à l'énumération de ses innombrables aumônes ; nous voulons uniquement raconter ici ce qu'il fit pour la jeunesse abandonnée et réduite à la misère. Sa situation, qui l'expose à devenir la proie de tous les vices, lui inspirait un intérêt particulier ; aussi, l'œuvre de Lorette, destinée à recueillir les jeunes personnes, afin de les former, par le travail, à l'humble condition de filles de services, avait-elle obtenu son approbation, dès le moment où ses amis en conçurent le plan au séminaire.

L'exécution de ce projet lui avait paru d'autant plus opportune, que cette classe est ordinairement plus négligée : beaucoup d'établissements s'occupent des ouvrières, mais bien peu songent à préparer à la société des domestiques chrétiennes, et par là-même, sûres et fidèles. Les vues élevées de Monsieur de Malet lui faisaient aisément comprendre que rien, cependant, n'est plus nécessaire aux besoins de l'époque actuelle, où l'amour de l'indépendance s'est emparé des esprits, à mesure que la religion a perdu de son empire sur les âmes. Devenu, par les circonstances, fondateur de la Maison de Sainte-Marie-de-Lorette, il maintint, sur ce point, dans son intégrité, le plan du premier Supérieur, tout en donnant des développements à toutes les œuvres qui s'y rattachent, et qu'on peut diviser en trois classes :

La première consiste à offrir un asile aux jeunes personnes pauvres, âgées au moins de douze ans accomplis, dix-huit ans au plus, qui se sont toujours bien conduites, et que leur position expose à toute sorte de dangers : c'est ce qu'on appelle : l'*Ouvroir interne*.

L'admission et le soin de cette classe de jeunes personnes, est comme l'idée-mère de l'Institut de Sainte-Marie-de-Lorette ; les religieuses reconnaissent comme un point essentiel de leurs constitutions, que leurs établissements seront uniquement destinés aux jeunes filles honnêtes et pauvres, et qu'elles les y admettront, *autant que possible, à titre gratuit.*

Si la position pécuniaire de la Maison ne permet pas aux dames de Lorette d'exécuter fidèlement ce dernier vœu de leur charitable fondateur, elles doivent du moins tenir le prix de leur pension à un taux assez modique, pour le rendre accessible aux ressources des plus petites bourses.

Elles peuvent aussi recevoir gratuitement, pour honorer d'une manière spéciale l'enfance de Marie, une enfant de Providence, âgée de douze ans : elle s'appelle l'*enfant de la sainte Vierge*, porte un ruban bleu en écharpe, qui la distingue des autres, et reçoit en entrant le nom de Lorette, quoiqu'elle ne soit définitivement admise qu'au bout de six mois d'épreuves. Le jour où elle a ses quinze ans accomplis, cette jeune personne cesse de s'appeler *enfant de la sainte Vierge* ; son ruban distinctif est suspendu au cou de sa bonne mère, qui protége l'ouvroir, jusqu'à ce qu'une autre la remplace, après avoir subi l'épreuve des six mois.

Désireux de satisfaire à la fois son attrait pour l'abandon à la Providence, et son amour pour Marie, Monsieur de Malet ne permettait pas qu'on s'occupât d'avance de chercher une *enfant de la sainte Vierge :* il voulait, lorsque la place était devenue vacante, qu'on l'accordât à la première petite fille qui se présentait, pourvu qu'elle réunit, d'ailleurs, les conditions exigées par le règlement.

La seconde œuvre, appelée *Ouvroir externe*, a pour but de réunir, pendant le jour, des jeunes personnes, et de les occuper à des travaux convenables, dont le produit doit leur appartenir intégralement : ces jeunes personnes ne peuvent avoir moins de douze ans accomplis ; il faut que leur conduite soit régulière.

L'exiguïté du local qu'occupaient, rue du Regard, les religieuses de Lorette, ne leur a pas, jusqu'ici, permis de réaliser cette seconde partie de l'œuvre.

Le but de la troisième est de fournir, aux jeunes personnes de la classe ouvrière, le moyen de faire une *retraite spirituelle* de huit jours au moins, et de quinze jours au plus, dans l'intérieur de la Maison. Des mœurs scandaleuses peuvent seules en exclure.

Ces trois œuvres, quoique dirigées par les mêmes religieuses, doivent rester tellement distinctes, que les diverses personnes qui en sont l'objet ne peuvent avoir aucun rapport entre elles.

L'œuvre de l'*Ouvroir interne* a pour fin principale de procurer des moyens de subsistance et un asile aux jeunes personnes exposées à se perdre, à raison de leur âge et de leur pauvreté. Pendant leur séjour dans la Maison, on se propose d'en faire de bonnes chrétiennes et de bonnes ouvrières, afin qu'en rentrant dans le monde, elles trouvent dans leurs principes religieux un secours tutélaire contre les séductions qui s'y présentent, et, dans leur aptitude au travail, un moyen d'échapper à la misère et aux dangers qui l'accompagnent.

Dans la Maison de Lorette, les jeunes personnes doivent être traitées en véritables filles, par leurs mères adoptives : le sentiment de leurs obligations,

et le désir d'y être fidèles, rend souvent celles-ci plus affectionnées et plus tendres pour leurs enfants, que les mères elles-mêmes qui leur ont donné le jour. Comment en serait-il autrement, quand elles ont sans cesse sous les yeux les instructions de leur vénérable fondateur, où il est dit que, « s'étant con-
« sacrées à la très-sainte Vierge, pour procurer le
« salut d'enfants qu'elle leur a confiées, elles doi-
« vent voir son divin Fils dans la personne de
« chacune d'elles ? que partager journellement avec
« les pauvres son nécessaire, et se rendre plus
« pauvres qu'eux, en devenant leur serviteur, est le
« conseil de Jésus à ses amis, celui qu'il donne aux
« religieuses de Lorette, comme Dieu a fait un
« précepte de l'aumône à tous les chrétiens. »

Au reste, rien n'est plus expressif à cet égard, que les paroles mêmes du cérémonial de la profession de chacune des religieuses de cet Institut. Pour leur faire bien comprendre à quel point elles doivent être dévouées à leurs enfants, le fondateur a voulu qu'elles en fissent l'adoption dans cet acte le plus important de la vie d'une religieuse, et que les jeunes élèves y fussent seules chargées des cérémonies de ce jour. Trois d'entre elles apportent à la professe son voile, son cordon et sa croix, qu'elle reçoit de leurs mains, après avoir entendu ces paroles du célébrant : « Ma fille, puisque vous vous êtes donnée
« pour toujours à Jésus-Christ, pour le servir dans
« la personne de ses pauvres, venez recevoir, de la
« main des pauvres, les insignes des vœux que vous
« venez de faire. »

Quatre enfants la couvrent également du drap mortuaire, et, à la fin de cette cérémonie, le célébrant dit ces paroles : « Ma fille, en vous séparant du « monde, vous avez quitté une famille qui vous était « chère, recevez celle que Notre-Seigneur vous « donne aujourd'hui en échange, et devenez mère « de ces pauvres enfants, pour l'amour de lui et de « la très-sainte Vierge. »

On entonne ensuite un cantique ; en ce moment, chaque jeune fille va embrasser la nouvelle professe en lui disant : *Monstra te esse Matrem*. Ces détails seraient la meilleure réponse aux calomnies débitées dans le monde sur les traitements barbares infligés dans les couvents, et aux invectives que les personnes les plus égoïstes habituellement, celles dont les affections s'étendent tout au plus à leurs très-proches parents, ne cessent de proférer sur l'insensibilité des religieuses. C'est aux jeunes personnes élevées par elles, qu'il conviendrait de demander auprès de qui, dans leur vie, elles ont reçu les témoignages les moins équivoques d'un attachement véritable.

La paix et le bonheur que les dames de Sainte-Marie-de-Lorette s'efforcent de procurer à leurs enfants, pendant le séjour qu'elles font dans la Maison, ne sont point l'unique objet de leur zèle et de leur préoccupation, on songe encore à leurs petits intérêts pour le moment du départ, et pour l'avenir, s'il devient nécessaire. En entrant, une nouvelle arrivante dépose les vêtements qu'elle porte ; elle est habillée aux frais de l'établissement ; elle ne conserve pas ses effets à sa disposition : ils sont blanchis, raccommodés, mis en ordre avec une double note, et réservés pour le jour de sa sortie.

Cinq pour cent du produit des ouvrages, confectionnés à l'ouvroir, sont déposés dans une caisse qui a deux serrures différentes : l'une des clefs reste entre les mains de la Supérieure, l'autre est confiée à la trésorière, qui est une enfant choisie par ses compagnes. Lorsqu'on place une jeune personne, et qu'elle sort de la Maison avec le bon témoignage de ses maîtresses, cette caisse, appelée *Caisse de la sainte Vierge*, lui fournit les choses les plus nécessaires. La Supérieure dresse la note des objets dont elle a besoin, et la communique aux enfants réunies ; toutes celles qui sont dans la maison depuis quatre mois ont le droit de donner leur avis, auquel on s'empresse de se conformer. Si une élève, placée dans le monde, tombe dans le besoin, la Supérieure peut aussi recourir à cette Caisse, ou plutôt aux enfants, afin d'obtenir d'elles un secours pour leur ancienne compagne. Elle expose la situation, mais sans nommer la personne, et donne ensuite à celle ci la somme que les enfants ont autorisé la trésorière à lui remettre entre les mains, car c'est ainsi qu'à Lorette on apprend à unir la prudence à la charité.

Les punitions sont rares dans cette Maison, et on doit les accepter volontairement. Si une élève refuse, pendant plus de huit jours, de recevoir la robe et le tablier, qui en sont les insignes, elle est rendue à ses parents, ou à ses bienfaiteurs. On fait principalement consister les motifs d'émulation en bons et en mauvais points, qui éloignent ou rapprochent de certains emplois honorifiques, et de médailles de sagesse, qui donnent quelques priviléges à celles qui, par la piété et l'assiduité au travail, ont su les mériter. Ces résultats sont obtenus grâce à une surveillance douce, mais continuelle, établie par les sages règlements de Monsieur l'abbé de Malet, qui mandait à un de ses amis, bien peu de temps avant sa mort : « Les « enfants offrent, par l'organisation de l'ouvroir, « de grandes facilités de surveillance et d'adminis- « tration. Tout y est divisé et subdivisé sous des « chefs pris parmi les élèves elles-mêmes : c'est un « petit régiment, mais le Seigneur y règne, et, avec « lui, la paix et le contentement. »

Non-seulement Monsieur l'abbé de Malet s'était fait le père de cette petite famille, qu'il dirigeait avec tant de sagesse, mais il avait pour les enfants de son adoption les attentions d'une tendre mère, et chaque jour en apportait quelque nouveau et touchant témoignage. On le voit dans sa correspondance avec la sœur Lorette lui écrire uniquement, « pour l'avertir qu'il a oublié de l'engager à régaler « ses pauvres enfants, pendant le carnaval, et le « dernier jour étant venu, il se hâte de lui recom- « mander que son cœur supplée au temps. »

Par la même lettre, il annonce l'envoi d'une corde et du bois, qu'il a payés lui-même, afin que la mère Lorette puisse consacrer à quelque autre nécessité de sa Maison les cinquante francs destinés à cette

emplette. « Vous les dépenserez comme vous vou-
« drez, ajoutait-il, mais je ne vous fais pas grâce
« d'un sou. »

Un autre jour de fête, il écrivait encore : « Je vous
« envoie, ma chère fille, quatre bouteilles de vin
« pour régaler vos enfants : si elles ne boivent pas
« tout à diner, il faudra le leur faire achever le
« soir. Pour le reste, arrangez-vous comme vous
« l'entendrez. »

Les soins de Monsieur de Malet ne se bornaient
pas à procurer, dans certaines circonstances, de petites jouissances à ses protégées ; voir ce qui leur
manquait était l'objet de sa constante préoccupation.
Deux fois par an, il s'informait de l'état de leurs
jeux et remplaçait toujours ceux qui étaient endommagés. Dans l'hiver, il pourvoyait à tout : « Fait-on
« du feu à Lorette ? disait-il souvent à la Supérieure.
« Vous ne devez pas laisser prendre froid à vos
« enfants. » Il recommandait qu'on leur mît la nuit
des couvertures suffisantes ; et la dernière année de
sa vie, il fit placer un calorifère, afin que les dortoirs
fussent moins humides. Dans l'été, il voulait qu'on
fit travailler les jeunes personnes dans le jardin, et
en entrant, avant de parler d'autres choses, il allait
regarder à la fenêtre pour s'assurer qu'elles y étaient
descendues : « A la bonne heure, disait-il en les
« voyant dehors, l'air fera du bien à ces pauvres
« enfants. »

Quand il y avait une enfant malade, il demandait chaque jour de ses nouvelles, et envoyait
quelquefois ce qui pouvait la fortifier ou diminuer

ses dégoûts. Il aimait à les voir animées d'une franche gaieté, et profitait des moindres circonstances pour leur donner quelques instants de récréation, sans préjudice de la règle. Un jour que la sœur de l'ouvroir lui demandait sa bénédiction : « Je vous la donne, reprit-il, mais à condition que « vous laisserez vos enfants s'amuser pendant un « quart d'heure. »

Le dimanche, appuyé sur l'espagnolette de la fenêtre, il se réjouissait de voir jouer la petite bande, sans en être aperçu. Il aimait les caractères vifs et espiègles, dont il s'amusait à entendre raconter les petits traits d'innocente malice. Mais si les sœurs lui rapportaient des paroles exprimant la reconnaissance pour ses bontés, ses yeux devenaient humides de larmes, et on l'entendait s'écrier avec un accent pénétré : « Pauvres enfants ! »

Malgré tout l'intérêt qu'il leur portait, Monsieur l'abbé de Malet n'allait néanmoins jamais qu'une fois par an, visiter l'ouvroir des jeunes élèves de Lorette, objet de toute sa sollicitude. Il ne permettait pas non plus qu'on envoyât habituellement les enfants faire des commissions chez lui : une sœur agrégée, déjà d'un certain âge, en avait ordinairement la charge. Une si grande réserve ne nuisait pas à l'attachement de toute cette petite famille à son bienfaiteur ; elle le respectait davantage et ne l'en aimait pas moins. S'il était malade, les enfants s'occupaient de lui jusque dans leurs jeux : les pénitences mêmes des petits gages des récréations, devenaient souvent des *Ave Maria*, qu'elles s'imposaient pour le rétablissement de leur bon père, ce à quoi il paraissait fort sensible.

L'extrême bonté que Monsieur l'abbé de Malet témoignait en toutes circonstances aux jeunes personnes élevées à Lorette, n'excluait pas une grande fermeté. Il défendait aux religieuses de laisser leurs enfants se familiariser avec elles, dans la crainte que le respect n'en éprouvât une diminution. Jamais, non plus, il ne souffrit qu'on gardât dans la Maison une jeune fille dont le caractère paraissait incorrigible. Voici une réponse qu'il adressa à ce propos à la sœur Lorette : « Votre œuvre consiste
« bien à placer de jeunes personnes, après les avoir
« gardées un certain temps ; mais si, d'un côté,
« elles n'étaient pas plaçables, et que, de l'autre,
« elles ne voulussent pas se comporter de façon à
« demeurer davantage chez vous, la faute en serait
« à elles. Il ne faudrait pas souffrir, pour cela,
« qu'elles oubliassent le respect qu'elles doivent à
« vous et à vos sœurs. Enfin, ma fille, dans cette
« circonstance, je m'en rapporte aux conseils que
« vous donnera votre bon ange. »

Mais lorsqu'une jeune personne donnait quelques motifs de suspicion du côté des mœurs, Monsieur l'abbé de Malet devenait inexorable. Il ordonnait son renvoi immédiat : aucune supplication ne pouvait le fléchir. « Gardez-vous bien, écrivait-il une fois à ce
« sujet à ses filles, de vous laisser attendrir par ces
« personnes qui, sous prétexte de charité et de salut
« d'une âme, veulent placer au milieu de votre
« troupeau une brebis galeuse : pour sauver

« une âme, il n'en faut pas perdre quarante ! »

Nous avons pensé qu'on lirait avec intérêt un court résumé de leurs obligations, dicté par Monsieur de Malet lui-même aux religieuses de Lorette, et dans lequel il les compare au bon Pasteur.

« Dieu vous a confié la garde des enfants de
« Lorette ; si vous voulez suivre l'exemple du bon
« Pasteur, vous chercherez à procurer le bien de ce
« petit troupeau et non le vôtre. Ne faites donc pas
« cette œuvre dans des vues personnelles. Attachez-
« vous à ces enfants pour l'amour de Notre-Seigneur,
« et non pas pour l'amour d'elles. Aimez-les égale-
« ment, prudemment et constamment. Pourvoyez à
« leurs besoins avec discernement et tendresse.
« Sanctifiez-les par vos exemples, encore plus que
« par vos leçons. Ne vous proposez pas pour récom-
« pense leur reconnaissance : ce serait vous conduire
« en mercenaire. Faites tout pour elles, comme le
« bon Pasteur a tout fait pour vous. Mourez, comme
« lui, pour d'ingrates brebis, et vous serez aussi le
« bon Pasteur. Mais si vous chercher votre contente-
« ment dans l'œuvre de Lorette, malheur à vous !
« vous êtes un pasteur mercenaire !

« Plusieurs saints ont servi les pauvres à genoux ;
« d'autres ont porté des lépreux sur leurs épaules,
« parce que la vivacité de leur foi leur faisait envi-
« sager en eux les membres souffrants de Jésus-
« Christ. Ce qu'ils faisaient par choix, vous êtes tenues
« de le faire par vœu. Ne rebutez donc pas ces pau-
« vres enfants ! Aimez-les parce qu'elles sont mem-
« bres de Jésus-Christ, et non par aucun motif na-

« turel. Plaisez-vous avec elles, cherchez à leur
« rendre service et serrez précieusement dans votre
« cœur les peines qu'elles vous causent ; prêtez une
« main secourable à leur faiblesse, éclairez leur
« ignorance, encouragez leurs bonnes résolutions,
« prenez part à leurs peines, présidez à leurs jeux,
« dirigez leurs travaux, aidez-les à traverser la mer
« orageuse de cette vie. En un mot, portez-les dans
« vos bras, portez-les dans votre cœur.

« La religieuse qui abandonne les pauvres enfants
« de Lorette abandonne Jésus, et est bientôt aban-
« donnée de lui ; celle qui porte Jésus dans son
« cœur ne craint point de les porter dans ses bras ;
« un jour les anges la porteront dans les tabernacles
« éternels. »

CHAPITRE XIII.

Amour de Monsieur de Malet pour la pauvreté. — Règles qu'il a données aux Religieuses de Lorette touchant la pratique de cette vertu.

En quittant le monde pour embrasser les conseils de l'Évangile, Monsieur de Malet avait été grandement touché de cette réponse du Sauveur à un jeune homme qui demandait à être admis au nombre de ses disciples : « Si vous voulez être parfait, vendez « tout ce que vous possédez, donnez-en le prix « aux pauvres et suivez-moi. » Il avait été aussi frappé de cette parole, par laquelle le divin Maître rejeta un docteur de la loi qui se présentait pour avoir part au même bonheur : « Les renards ont « leurs tannières et les oiseaux du Ciel leurs nids, « mais le fils de l'homme n'a pas où reposer sa « tête. » Ces mots lui avaient paru indiquer clairement que le premier pas dans le chemin de la perfection consiste à devenir pauvre, au moins d'esprit et d'affection. Mais, d'une part, n'ayant pas entendu la voix d'En-Haut, l'appeler à un dépouillement total des biens que la Providence lui avait libéralement départis, et voulant, de l'autre, suivre les conseils du Fils de Dieu, il résolut de n'employer pour lui, de sa fortune, que le strict nécessaire et de se rendre, comme son divin Maître, pauvre au milieu des richesses, afin d'enrichir plusieurs, des trésors que la pauvreté volontaire laisserait disponibles entre ses mains.

Fidèle à sa résolution, il porta toute sa vie l'amour de cette vertu aussi loin qu'il est possible, et la pratique, bien au-delà de ce que la sagesse humaine approuve dans une personne de sa position. Mais il croyait que plus le siècle se montrait avide d'argent, de luxe et d'éclat, plus les ecclésiastiques devaient s'en déclarer ennemis ; et ce qu'il exprimait par ses paroles, il le retraçait dans ses actions.

En entrant au séminaire, il cessa de se servir de linge de prix et s'en fit confectionner de très-commun ; à sa sortie, il se dépouilla entièrement de tout ce qui restait encore à son usage d'un mobilier plus ou moins recherché. Une partie de ces objets fut envoyée par lui à un couvent de carmélites ; et, avant son élévation au sacerdoce, il adressa le reste à la sœur Lorette, pour sa communauté, avec un billet ainsi conçu :

« Je vous envoie ce paquet de vieilleries qui pou-
« vaient me convenir lorsque j'étais homme du
« monde, mais qui ne me conviennent plus mainte-
« nant ; tirez-en le parti que vous pourrez. »

Enfin, à cette époque de sa vie, Monsieur l'abbé de Malet poussa l'amour de la pauvreté jusqu'à se défaire de sa montre, pour la remplacer par une autre en cuivre, et jusqu'à ne plus employer que des couverts en fer pour le service de sa table. Plus tard, cependant, le directeur de sa conscience, auquel il obéissait aveuglément, lui ayant observé qu'il devait à la position de sa famille et aux relations qu'il conservait avec les personnes du monde, de ne pas satisfaire entièrement son attrait pour la pauvreté, dans les choses extérieures, il se soumit à cette règle pour tout ce qui pouvait être remarqué ; sa montre en cuivre fut de nouveau échangée contre une en argent, qu'il conserva le reste de sa vie, et son couvert en fer fit place à un couvert de métal, dont la couleur, aux yeux des personnes qui ne le considéraient pas de près, pouvait le faire passer pour de l'argent.

Malgré sa condescendance aux avis qu'il avait reçus, quiconque entrait chez Monsieur l'abbé de Malet le reconnaissait aisément pour un véritable ami de la pauvreté de Jésus-Christ ; aucun objet d'or ou doré seulement n'y frappait les regards. Les nombreux tableaux de saints qui tapissaient en quelque sorte les murailles de son habitation, pour lui rappeler le souvenir d'intercesseurs et de modèles, étaient encadrés simplement en bois ; pas un seul n'avait un ornement plus riche ; cependant, l'ordre et l'arrangement qui régnaient dans sa maison lui donnaient un air de noble simplicité et mettaient sur les lèvres de ceux qui le visitaient cet éloge que l'Eglise fait de saint Augustin : « Que son ameuble-« ment et sa mise tenaient un juste tempérament « entre la recherche et la grossièreté. »

A ses repas, autant pour imiter Jésus pauvre que pour s'exercer à la mortification, Monsieur de Malet ne faisait jamais servir sur sa table que deux sortes de mets. Le matin, son déjeuner, qu'il prenait ordinairement à Lorette, après y avoir dit la messe, consistait en un morceau de pain bis, comme celui de la communauté, et un verre d'eau rougie ; il buvait si peu de vin, que la sœur chargée de préparer son modeste repas prétendait trouver toujours la bouteille au même point.

A l'époque de ses premières visites à Lorette, pour y célébrer la sainte messe, on imagina un jour de lui donner un fromage à la crème pour son déjeuner. La supérieure était sortie, et il ne put lui porter plainte ; mais, la veille du jour où il devait renouveler sa visite, il lui écrivit : « Dé« fendez à la sœur de m'acheter demain un fromage « à la crème, je ne ferais pas chez moi cette dépense « pour mon déjeuner, il ne convient pas que je la « fasse faire dans une maison de Providence ; une « pomme suffira parfaitement pour mon goût et mon « appétit. »

Après avoir si bien compris pour lui-même la pauvreté évangélique, on peut juger avec quel soin Monsieur de Malet s'appliqua à en inculquer l'esprit dans sa chère maison de Lorette ; rien ne lui paraissait petit sur ce point. Un jour, voyant la sœur sacristine couper un cordon au lieu de le dénouer : « Ma « sœur, lui dit-il, vous manquez à la pauvreté. » Sur la réponse de la religieuse que ce cordon était usé et lui donnait d'ailleurs trop de peine à défaire, il ajouta : « Dès lors que ce vieux cordon vous tient la « place d'un neuf, vous manquez à la pauvreté en le « mettant hors de service. »

Souvent aussi il reprit la même religieuse quand,

après un salut qu'il avait donné dans la journée, elle oubliait quelques moments d'éteindre les souches de la chapelle : « Les pauvres doivent faire « attention à tout, » disait-il alors, « et une fille de « Lorette doit être exacte dans les petites choses « comme dans les grandes. »

Si nous envisageons la haute idée qu'il s'était ainsi formée de la perfection religieuse, on ne s'étonnera pas de le voir regarder comme une des plus grandes plaies des communautés cette manie avec laquelle une religieuse, après avoir quitté sa famille, sacrifié sa fortune, se laisse encore prendre à des riens, amuser par des bagatelles, et retrouve l'amour de la propriété dans la possession d'un livre, d'un cahier, d'une image. « Un oiseau, répétait-il avec les « maîtres de la vie spirituelle, reste aussi bien captif, « lorsqu'il est arrêté par un lien de soie, que s'il « était retenu par une chaîne de fer ; son malheur « consiste à ne pouvoir voler. Tel est le sort des « religieuses empêchées dans leur vol, vers le ciel, « par des choses de néant. »

Afin d'éviter ce mal, si grand à ses yeux, dans les constitutions qu'il a données à ses filles de Sainte-Marie-de-Lorette, Monsieur de Malet les a obligées à ne conserver à leur usage, au-delà d'un mois, que les objets qu'elles ne peuvent pas échanger avec leurs sœurs. En conséquence, tous les premiers vendredis de chaque mois, chacune des religieuses dépose sur une table sa croix, son voile, son cordon, ses livres, ses images, son crucifix, son étui, ses ciseaux, et, sans exception, tous les petits meubles qui lui ont été confiés, pour que la distribution en soit de nouveau faite au hasard.

La supérieure commence la première, et en lui remettant les divers objets dont elle a besoin, l'assistante l'avertit « de prendre soin de tous ces objets, « parce qu'ils ne lui appartiennent point. » On aura une idée de l'exactitude avec laquelle cette règle s'accomplit, en lisant une lettre où l'on voit que Monsieur de Malet ne permettait à aucune de ses filles de garder même une image qu'il aurait donnée, en choisissant le patron qui convenait à ses aptitudes et à son caractère.

« Je vous envoie, ma chère fille, écrivait-il à la
« Mère Lorette, des images en noir pour payer vos
« dettes, et en couleur pour payer les miennes.
« Veuillez offrir ces dernières à vos chères filles,
« comme une marque de l'intérêt que je leur porte
« en Notre-Seigneur. Vous prendrez pour vous celle
« qui représente notre bon Maître ; serrez-le contre
« votre cœur et il vous apprendra à tout faire pour
« lui, même la charge de supérieure. Vous donnerez
« à votre assistante saint Louis de Gonzague, que j'ai
« chargé de lui dire un mot à l'oreille. Sainte Anne
« doit appartenir à la maîtresse des novices, et elle
« lui apprendra à donner à ses filles une bonne édu-
« cation spirituelle, qui les rende comme des copies
« de la très-sainte Vierge. Sœur G. aura la très-sainte
« Vierge, qui lui apprendra à ne pas se troubler
« des tracas du ménage, etc., etc.

« Je n'ai rien écrit par derrière, parce que j'ai pensé
« que lorsque ces images seront remises en commun,

« conformément à vos règles et pour vous faire un
« peu pratiquer la pauvreté religieuse, ce que j'écri-
« rais n'aurait plus aucun prix pour celles qui les
« recevraient à leur tour. Je crois donc qu'il vaut
« mieux n'y rien mettre qui puisse annoncer le
« moindre esprit de propriété. »

Quelques réflexions, dictées par Monsieur de Malet à la Mère Lorette, au jour de la fête de saint François d'Assises, montreront jusqu'où, selon ses vues, une bonne religieuse de son Institut doit porter l'esprit de pauvreté.

« Saint François aimait par-dessus tout la pau-
« vreté, et l'aimait dans toute son étendue et avec
« tous ses inconvénients. Pauvreté réelle, pauvreté
« d'esprit, pauvreté de cœur, rien ne le rebutait. Il
« ne possédait rien, et ne pourvoyait à ses besoins
« que par l'aumône. Il s'estimait moins que rien, se
« mettait dans ses pensées au-dessous de toutes les
« créatures ; enfin, il ne désirait rien qui pût soula-
« ger son corps, ni mettre des bornes à son extrême
« mortification. Ah ! suivez les traces de ce grand
« Saint : aimez la pauvreté, c'est votre plus précieux
« trésor. Oubliez vos besoins et Dieu y pourvoira ;
« mortifiez ce corps de mort et Dieu le vivifiera.
« Oubliez-vous, humiliez-vous, crucifiez-vous, et Dieu
« gravera dans votre cœur l'image de son divin Fils,
« et il fera de vous une digne épouse de Jésus ! »

Cet amour de la pauvreté, que Monsieur de Malet travaillait à inspirer à chaque religieuse, il voulait qu'elles l'eussent aussi pour leur communauté, sans aucun désir de la voir appréciée, recherchée, applaudie, bien montée ; c'eût été sortir de la petitesse et de l'humilité dans lesquelles il l'avait fondée et qui devaient en rester le caractère distinctif ; ainsi donc, dans la maison de Lorette, rien ne peut avoir d'éclat, pas même les objets consacrés au culte divin. Obscure, inconnue aux créatures, destinée à honorer et à imiter l'intérieur de la sainte Famille, à Nazareth, elle doit, autant que le permet la fragilité humaine, retracer les vertus que l'on y vit briller du plus vif éclat. Marie servait Jésus avec un amour et un dévouement au-dessus même de celui des Anges ; mais tout était simple et modeste dans les vêtements qu'elle lui procurait ; elle avait reçu l'or des Mages, et cependant, à Jérusalem, elle racheta son divin Fils par le présent des pauvres ! Voilà le modèle de Lorette ; les cœurs seuls doivent y être riches en vertus ! Le pieux Fondateur a voulu que les vases sacrés fussent toujours en argent, avec la coupe dorée seulement à l'intérieur ; les ornements doivent être garnis de galons ou de broderies en soie ou en laine, mais il est défendu d'y mettre de l'or ou de l'argent. Les flambeaux de l'autel restent également sans dorure.

Au commencement de la fondation, une personne pieuse avait désiré faire cadeau à la chapelle d'un tapis et de rideaux élégants ; Monsieur de Malet les refusa d'une manière positive. Cette dame revint à la charge, et la sœur Lorette, embarrassée de répondre à ses instances, en écrivit à son guide. Celui-ci lui répondit :
« J'ai pensé de nouveau, ma chère fille, à ce que
« nous avons décidé hier pour Madame N. Il faut
« absolument nous en tenir là. Ainsi, point de rideaux

« ni de grand tapis. Mettez tout sur moi, et dites-
« lui, ce qui est vrai, que tout ce qui sortirait de
« l'absolu nécessaire nous ferait plus de mal que de
« bien.

« Ne vous inquiétez pas, la pauvreté est votre pa-
« rure ; elle ne déplaira pas à Notre-Seigneur. »

Il va sans dire que les autres meubles de la maison doivent être encore d'une plus grande simplicité. Les constitutions portent : « Que le mobilier sera simple
« et solide, mais conforme à la pauvreté, et que, ne
« se laissant pas prendre à ce raisonnement, qu'il
« n'en coûte pas plus pour avoir des meubles élé-
« gants que des meubles de moindre apparence, on
« se dira : qu'étant venu en religion pour chercher
« la pauvreté et non l'apparence, on doit se plaire
« dans tout ce qui la retrace et la fait pratiquer. »

Dans les objets de piété même, Monsieur l'abbé de Malet ne permet aucune recherche. « On ne peut
« conserver dans la maison ni crucifix, ni tableaux,
« ni statues de grand prix ; mais il désire qu'il y en
« ait un grand nombre qui soient propres à entrete-
« nir l'esprit de ferveur, en évitant les images de
« mauvais goût, capables de faire tourner les choses
« saintes en ridicule. »

Enfin, pour donner une plus juste idée des intentions du fondateur de Lorette, nous terminerons cet article par les pensées qu'il a exprimées à ses filles, dans un petit recueil à leur usage, intitulé : *Conseils du bon ange de Lorette*, où il retrace leurs principaux devoirs.

« La maison de Notre-Dame-de-Lorette en Italie,

« est celle où s'accomplit le mystère de l'Incarnation ;
« celle dont les murs furent témoins des vertus
« pratiquées par la sainte Famille. La Maison de
« Notre-Dame-de-Lorette à Paris, est un petit coin
« où quelques personnes de bonne volonté se sont
« réunies pour imiter de leur mieux les vertus
« cachées de la sainte Famille, et pour former aux
« vertus chrétiennes de pauvres enfants dont elles
« sont la ressource.

« Sans doute, la maison d'Italie est digne de nos
« respects ; mais soyez douces, humbles, obéissantes
« et pauvres comme Notre-Seigneur, soyez unies à
« Dieu, tendres, vigilantes et attentives pour les
« enfants qui vous sont confiées, comme la sainte
« Vierge ; soyez enfin calmes, laborieuses, silen-
« cieuses, fermes et soigneuses de faire accomplir
« la volonté de Dieu, comme saint Joseph, et ce
« sera le moyen d'édifier ici une Maison de Lorette
« plus précieuse à Dieu que celle d'Italie !

« Pauvre petite Maison de Lorette, soyez inconnue
« du monde, agréable à Notre-Seigneur et visitée
« par les anges ! Que Dieu multiplie vos bonnes
« œuvres et vous comble de ses bénédictions ! Mais
« qu'il vous efface de la terre, la veille du jour où
« vous perdriez votre ferveur ! »

CHAPITRE XIV.

Estime qu'avait Monsieur l'abbé de Malet pour les communautés régulières et ferventes. — Soins particuliers qu'il prend de former la Mère Lorette aux vertus religieuses.

Monsieur l'abbé de Malet attachait la plus haute importance à la vie religieuse. Les idées exactes qu'il possédait sur ce point, et qu'il avait puisées dans les écrits de saint François de Sales, de sainte Françoise de Chantal, de sainte Thérèse, et dans l'esprit de saint Vincent de Paul, l'ont fait gémir plus d'une fois sur le peu de soin qu'on donne généralement à cette portion, la plus précieuse du troupeau de Jésus-Christ. Bien loin de partager les sentiments des gens du monde, et même de quelques ecclésiastiques qui lui paraissaient peu réfléchis, il ne croyait pas que ce fût perdre le temps, que de l'employer à diriger des âmes, à les faire parvenir au degré de vertu où Dieu les appelle; il pensait, au contraire, qu'en conduisant une personne simple en apparence, peut-être d'un rang inférieur dans la société, mais travaillant sincèrement à devenir parfaite, on pouvait rendre plus de service à Dieu que par des prédications éloquentes, de savantes dissertations, et par un grand nombre d'œuvres d'éclat, qui attirent les applaudissements et portent souvent bien peu de fruits solides. Car, Dieu se plaît à confondre nos pensées : l'humilité attire ses grâces, et la confiance en eux-mêmes, en leur science et en leurs propres efforts, que conçoivent aisément les hommes de talent, frappe souvent leur ministère de stérilité. « La « bienheureuse Agnès de Langeac, disait Monsieur « de Malet, a procuré plus de gloire à Dieu qu'un « missionnaire admiré de plusieurs villes : Monsieur « Olier dut son entière et parfaite conversion aux « prières, aux larmes, aux mortifications de cette « sainte fille, et les séminaires fondés par Monsieur « Olier converti n'ont-ils pas renouvelé le clergé « de France ? »

Ces considérations, autant que le triste état de sa santé, décidèrent Monsieur l'abbé de Malet à consacrer aux communautés la plus grande partie de son ministère ecclésiastique. Faire un bon choix d'une Supérieure et surtout d'une maîtresse des novices ; éprouver la vocation des sujets, avec l'attention la plus scrupuleuse ; étudier la voie par laquelle chacune devait marcher, les diriger toutes vers la perfection de leur état ; s'occuper même du temporel, pour le régler selon les lois du droit civil et ecclésiastique, tels furent les soins qui absorbèrent presque entièrement les années de sa vie sacerdotale.

Déjà, même avant d'être prêtre, il portait un intérêt particulier aux communautés ferventes. Un monastère de Carmélites, renommé pour sa régularité, reçut de lui beaucoup de secours, pendant qu'il demeurait rue de l'Arbalète et n'était encore que diacre. Ce fut aussi, à cette époque, que la sœur

Lorette recourut, pour la première fois, à sa charité, pour en recevoir les plus généreux témoignages.

Plus tard, il fut nommé Supérieur de plusieurs Maisons religieuses, qui toutes se louèrent de son gouvernement, sous lequel elles goûtèrent une paix inappréciable. La droiture de son esprit, son amour de l'ordre, sa prudence, lui donnaient une grande aptitude pour la direction, et par ses conseils pleins de sagesse, il savait aplanir toutes les difficultés.

Les Maisons qui lui étaient confiées par l'autorité ecclésiastique ne furent pas les seules auxquelles il donna des preuves de son intérêt et de sa sollicitude. Quelques semaines avant sa mort, il rendit un immense service à une nombreuse communauté, en la préservant, par ses avertissements, d'une charge qui lui eût été fort onéreuse, et que ses Supérieures ne pouvaient prévoir. Il avoua qu'il avait prié plusieurs jours pour savoir ce qu'il devait dire dans cette circonstance importante.

Peu de temps auparavant, ayant appris qu'une Maison religieuse se trouvait dans une grande détresse, il lui avait envoyé, par un ecclésiastique de ses amis, un billet de mille francs, arrivé bien à propos, et reçu avec une grande reconnaissance, quoique le bienfaiteur eût soin de rester inconnu.

Mais, quelque grande que fût la sollicitude que Monsieur de Malet témoignât, en toutes circonstances, aux communautés religieuses, rien n'approche de celle avec laquelle il dirigea, durant vingt ans, la Maison de Lorette, et d'abord la Supérieure, qui en était la pierre angulaire, et qui devint, avec lui, la fondatrice de ce nouvel Institut. On connaîtra parfaitement la direction du saint Prêtre, en observant pas à pas, dans ses lettres, la sagesse avec laquelle il conduisit la mère Lorette dans le chemin de la vie spirituelle.

La première chose qu'il exigea d'elle, fut une parfaite fidélité à faire connaître à son guide toutes les pensées les plus intimes de son cœur.

« Je ne sais pourquoi, lui écrivait-il, mais je
« crois que le démon vous tracasse, et que quelque
« chose trouble la paix de votre âme. S'il en était
« ainsi, je veux que vous m'en instruisiez ; c'est le
« seul moyen de recouvrer la tranquillité. Ayez
« confiance, Notre-Seigneur veille sur vous : ne
« vous troublez pas de vos petites peines d'esprit ;
« il faut les mettre bien doucement au pied de la
« croix, et demeurer en repos. Vous voulez faire la
« volonté de Dieu, et moi, je veux vous la faire
« faire : ainsi, soyez sûre que vous la ferez. »

Un jour, que cette vertueuse fille s'était sentie délivrée de ses inquiétudes, aussitôt après les lui avoir communiquées, Monsieur de Malet lui répondit :
« Retenez-le bien, la seule démarche que vous avez
« faite en m'écrivant a suffi pour chasser l'ennemi :
« regardez cette grâce comme un signe que Dieu
« vous donne pour vous faire connaître que votre
« voie est celle d'une entière ouverture du cœur
« envers votre directeur. Ce qui, pour une autre,
« ne serait rien, devient de votre part une infidélité.
« Ne vous laissez donc plus arrêter par la crainte

« de m'obliger à répéter les mêmes choses : c'est
« une tentation. D'ailleurs, ma fille, si les pénitents
« sont dans l'obligation de consulter leur guide, le
« guide est dans celle de les écouter, et il est
« bien heureux que Notre-Seigneur l'emploie à cela. »

Une autre fois, n'ayant pas suivi cette sage conduite, la même religieuse se trouva dans un découragement extraordinaire dont elle ne triompha qu'après avoir avoué sa faute. Monsieur l'abbé de Malet lui écrivit en ces termes :

« Remerciez bien Notre-Seigneur du trouble qu'il
« vous envoie, ma fille ; c'est une grande grâce qu'il
« vous fait, en vous témoignant à l'instant même
« son mécontentement : méritez-la par une grande
« correspondance, c'est-à-dire en ouvrant votre cœur
« à votre guide, de manière à ce qu'il y puisse voir
« jusqu'au plus petit brin de poussière. Que vous
« êtes donc heureuse d'être appelée par la voie
« d'abandon ! elle mène à la paix de l'âme et conduit facilement à la plus grande perfection. Mais,
« ô mon Dieu, qu'il y a peu de personnes intérieures
« qui veulent marcher par cette voie ! Qu'un grand
« nombre d'entre elles, par conséquent, contristent le
« cœur de notre bon maître ! Qu'il n'en soit pas
« ainsi de nous, ma chère fille ; devenons simples
« en tout, comme de petits enfants, puisque le
« royaume de Dieu est pour ceux qui leur ressemblent. Du reste, soyez en paix, et remerciez bien
« Notre-Seigneur du soin qu'il prend de votre âme. »

Dans une autre lettre, Monsieur de Malet reproche à la sœur Lorette de s'être écartée de la méthode

que Dieu lui inspirait intérieurement : « Si je vous
« refusais le bonheur de communier demain, ma
« fille, ce serait pour vous punir de ne m'avoir pas
« parlé ce matin de ce qui vous pesait sur le cœur.
« Il faut absolument vous corriger de cette imper-
« fection qui, chez vous, est plus grave que chez
« une autre, parce que vous allez contre la très-
« sainte volonté de Dieu.

« Si je puis sortir demain, j'irai vous voir et vous
« gronder. »

Après avoir pris conseil de son Directeur, Monsieur l'abbé de Malet voulait qu'on eût pour lui la même obéissance qu'on aurait pour Jésus-Christ en personne, si on entendait le divin Maître donner lui-même des avis ; et il exigeait un complet abandon de ses opinions personnelles, comme de sa volonté.

« Je vous prie, écrivait-il à cette occasion, de
« faire une abnégation totale de votre propre juge-
« ment, et de vous en remettre absolument à ce que
« je déciderai ; car vous ne voyez pas clair dans ce
« moment, étant travaillée de diverses tentations.
« Surtout, ma fille, faites tous vos petits exercices
« comme à l'ordinaire, malgré vos dégoûts ; vous
« n'en plairez que plus à Dieu. Ce fut au milieu des
« dégoûts et des souffrances, que Notre-Seigneur
« accomplit sa Passion, il n'en fut pas pour cela
« moins agréable à son Père.

« Mais comment pouvez-vous me demander com-
« me une grâce la plus rude des privations : celle
« qu'une épouse de Jésus-Christ ne devrait jamais
« supporter qu'avec la plus grande peine ! Bien loin

« de vous l'accorder, je veux que vous communiiez
« demain, en union avec sainte Thérèse, qui fut
« aussi très-imparfaite, et devint cependant une
« grande sainte, parce qu'elle aimait beaucoup
« Notre-Seigneur. » ... Et encore : « Communiez de-
« main, comme à l'ordinaire, avec un cœur humble
« et aimant. Notre bon Maître fait ses délices d'être
« avec les enfants des hommes ; comment oserais-je
« y mettre obstacle ? Tâchez, de votre côté, ma
« fille, de vivre de manière à ce que le divin Époux
« ne soit jamais privé de s'unir à vous, car il vous
« aime bien tendrement. Ne pensons pas à tout ce
« qui pourrait attrister notre cœur, et ne nous
« occupons plus que d'aimer et remercier notre
« bon Sauveur. »

Pressée par ses peines d'esprit, la Mère Lorette, quelque vertueuse qu'elle fût, se laissait quelquefois prendre aux piéges de l'ennemi du salut ; elle suivait alors son propre esprit, au lieu d'obéir simplement à son guide, qui l'en reprenait aussitôt, comme on le verra par les lettres suivantes :

« Que la paix de Notre-Seigneur soit avec vous,
« ma très-chère fille ! Le diable sait bien ce qu'il
« fait : voulant vous attaquer, il commence par vous
« faire quitter vos armes, les seules par lesquelles
« vous puissiez le combattre avantageusement, je
« veux dire la communion, et qui pis est, l'obéis-
« sance ; car saint Paul ermite, et sainte Marie
« l'Égyptienne, sont devenus de grands saints, sans
« la communion, tandis qu'on ne le peut être en
« désobéissant. Je vous dis ceci pour vous éclairer,

« et non pour vous gronder ; car je plains votre
« pauvre âme qui a été tourmentée tout le jour.
« Allons, un peu de courage, nous ferons mieux
« une autre fois.

« Je trouve d'ailleurs dans votre trouble une
« petite consolation : c'est qu'il faut que la commu-
« nion vous profite beaucoup, puisque le démon fait
« tant d'efforts pour vous en détourner. Demain,
« ma fille, vous aurez le bonheur de recevoir Notre-
« Seigneur. Oh ! demandez-lui bien pardon de lui
« avoir aujourd'hui fermé la porte de votre pauvre
« cœur ! Si vous vous trouvez seule à la chapelle
« dans la journée, vous baiserez la terre devant le
« Saint-Sacrement, pour lui demander pardon d'avoir
« écouté les suggestions de son ennemi ; et puis,
« ma fille, ne pensons pas plus à tout cela, que s'il
« n'était rien arrivé. Et vive Jésus ! le démon aura
« beau faire, Notre-Seigneur est à vous, et vous
« serez à lui pour l'éternité ! »

La seconde lettre fut écrite à propos d'un quart
d'heure de prières que la Mère Lorette avait prolongé
au-delà du temps prescrit, contre les intentions de
Monsieur de Malet : « Savez-vous, y est-il dit, que
« je vous en veux un peu pour le quart d'heure
« d'hier soir, et que je trouve que le démon vous
« a fait donner du nez en terre, bientôt après la
« retraite. Il ne faut pas vous décourager, mais vous
« humilier et rester sur vos gardes ! Ah ! Jésus, où
« allons-nous mettre notre perfection ? Comment
« peut-on espérer vous être agréable en désobéis-
« sant à celui qui tient votre place ? Allons, ma

« fille, c'est assez grondé ; je ne vous en veux plus,
« mais souvenez-vous qu'il faut devenir toute sim-
« ple pendant cette année. »

Enfin, la même religieuse ayant surmonté ses difficultés et ses répugnances, reçut ces avis de son
guide :

« Je vois, ma fille, que le démon commence à
« vous être connu ; voilà sa marche : il tâche de
« nous dégoûter de ce qui est bon, quand il ne peut
« nous faire aimer ce qui est mal. Il faut vous rap-
« peler qu'une répugnance exagérée est presque
« toujours la preuve que Dieu veut une chose, et
« que le démon ne la veut pas. »

On jugera, par le fait suivant, avec quelle sévérité
Monsieur l'abbé de Malet traitait la désobéissance.

Une religieuse de Lorette avait reçu quelques
effets, et en argent seulement la valeur d'un franc,
contre la volonté de la Supérieure. Il ne crut pas
avoir assez fait en témoignant à celle-ci sa désapprobation, et en la chargeant de réprimander la
coupable ; il écrivit encore, bientôt après, ces mots
à la Mère Lorette :

« Vous n'avez pas été plus tôt partie, que j'ai
« regretté de ne vous avoir pas dit de jeter les vingt
« sous de N... ; faites-le, s'il en est temps encore,
« et brûlez le reste.

« Je ne puis vous dire quel dégoût intérieur
« m'inspire cet attirail entré dans la Maison de
« Notre-Seigneur, contre l'obéissance ; il y aurait
« de quoi l'en faire sortir. Rendons au démon ce
« qui lui appartient : il a été le premier désobéis-

« sant, et il a été le premier auteur de la désobéis-
« sance dans le monde. N'ayons jamais rien de
« commun avec lui. »

Après l'ouverture de cœur envers son guide et la docilité à suivre ses avis, Monsieur de Malet mettait au premier rang, parmi les vertus religieuses, la ponctualité à suivre les règles de l'ordre qu'on a choisies, et par lesquelles la volonté de Dieu est manifestée.

« Je vois avec plaisir et consolation, » écrivait-il après un événement heureux pour la Maison de Lorette, « que vous rendez grâce à Dieu de sa bonté
« pour vous et les vôtres, en vous remettant aussitôt
« à l'accomplissement de la règle. Vous avez raison,
« ma fille : remplir exactement ses devoirs, voilà
« l'action de grâces la plus parfaite, et le *Te Deum*
« le plus agréable à Notre-Seigneur. »

La sœur Lorette ayant demandé à son Supérieur de la dispenser de quelques moments de sommeil pour prolonger son oraison, il lui répondit : « Non-
« seulement je ne vous permets pas, ma chère
« fille, de vous lever plus tôt, mais je vous prie de
« faire ce que vous pouvez pour dormir tout le
« temps prescrit par la règle. Que c'est une oraison
« agréable à Notre-Seigneur, que de bien observer
« la règle de son Institut ! Pour cela, il faut boire,
« manger, dormir, comme le prescrit la règle.
« Quand ma fille comprendra-t-elle tout le mérite
« que l'on acquiert en suivant la règle tout simple-
« ment ? Ne faisons que ce qui nous est ordonné,
« mais faisons-le bien, et nous deviendrons bientôt

« des saints et des saintes à miracles ; car le plus
« grand des miracles, c'est, selon moi, qu'une
« personne faible de sa nature en vienne à n'aimer
« que la très-sainte volonté de Dieu. »

Comme on le voit, la piété de Monsieur l'abbé de Malet n'avait rien d'austère à l'extérieur : formée au milieu des souffrances presque continuelles auxquelles il était en proie, il avait su la concilier avec les ménagements que réclamaient un tempérament usé par les fatigues de ses campagnes militaires, et par les chagrins. Elle s'adressait principalement au cœur ; c'était là surtout qu'elle exerçait chez lui son empire, qu'elle commandait tous les sacrifices. Dans la direction, c'était aussi à la réforme du cœur qu'il travaillait, en déclarant d'abord une guerre cruelle à la passion dominante, et ensuite à toutes les petites passions qui s'abritent encore à son ombre, après que l'extérieur paraît irréprochable. C'était là, enfin, qu'il attaquait, dans ses derniers retranchements, l'amour-propre, le jugement propre, et la recherche de soi-même. Mais s'il voulait une fidélité entière, il la demandait de la manière la plus engageante : « Allons, ma fille, mandait-il à la sœur
« Lorette, un peu de courage, un peu de patience,
« et nous viendrons à bout de tout. Cependant, si
« vous me trouvez trop méchant, ayez confiance en
« Notre-Seigneur, et j'espère être plus doux en 1825,
« quand je devrais l'être trop. »

Saint François de Sales était le modèle qu'il proposait, à la sœur Lorette et aux autres, pour apprendre à unir la plus grande abnégation à l'extérieur le plus aimable, et à devenir saint aux yeux de Dieu, sans rien faire pour le paraître aux yeux des hommes.

« Voyez, écrivait-il, comme saint François de
« Sales pratiqua la perfection chrétienne avec géné-
« rosité, et sut faire toutes ses actions avec une
« simplicité telle, qu'il faut y regarder de bien près,
« pour reconnaître ce qu'il dut lui en coûter, pour
« continuer, avec tant d'aisance, une si cruelle
« guerre à la nature !

« Cette vie généreuse et simple, qui est celle de
« ses filles, doit être aussi la vôtre : soyez attentive
« à combattre et à détruire en vous tout ce qui
« déplaît à Notre-Seigneur, mais n'appelez pas toutes
« vos sœurs pour leur montrer que vous vous faites
« violence. Mortifiez-vous avec un visage gai, com-
« me saint François de Sales, et non avec un visage
« allongé, comme les Pharisiens. Abaissez votre
« cœur plus que votre corps, et ne dites de vous
« que le mal que vous voulez qu'une autre en dise.
« Tous ces soupirs, tous ces : *Oh ! que la nature
« est difficile à vaincre,* n'ont d'autre but que de
« faire connaître à vos sœurs que vous vous êtes
« surmontée en quelque circonstance. Quelle pué-
« rilité ! Il faut être bien immortifiée ou bien vaine,
« pour mettre tant de prix à si peu de chose. »

Monsieur l'abbé de Malet faisait consister la perfection dans une acceptation amoureuse, mais sans contrainte, de toutes les peines, grandes et petites, dont est traversée la vie. Il écrivait dans une de ces « circonstances : « Dieu vous envoie une petite
« épreuve : je ne vous défends pas de crier, si cette

« épine vous pique ; mais restez fidèle, et je
« vous promets, de la part de Notre-Seigneur,
« une belle rose blanche, pour votre éternelle cou-
« ronne. »

A cet abandon filial au bon plaisir divin, il voulait qu'on joignît une grande droiture de cœur et l'intention la plus pure, disposition qu'il définit par ces deux mots : *être simple*. Nous pensons qu'on lira avec plaisir l'explication qu'il en donna à la sœur Lorette, au jour de l'Assomption, en la remerciant d'un bouquet qu'elle lui avait envoyé.

« Je vous envoie aussi mon bouquet, ma fille ; il
« consiste dans cette petite maxime : *Soyez simple*.
« Être simple, c'est ne se proposer en tout que de
« plaire à Notre-Seigneur. On est simple dans ses
« œuvres, quand on n'en fait que d'agréables à Dieu
« et dans l'unique but de lui plaire. On est simple
« quand on n'emploie pour faire réussir ses œuvres
« que des moyens dignes de ce bon Père. On est
« simple dans ses pensées, lorsqu'on réfléchit beau-
« coup sur ce que Dieu pense de nous, et peu sur ce
« qu'en pensent les hommes. On l'est dans ses
« paroles, quand on les prononce en songeant plus
« au jugement que Dieu en portera, qu'au jugement
« qu'en porteront les hommes. Enfin, ma fille, allez
« à Dieu tout simplement, c'est-à-dire avec une
« grande confiance et un doux abandon, bien sûre
« que vous êtes l'objet de son amour.

« Je voudrais que notre bonne Mère gravât, en
« lettres de feu, cette petite maxime dans votre
« cœur ; car, comme elle vous brûlerait sans cesse,

« vous y penseriez toujours, et vous plairiez toujours
« à Notre-Seigneur.

« Que la très-sainte Vierge emporte demain votre
« cœur avec le sien ! »

Ennemi de tout excès, Monsieur de Malet l'était surtout des pénitences corporelles, pour les complexions délicates, particulièrement pour les tempéraments nerveux. Il disait que Dieu, le destinant à conduire un certain nombre d'âmes, lui avait ménagé de grandes souffrances, tant physiques que morales, pour le mettre en état d'apprécier les maux des autres et d'y compatir, et afin que, par cela même, il fût plus capable de bien diriger ceux qui les éprouveraient.

Mais, s'il défendait aux caractères ardents les mortifications nuisibles à la santé, il faisait de cette défense elle-même la matière de la mortification intérieure, qu'il en exigeait complète, par l'abnégation de leur propre jugement. La Mère Lorette, naturellement portée à la pratique des austérités corporelles, ne se soumettait qu'avec une extrême difficulté à certains ménagements que son Supérieur lui imposait, afin de conserver sa faible santé, pour continuer l'œuvre que la Providence lui avait remise entre les mains ; c'était pour Monsieur l'abbé de Malet une raison d'insister sur ces ménagements. Afin de rompre la volonté de cette bonne Supérieure, il lui écrivait :

« Je vous mets aux arrêts pour quelques jours ;
« faites humblement et paisiblement ce que je vous
« demande : Dieu récompensera l'obéissance de sa

« fille, en répandant sur elle et sur sa petite
« famille selon la grâce, ses plus chères bénédic-
« tions.

« Que la paix de Notre-Seigneur soit avec vous ! »

Une autre fois, il mandait encore à la même religieuse :

« Je vous prie de vous traiter comme vous traitez
« les autres, et de vous mettre au lit, si vous vous
« sentez souffrante : soignez sérieusement votre bras
« malade, qui appartient à Notre-Seigneur comme
« votre cœur. Enfin, ménagez-vous, et c'est en cela
« que je connaîtrai vos progrès dans le détachement
« de vous-même. »

Monsieur de Malet avait vivement senti les déchirements du cœur, dans la perte des personnes qui lui étaient chères ; aussi, savait-il comprendre les afflictions du prochain et les partager. Pourvu que ses filles demeurassent soumises aux décrets de la Providence, il ne voulait pas qu'elles se raidissent avec effort contre leurs émotions. La Mère Lorette ayant perdu son père, il lui adressa le billet suivant :

« Je prends bien part à votre peine, ma chère
« fille, et ce n'en est pas une petite pour moi, de ne
« pouvoir aller vous porter quelques consolations ;
« mais je suis toujours malade ; j'ai même eu toute
« la nuit un redoublement de souffrances.

« Ne vous laissez pas trop abattre ; songez à tout
« ce que Notre-Seigneur a fait pour le salut de votre
« père, et que ce dernier moment, tout triste qu'il
« est, lui ouvre la porte de la bienheureuse éternité.

« Ne vous faites cependant pas trop de violences :
« pleurez comme saint François de Sales, et consolez-
« vous tout doucement avec lui. »

C'est ainsi que, par des instructions journalières, Monsieur l'abbé de Malet formait aux vertus religieuses les plus solides la Mère Lorette, dont il comptait faire la pierre fondamentale de son petit Institut, espérant lui dire, comme autrefois le Sauveur au chef des apôtres : *Une fois affermie, soutenez vos sœurs.* Mais les desseins de Dieu sont bien différents des pensées des hommes. Jeune encore, la Mère Lorette fut enlevée à la Maison dont elle était le modèle et l'appui : cette pieuse fille mourut comme elle avait vécu, de la manière la plus édifiante. Sa perte, immense pour les religieuses de Lorette, affligea profondément leur fondateur, qui se vit par là obligé de recommencer ses travaux.

CHAPITRE XV.

Portrait de la Mère Marie de Lorette. — Ses vertus. — Sa mort.

La Mère Marie de Lorette était d'une amabilité parfaite, et faisait le bonheur des récréations de sa communauté, quoique les peines qu'elle avait éprouvées lui eussent enlevé une partie de sa gaieté naturelle, remplacée chez elle par une expression grave, qui portait l'empreinte de la sainteté.

Par une perspicacité extraordinaire, véritable don de Dieu, elle jugeait souvent, à la première vue, les dispositions et les inclinations d'une personne qui se présentait à elle pour la première fois, sans qu'elle la connût, ou qu'on lui en eût jamais parlé. Ce rare discernement lui était d'une grande utilité dans l'exercice de sa charge de Supérieure.

Elle avait une tendresse de mère pour toutes les pauvres jeunes filles qui lui étaient confiées, et trouvait un grand plaisir à les surprendre aux récréations, où elle s'associait à leurs jeux, et ne se retirait qu'après avoir fait la partie de chacune. Quand les maîtresses de l'ouvroir étaient contentes de leurs enfants, la bonne Mère allait elle-même leur faire la lecture et distribuer le travail. Mais elle était inflexible sur l'observation du règlement, et en punissait les infractions avec justice et sévérité, sans acception de personnes.

Dans ses instructions à ses jeunes élèves, elle les exhortait surtout à la confiance en la Providence, et leur racontait un trait, arrivé dans la Maison, bien propre à les y exciter.

A la fin d'une année, après avoir réglé tous ses comptes, elle vit qu'il ne lui restait plus en caisse que six francs, pour nourrir sa communauté. Cependant, fidèle à suivre les intentions de son Supérieur, qui ne voulait pas qu'elle contractât de dettes, elle crut devoir tout payer, s'abandonnant, pour l'avenir, aux soins du Père céleste. Ils ne tardèrent pas à se manifester au-delà de son attente et de ses prévisions : elle reçut le lendemain une somme de mille francs.

Voici comment la chose eut lieu : Un vertueux prêtre d'un diocèse étranger, qui connaissait la Maison, mais qui ignorait le besoin actuel qu'elle avait de son secours, était tombé malade aux environs de Noël ; les médecins voulaient lui faire subir une opération, à laquelle il répugnait excessivement, et il promit à Dieu de donner mille francs aux pauvres, s'il guérissait pour la fête de Noël, sans être obligé de recourir au remède violent qu'il paraissait nécessaire d'employer. Sa prière ayant été exaucée, il acquitta sa promesse, et choisit la communauté de Lorette pour les pauvres auxquels il devait remettre la somme promise. Cette aumône, arrivée précisément à l'époque où la sœur Lorette n'avait plus rien, et ne pouvait rien attendre humainement, pour nourrir sa nombreuse famille, la pénétra de reconnaissance.

Elle réunit aussitôt la communauté pour chanter le *Magnificat*, que Monsieur de Malet appelait le *Te Deum* de Lorette, et, les yeux pleins de larmes de consolation, elle se hâta de faire à ses enfants le récit de cette preuve touchante de la bonté de Dieu, et du soin qu'il prend de ceux qui se confient pleinement en lui.

Le zèle de la Mère Lorette pour venir au secours des jeunes filles pauvres et honnêtes qui se trouvaient dans l'embarras, était tout charitable et plein d'ardeur. Un jour, une dame de la connaissance de Monsieur de Malet avait imaginé, pendant qu'elle était à la campagne, de faire venir de Dijon une jeune personne pour la placer à Lorette ; elle en avertit Monsieur de Malet la veille seulement du jour de son arrivée ; celui ci, fort mécontent, n'ayant plus le temps de recevoir une réponse de la protectrice, engagea la Mère Lorette à donner, pour un jour, asile à la pauvre fille, qui paraissait honnête, mais seulement *après avoir bien fait la fâchée*. La bonne Supérieure ne put se décider à agir aussi rigoureusement ; elle reçut à bras ouverts la malheureuse enfant, sans lui faire porter la peine des torts de ceux qui l'avaient envoyée. Ayant ensuite rendu compte à Monsieur de Malet de sa conduite, il lui répondit :

« Que voulez-vous que je vous dise, ma chère
« fille? Vous valez mieux que votre Père, et ce n'est
« pas beaucoup. Quoique vous ne vouliez *pas faire
« la fâchée*, il faudra cependant faire sentir poliment
« à ces dames qu'on ne doit pas vous adresser
« quelqu'un sans avoir pris votre avis auparavant.

« Autrement, on ferait venir à Paris tout ce qui
« s'ennuierait en province, et comme vous ne pour-
« riez pas tout recevoir, il en résulterait que votre
« Maison serait l'occasion de la perte de plusieurs
« âmes, au lieu de l'être de leur salut.

« J'ai écrit d'un ton grondeur; mais, voyez-vous,
« je ne m'en repens pas. Il faut établir un peu nos
« usages dans la capitale, ou bien nous nous en
« trouverions fort mal. »

Cette crainte de causer la perte, plutôt que le salut des âmes, rendait la Mère Lorette extrêmement ferme quand il fallait renvoyer les enfants capables de pervertir les autres : une fois qu'elle avait pris son parti sur ce point, ce qu'elle ne faisait jamais avant d'avoir beaucoup consulté Dieu, il n'y avait ni prières ni larmes qui pussent la retenir.

Quand cette fervente Supérieure parlait de Dieu, c'était d'une manière si touchante et si pénétrante que les cœurs en étaient tout remués. Ses filles se rappellent encore avec consolation les sujets ordinaires des conférences qu'elle leur faisait : le bonheur de la vocation religieuse, l'obéissance, l'humilité, la pauvreté, la mortification, le silence, mais surtou la soumission à la volonté de Dieu et l'amour Notre-Seigneur, étaient toujours les sujets auxquels elle donnait la préférence.

La Mère Lorette se montrait également admirable dans la pratique des vertus religieuses. On jugera de sa pauvreté, en apprenant qu'elle porta, huit ans, une paire de souliers. Son obéissance s'étendait à toute les sœurs qui avaient quelque emploi ; elle ne comprenait pas qu'on pût s'oublier à cet égard, et disait un jour, pour inspirer les mêmes sentiments à ses filles : « Il y a bien des années que la sœur robière « a recommandé de retourner sa robe et d'en baisser « les manches, quand on la quitte ; je ne me sou- « viens pas de lui avoir désobéi. »

Son amour pour Notre-Seigneur animait sa piété. La ferveur qui la consumait, quand elle était en présence du Saint-Sacrement, ne lui permettait pas toujours de retenir quelques paroles enflammées, prononcées à demi-voix, et qui semblaient l'expression des sentiments d'un cœur trop plein pour ne pas déborder de tous côtés. Vers la fin de son pèlerinage sur cette terre, elle ne parlait presque plus que de conformité à la volonté divine. Six semaines avant sa mort, on la voyait encore suivre, avec un courage étonnant, tous les exercices de la communauté. Enfin, elle fut contrainte de céder à la violence du mal.

Pendant le peu de temps qui lui restait à vivre, elle ne cessa de s'appliquer à former toutes ses filles, en donnant à chacune d'elles les conseils qu'elle croyait convenir à sa disposition, et, comme sa chambre était voisine de celle des assemblées et des récréations, elle en profitait pour écouter leurs entretiens, afin de les avertir de ce qu'elle y trouvait de répréhensible. Le démon livra néanmoins beaucoup d'assauts à cette excellente religieuse, pendant les dernières années de sa vie. Ce fut alors que Monsieur l'abbé de Malet se montra plus que jamais son père : il la visitait chaque jour, apaisait ses peines d'esprit et ramenait le calme dans son âme ; enfin, il lui annonça que la mort approchait et qu'il allait se préparer à l'arrivée de l'Époux. Elle reçut les sacrements avec une connaissance pleine et entière, qu'elle conserva jusqu'à la fin. Après avoir béni toutes les personnes de la Maison, elle répondit d'un ton si ferme aux prières du prêtre, que chacune en était émue et attendrie.

Quoique résignée aux ordres de la Providence, la communauté de Lorette ne pouvait se persuader que Dieu privât l'œuvre d'une personne qui lui était si nécessaire pour la consolider. On espérait contre toute espérance, et on continuait à faire un grand nombre de prières et de vœux pour sa conservation.

Le vendredi saint, un mieux sensible fit croire à la possibilité d'un rétablissement ; mais le lendemain apporta de tristes présages : le mal augmenta rapidement. Le glorieux jour de Pâques devint celui de l'agonie pour toute la Maison de Lorette : des douleurs aiguës, des étouffements continuels se succédèrent sans interruption chez la malade. Le soir, elle voulut que ses filles allassent se reposer, et ne garda auprès d'elle qu'une sœur agrégée, en promettant à son assistante de la faire avertir, quand elle toucherait à ses derniers moments. Vers dix heures, elle l'envoya chercher, ainsi qu'une des plus anciennes professes, et leur dit bientôt après qu'il fallait commencer les prières de l'agonie ; mais, voyant que ses pauvres filles, inondées de larmes, avaient peine à les trouver, elle ajouta, avec un sang froid et une présence d'esprit incroyables dans un pareil instant :

« Qu'on me donne le livre, car si l'on tarde, il ne
« sera plus temps. »

Depuis lors, ses aspirations vers Notre-Seigneur et la très-sainte Vierge furent presque continuelles ; elle garda cependant quelques minutes de silence, au bout desquelles elle prononça d'une voix intelligible ces mots, qui sont la devise de l'Institut de Lorette : *Voici la servante du Seigneur, qu'il me soit fait selon votre parole*, et rendit en même temps sa belle âme au Dieu qu'elle avait toujours tant aimé ! C'était la nuit du dimanche au lundi de Pâques, 27 mars 1837.

Cet événement plongea la communauté de Lorette dans une consternation profonde ; elle croyait avoir tout perdu en perdant sa Mère. Quoique extrêmement affligé, Monsieur de Malet se chargea d'être le consolateur de ses filles : les larmes abondantes qu'elles versèrent leur tinrent lieu de parole à sa première visite. Lui-même, tout ému, leur adressa une exhortation sur la soumission à la volonté du Seigneur, que la Mère Lorette avait si bien pratiquée, et fit entendre à cette famille inconsolable, que du haut du ciel où l'avaient placée ses vertus, elle lui serait plus utile encore que sur la terre : cette pensée pouvait seule adoucir la douleur et sécher un peu les larmes.

Douze jours après le bienheureux trépas de la Mère Marie de Lorette, Monsieur l'abbé de Malet crut avoir la certitude qu'elle était délivrée des peines du purgatoire, et introduite, pour l'éternité, dans les tabernacles du Seigneur.

CHAPITRE XVI.

Nouveaux soins que prend Monsieur l'abbé de Malet de former les religieuses de Lorette aux vertus de leur état.

Monsieur l'abbé de Malet eut besoin de toute sa soumission aux desseins de la Providence, pour se résigner à la perte que venaient de faire les religieuses de Sainte-Marie-de-Lorette. Chaque fois que la mort frappait une d'entre elles, il était pénétré d'affliction; mais ici, l'édifice élevé par lui avec tant de peine, au milieu de tant de tribulations, semblait ébranlé par la base elle-même; le nouvel Institut qu'il avait, disait-il quelquefois, enfanté dans la douleur, était privé de son sujet le plus précieux, de son principal appui, avant d'être encore affermi solidement, ce qui bouleversait tous ses plans, et détruisait toutes ses espérances.

Pour réparer le dommage éprouvé, il résolut donc de se multiplier en quelque sorte, et de faire à la fois les fonctions de deux personnes. Ses visites, ses instructions, devinrent alors plus fréquentes que jamais : on eût dit qu'un secret pressentiment l'avertissait qu'il lui restait aussi peu d'années à vivre; nous trouvons même dans des avis donnés par lui à ses chères filles, au jour de l'Ascension, plusieurs phrases qui semblent l'indiquer, et par lesquelles il s'efforçait de les prémunir contre les tentations de découragement qui pourraient les assaillir, après son départ de ce monde.

« Les apôtres, leur écrivait il, se sentirent bien
« seuls et bien délaissés, lorsque le Sauveur les
« quitta pour aller au ciel, jouir de la gloire qu'il
« avait acquise au prix de son sang. Quelle entre-
« prise que la conversion du monde ! Que de croix,
« que de contradictions ! Quel triste chef que saint
« Pierre ! Quelles pauvres gens que les apôtres ! D'un
« côté tant de difficultés, joignez-y l'éloignement du
« divin Maître : il y avait bien de quoi se découra-
« rager ! Cependant les apôtres ne manquèrent pas
« à leur vocation, et, fortifiés par le Saint-Esprit, ils
« accomplirent leur mission merveilleuse.

« Si vous passez par de semblables épreuves, si
« vous voyez les obstacles se multiplier, si Notre-
« Seigneur semble s'éloigner de vous, ne vous dé-
« couragez pas ; demeurez fidèles à votre vocation ;
« espérez contre toute espérance : celui qui ôte, est
« aussi celui qui donne ; celui qui frappe, est aussi
« celui qui guérit. »

Monsieur de Malet regardait la charge de Maîtresse des novices, comme la plus importante de toutes, dans une communauté ; il l'appelait en riant : *la cuisine spirituelle*, qui devait donner aux âmes une nourriture fortifiante, dont elles se ressentiraient toute leur vie ; et il avait coutume de dire qu'on pouvait réparer les fautes du mauvais gouvernement d'une Supérieure, de son administration imprudente, mais qu'à un noviciat mal fait, il ne voyait pas de remède ; c'est ce qui l'engagea à donner des soins tout particuliers aux novices de Sainte-Marie-de-Lorette.

La Supérieure lui ayant fait part de la difficulté où elle était, à cause des nombreuses occupations de ses sœurs, d'en trouver une pour faire aux novices un catéchisme plus développé et plus solide, dont elles ont besoin, à cause de l'instruction religieuse qu'elles sont destinées à donner aux enfants, Monsieur l'abbé de Malet s'offrit pour remplir cette fonction ; et, depuis ce jour, jusqu'à celui où commença sa dernière maladie, il n'y manqua jamais, quelque souffrant qu'il pût être.

Les jeunes sœurs ne perdirent pas à cet arrangement ; elles eurent un excellent maître qui, tout en les instruisant, les égayait par ses bons mots, et leur donnait en même temps des enseignements utiles pour leur avancement spirituel.

Si on avait quelque reproche à leur faire, on profitait de l'adresse du bon Père, qui savait prendre un tour agréable pour indiquer ce dont il s'agissait : les novices le comprenaient aussitôt, et se hâtaient de réformer le côté faible, pour ne pas mériter un second blâme. Un jour qu'une d'entre elles avait beaucoup pleuré, pour une véritable bagatelle, Monsieur de Malet averti, lui dit le lendemain : « Ma « sœur, vous avez bien mal aux yeux. » La jeune personne ne le comprit pas d'abord, et répondit, en remerciant, d'une manière négative ; et le bon Père ajouta : « Ils sont cependant bien rouges. » Quoique un peu confuse, la novice ne se corrigea pas tout

d'un coup. Ayant recommencé bientôt après, Monsieur de Malet dit, en venant pour son instruction :
« Je connais des pays où on loue des pleureuses
« pour les enterrements ; on leur donne douze francs
« par jour ; nous y enverrons ma sœur une telle,
« et comme nous ne sommes pas riches, elle nous
« procurera un bon revenu, fort utile. »

Monsieur de Malet ne dissimulait point aux personnes qui entraient au couvent les difficultés qu'elles rencontreraient dans la vie religieuse ; mais il leur en montrait à la fois les douceurs, et les engageait ensuite à choisir entre le joug de Jésus-Christ et celui du monde. Voici à ce sujet des instructions adressées à une de ses filles :

« Le monde vous offre une couronne de roses, et
« Jésus une couronne d'épines : les roses du monde
« sont belles, et les épines de Jésus-Christ sont
« piquantes. A quoi vous arrêterez-vous ? Prendrez-
« vous la couronne du monde ? Je ne le pense pas ;
« car elle n'a pour elle que les apparences. Les
« roses du monde cachent, vous le savez, de cruelles
« épines : ses joies engendrent la tristesse, et le
« dégoût suit ses plaisirs. Ses honneurs ne sont que
« fumée, et ses richesses ne satisfont pas le cœur.
« Il fait perdre la félicité future, en promettant la
« félicité présente, qu'il ne donne pas. Prenez, ah !
« prenez la couronne d'épines : elle pique un peu,
« j'en conviens ; mais ses piqûres ne sont point
« venimeuses, et sous ses épines, sont des roses
« belles et fraîches que rien ne peut faner. Elle
« change la tristesse de cette vie en joie spirituelle ;

« elle enrichit par la pauvreté ; elle met dans le
« cœur une consolation secrète, une joie indicible
« qui l'élève au-dessus de toutes les misères de la
« vie. Emparez-vous de cette aimable couronne,
« honorez-la, conservez-la, comme votre plus riche
« trésor.

« Les mondains se couronnent de fleurs, et les
« saints se couronnent d'épines. On porte envie aux
« mondains, et on plaint les saints ; cependant, à
« voir le doux contentement des uns sous les épines,
« et les soucis des autres sous les fleurs, il est aisé
« de juger que les épines de Jésus sont plus douces
« au cœur que les roses du monde. »

Monsieur l'abbé de Malet avait une grâce et un talent tout particuliers pour connaître les vocations : on venait souvent le consulter à cet égard. Ce n'était qu'après avoir imploré les lumières du Saint-Esprit, après avoir pesé les motifs, même humains, qui pouvaient déterminer à prendre tel parti plutôt qu'un autre, qu'il portait son jugement ; mais, ennemi des tergiversations, une fois porté, il s'y tenait avec fermeté, à moins que des raisons vraiment fortes, qu'il n'avait pas connues d'abord, vinssent en appeler à un nouvel examen, car généralement, il ne revenait jamais sur une affaire décidée. En imposant la même obligation aux personnes qui le consultaient, il parvint plus d'une fois à rétablir le calme dans certaines consciences timorées, et tentées sur leur vocation.

Une lettre écrite par lui à une personne qui sollicitait son admission dans la communauté de Sainte-

Marie-de-Lorette fera, mieux que toute autre explication, connaître sa manière d'agir en pareil cas. La voici :

« Je ne puis encore décider d'une manière irrévo-
« cable, ma chère fille, si vous êtes appelée à la vie
« religieuse, et notamment à l'Institut de Lorette ;
« mais, ce dont je suis certain, c'est que Notre-
« Seigneur veut que vous entriez au noviciat, et
« que vous y entriez promptement, si toutefois la
« bonne Mère y consent ; car c'est à elle qu'il appar-
« tient de décider ce point. Ce ne sera qu'après vous
« avoir examinée, pendant les épreuves des novices,
« que je pourrai décider votre vocation d'une ma-
« nière définitive. En attendant, ma fille, point
« d'inquiétude sur l'avenir ; ne vous tourmentez pas
« l'esprit pour savoir si, après avoir pris l'habit,
« vous ne serez point réduite à le quitter. Reposez-
« vous sur Dieu de tout cela, et abandonnez-vous à
« la conduite de vos guides. Voyez comme un pau-
« vre mouchoir se laisse mouiller, frotter, tordre,
« étendre, sécher, pour devenir blanc. Eh bien !
« faites de même, ma fille, abandonnez-vous entiè-
« rement entre les mains de la Providence. Reposez-
« vous de tout sur votre Supérieure et votre confes-
« seur, et tout ira bien ; et vous deviendrez blanche
« et pure devant Dieu. Faites bien tout ce qu'on
« vous dira ; tâchez de vous unir, chaque jour da-
« vantage, à Notre-Seigneur ; mais souvenez-vous
« qu'il est un Dieu jaloux, et qu'il ne s'unit qu'aux
« cœurs humbles, doux, obéissants. Observez bien
« votre règle, et apprenez de moi, ma fille, que ce

« qui ne serait pas une faute pour une autre, le
« sera pour vous, parce que Notre-Seigneur, vous
« donnant beaucoup, a droit d'exiger davantage.

« Ne pensez à votre vie passée que d'une manière
« générale ; n'y pensez que pour vous rappeler que
« vous fûtes autrefois bien infidèle, et Notre-Seigneur
« bien bon. Ah ! ma fille, que de motifs d'espérance
« pour vous, dans ce peu de mots, puisque, en effet,
« Dieu a été si soigneux de vous garder, quand vous
« l'offensiez tant, quand vous ne vous embarrassiez
« pas de lui plaire : que ne fera-t-il pas pour vous,
« maintenant que vous désirez lui être agréable, et
« vous donner entièrement à lui dans la vie reli-
« gieuse ?

« Soyez obéissante en tout, ma fille, et Dieu vous
« bénira. »

Qu'on ne s'imagine pas cependant que cette bénédiction, que Monsieur l'abbé de Malet promettait à
ses filles, consistât dans des douceurs et des consolations même spirituelles. Cherchant, avant tout, à
les établir dans une vertu solide, il leur parlait plus
souvent du Calvaire que du Thabor.

« Ne vous flattez pas, leur écrivait-il, que vos
« consolations seront sans mélange ici-bas ; et d'ail-
« leurs, que seriez-vous si vous n'aviez rien à souffrir ?
« Vous ne seriez qu'une ombre de religieuse. C'est
« pour souffrir et mourir à vous-même que vous êtes
« entrées en religion et non pour être consolées ;
« c'est pour vous rendre conformes à Jésus mourant
« sur la croix. Regardez donc vos consolations
« comme l'annonce de quelque peine ; acquiescez

« d'avance à cette peine et bénissez-en le Seigneur,
« car la croix est la dot qu'une épouse de Jésus-
« Christ reçoit en entrant en religion. Se faire reli-
« gieuse pour avoir ses aises, s'éloigner du monde
« pour mener une vie sensuelle, oublier sa famille
« pour ne penser qu'à soi, c'est prendre le plus
« court chemin pour aller en enfer. »

La première vertu que Monsieur de Malet exigeait de ses filles de Lorette, c'était la vertu de religion. L'amour qu'il portait à Dieu et qui se manifestait dans ses actions, comme dans ses paroles, ne lui permettait de rien souffrir qui blessât tant soit peu le respect dû à la Majesté divine. Il voulait qu'à la chapelle tout fût dans le plus grand ordre; il réglait les choses, en sorte qu'il n'y eût ni trouble, ni confusion, et lorsqu'il remarquait quelque faute sur ce point, il ne manquait pas de reprendre celle qui l'avait commise. Jamais il ne se montrait plus ferme que dans ces circonstances, et on ne pouvait échapper à la réprimande par des excuses, car il ne les recevait pas.

S'il défendait d'employer, pour l'ornement de la chapelle de Lorette, des objets riches, précieux, annonçant le luxe, il tenait à une propreté extraordinaire pour le linge comme pour les vases consacrés au service des autels, et souvent on l'entendit gémir sur la négligence des sacristains chargés du soin des églises. Pour en dédommager Notre-Seigneur, Monsieur de Malet inspirait, au contraire, à ses filles, un profond respect pour ces glorieuses fonctions qui leur permettaient d'approcher de plus près du tabernacle où il réside, et, en envoyant à la Supérieure une lampe pour la placer devant le très-saint Sacrement, il lui écrivait : « Je pense que vous devriez donner, « comme une récompense, le soin de l'entretenir. »

S'il s'apercevait qu'une enfant n'était pas recueillie pendant le saint sacrifice de la messe, il la dépeignait si bien, qu'on reconnaissait aussitôt la coupable ; il la condamnait alors à lire la messe à haute voix au milieu de la salle de l'ouvroir. Cette punition était si bonne qu'on n'avait pas besoin d'y recourir souvent. Monsieur de Malet attachait une telle importance à la régularité, par laquelle, disait-il, on pouvait juger comment Dieu était servi dans une Maison religieuse, qu'il n'était jamais en retard pour l'heure de la messe. Faire attendre la Communauté eût été à ses yeux une grande faute, et si le servant n'était pas arrivé à l'heure, il priait une des sœurs de commencer à répondre.

C'était seulement lorsqu'il ne disait pas la messe de règle qu'il se laissait aller à ses impressions de ferveur. On le voyait alors s'arrêter quelques moments immobile, dans un recueillement profond, à la communion surtout. Celles de ses filles, auxquelles leurs occupations permettaient d'assister à cette messe, lui disaient ensuite simplement : « Mon Père, vous étiez aujourd'hui dans vos consolations, » et un gracieux sourire annonçait qu'on ne s'était pas trompé. Cette ouverture lui donnait occasion de parler de l'amour de Notre-Seigneur, qui était pour lui un sujet inépuisable. Ses filles, tout en avouant qu'il leur est impossible de rapporter ses admirables conversa-

tions, assurent qu'elles n'oublieront jamais combien, dans ces moments, elles se sentaient tout animées à l'amour et au service du Dieu, auquel leur vénérable fondateur était constamment uni par une oraison intime, qu'il appelait de simplicité : « C'est, disait-il
« d'une manière gaie et aimable, celle des bûches,
« et la mienne par conséquent. »

Sa grande union avec Dieu lui rendait à charge toutes les choses de la terre. Comprenant si bien le vide des créatures, il s'efforçait de faire partager les mêmes sentiments à ses filles, et avait souvent sur les lèvres ces paroles ou autres du même genre : « Que ce monde est peu de chose ! » ou : « vanité des vanités ! » ou encore : « misère humaine ! » Dans leurs peines, il les engageait à prendre leur crucifix, afin de lire, dans les plaies et les souffrances de l'Homme-Dieu, le néant de tout ce qui passe, sans conduire au ciel ; et il écrivait à l'une d'elles : « Dans
« ce livre, vous apprendrez à travailler sérieusement
« à votre perfection. S'il ne vous est pas donné de
« verser votre sang pour Jésus-Christ, il vous est du
« moins donné de mourir à vous-même pour plaire
« à Jésus-Christ ; c'est là le martyre auquel vous êtes
« appelées. Si vous voulez l'endurer, il ne tient qu'à
« vous. Prenez votre volonté, étendez-la sur le
« chevalet de l'obéissance ; torturez-la par la contra-
« riété ; brisez-la dans ses affections ; tranchez dans
« le vif, en maîtrisant votre tendresse sur vous-
« même ; écrasez l'orgueil par l'humilité, l'humeur
« par la charité et la sensualité par la mortification.

« Ah ! que la mort de la volonté propre est un

« beau martyre ! qu'elle réjouit les Anges et qu'elle
« édifie une Communauté ! Mais, hélas ! on désire
« de grandes souffrances et on fuit les petites morti-
« fications ; on veut être martyr à la Chine et on ne
« veut pas l'être à la maison. »

A l'école de Jésus humilié et anéanti, Monsieur de Malet voulait qu'on se formât encore au mépris de soi-même, et il avait appris le premier cette leçon, avant de l'enseigner à ses filles. Quoiqu'il se fût employé, avec des soins si assidus et si persévérants, à la fondation et au perfectionnement de l'Institut de Lorette, il ne pouvait souffrir le titre de Fondateur que les religieuses lui donnaient souvent en sa présence. « Je ne suis que votre Supérieur, reprenait-il
« alors, ne m'appelez pas d'un autre nom. »

Dès le commencement de l'Œuvre, il avait profondément senti « son insuffisance pour cette tâche. » C'était son expression, et deux lettres de cette époque, adressées à la Mère Lorette, sont restées pour rendre témoignage à son humilité. Un jour, où quelqu'un lui avait offert ses services avec dévouement, il mandait à la Fondatrice : « J'ai vu votre Monsieur ;
« il y a, je le crains, plus de chaleur que de solidité
« dans cette tête. Enfin, Dieu ne se sert pas toujours
« des plus habiles pour ses œuvres, nous en sommes
« une preuve. »

Voici l'autre lettre : « Votre petit mot m'a trouvé
« au moment où j'étais occupé à me décourager, en
« réfléchissant à la position où nous sommes. Enfin,
« ma fille, votre père est un bien pauvre homme, et
« celui qui convenait le moins pour faire réussir

« une fondation, à moins que Notre-Seigneur, en
« me mettant là, ait eu le dessein de prouver qu'il
« n'a besoin de personne pour son œuvre. »

Ce mépris de soi-même, Monsieur de Malet voulait qu'on l'eût en toutes choses, mais dans le cœur et non sur les lèvres seulement, car il ne pouvait souffrir qu'on dit de soi le mal qu'on serait fâché qu'un autre en dît ; il répétait souvent cette maxime :
« Que l'humilité est plus nécessaire même que la
« chasteté, puisque, comme nous l'apprend la para-
« bole des vierges folles, il y a en enfer beaucoup
« d'âmes chastes, tandis qu'on ne saurait en trouver
« là de véritablement humbles. »

Cependant, par l'humilité, il n'entendait pas qu'on refusât de reconnaître les grâces de Dieu ; au contraire, il exhortait à s'abîmer dans son néant, en exaltant, comme Marie, celui qui avait comblé de dons une créature incapable de les mériter.

« Il ne faut pas, mandait-il, vous enorgueillir des
« grâces que le Seigneur vous a faites ; mais aussi,
« il ne faut pas les nier. N'oubliez pas le peu que
« vous étiez, mais reconnaissez ce qu'avec sa grâce
« vous êtes devenue. Reconnaissez votre bassesse
« et ne l'attribuez qu'à vous. Reconnaissez les dons
« de la grâce qui ornent votre âme, et ne les attri-
« buez qu'à Dieu.

« Qu'aimiez-vous et que faisiez-vous, lorsque vous
« viviez selon la nature ? Qu'aimez-vous et que cher-
« chez-vous, depuis que vous vivez selon la grâce ?
« Ce que vous faisiez alors, c'est l'œuvre de votre
« bassesse, humiliez-vous-en ; ce que vous faites

« aujourd'hui, c'est l'œuvre de Dieu, rendez-lui-en
« toute la gloire. Le cœur humble connaît l'étendue
« de sa misère, sans méconnaître les bienfaits de
« Dieu. »

La vaine gloire avait dans Monsieur de Malet un ennemi implacable. Comme il ne craignait rien tant que de la voir s'introduire à Lorette, il adressait souvent à ses filles les exhortations les plus pressantes pour les en détourner ; nous en citerons une seulement :

« La vaine gloire se glisse souvent dans le cloître,
« et une fois qu'elle s'y est établie, elle jette de plus
« profondes racines dans le cœur d'une religieuse
« que dans celui d'une mondaine. Alors on aime à
« faire valoir sa communauté, on cherche les com-
« pliments du monde, on désire lui plaire. On parle
« de la ferveur de ses sœurs, sans oublier de glisser
« un mot sur la sienne. Si on se tire heureusement
« de quelque entreprise difficile, on s'en attribue le
« succès, et, bien loin de rapporter tout à Dieu, on
« ne laisse échapper aucune occasion de se faire
« valoir.

« Fuyez donc la vaine gloire. Parlez peu de votre
« communauté et encore moins de votre personne.
« Souvenez-vous de la grandeur de Notre-Seigneur
« et de votre misère ; cette pensée vous fera appré-
« cier les compliments du monde à leur juste valeur. »

D'après ces principes, Monsieur de Malet ne fit rien pour donner à sa petite Communauté l'extension que plusieurs de ses amis souhaitaient de lui voir prendre, et refusa toujours d'employer, pour la prospérité de son œuvre, les moyens propres à la sortir de son obscurité.

Ce fut chez lui autant un calcul d'humilité que de confiance en Dieu et de prudence. « Quand j'ai com-
« mencé votre Institut, disait-il un jour à ses filles,
« ou plutôt, quand j'ai aidé la bonne Mère Lorette à
« établir cette petite Œuvre, on me conseillait de
« recevoir un grand nombre de jeunes personnes,
« afin de lui donner de l'éclat. Je fis tout le contraire :
« j'engageai la sœur Lorette à n'en recevoir que peu,
« pour qu'il fût plus facile de leur donner, et d'entre-
« tenir parmi elles un bon esprit, car il ne s'agit pas
« seulement de coucher et de nourrir des enfants,
« il faut aussi en faire de bonnes chrétiennes. »

Si, en sa présence, on comparait sa Maison avec telle ou telle autre, qui, à peine fondée, attirait les regards et les applaudissements du monde, il se taisait par humilité ; mais, plus tard, il fit connaître à un de ses amis ce qu'il pensait de ces brillants commencements.
« Lorette, lui dit-il, a pris naissance en même temps
« que deux autres établissements du même genre.
« On me blâmait alors de ne pas donner assez d'éclat
« à notre Communauté, et pourtant, voyez ce que
« sont devenus ces prétendus grands établissements ;
« ils se sont écroulés avec scandale, tandis que
« notre Œuvre, bien que toujours petite, dure encore
« et a même pris un peu de développement. »

Dans les œuvres de Dieu, comme Maisons de charité et Communautés surtout, Monsieur de Malet avait, en général, mauvaise opinion de celles qui s'étendaient très-rapidement et obtenaient de suite beaucoup de

succès sous le rapport temporel. « Ces œuvres croissent
« par les branches, disait-il, plutôt que par les raci-
« nes ; elles ne seront pas solides. » Et plus d'une fois
l'expérience est venue confirmer son jugement.

Il n'augurait pas bien non plus des œuvres pieuses
et charitables, pour le succès desquelles on fondait
des espérances sur les richesses de leurs protecteurs.
« Croiriez-vous, disait-il, un jour où l'on parlait d'un
« établissement de ce genre, que, pour preuve de
« son état prospère, on m'a fait valoir qu'il a tant de
« mille francs d'avance ! A mes yeux, la meilleure
« preuve du succès d'une Maison, c'est la vertu des
« sujets et les tribulations par lesquelles il plait à
« Dieu de faire passer l'œuvre ; car, si elle est bonne,
« le démon la redoute, et, par mille efforts, il tâche
« de la renverser. »

C'était aussi uniquement sur la Providence que Monsieur de Malet comptait pour l'accroissement, comme il y avait mis toute sa confiance pour la fondation, de sa petite Communauté. Quoiqu'il tint par sa famille et par celle de Madame de Malet à un grand nombre de personnes, dont les aumônes auraient pu rendre la Maison de Lorette florissante, sous le rapport du temporel, son esprit de foi lui ayant appris que les œuvres de Dieu se fondent dans la pauvreté, les privations et le travail, il ne voulut jamais avoir recours à d'autres moyens. Il est vrai que, dans le principe surtout, il employa à la soutenir une partie de ses revenus ; mais c'était seulement pour lui fournir le nécessaire, quand le travail ne suffisait pas.

Monseigneur de Quélen ayant eu connaissance de

ces détails, dit un jour à Monsieur l'abbé de Malet : « La Maison de Lorette ne subsiste que parce que « vous en êtes la Providence visible ; mais, après « vous, comment se soutiendra-t-elle? — Monseigneur, « répondit le saint prêtre, sans s'émouvoir un ins- « tant, Dieu, qui se sera servi de moi, pendant ma « vie, saura bien, après ma mort, trouver un moyen « de soutenir cette œuvre, s'il la juge utile à sa « gloire ! »

Sa confiance sur ce point était telle, qu'on lui a souvent entendu dire : « Lorette ne s'étendra qu'après « que j'aurai cessé d'en paraître l'appui, en quittant « ce monde. » Et comme, fidèle à suivre les conseils qu'il donnait à ses filles, de ne pas dépouiller leurs familles, il ne leur a guère laissé que ce qui était nécessaire pour subvenir au traitement d'un chape- lain ; il est évident qu'il se reposait, pour leur tem- porel, sur les soins de la divine Providence, à laquelle sa vie n'était, en quelque sorte, qu'un acte d'aban- don continuel.

Nous avons, sous les yeux, différents écrits, par lesquels il engageait les religieuses à suivre la même voie qui avait toujours été pour lui la source d'une profonde paix, et nous en citerons un passage :

« Les mondains se réjouissent, lorsqu'ils acquièrent « des protecteurs puissants, et il n'est point alors « de projets qui leur paraissent au-dessus de leurs « espérances. Pour vous, votre protecteur c'est Jésus- « Christ, dont rien n'égale la puissance, dont rien « n'égale la bonté. Ne mettez d'autres bornes à vos « désirs que la très-sainte volonté de Dieu, car Jésus

« vous aime avec tendresse et rien ne peut être refusé
« à ses mérites. Demandez avec confiance, avec per-
« sévérance, avec sagesse, et tout vous sera accordé.

« Avec confiance, car vous ne pouvez douter de
« la puissance et de la bonté de Dieu. Avec persé-
« vérance, car Dieu aime à éprouver la foi de ceux
« qui le prient. Avec sagesse, car Dieu ne gâte pas
« ses enfants, et ne leur accorde que ce qui peut
« leur être agréable, sans leur devenir nuisible.

« Epouses de Jésus-Christ, n'enviez au monde ni
« ses amis, ni ses protecteurs : vous avez, mieux
« que tout autre, cela dans le cœur de Jésus. On
« cherche souvent bien loin, ce qui est bien près,
« et l'on s'efforce de se rendre les hommes favora-
« bles, quand c'est Dieu qu'il s'agit de gagner. Faites
« la volonté de Dieu, et Dieu s'empressera de faire
« la vôtre. »

Cette dernière phrase indique bien l'attrait tout particulier qu'avait Monsieur de Malet pour la conformité à la volonté divine, vers laquelle il s'appliquait à diriger les pensées, les desseins, les travaux de ses filles. On trouve, dans les notes qu'elles ont conservées de ses avis, une définition aussi neuve que gracieuse de cette vertu, objet de ses constants efforts.

Après avoir fait remarquer que la conformité au bon plaisir de Dieu donne seule du mérite aux actions des créatures ; qu'elle fait la sainteté, et en est un trait si essentiel, que sans elle on ne peut y parvenir ; avec un grand nombre de pieux auteurs, il comparait chaque vertu à une fleur : « Mais, ajoutait-il,

« la conformité à la volonté divine en est comme les
« feuilles, dont aucune ne peut se passer. Voyez,
« dans une plaine émaillée de fleurs, chacune a sa
« forme, sa couleur, son parfum ; mais toutes ont
« un feuillage : ainsi quelques saints se sont fait
« remarquer par leur charité envers le prochain ;
« d'autres par leur patience ; ceux-ci par la douceur ;
« celui-là par l'humilité ; cet autre par la mortifica-
« tion ; mais tous ont conformé leur volonté à celle
« de Dieu : c'est ce qui fait leur bonheur sur la
« terre, c'est en quoi consiste celui dont ils jouissent
« dans le ciel, où les anges n'en ont jamais eu
« d'autre ! Nous devons donc juger de la bonté de
« notre oraison par la disposition où elle nous
« laisse de nous soumettre à la volonté de Dieu, et
« de l'accomplir en tout, quelque pénibles que
« soient les sacrifices qu'elle impose. »

Plein de respect pour l'autorité ecclésiastique, nous ne devons pas oublier de dire que Monsieur de Malet enseignait avec soin à ses filles à avoir les mêmes sentiments pour tous leurs Supérieurs, et à leur en donner des témoignages dans l'occasion. On trouve ce petit mot dans ses lettres à la Mère Lo-
« rette :

« Monsieur Desjardin doit aller incessamment
« vous visiter à Lorette. Comme, outre sa qualité
« de grand-vicaire, il est archidiacre de la partie de
« Paris où est située votre Maison, il faudra recom-
« mander que, s'il venait en votre absence, on le
« reçoive avec beaucoup d'honneur ; qu'on lui fasse
« voir la chapelle ; qu'on l'appelle : Monsieur l'ar-

« chidiacre, et qu'on le prie de donner sa bénédic-
« tion à la communauté. »

Une vie humble et retirée devait être par dessus tout celle des filles de Lorette. Leur fondateur pensait, à juste titre, qu'il convient aux religieuses de rester étrangères aux nouvelles, comme aux questions politiques, qui occupent le monde, et non-seulement il interdisait, dans leur Maison, l'entrée de tout journal, de quelque couleur ou nuance qu'il fût, mais encore il recommandait sévèrement qu'aux parloirs on ne s'entretînt d'aucune affaire de l'Etat ou de la société. Voici une preuve bien rare de la manière dont ses intentions étaient remplies. Nous la regarderions même comme incroyable, si elle n'était attestée par un ecclésiastique, ami intime de Monsieur de Malet, qui nous a raconté lui-même le fait.

En 1830, une fois la révolution accomplie, Monsieur de Malet crut devoir prévenir la Supérieure et son assistante du nouvel ordre de choses établi en France, mais sans leur permettre d'en parler aux enfants, ni aux autres religieuses, de telle sorte que plusieurs de ces dernières furent, un grand nombre de mois, sans se douter du changement opéré dans le gouvernement, ce qui paraîtra prodigieux, quand on saura que la Maison était composée de plus de trente enfants, de neuf à dix religieuses, et de plusieurs sœurs agrégées.

Mais, s'il interdisait les nouvelles et les discours du monde, Monsieur de Malet était loin de porter ses filles à la tristesse : autant il exigeait d'exacti-

tude aux devoirs, autant il aimait à entendre rire les jeunes sœurs, dans les moments où la règle leur accorde quelque délassement. La salle des récréations étant assez voisine de la chapelle, sans se distraire, il entendait avec plaisir les éclats de rire de leur joie pure et innocente. Il lui est même souvent arrivé de dire en sortant, à la Supérieure : « J'ai été
« bien fervent aujourd'hui, à mon action de grâce,
« vos novices riaient de si bon cœur, qu'elles m'ont
« fait faire oraison. »

Peu de jours encore avant sa dernière maladie, ayant fait placer au noviciat un tableau de sainte Claire qu'il aimait beaucoup, les novices profitèrent de cette occasion pour demander un quart d'heure de récréation extraordinaire. Il le sollicita volontiers de la Supérieure, et lui-même, par ses aimables reparties, donna l'exemple de ce que saint François de Sales appelle une sainte joyeuseté, qui lui était d'ailleurs habituelle.

CHAPITRE XVII.

Monsieur l'abbé de Malet, afin d'inspirer à ses filles de Lorette une plus grande dévotion à la très-sainte Vierge, la leur fait reconnaître pour première Supérieure et pour Fondatrice. — Dévotion qu'elles doivent avoir ensuite à saint Joseph, à différents saints et aux anges.

Pour achever de rendre compte de ce qui a rapport aux enseignements spirituels que Monsieur l'abbé de Malet donnait à ses chères filles de Lorette, nous dirons que c'était particulièrement de l'intercession de la très-sainte Vierge qu'il attendait les grâces nécessaires pour leur donner la force de marcher courageusement et constamment dans la voie qu'il leur traçait, et qui était si opposée à la nature. Comme il ne voyait rien d'impossible pour ceux qui se placent sous l'égide maternelle de Marie, il y avait mis, d'une manière toute spéciale, sa petite communauté, en lui faisant reconnaître la Mère de Dieu pour sa Reine, sa première Supérieure et Fondatrice, par une délibération et un acte capitulaire ainsi conçus :

« Après avoir mûrement réfléchi aux diverses
« circonstances qui ont signalé les commencements
« et les progrès de notre communauté ; après nous
« être rappelé successivement le dénuement com-

« plet où nous nous sommes trouvées dès son prin-
« cipe, et les obstacles de toute espèce que nous
« avons eus à surmonter pour arriver au point où
« nous en sommes aujourd'hui, nous avons dû
« reconnaître le doigt de Dieu dans ce qui a eu lieu,
« et n'avons pu attribuer qu'à son soin paternel le
« bonheur dont nous jouissons en ce moment. Mais,
« au milieu des justes transports de notre recon-
« naissance, nous n'avons pu méconnaître Celle
« dont la puissante intercession nous a obtenu tant
« de bienfaits. Nous avons rendu grâces à la très-
« sainte Vierge des bénédictions qu'a répandues sur
« nous son divin Fils, et nous avons pris la réso-
« lution de lui témoigner notre gratitude par une
« confiance sans bornes dans sa bonté maternelle.

« Afin donc de consacrer l'une et l'autre par un
« monument qui puisse à la fois rappeler notre
« amour pour notre céleste bienfaitrice, et engager
« les sœurs qui nous succèderont à la partager,
« nous sommes convenues, après mûre délibération,
« de dresser l'acte capitulaire suivant :

« Les religieuses de Sainte-Marie-de-Lorette,
« soumises à l'obéissance de Monseigneur l'arche-
« vêque de Paris, reconnaissent pour Fondatrice de
« leur Maison, la très-sainte Vierge Marie, Mère de
« Dieu, Reine du ciel et de la terre. Elles confessent
« que c'est à sa bonté qu'elles doivent le peu qu'elles
« possèdent en ce monde, et déclarent qu'elles se
« confient entièrement à elle pour obtenir ce dont
« elles ont encore besoin dans ce moment, ainsi que
« ce qui leur deviendrait nécessaire par la suite.

« Une copie du présent acte capitulaire, signée de
« toutes les religieuses, sera déposée sous le piédestal
« de la statue de la très-sainte Vierge. »

Monsieur de Malet se servait ensuite de cet acte lui-même pour enflammer de plus en plus le cœur de ses religieuses d'un tendre amour envers Marie. « Il est certain, leur disait-il, mes filles, que tous les
« chrétiens ont la sainte Vierge pour Mère ; mais
« elle est plus particulièrement la vôtre, puisque la
« Maison est confiée à sa protection spéciale. Vous
« l'avez reconnue pour votre Fondatrice et votre
« Reine ; elle est devenue pour Lorette ce que Dieu
« était pour les Israélites sous les Juges : il était
« leur Dieu et leur Roi. Voilà pourquoi leurs trans-
« gressions étaient punies avec tant de rigueur.
« Comme Dieu, il réprouvait les crimes ; mais, com-
« me un Roi chargé d'exercer la justice, il en ordon-
« nait le châtiment. Comme votre Mère, Marie
« s'afflige de vos infidélités ; mais comme Reine,
« elle a doublement le droit de vous les reprocher.
« Elle attend de vous quelque chose de plus que
« des autres communautés : vous devez l'aimer d'un
« amour singulier, la faire aimer ainsi à vos enfants,
« et avoir recours à elle dans toutes vos peines,
« dans tous vos besoins ! »

Il avait encore remarqué, et il le faisait observer avec bonheur aux religieuses de Lorette, que toutes les personnes qui portaient intérêt à leur Maison et la fréquentaient, avaient une dévotion particulière pour la sainte Vierge. « Aussi, ajoutait-il en riant,
« on dit dans le monde qu'à Lorette on aime plus la

« sainte Vierge que le bon Dieu. Laissez dire le
« monde : je sais qu'on ne l'aime pas plus que Dieu ;
« mais c'est une preuve qu'on aime beaucoup cette
« bonne Mère, et j'en suis content ; car, voyez-vous,
« je désire que vous soyez ses filles privilégiées, et
« je vous ai placées sous sa protection, non pas
« tant pour que vous soyez plus élevées dans le
« Ciel, ni que vous y ayez les premières places,
« qu'afin que toujours, dans le temps comme dans
« l'éternité, vous soyez sous la houlette de Marie. »

Pour qu'en entrant dans la Maison, on reconnût aussitôt qu'elle était toute dévouée à la très-sainte Vierge, le bon Supérieur en avait fait placer le chiffre sur chacun des objets susceptibles de le recevoir, car sa devise était : *Tout pour Marie.*

Il n'avait pas de plus grand bonheur que de voir les enfants de l'ouvroir témoigner leur amour à cette Vierge bénie, et, chaque année, en allant visiter leur chapelle, au jour de la fête de sa Nativité, il ne manquait pas de glisser, sans être aperçu, une petite somme dans le tronc destiné à la décoration de leur autel, quoique toute l'année il fournît la bougie et autres objets nécessaires. Mais il se réjouissait de penser, qu'en rehaussant la pompe de leurs petites cérémonies, il inspirerait à ces jeunes personnes une plus haute idée de la grandeur de celle qu'elles honoraient.

Dans ses moments de solitude et de souffrances, Monsieur l'abbé de Malet se délassait, en composant quelques cantiques, pour les faire chanter à ses enfants et à ses filles de Lorette. Dans le petit recueil qu'il en a fait, douze sont en l'honneur de la sainte Vierge. Nous citerons quelques strophes d'une paraphrase du *Salve Regina :*

Mère du Rédempteur, voyez notre misère,
Des ennuis de l'exil, consolez vos enfants ;
Encouragez leurs cœurs, guidez leurs pas tremblants ;
Montrez, pour les sauver, les soucis d'une Mère.

Abreuvés de chagrins, dans ce vallon de larmes,
Nous élevons vers vous nos cœurs trop oppressés ;
Montrez que vos enfants ne sont pas délaissés,
Et qu'une Mère est là pour calmer leurs alarmes.

Auprès d'un Dieu vengeur qui doit juger la terre,
Auprès de Jésus-Christ, intercédez pour nous ;
Afin de désarmer son trop juste courroux,
Ah ! dites-lui : Mon fils ! je suis aussi leur Mère.

Il existe encore une foule de petits mots d'instruction, que Monsieur l'abbé de Malet adressait par écrit à ses filles, aux différentes fêtes de la sainte Vierge ; nous avons pensé qu'on regretterait de n'en pas connaître quelques-uns.

A la fête du Saint-Rosaire, il écrivait : « De toutes les « dévotions, la plus recommandée par l'Église, celle « qui est le plus à la portée de tout le monde, c'est « le chapelet. Elle doit être votre dévotion chérie, « comme épouses de Jésus-Christ, et comme filles « de la sainte Vierge. Vous y devez trouver votre « consolation dans vos peines, votre arme contre les « tentations et votre secours dans vos besoins. C'est « le lien qui vous unit à la Mère de Dieu et par elle

« à son divin Fils ; ne le quittez donc jamais. Qu'il
« soit votre plus bel ornement, et souvenez-vous
« qu'une religieuse de Lorette doit, en toute circons-
« tance, la nuit et le jour, vivante ou morte, avoir
« à la main son chapelet ! »

A la fête de Notre-Dame-des-Neiges, il mandait à ses filles : « Que ces saints personnages qui ont bâti
« l'église de Notre-Dame-des-Neiges, en reconnais-
« sant la sainte Vierge pour leur héritière, furent
« bien inspirés et doivent se réjouir aujourd'hui
« d'avoir fait un si heureux emploi de leur fortune !

« Vous avez fait plus : en vous faisant religieuses
« de Lorette, vous vous êtes données tout entières
« à la sainte Vierge pour élever, en son honneur
« et sous son invocation, une petite œuvre qui
« doit procurer le salut des âmes, qui lui sont si
« chères, et glorifier son divin Fils, qu'elle aime si
« tendrement. Poursuivez donc avec générosité votre
« entreprise ; que les obstacles et les épreuves ne
« vous rebutent pas ; creusez les fondements de cet
« édifice par l'humilité ; élevez-en les murs par la
« patience ; que la pauvreté en soit l'ornement et
« que la modestie en garde l'entrée ; que la charité
« l'échauffe et l'éclaire, et que la joie des enfants de
« Dieu y forme des accords dignes du Ciel ! »

Voici les petits mots que nous trouvons à l'occasion des fêtes du très-saint et immaculé Cœur de Marie, et de son nom béni :

« Aimez et étudiez sans cesse le saint Cœur de
« Marie ; c'est le modèle de toutes les vertus, et
« surtout des vertus religieuses. Venez apprendre,

« dans la contemplation de ce saint Cœur, comment
« on peut s'appliquer aux devoirs de sa vocation,
« sans cesser d'être uni à Dieu ; comment on peut
« s'affectionner aux créatures, sans perdre de vue le
« Créateur ; comment on peut pratiquer de grandes
« vertus et conserver l'humilité ; comment on peut
« suivre Jésus dans la solitude de la vie cachée et
« dans les tracas de la vie active ; comment on peut
« allier la haine du péché, avec la miséricorde pour
« le pécheur, et de grandes douleurs, avec une
« grande patience. Unissez-vous à cet aimable Cœur.
« Apprenez de lui à être douce, humble, modeste
« et mortifiée. Apprenez de lui à vivre au pied de
« la croix, à placer vos affections dans Celui qui est
« attaché à la croix, et à n'estimer que les croix ;
« en un mot, puisez dans ce très-saint Cœur l'amour
« de Jésus, et de Jésus mourant sur la croix !

« Le saint Cœur de Marie est le plus court chemin
« pour arriver au sacré Cœur de Jésus ; c'est le trésor
« des pécheurs, le modèle des parfaits, la consolation
« des affligés et l'espoir de Lorette !

« Le saint nom de Marie est, après celui de Jésus,
« le nom que vous devez invoquer avec le plus de
« confiance et d'amour. Ce nom est celui de votre
« Mère et de la meilleure des mères ! Ce nom est la
« terreur du démon, la sauvegarde du chrétien et la
« joie des Anges. Dans la joie, invoquez ce saint
« nom, il la tempèrera et la sanctifiera. Dans la
« douleur, répétez ce saint nom, il l'adoucira, il vous
« fortifiera. Dans le danger, prononcez-le, il vous
« encouragera et vous délivrera. Que ce saint nom,

« gravé dans votre cœur, soit fréquemment sur vos
« lèvres ; qu'il vous excite à bien dire et à bien
« faire, et conservez cette habitude jusqu'à votre
« dernier soupir, afin que vos lèvres mourantes
« murmurent encore cet aimable nom ! »

Après la sainte Vierge, Monsieur de Malet voulait voir ses filles honorer saint Joseph d'une dévotion toute particulière, comme le nourricier de Jésus, et celui de tous les saints qui avait le plus pratiqué les vertus auxquelles les appelait leur vocation, telles que la vie cachée, l'humilité, l'amour du travail, le recueillement, l'esprit d'oraison et la fidélité à accomplir les desseins de Dieu. Il le leur proposait habituellement pour modèle, dans les différentes conférences qu'il leur faisait sur leurs principaux devoirs, et il le leur avait donné pour patron particulier de la Maison. Étant malade, au jour de sa fête, il avait envoyé à l'une d'elles cette courte instruction :

« Saint Joseph eut le bonheur de vivre avec Notre-
« Seigneur et sa sainte Mère, et de mourir entre
« leurs bras ; ce bonheur peut être le vôtre. Vous
« habitez dans la maison de la très-sainte Vierge ;
« elle est votre mère et votre supérieure. Notre-
« Seigneur est dans le tabernacle de votre chapelle,
« et vous avez la liberté de vous entretenir avec lui.

« A la mort, Jésus et Marie pourraient-ils ne pas
« vous assister, lorsque votre vie aura été employée
« à leur complaire ? Heureuse vie que celle qui se
« passe ainsi dans la maison de la sainte famille !
« Heureuse mort que celle qui a Jésus et Marie pour
« consolateurs ! Soyez donc une digne épouse de

« Jésus-Christ. Soyez une vraie fille de Marie ! et à
« la mort, vous vous placerez avec confiance entre
« les bras de Marie et sur le cœur de Jésus !

« Jésus sera votre frère, Marie votre mère, les
« Anges vos défenseurs, les Saints vos amis, et Dieu
« vous bénira en toutes choses, si vous prenez saint
« Joseph pour votre père, si vous recourez avec
« confiance à sa protection. »

Monsieur de Malet composa encore, en l'honneur de saint Joseph, deux cantiques que l'on chante à Lorette avec une grande dévotion. Le premier était pour les mères adoptives et le second regardait plutôt les enfants. Nous citerons quelques couplets de chacun d'eux :

> Le Dieu puissant qui nourrit la nature,
> Sans vos travaux, eût connu le besoin ;
> De votre main, il tint sa nourriture,
> Et sa jeunesse appela votre soin.
>
> Vous avez dû dérober son enfance
> Aux traits sanglants du monde et des enfers ;
> Et c'est à vous qu'il remit sa défense,
> Lui, dont la voix ébranla l'univers.

Voici le cantique des enfants :

> Vos travaux ont nourri la mère,
> Du fils, vous fûtes le soutien ;
> Ah ! daignez aussi, sur la terre,
> Nous procurer notre pain quotidien.
>
> De Jésus, l'humble apprentissage
> Fut dirigé par vos conseils ;
> Ah ! formez nos mains à l'ouvrage
> Par vos saintes leçons et par des soins pareils.

Par le travail et la prière
Consacrons à Dieu nos instants ;
De Jésus, que l'humble chaumière,
Contente les désirs de nos cœurs innocents.

Pour plaire à la sainte famille
Et pour imiter ses vertus,
Fuyons, fuyons tout ce qui brille,
Et n'ayons d'autre amour que celui de Jésus.

Monsieur de Malet recommandait encore à la vénération de ses filles plusieurs autres saints, dont les portraits, placés dans la maison, leur rappellent les vertus par lesquelles ils ont signalé leur amour pour Dieu. Saint Philippe de Néri, saint François de Sales et saint Vincent de Paul, qu'il appelait ses deux béquilles ; saint Bernard, saint Bruno, saint Louis étaient de ce nombre, ainsi que sainte Françoise de Chantal et sainte Thérèse. Mais surtout les saints Anges devaient recevoir le tribut des humbles prières et de l'amour des filles de Monsieur de Malet, jalouses de suivre l'exemple de leur respectable fondateur, qui recourait, en toutes circonstances, à l'intercession des Anges, soit pour lui, soit pour les personnes qui lui étaient chères. Il entretenait en outre, avec ces esprits célestes, de continuelles relations de charité et en enseignait la pratique à ses filles spirituelles.

« Les saints Anges gardiens, leur disait-il, sont
« chargés de procurer le salut des hommes, et les
« hommes sont chargés de les aider dans leurs fonc-
« tions. De là, entre ces saints messagers et les âmes
« pieuses, un commerce de charité, qui est tout à
« l'avantage de ces dernières. Les saints Anges vous

« aideront dans l'affaire de votre salut, et même dans
« vos affaires temporelles, si vous les aidez dans les
« leurs. Aidez-les à sauver les âmes par vos bons
« exemples, par vos pieuses conversations et par
« vos charitables soins ; aidez-les, par vos petits re-
« noncements et vos discrètes mortifications, à sou-
« lager les âmes du purgatoire, et vous aurez pour
« gardiens, non-seulement votre bon ange, mais
« tous ceux de ces pauvres âmes. Ils veilleront sur
« vous et sur ceux que vous leur recommanderez
« avec une exactitude parfaite ; car, ayant tout fait
« pour eux, ils feront tout pour vous. Vous voyez
« combien peu il vous en coûterait pour acquérir des
« amis et des protecteurs puissants parmi les Anges ;
« faites-en donc la consolante expérience. »

CHAPITRE XVIII.

Bonté avec laquelle Monsieur l'abbé de Malet pourvoyait aux nécessités temporelles des religieuses de Sainte-Marie-de-Lorette.

La sollicitude que Monsieur l'abbé de Malet portait à la Maison de Lorette ne se bornait pas seulement au soin des âmes, elle s'étendait à tout. On aurait de la peine à croire à quels minutieux détails, même de ménage, le faisaient descendre sa charité et son affection pour cette petite communauté naissante. Au commencement, alors que la sœur Lorette manquait presque du nécessaire, il faisait faire ses emplettes, l'avertissait de l'époque où elle devrait réunir ses petites provisions, et prévoyait ce à quoi elle ne songeait pas elle-même.

« Vous ferez bien, lui écrivait-il en octobre 1823,
« d'acheter des pommes de terre ; consultez aussi
« pour votre provision de beurre, car, dans quelques
« mois, il sera bien cher. »

Et en novembre : « Ce froid va faire renchérir les
« légumes ; j'ai envoyé ce matin mon cuisinier à la
« halle, pour vous en avoir d'avance ; il vous mon-
« trera comment les placer à la cave, car, si vous

« les mettiez ailleurs, ils gèleraient, et ce serait
« autant de perdu. »

Un peu plus tard, au sujet d'une religieuse malade, Monsieur de Malet mandait encore à la Supérieure : « Si je pouvais faire faire ici quelque « chose pour ragoûter votre pauvre patiente, dites-« le-moi. Peut-être des petits pots au café ou au « chocolat lui feraient plaisir : je suis absolument à « votre disposition. »

La délicatesse de ses attentions allait jusqu'à procurer de petites jouissances à de pauvres filles qui, sans lui, eussent été privées de tout ; et à la fin de l'année 1824, il écrivait à la sœur Lorette, pour ses étrennes : « Il faut que vous disiez à votre « assistante d'envoyer demain chercher quelque « chose chez moi, quand vous serez sortie, et de le « bien cacher, afin que vous ne le voyiez pas avant « le jour de l'an. »

Quelques années plus tard, surtout après la mort de la Mère Lorette, dont la perte se faisait grandement sentir dans la Maison qu'elle avait dirigée avec tant de sagesse, Monsieur de Malet devint l'unique appui et le conseiller habituel de cette communauté, dénuée de ressources. On n'y faisait pas la plus petite chose sans lui demander conseil : aussi, avec sa gaieté ordinaire, il s'en appelait le *Maître-Jacques ;* et, lorsque les religieuses lui disaient qu'il était l'âme de la Maison, il reprenait : « l'*âne,* n'est-ce pas ? »

Ces pauvres filles s'adressaient continuellement à leur bon Père, et n'en étaient jamais éconduites, lors même qu'elles l'interrogeaient sur ses dispositions intérieures ; son âme leur était ouverte, comme son cœur et sa bourse. Pour s'instruire à son exemple à la pratique de la vertu, elles osaient lui faire mille questions sur ses pensées, ses jugements, sa manière d'être habituelle, de se tenir en présence de Dieu et de traiter avec lui. Il répondait à toutes ces questions avec un abandon et une simplicité qui les touchaient autant qu'elles les pénétraient d'édification. Avec la même simplicité, il partageait leurs petites fêtes, recevait leurs vœux et tirait de tout occasion de les porter aux vertus de leur état. Il répondait ainsi à un souhait de fête :

« Je remercie mes chères filles de leurs vœux, et
« je prie Notre-Seigneur de les combler de ses bé-
« nédictions. Mais la fête ne serait pas complète,
« si elles ne m'offraient aussi un bouquet. Les
« fleurs ne seront pas difficiles à trouver : que
« chacune m'apporte un petit renoncement à sa
« volonté propre, dans les choses où il y va du bon,
« dit saint François de Sales, et je serai content.
« Ces fleurs sont de toutes les saisons ; elles ne se
« fanent pas, et produisent des fruits de paix en ce
« monde et de joie dans l'autre. Ainsi soit-il !

« Je ne sais si l'usage est que j'aille à la récréation
« aujourd'hui ; dites-le-moi, car il faut être fidèle à
« l'usage. »

L'extrême condescendance de Monsieur de Malet se prêtait à tout ce que lui demandaient les sœurs. Il eut un jour la bonté de monter à l'infirmerie, uniquement pour visiter les tasses et les casseroles de l'infirmière : celle-ci y gagna, car ayant remarqué qu'il manquait un fourneau, il pria aussitôt la Supérieure de faire venir un fumiste pour l'établir en cachette. Sa bonté aimait à procurer d'agréables surprises, en faisant mettre dans les différents offices ce qu'il savait être nécessaire, ou seulement utile. Chaque sœur le priait, à son tour, d'aller voir l'arrangement de l'office dont le soin lui était confié, et il n'en sortait jamais sans avoir tout examiné, pour donner son avis sur ce qu'il était plus à propos de faire.

Cependant, malgré cette apparente familiarité, sa réserve était extrême. S'il avait besoin de la sacristine, ou de toute autre personne de la Maison, il ne s'adressait qu'à la portière. Il n'allait dans aucun office avec les sœurs, sans être accompagné de la Supérieure ou de l'assistante; il ne leur parlait jamais, sans qu'il y eût quelqu'un dans la même chambre, ou, si les sœurs se tenaient dans la pièce voisine, il exigeait que la porte restât ouverte.

En aucune circonstance, il ne permettait aux sœurs de lui rendre le plus léger service. Étant entré un jour au moment où la sacristine s'occupait de nettoyages, il l'engagea à continuer, l'aida même, et remplit sa houppelande de poussière. Une postulante remarqua qu'il l'avait quittée quelques instants après, parce qu'elle le gênait, et voulut l'emporter pour la brosser. Monsieur de Malet s'en aperçut, sortit précipitamment pour la reprendre, et dit, avec un visage sévère, « qu'il n'avait point de domestique à Lorette. »

Lorsqu'il trouvait des ouvriers, en entrant dans la Maison, il se mettait souvent en devoir de les aider, portait des planches et soutenait l'ouvrage du menuisier, tandis que celui-ci l'ajustait ; mais, après avoir ainsi couvert ses mains de poussière, il ne souffrit jamais qu'on lui apportât ni serviette, ni vase pour se laver : « la fontaine et mon mouchoir, « disait-il, me suffisent parfaitement. »

Il ne voulait pas que les enfants le servissent plus que les religieuses. Pendant un grand froid d'hiver, la Supérieure avait observé qu'en quittant la salle de communauté, il s'enveloppait de son manteau, et que, rendu à la porte cochère, il était embarrassé pour l'ouvrir ; elle donna alors à la petite portière l'ordre d'aller d'avance ouvrir la porte, quand elle verrait sortir le bon Père. La seconde fois que l'enfant obéit à cette injonction, il le remarqua, et à la visite suivante, il dit à la Supérieure d'un air sérieux : « Je suis très-reconnaissant de « cette attention, mais je défends absolument qu'elle « se renouvelle. »

Depuis bien des années, il faisait, comme on sait, son déjeûner à Lorette, et n'y mangeait que du pain de seconde qualité, comme les sœurs, qui partagent la nourriture des enfants, avec lesquelles elles prennent leur repas en commun. Il joignait seulement à ce morceau de pain un verre d'eau rougie. Pour rendre un peu plus fortifiant ce modeste ordinaire, la sœur dépensière essaya un jour de lui apporter du vin réservé aux malades, parce qu'il était plus vieux. Mais, en le buvant, Monsieur de Malet s'en aperçut, et dit à la sœur qu'il n'entendait pas qu'elle lui en donnât à l'avenir. Comme celle-ci

s'excusait en riant, et assurait que rien n'était trop bon pour lui dans la Maison : « Eh bien ! reprit-il
« gaiement, si vous m'en servez encore, je vous le
« ferai boire devant moi. »

D'autres fois, lorsque la même sœur lui apportait son déjeûner, il lui disait avec regret : « Je bois
« tout votre vin, mais je vous en enverrai douze
« bouteilles aujourd'hui, pour réparer le tort que je
« vous ai fait. » Et cependant, c'était lui qui payait la provision de l'année ! Il se chargeait également de celle du bois, des frais de blanchissage, des honoraires de prédicateurs des retraites pour les religieuses et les enfants, et de beaucoup d'autres dépenses, qui s'élevaient à une somme annuelle de sept à huit mille francs, sans compter les dons extraordinaires pour le mobilier, ou les aumônes particulières, qui étaient fréquentes. Il ne voulut, toutefois, jamais consentir qu'on inscrivît, sous son nom, la moindre chose au registre des recettes. On devait toujours le faire sous celui de la sainte Vierge ou de quelque autre saint, dont on célébrait ce même jour la fête.

Monsieur de Malet devait naturellement avoir toute espèce de droit dans une Maison qu'il avait fondée et qu'il soutenait par ses libéralités, néanmoins il n'y faisait pas le moindre acte d'autorité, sans la permission expresse de la Supérieure. Si quelques-uns de ses amis désiraient assister à sa messe, il les faisait attendre au parloir, et allait demander l'autorisation de les introduire à la chapelle. Lorsqu'il croyait qu'une personne méritait sa recommandation pour placer une enfant dans l'établissement de Lorette, c'était avec d'humbles supplications qui confondaient la Supérieure, qu'il la priait de consentir à la recevoir. En un mot, il n'aurait pas donné la moindre permission de lui-même, et ne manquait jamais de renvoyer à la Supérieure en toute circonstance, s'agissait-il même de faire pour lui à l'ouvroir le plus petit raccommodage.

Pleines de confiance dans la sainteté de leur vénérable fondateur, et convaincues qu'il pouvait les aider en toute occasion, non-seulement les religieuses de Lorette avaient recours à lui, quand il était présent; mais, en son absence, elles s'adressaient à son ange gardien, pour qu'il l'avertît de leurs petits embarras. De la foi simple des religieuses, d'un côté, et de la charité de leur bon Père, de l'autre, il est souvent résulté des incidents assez singuliers pour donner à penser que Dieu lui accordait une sorte de lumière sur ce qui se passait à Lorette, quand il en était éloigné.

Un matin, en entrant à Lorette pour y célébrer la sainte messe, il s'écria avec inquiétude : « Sans « doute, il est arrivé ici quelque chose de triste « cette nuit, car depuis hier au soir je suis extrême-« ment tourmenté au sujet de la Maison. » Son pressentiment était fondé. A l'heure indiquée par lui, une religieuse avait éprouvé un accident assez grave, et demandait le bon Père avec instances. Aussitôt que la Supérieure le vit, elle le conduisit à l'infirmerie, où la malade semblait avoir le râle; il fit éloigner la personne qui la soutenait, et rendit si bien la paix à cette âme, que, ne songeant plus qu'à mourir, elle

voulait qu'on l'administrât : « Attendez après ma
« messe, répondit-il, je reviendrai alors vous voir ;
« mais, en attendant, au nom de l'obéissance, je
« vous commande de prier pour votre guérison. »
Elle le fit, quoique à regret, et Monsieur de Malet,
en la quittant, assura la Supérieure que cette sœur
ne mourrait pas. Il retourna la voir après la messe,
et, malgré ses instances, refusa de l'administrer : il
lui donna seulement sa bénédiction. Quelques heures
plus tard, elle était hors de danger.

En d'autres occasions, il parut encore avoir
connaissance de ce qui intéressait ses filles. Un jour
qu'elles s'occupaient à confectionner des ornements
d'église et sentaient le besoin de ses conseils, elles
eurent l'idée de dire un *Ave Maria* pour que son
ange gardien allât l'avertir. Peu d'instants après,
Monsieur de Malet arriva, et son premier mot fut
celui-ci : « Que me voulez-vous donc, mes filles ?
« Depuis un quart d'heure vous me tourmentez
« tellement, que force m'a été de descendre. »

Enfin un soir, la sœur chargée de la direction
des ouvrages se trouvant aux prises avec une
de ses pratiques, ne savait plus quel parti prendre, elle dit intérieurement : Oh ! si notre bon
Père était là, comme je lui demanderais un *Ave
Maria* à mon intention ! Le lendemain, rencontrant cette sœur, il s'informa d'elle, si quelque
chose dans son ouvrage n'allait pas au gré de ses
désirs, « car hier au soir, ajouta-t-il, vous êtes
« venue me préoccuper au moment où je com-
« mençais mon bréviaire, et il m'a fallu le dire pour

« vous. » La même sœur a souvent ressenti les effets des prières de ce zélé protecteur de Lorette. Quand elle n'avait plus d'ouvrage pour ses enfants, elle l'en avertissait ; aussitôt, il donnait l'ordre qu'on lui achetât quelque chose, et la sœur n'avait jamais le temps de l'achever, avant qu'il n'arrivât de nouvelles commandes.

Ces détails feront peut être sourire quelques personnes ; elles n'y verront que les petites idées d'une imagination frappée, d'une dévotion exaltée Cependant, Monsieur l'abbé de Malet, qui n'était pas un visionnaire, paraissait lui-même reconnaître les rapports intimes que Dieu semblait avoir établis entre son âme et celles de ses filles de Lorette ; il ne niait pas non plus cette intervention des bons anges qui lui transmettaient leurs messages, et quand elles lui parlaient des petits faits que nous venons de citer, il se contentait de répondre en riant : « Ah !
« dites après cela que vous n'avez pas un père à
« révélations ! »

Il est vrai que, sans être crédule le moins du monde, et avec un esprit très-élevé, sa grande étude et son expérience des voies de Dieu, lui avaient appris à ne pas toujours révoquer en doute les rapports que les âmes peuvent avoir avec un monde supérieur à celui qui tombe sous les sens ; il éprouvait même quelque contrariété, lorsque des personnes pieuses s'érigeaient un peu en esprits forts sur ces relations mystérieuses.

Nous citerons deux lettres qui feront connaître, à cet égard, une partie de sa pensée :

« Remerciez bien mon bon ange et le vôtre, ma
« chère fille, quand vous irez devant le Saint-Sacre-
« ment ; car, ce sont eux sans doute qui m'ont
« averti, pendant que j'étais en oraison, du besoin
« où vous étiez de mon secours. Je me suis senti
« pressé de vous écrire, et je l'ai fait à l'instant
« même. Ma lettre était partie à l'arrivée de la vôtre. »

Voici la seconde : « Aussitôt après votre départ,
« j'ai été tourmenté de l'idée que vous aviez quel-
« que chose qui vous pesait sur la conscience, et
« j'ai été sur le point de vous écrire ; mais la
« crainte qu'on remarquât ces allées et venues, et
« qu'on s'en scandalisât, m'a empêché de le faire.
« Je n'y ai pensé qu'hier au soir après être remonté ;
« et ce matin, avant d'ouvrir votre lettre, je savais
« ce qu'il y avait dedans. »

Sûres de son charitable intérêt pour elles, les religieuses de Lorette avaient toujours soin de faire connaître à leur bon Père les personnes qui leur rendaient quelques services, et il exprimait pour leurs bienfaiteurs une plus grande reconnaissance que s'ils l'avaient obligé lui-même : « J'en suis heu-
« reux, disait-il, Dieu les bénira ! » Ses filles lui communiquaient également les tribulations dont elles étaient quelquefois les innocentes victimes, et ces épreuves devenaient les siennes propres. Si quelqu'un leur causait quelque déplaisir, il s'en montrait affligé, et leur répondait : « Ceux qui vous traitent mal,
« m'attaquent personnellement, et vos ennemis me
« blessent en vous : c'est sans doute moi qui vous
« attire ces tribulations ! Que voulez-vous ? Vous

« êtes les filles d'un Père qui n'a rien sans croix ; il
« faut bien que vous lui ressembliez ! »

Peu de temps avant sa mort, il leur fit cadeau de différents petits objets qu'il chérissait particulièrement, entre autres, de ce tableau de sainte Claire, qu'on l'a vu placer dans le noviciat. Les religieuses en conçurent une sorte de pressentiment triste et lui dirent : « Mon Père, vous vous détachez donc de « tout ? » — « Oui, reprit-il, excepté de mes filles. »

Ces bontés de Monsieur l'abbé de Malet, pour la petite Communauté qu'il avait fondée, ne se démentirent pas un seul instant. Il lui donna encore dans ses derniers moments des preuves de son attachement paternel. La veille de sa mort, au milieu de ses plus grandes souffrances, on l'entendit la recommander à celle qui, pendant sa vie, avait été toute son espérance. S'étant tourné vers l'image de la sainte Vierge, il joignit les mains en disant : « Ma
« Mère, conservez mes filles, ma Maison ! »

CHAPITRE XIX.

Amélioration de la santé de Monsieur l'abbé de Malet. — Elle lui permet de se livrer à son zèle pour le salut des âmes et de se consacrer à leur direction. — Talent particulier qu'il avait reçu pour ce ministère difficile.

L'histoire de Lorette nous a fait devancer la marche des années sur lesquelles il faut maintenant un peu revenir.

Vers 1826, par l'entremise de sa petite Communauté, Monsieur de Malet fit connaissance avec un des plus habiles comme des plus vertueux médecins de Paris, Monsieur Récamier, qui, depuis la fondation de Lorette jusqu'à sa mort, en a soigné toutes les malades avec un dévouement et une générosité dignes de son cœur ; car, non-seulement il ne reçut jamais d'honoraires, mais plus d'une fois, lorsqu'il formula une ordonnance de remèdes un peu coûteux, il eut la délicatesse d'y joindre une aumône, capable de mettre de pauvres filles en état de s'en servir.

Deux âmes si nobles et si élevées étaient faites pour se comprendre ; bientôt, elles se lièrent d'une amitié qui ne cessa de croître jusqu'à la mort de Monsieur de Malet, et qui se révéla avec une touchante expression à ce triste moment. Le médecin avait confié le soin de sa conscience au prêtre ; celui-ci, à son tour, lui abandonna le soin de sa santé. Dieu bénit les prescriptions du docteur et, peu à peu, Monsieur de Malet put reprendre les différentes fonctions de son ministère : récitation de l'office divin, célébration presque quotidienne du saint sacrifice, puis, confessions, directions, instructions, catéchismes de pauvres enfants. Ce fut vers le commencement de l'année 1827 que ce mieux se manifesta dans sa santé, et dès lors commença pour lui une nouvelle carrière. Les personnes qui, les premières, purent juger de toute la sagesse de sa direction, ne tardèrent pas à la mettre en évidence ; celles qui, dans la haute société, désiraient mener une vie chrétienne, et recevoir les conseils d'un homme à la fois plein de piété et sachant apprécier les devoirs des différentes positions du monde, eurent recours à Monsieur l'abbé de Malet.

Il accueillait facilement quiconque s'adressait à lui, « puisque, répétait-il souvent, je ne suis bon à rien « qu'à confesser ; qu'il ne soit pas dit que j'aie refusé « quelqu'un à qui, dans sa pensée, je puis être utile. » Les jeunes gens surtout qui venaient à Paris pour étudier le droit ou la médecine, trouvèrent en lui un guide plein de prudence et un ami dévoué. Combien s'applaudissent encore d'avoir suivi ses conseils pour le choix des rapports sociaux, des connaissances qu'ils pouvaient conserver, de celles qu'ils devaient fuir; car, il avait un tact exquis pour saisir les moindres nuances du danger, avant qu'il se révélât entièrement. On comprendra que la mort d'un tel ami ait fait, à plusieurs, verser bien des larmes, et, qu'à son souvenir, la source n'en soit pas encore tarie !

Depuis le matin jusqu'à la nuit, Monsieur de Malet se tenait à la disposition des personnes qui lui avaient confié la direction de leur conscience. Était-il tranquille dans son cabinet, livré à l'étude, un coup de la cloche du couvent de Lorette, en face duquel il demeurait, l'avertissait que quelque pénitente l'attendait à la chapelle où il confessait les femmes. Était-il, au couvent, occupé à des instructions, des catéchismes, un autre signal le prévenait que des pénitents l'attendaient chez lui. Aussitôt libre à Lorette, il remontait dans son salon, d'où de nouveaux coups de cloche ne tardaient pas à le faire descendre. Les veilles de dimanches et de fêtes surtout, ces allées et venues se succédaient presque sans interruption ; il en résultait pour lui, qui habitait un second étage et qui marchait difficilement, une fatigue excessive.

Quoique indisposé, à moins d'être tout à fait malade, il ne laissait pas de se rendre à la chapelle, chaque fois qu'on allait réclamer les soins de son ministère.

On trouve cette phrase dans une lettre écrite par lui, la veille de Pâques 1842 : « J'ai commencé mer-
« credi ma grande journée de confessions avec une
« fièvre de cheval ; vers le milieu du jour, j'allais
« mieux, et le soir je n'étais pas mal. J'ai bien re-
« mercié Notre-Seigneur de m'avoir soutenu dans
« ce travail. »

Il aurait pu rendre moins lourd le fardeau qui l'accablait, en fixant des heures aux personnes qui avaient besoin de sa direction ; mais il aimait mieux souffrir que de gêner les autres, et répondait, lorsqu'on l'engageait à établir sur ce point quelque réforme : « C'est tout ce que je peux faire des exercices du saint ministère ; je dois donc en accepter la fatigue, sans m'épargner. » En conséquence, il avait expressément défendu à son valet de chambre, comme à la portière du couvent, de renvoyer ou de faire attendre qui que ce fût, même pendant qu'il prenait ses repas. Il était de précepte absolu dans sa maison qu'un pénitent devait le faire tout quitter. Il dînait alors quand il pouvait, et afin qu'on n'hésitât pas à le demander, il refusait de faire connaître l'heure où d'ordinaire il se mettait à table.

On jugera à quel point il devait être dérangé en apprenant, par une de ses lettres, que la veille de la Pentecôte 1845, c'est-à-dire environ trois mois avant sa mort, il avait confessé près de quarante personnes alternativement, chez lui ou à Lorette. Il dit ensuite en riant à la Supérieure : « Si je n'étais « pas si gros, je proposerais à votre portière et à « mon domestique de leur donner une raquette ; ils « pourraient me renvoyer comme un volant, et cette « manière de voyager me serait plus commode. » Il convint d'être très-fatigué, mais ne voulut rien changer à ses habitudes.

Voici un autre trait de son zèle apostolique, lorsqu'il s'agissait du salut des âmes :

On sait qu'il ne pouvait faire aucune course en voiture, sans être fort incommodé. Lorsque Madame de Canclaux toucha à ses derniers moments, elle souhaita recevoir par son ministère les secours que l'Eglise accorde à ses enfants, pour les fortifier dans cette lutte suprême. Quoique la malade demeurât au Marais, Monsieur l'abbé de Malet se transporta près d'elle, l'administra, et la prépara à une mort très-chrétienne ; mais, de retour chez lui, il fut obligé de se mettre au lit et d'y rester plusieurs jours, par suite d'abondants crachements de sang, que sa course lui avait occasionnés.

Comme il jouissait de la plus haute estime, à cause de la maturité de sa raison, de sa piété et de son expérience du monde, où il avait longtemps vécu, on le consultait de toutes parts, dans les circonstances difficiles de la vie. Il avait, non dans sa mémoire, mais dans son cœur, une ample provision de réflexions et de maximes qu'il s'était appropriées, en appliquant sans cesse son intelligence et son amour aux préceptes évangéliques ; c'est là qu'il puisait abondamment pour instruire et pour consoler.

Dans la direction, comme au confessionnal, il n'avait qu'une manière de traiter les choses : sans se perdre en vaines paroles, il précisait la difficulté, la jugeait, et y appliquait une brève, mais solide décision, dont il ne se départait guère ; car une de ses maximes était : Que le Directeur a grâce pour donner un premier avis et non un second, qui lui serait demandé sur le même sujet. Dans le premier cas, croyait-il, le Directeur implore le secours d'En Haut, et sans prévention quelconque, il reçoit l'impulsion de l'Esprit-Saint ; mais dans le second cas, influencé par les objections qu'on lui propose, il peut s'égarer et donner les pensées de l'homme pour les pensées de Dieu.

Au reste, cette répugnance à revenir sur une affaire décidée, pour défaire le lendemain ce qu'on a fait la veille, et réfléchir sur ses réflexions, se retrouvait également dans Monsieur de Malet, lorsqu'il s'agissait de choses purement humaines ; elle formait une nuance tout à fait particulière de son caractère. Il croyait à la vérité du proverbe, qu'à force de choisir, on fait le plus mauvais choix. Un mot de lui peindra sa manière de voir à cet égard : Une personne, avec laquelle il parlait franchement, l'entretenait d'une idée de mariage pour un de ses cousins : « Il en a « trois ou quatre en vue depuis plusieurs mois, « reprit-il, et il ne peut prendre aucun parti ; aussi, « je lui ai écrit ce matin que, s'il doit faire, dans « son indécision, une sottise, il la fasse ; mais qu'il « ne mette pas tant de temps à la faire. »

Quand on voulait argumenter avec lui, contester, épiloguer, il congédiait les ergoteurs et les pénitents indociles, en leur disant, avec simplicité, qu'il ne trouvait en lui ni lumières, ni grâce, pour les conduire. Il se reconnaissait la même incapacité pour la direction des enfants et des personnes très-jeunes ; mais, il s'entendait à merveille avec ceux dont le jugement était déjà formé, et il possédait un talent spécial pour rendre la tranquillité aux consciences timorées et délicates. Il parlait avec une autorité douce, et son ascendant était immense, parce qu'avec lui l'indocilité devenait comme impossible.

Sa charité envers les pécheurs éloignés depuis

longtemps, par indifférence, de la route du salut et de la pratique des devoirs chrétiens était, comme celle du Sauveur qu'il prenait pour modèle, accompagnée de longanimité. Il savait presser et attendre, sans se rebuter des lenteurs d'une longue habitude de négligence, et les efforts de son zèle, à la fois ardent et patient, finissaient toujours par être couronnés de succès.

Il reconnaissait être moins heureusement inspiré, quand il s'agissait d'établir une lutte avec quelqu'un qui avait le courage de nier Dieu et les principes de la foi. Une douleur mêlée d'étonnement paralysait alors l'ardeur de son esprit, et il se sentait plus disposé à prier pour son antagoniste, qu'à le combattre.

Parmi les auteurs que Monsieur de Malet aimait à consulter, et dont il suivait les principes, pour la direction des âmes, saint François de Sales avait toutes ses préférences. Il admirait la profonde raison de ce grand maître de la vie spirituelle, la sagesse de ses conseils, la discrétion de ses règles de conduite, et l'aimable naïveté de son langage. Il portait aussi une très-haute estime aux écrits de sainte Françoise de Chantal, à laquelle il était particulièrement affectionné, peut-être à cause de la ressemblance de sa manière de faire l'oraison avec cette grande sainte, soumise aux tribulations intérieures, dans la voie de la perfection.

Quant à sainte Thérèse, c'était pour lui une vieille connaissance, si on peut s'exprimer ainsi, puisque nous avons vu que les œuvres de cette brillante lumière de l'Église lui étaient familières dès l'époque même de ses campagnes de Pologne, où elles faisaient

partie de son bagage de soldat ; mais il avouait qu'avant de quitter le monde, pour embrasser l'état ecclésiastique, il n'avait ni le goût, ni l'intelligence du saint évêque de Genève, et que ce ne fut que plus tard qu'il eut le bonheur de comprendre tout le prix de ce trésor de science positive et de lumières spirituelles éminentes, dont Fénelon dit quelque part : « Vous ne sauriez rien lire de plus
« utile que saint François de Sales : tout y est con-
« solant et aimable, quoiqu'il ne dise rien que pour
« faire mourir. Tout y est expérience, pratique
« simple, sentiment et lumières de grâce ; c'est déjà
« être avancé que de s'être habitué à cette lecture. »

Monsieur de Malet reconnaissait avoir surtout retiré les plus grands avantages, pour la direction de son âme et de celle des autres, du *Traité de l'Amour de Dieu*, de ce grand saint. C'était son livre par excellence, et il ne manquait jamais de le relire tous les ans.

Il ne suffit pas de réunir une profonde intelligence des voies de Dieu à beaucoup de piété et à une rare connaissance des hommes, si on n'y joint une parfaite bonté, qui encourage à manifester ses misères et donne la confiance qu'on y prendra intérêt. Cette bonté, nul prêtre ne l'a portée à un si haut point que Monsieur l'abbé de Malet. Il comprenait la désolation de certaines âmes qui, semblables à de petits enfants, se croient perdues, dès que l'aimable face du Seigneur a cessé de luire à leurs yeux ; il prenait part aux angoisses de celles que l'ombre d'une souillure consterne, et qui, redoutant d'offenser Dieu, se figurent qu'avoir senti la tentation, c'est s'y être complu et y avoir adhéré. Il ne rebutait pas non plus ces autres affligés spirituels qui, rentrés depuis longtemps en grâce avec Dieu, jettent tristement leurs regards vers les premières années d'une jeunesse où, selon l'expression de l'Écriture, ils avalaient l'iniquité comme l'eau, et se demandent avec terreur si la miséricorde divine voudra bien couvrir la multitude de leurs offenses. Enfin, il avait des soupirs de compassion, et pas une parole d'impatience, pour ces chrétiens infortunés qui, changeant en supplice une religion destinée à opérer dès ici-bas leur bonheur, se représentent Dieu comme un maître sans cesse irrité, voient des fautes dans toutes leurs actions, leurs pensées, leurs paroles, et, s'imaginant qu'ils n'ont jamais eu l'avantage de se faire comprendre de leur confesseur, usent de leurs genoux le seuil du saint tribunal, sans pouvoir y recouvrer jamais une paix assez solide. Le résultat de cette admirable charité fut que des scrupuleux, jusque-là considérés comme incurables, obtinrent leur guérison, en s'inclinant avec une docilité persévérante sous sa main paternelle et miséricordieuse.

Il s'associait, hélas! encore bien aisément à la douleur d'un père, d'un mari, d'une sœur, d'une fille, qui avaient perdu l'objet de leur tendresse. Souvent même ses yeux se remplissaient de larmes, en voyant couler celles des personnes qui venaient lui confier leurs souffrances. A tous ces infortunés, à ces cœurs déchirés, il distribuait, avec une égale charité, des consolations et des remèdes salutaires. Son secret pour se montrer si puissamment secourable, était d'avoir autrefois connu à peu près toutes ces mêmes souffrances morales dont la religion le constituait maintenant le médecin. L'impression et la douleur de la plupart de ces infortunés devaient se faire sentir à son âme jusqu'à son dernier jour : de ce nombre était la perte de Madame de Malet. Il en parlait encore en ces termes dans sa réponse à un compliment de condoléance qui lui fut adressé en 1839 :

« ...... C'est ainsi que Dieu demande de nous, à
« certaines époques de la vie, des sacrifices bien
« méritoires, parce qu'ils sont bien pénibles ! Vous
« me croyez plus résigné que je ne le suis. Il y a
« peut-être chez moi un peu d'habitude de souffrir,
« et puis, l'excessive douleur que j'ai éprouvée jadis,
« et qui est plutôt engourdie que détruite, me rend
« peut-être un peu moins accessible à d'autres.
« Toutefois, je n'oserais pas trop m'y fier, et je
« craindrais fort de n'être à l'occasion qu'un faux
« brave, ou plutôt, je l'ai déjà été plus d'une fois
« quand j'ai vu périr nos bonnes sœurs. »

Il savait donc beaucoup, parce qu'il avait beaucoup souffert ; car celui qui n'a pas été éprouvé, que sait il ? dit le sage. Pour premier allégement, il donnait aux personnes qui s'adressaient à lui la conviction qu'elles avaient été parfaitement comprises ; il écoutait sans jamais les interrompre, et si quelque chose manquait à l'énumération de ce qu'elles enduraient, il suppléait lui-même à ce qu'elles avaient omis. Après que son regard scrutateur, rendu plus perçant encore par la grâce et la charité, avait pénétré au fond des replis de la conscience qui s'était ouverte à lui, il élevait son âme au ciel, puis, au bout de quelques instants de repos et de silence, il laissait répandre, sans contention et sans effort, ce qu'un Dieu de toute bonté y avait mis pour le secours et l'enseignement de la vertu, aux prises avec l'adversité.

Nourri de la sainte et salutaire substance des vérités de la foi, qui s'étaient pour ainsi dire fondues en lui, par l'effet de la méditation, et qui remplaçaient les pensées humaines, l'abondance de son cœur mettait presque toujours sur ses lèvres une réponse prompte et décisive, conforme à la position de la personne qui le consultait : lorsque, cependant, dans des cas fort rares, une difficulté le faisait hésiter, il prenait le temps d'en conférer avec quelqu'un de ses confrères qui réunissait la piété à la doctrine. Mais ordinairement, il savait, à l'exemple des saints, trouver toutes choses dans la vie et les souffrances de Jésus-Christ. Ses applications étaient d'une justesse si saisissante, qu'en l'écoutant, on croyait entendre pour la première fois l'Evangile, et surtout l'histoire de la sainte Famille, car il ne séparait guère Jésus de Marie et Joseph Il semblait parfois avoir ses entrées à Nazareth, tant ce qu'il rapportait de la vie toute cachée en Dieu, qui animait cet humble atelier, dont saint Joseph était le chef, Jésus le commissionnaire et l'apprenti, et la sainte Vierge la ménagère, avait d'autorité et de charme pour son cœur.

Monsieur de Malet eut dans sa vie de fortes luttes en tout genre à soutenir, parce que ce mâle courage, fortifié d'un grand amour du Ciel, devait triompher dans bien des combats; mais ce qui mit particulièrement à l'épreuve sa vertu, fut la souffrance de peines d'esprit à tel point violentes, qu'en lui elles devenaient de véritables tempêtes, bouleversant toute son âme, et n'y laissant plus debout qu'une foi sèche et désolée. Il comparait ces peines d'esprit à des guêpes acharnées qu'on chasse avec effort et fatigue, qu'on est ensuite quelque temps sans revoir, et dont on se croit un instant délivré, mais qui bientôt, plus furieuses encore, reviennent une à une, jusqu'à ce que l'essaim reparaisse tout entier.

L'imagination, que sainte Thérèse appelle la folle du logis, étant l'auteur de tous ces troubles, à l'exemple de cette grande maîtresse, dans les voies spirituelles, il conseillait de ne pas argumenter, pour rendre sage une insensée reconnue incurable, et au contraire de continuer à agir sans s'occuper d'elle. Il convenait néanmoins que cette impassibilité nécessaire est une sorte de supplice. Jusqu'à la fin de sa vie, ces peines intérieures ont été le creuset qui a dégagé de tout alliage l'or de sa vertu : aussi, s'étonnait-il que tant de personnes vinssent chercher auprès de lui une paix après laquelle, depuis environ quarante ans, il soupirait en vain lui-même. C'est qu'il est des âmes que Dieu appelle à beaucoup souffrir, en vue des soulagements qu'il destine par elles à des chrétiens d'un moindre courage et d'un amour moins généreux ; des âmes qui ressentent de grandes souffrances, pour être habiles à consoler les autres!

L'esprit droit de Monsieur l'abbé de Malet, rendu plus profond et plus perspicace encore par les lumières qu'il puisait dans ses rapports presque continuels avec Dieu, lui faisait entrevoir de loin des conséquences qui échappaient à des yeux moins clairvoyants et moins exercés : c'est ainsi qu'on l'a vu discerner tout d'abord dans les âmes les désirs purement affectifs de ceux qui devaient être effectifs : « Cette pensée est bonne, disait-il alors, puisqu'elle « vous soutient et vous anime à marcher dans la « voie de la perfection ; mais Dieu se contente de « votre volonté et ne veut pas que vous en veniez à « l'exécution » Il citait à ce propos l'exemple de saint Louis, roi de France, et de saint Charles, archevêque de Milan, qui eurent le désir de quitter, l'un la mitre et l'autre la couronne, pour se retirer dans la solitude du cloître, afin de travailler plus sûrement à leur salut, et qui prouvèrent cependant, par leur vie si édifiante, que Dieu appelait, le premier à se sanctifier sur le trône, et le second dans l'épiscopat.

Un grand nombre de personnes du monde ont également pu admirer la sagacité et la justesse des décisions qu'il leur donnait sur les devoirs du rang qu'elles tenaient dans la société, sur l'étendue de leurs obligations, sur la manière de gérer leurs affaires domestiques et de se conduire vis-à-vis de leurs supérieurs ou leurs inférieurs.

Afin d'amener, par l'exemple, les âmes à la persuasion, il avait souvent la bonté de leur communiquer ses impressions personnelles. Un jour, qu'un de ses parents se plaignait à lui de cette disposition de corps et d'esprit, où l'on se trouve parfois, et qui, sans cause comme sans volonté, porte à un agacement intérieur : « Et moi aussi, lui « répondit-il, je suis sujet à cette infirmité, et « lorsque je m'en sens atteint au réveil ; quand, par « exemple, je suis disposé à l'irritation contre quel- « qu'un qui est à mon service, je me dis : Mais, tu « es malade ; c'est une impression physique que tu « éprouves, tu n'as aucun sujet de te plaindre de « cette personne : ainsi, tu ne peux lui en vouloir. « Alors, en me raisonnant, je redeviens raisonnable. »

Instruit par sa propre expérience, sur la nature des différentes émotions de l'âme, Monsieur de Malet tenait un très-grand compte de la santé. Il savait faire la part de l'influence physique sur le moral ; d'un tempérament nerveux, qui dispose aux troubles et aux peines spirituelles, comme d'un naturel heureux qui adoucit les difficultés, et ne fait trouver que charmes et consolations dans les exercices de la vie intérieure et de la piété. Appréciant toute chose avec une parfaite équité, il ne se laissait pas éblouir par les élans d'une ferveur, que favorisait souvent un heureux caractère, ni effrayer par les pensées sombres d'un esprit un peu porté à la mélancolie. Une seule chose lui faisait juger de la solidité de la vertu : c'était le soin persévérant qu'on apportait à vaincre sa passion dominante. A son avis, toute l'affaire du salut consiste à connaître et à dompter cette passion.

Ce n'était qu'avec peine, et en se faisant violence, qu'il recevait les personnes du sexe dans son salon, à cause des douloureux souvenirs que leur présence lui rappelait; cependant, sa charité l'engageait encore à se surmonter à cet égard, et quand on avait besoin de lui parler, on le trouvait toujours, et sans être obligé d'attendre longtemps.

Quelques jours après le cruel événement du chemin de fer de la rive gauche de Versailles, on parla à Monsieur l'abbé de Malet d'une protestante de dix-huit ans qui, extrêmement frappée des dangers qu'elle avait courus ou de ceux qui avaient atteint des membres de sa famille, se sentait la conscience mal à l'aise, et désirait le voir pour causer avec lui de religion. Il lui fit répondre qu'il n'était pas dans l'habitude d'admettre chez lui d'aussi jeunes personnes, mais que, si elle voulait se faire accompagner par une femme d'un âge mûr, il l'entretiendrait volontiers de ses intérêts éternels. Peu de jours après, cette jeune protestante se rendit, rue du Regard, avec une dame de sa connaissance. Elle disserta longtemps, avoua que son âme était désolée par le doute, parut touchée des réponses du saint prêtre, mais termina en disant qu'elle ne croyait pas avoir jamais le courage d'abjurer l'erreur, par la crainte de ses parents et de la perte de ses avantages temporels.

« Mademoiselle, » reprit Monsieur de Malet, au moment où elle le quittait, « réfléchissez à ce qui
« vient de se passer : votre position n'est plus la
« même que quand vous êtes entrée ici. Vous pou-

« viez encore alors être dans une ignorance invo-
« lontaire ; peut-être la lumière n'avait-elle jamais
« complètement lui à vos yeux. Maintenant, il n'en
« est plus ainsi : vous avez vu de quel côté est la
« vérité. Dieu vous demandera compte des paroles
« que vous avez entendues, et des impressions
« qu'elles ont faites en vous. »

Ces sages avertissements ne produisirent pas l'effet désiré : la jeune personne manqua de résolution et préféra, comme il arrive trop souvent, la terre au ciel ; elle demeura dans l'erreur. Ce fut une peine très-sensible pour l'âme de celui qui s'était efforcé de lui ouvrir la voie du salut.

Si Monsieur l'abbé de Malet était d'une bonté parfaite pour tout le monde, il ressentait pour les ecclésiastiques, ses confrères, un surcroît de cordialité qui, avec quelques-uns, était devenu une amitié véritable et tendre. Il en dirigeait un très-grand nombre, et n'était jamais plus aimable ni plus gai que dans leur compagnie. Les aider de ses conseils, les soutenir dans leurs épreuves, était pour lui un devoir sacré et un véritable bonheur. Ceux qui ont eu l'avantage inappréciable de recevoir de lui ces services de charité, se rappelleront toujours avec reconnaissance et consolation les saintes maximes, les décisions sages, les suaves exhortations qu'ils ont entendu sortir de sa bouche, et surtout la manière si pleine de délicatesse avec laquelle il donnait tous ses soins à la perfection de leurs âmes.

Comme rien ne lui semblait plus fâcheux que de décourager les bons prêtres, il multipliait ses attentions près de ceux qui éprouvaient quelques peines ; il y prenait part comme aux siennes propres ; en un mot, il cherchait à les consoler par tout ce que l'amitié chrétienne a de plus affectueux. Il entretenait en outre une correspondance très-suivie avec un petit nombre de ses anciens condisciples du séminaire, qui lui étaient particulièrement chers, et auxquels il donnait le doux nom de frères. Leur souvenir a été jusqu'à son dernier moment toujours présent à son cœur.

Les ecclésiastiques ne jouissaient pas seuls du privilége de cette précieuse correspondance ; plusieurs personnes engagées dans la vie séculière, avaient également obtenu de Monsieur l'abbé de Malet la permission de recourir de loin à ses lumières et à la sagesse de ses conseils. On pourrait en citer même qui, partageant la fortune d'augustes exilés, s'adressaient souvent au saint prêtre pour en réclamer des leçons de prudence et de sagesse.

Il répondait promptement et avec exactitude aux lettres qu'il recevait, et sa discrétion remarquable en même temps qu'à toute épreuve, étendait ses prévisions au-delà même du tombeau, craignant que la vie ne lui fût enlevée d'une manière soudaine. Il ne manquait jamais de brûler ses lettres aussitôt après y avoir répondu. Grâce à cette sage précaution, malgré l'étendue de ses correspondances, on n'a trouvé, à sa mort, qu'un très-petit nombre de lettres.

Nous avons réuni quelques-unes de ses réponses, qui feront regretter, lorsqu'on les lira, qu'il n'en ait pas laissé un plus grand nombre. Elles offrent souvent le double attrait d'une onction touchante et d'un style piquant et spirituel, ainsi que les conseils les plus sages, soit pour les affaires de ce monde, soit pour l'avancement dans le chemin de la perfection ; car, il possédait l'heureux secret de toutes ces choses.

CHAPITRE XX.

Monsieur l'abbé de Malet est accusé de rigorisme. — Il refuse plusieurs dignités ecclésiastiques qui lui sont offertes. — Ses opinions politiques. — Ses jugements sur l'empereur Napoléon, sur la réaction religieuse qui suivit 1830, sur la musique dans les églises. — Ses pensées sur l'avenir de la religion en France. — Ses petits travaux littéraires. — Sa manière d'envisager le somnambulisme magnétique. — Citations d'un ami de Monsieur l'abbé de Malet.

Peu de personnes, de nos jours, eurent, plus que Monsieur l'abbé de Malet, la connaissance des voies intérieures; mais aussi peu de personnes en firent l'objet d'une étude plus approfondie. Son occupation habituelle était de rechercher les desseins de Dieu sur les âmes, de calmer les esprits, et de rétablir la paix dans les cœurs. Il composa un petit ouvrage intitulé : *Esquisses religieuses.* Malgré sa brièveté et sa forme analytique qui, pour un grand nombre de lecteurs, offre une certaine aridité, ce petit opuscule témoigne chez l'auteur d'un rare discernement des esprits; il prouve que la direction des personnes appelées à la perfection était le don merveilleux qu'il possédait particulièrement; mais il savait les y conduire sans contention, sans gêne, sans scrupules. Avant tout, il recommandait la liberté d'esprit, comme le moyen d'avancer dans la vie intérieure et de s'unir à Dieu. Ses lettres en rendent un constant et précieux témoignage. On en lit peu où ne se trouve un de ces trois mots : « Soyez bien tranquille ; » — « Demeurez en paix ; » — « Calmez votre imagination. » Malgré ces nombreuses preuves de la douceur de sa direction, Monsieur de Malet passait néanmoins dans l'esprit de quelques personnes, pour avoir une morale trop sévère, et trouva des détracteurs dans ceux qui auraient dû donner le plus de louanges à la sagesse de sa conduite.

Il est vrai qu'il était inébranlable sur les principes. Aussi, sa fermeté à les soutenir fut traitée de scrupule, ou de défaut de science, tandis qu'on taxa du nom de rigorisme et d'excès, la simplicité de son extérieur et cet éloignement du monde, qui ne lui permit pas d'accepter une seule invitation à dîner, depuis son entrée au séminaire jusqu'à sa mort. Il aurait été gêné dans des réunions toutes profanes, et pensait d'ailleurs qu'une soutane de prêtre était déplacée à des tables somptueuses, ou dans des salons qui retentissaient de conversations, presque toujours frivoles.

Monsieur de Malet sentit tout ce que ces contradictions pouvaient causer d'amertume, surtout lorsqu'elles provenaient de gens que leur caractère plaçait naturellement au rang de ses amis ; il ne craignit pas même d'avouer avec franchise cette impression à ceux de ses confrères qui jouissaient de son intimité : « On consent aisément, leur disait-il, à suivre cette « maxime du pieux auteur de l'*Imitation* : Aimez à

« *être inconnu;* mais qu'il est difficile de se soumet-
« tre à la désapprobation et au blâme ! » Toutefois, on ne le vit jamais fléchir, ni s'éloigner d'un pas de la voie par laquelle il croyait que Dieu l'appelait à marcher. Mais s'il se trouva des esprits qui méconnurent le mérite de Monsieur de Malet, il y en eut un grand nombre d'autres qui surent l'apprécier ; l'offre des postes les plus honorables, qu'il refusa toujours, lui donna l'occasion de témoigner à quel point il était éloigné de toutes vues ambitieuses et dégagé de tout désir d'élévation humaine. On a déjà dit qu'aussitôt après l'avoir promu au sacerdoce, afin de pouvoir plus aisément recourir aux lumières du saint prêtre, Monseigneur de Quélen l'avait engagé à aller habiter l'archevêché : sa santé lui servit alors d'excuse. Quelques années plus tard, le même prélat renouvela ses instances et le pressa d'accepter à la fois, et un appartement dans son palais, et le titre d'archidiacre de Paris. Le vertueux prêtre se sentit un moment ébranlé, dans la crainte de contrarier les desseins de la Providence et de blesser son évêque par un second refus : à la réflexion, sa mauvaise santé lui parut encore une raison suffisante pour le décider en faveur de son goût pour la retraite. En effet, le mieux qu'il éprouvait n'était ni bien complet, ni bien constant ; il lui était toujours impossible de faire, sans en ressentir de grandes souffrances, la moindre course à pied ou en voiture, et à certaines époques de l'année, il se voyait ordinairement retenu dans sa chambre par d'affreuses crises de douleurs, qui l'auraient empêché de remplir les devoirs de sa

charge, un archidiacre étant, selon lui, rigoureusement tenu à la visite des paroisses soumises à sa juridiction. Il redoutait d'ailleurs la responsabilité qui accompagne les positions élevées, et plaignait sincèrement ceux qui étaient forcés de se mettre à la tête des affaires. « Ils sont, disait-il, entraînés, mal-
« gré eux, par le torrent, et, sans le vouloir, ils se
« trouvent souvent loin, bien loin du but vers lequel
« ils tendaient. » Un ordre formel aurait eu seul le pouvoir de l'arracher à sa vie modeste et solitaire.

Voici, à ce sujet, ce qu'un ecclésiastique, l'ami le plus intime de Monsieur l'abbé de Malet, rapporte d'une conversation où ce dernier versait avec effusion son cœur dans celui de son ami : « En septembre 1829, à propos de quelques nominations d'évêques, il m'avoua à peu près en ces termes le refus qu'il avait fait de ce poste éminent : « Je crois pouvoir dire
« que, plus que bien d'autres, et autant que personne
« peut-être, j'ai été en position de faire ce qu'on
« appelle son chemin, mais la même main qui m'a
« rapproché des dignités ecclésiastiques m'en a
« presque aussitôt repoussé. Plus que jamais, j'ai
« la confiance qu'il en sera toujours ainsi. Dieu ne
« me veut pas dans les emplois élevés. Au surplus,
« ma voie est de me laisser aller à la Providence
« comme un liége au fil de l'eau. »

« Puis, comme pour couper court à une conversation qui gênait son humilité, « il y a, reprit-il en
« riant, une vieille prophétie qui annonce qu'un
« Pape limousin montera sur le siége de saint Pierre;
« c'est évidemment de moi qu'il est ici question.

« En ce cas, tenez-vous prêt pour un chapeau. »

Nous ajouterons encore que, peu de temps avant sa mort, Monseigneur de Quélen fit de nouveau sonder Monsieur de Malet pour savoir s'il accepterait le titre d'archidiacre. Sa réponse fut toujours la même. De son côté, Monseigneur Blanquart de Bailleul le pressa avec instances pour le décider à se fixer près de lui à Versailles; ses efforts furent également infructueux. Bientôt après, Monsieur de Malet crut encore devoir refuser un évêché dont la proposition lui fut faite.

« J'aurais voulu l'amener près de moi, mandait à
« ce sujet un évêque à son ami; j'ai fait plus, et je
« n'ai pas fait assez, puisque je n'ai pas réussi, je l'ai
« présenté pour un évêché. Je croyais qu'il m'appar-
« tenait de manifester ce trésor caché, puisque
« Dieu m'avait mis à même de le si bien connaître.
« Mais sa vocation était de rester sous le boisseau,
« où le retenait à la fois son humilité et sa santé.
« Il est de la magnificence de Dieu de laisser dans
« l'obscurité des âmes tout à fait supérieures,
« comme de laisser dans les entrailles de la terre
« et dans le fond des mers, des richesses qui n'en
« sortiront jamais. »

Le coup d'œil si clairvoyant qu'on a remarqué en Monsieur l'abbé de Malet pour les choses du salut et de l'ordre spirituel se retrouvait encore en lui lorsqu'il s'agissait d'intérêts purement temporels Il appréciait, par exemple, avec une justesse étonnante les événements politiques. En 1824, ses amis l'ont vu annoncer la chute de la branche aînée, et prédire que le roi

Charles X, qui entrait à Paris aux acclamations de tous les partis politiques, même des libéraux, serait un jour bafoué par eux, et « nous pouvons *affirmer*, écrit un de ses amis, qu'en 1829, en lisant l'ordonnance qui constituait le ministère Polignac, il déclara que c'était le dernier de la monarchie des Bourbons. Depuis ce temps, il ne cessa de prévoir, avec une affliction profonde, les faits qui s'accomplirent bientôt après. »

En sa qualité de prêtre, Monsieur l'abbé de Malet ne croyait pas devoir afficher d'opinion politique, mais il regardait comme absurde de prétendre obliger ceux qui sont revêtus de ce caractère sacré à n'en point avoir. Lorsqu'il s'agissait de son ministère, il renfermait en lui ses sentiments à cet égard ; dans la direction, il n'était que théologien, et jamais l'homme de parti ne se cacha sous le vêtement du prêtre, mais avec ses amis il manifestait sa pensée tout entière. Quelques mots écrits par un homme infiniment respectable, qui avait le bonheur de vivre dans son intimité, la feront connaître parfaitement (*).

« Monsieur de Malet aimait tout ce qui était grand
« et vrai : la Religion, l'Eglise, la Patrie.

« En politique, la théorie des faits accomplis
« n'était pas à son usage, et, à ses yeux, le droit
« méconnu ne perdait rien de son caractère sacré.
« La branche des Bourbons possédait plus que jamais,
« dans l'exil, son affection et sa respectueuse fidélité ;
« toutefois, sa conscience, plus forte que la douleur

(*) Monsieur Jules Gossin.

« dont la révolution de Juillet avait abreuvé son
« âme, n'admettait pas qu'il y eût des serments qui
« n'engageassent à rien envers le pouvoir nouveau et
« qui fussent au besoin susceptibles de s'allier avec
« des intrigues et des trames contre l'existence du
« trône élevé en 1830. D'après la décision du Saint-
« Siége, il reconnaissait et enseignait avec franchise
« qu'on avait pu licitement s'attacher à la dynastie
« de la branche cadette, mais à la condition expresse
« que la foi promise au monarque sorti de la der-
« nière révolution serait tenue à ce prince avec sin-
« cérité. Pour lui, il n'avait jamais ni demandé ni
« reçu aucune faveur de l'ancienne cour, mais la
« légitimité étant à ses yeux la vérité dans l'ordre
« politique, il en professait le principe sans retour
« intéressé sur lui-même, et comme un homme de
« bon sens jeté dans les ténèbres d'une prison, ou
« placé au centre d'une campagne couverte d'une
« riche moisson, protesterait avec la même assurance
« que du soleil découlent toute lumière, toute cha-
« leur et toute fécondité.

« La marche en apparence incompréhensible des
« grands événements dont nous avons été témoins
« ne déconcertait pas sa foi et ne la lui rendait pas
« pénible. Il croyait que les règnes passés avaient
« besoin de longues et sévères expiations, et qu'il
« est des catastrophes sociales, qui sont à la fois des
« châtiments et des leçons pour les peuples et pour
« les rois. Abhorrant comme Français la guerre
« civile, et bien pénétré, comme chrétien, que le der-
« nier terme de la sagesse humaine est de se soumet-

« tre à la volonté divine, il gardait la fidélité aux
« princes exilés et conservait sa paix en souvenir de
« cette parole de saint Augustin : Dieu est patient,
« parce qu'il est éternel.

« Monsieur de Malet jugeait aussi Napoléon avec
« une justice dégagée de l'enthousiasme actuel, qui
« étend complaisamment un voile large et épais sur
« les crimes de cet homme extraordinaire. En rap-
« pelant, par exemple, l'assassinat du duc d'Enghien,
« la persécution de Pie VII, ou l'invasion inique de
« l'Espagne, il regrettait que l'empereur eût man-
« qué, dans ses sentiments, de la hauteur qui était
« dans son génie. Surtout, il ne pouvait pardonner
« cette absence de toute franchise, ce profond mé-
« pris de la race humaine, qui était la base de la
« politique impériale, et il n'hésitait pas à attribuer
« une grande partie des revers du conquérant à la
« déloyauté machiavélique de l'homme d'État. »

Mais laissons Monsieur de Malet, en répondant
à un admirateur de Bonaparte, exprimer lui-même
son opinion sur ce grand capitaine dont il avait,
pendant plusieurs années, suivi avec enthousiasme
les drapeaux triomphants.

« J'ai eu comme vous un faible pour l'homme de
« l'empire ; je voyais succéder en France un gouver-
« nement vigoureux à une anarchie dégoûtante. La
« trompette enchantait mes oreilles ; la victoire
« éblouissait mes yeux ; je combattais à l'avant-garde
« de cette grande et gigantesque armée dont les suc-
« cès plus brillants que solides nous ont en définitive
« attiré nos humiliations. Que de raisons ou de

« prétextes pour crier *Hosanna!* Des réflexions plus
« solides sur les causes et sur les effets ; sur les
« droits et sur les devoirs ; sur les conditions essen-
« tielles au bien être social, m'ont ramené par con-
« viction à la légitimité, et m'ont attaché à ce prin-
« cipe comme à une vérité.

« C'est par amour pour la France que j'ai cessé de
« faire cause commune avec cet homme extraordi-
« naire qui semble avoir été désigné dans l'apoca-
« lypse sous le nom d'Apollion, exterminateur. Mais
« ces choses sont abandonnées aux disputes et
« opinions humaines et n'intéressent point l'amitié
« de ceux qui sont unis dans le Seigneur. »

Monsieur de Mallet se montra aussi peu enthou-
siaste du mouvement religieux qui parut se manifester dans les premières années de la révolution de
Juillet et auquel on donna le nom de réaction. Il n'y
voyait que la profession d'un christianisme vague et
superficiel, tandis que la réalité restait toujours un
éloignement persévérant des pratiques que la religion
impose au chrétien. Il disait ordinairement que jusqu'à
ce qu'il eût vu professer la nécessité d'un confesseur
tenant aux principes solides, ainsi qu'à l'accomplissement des commandements de Dieu et de l'Eglise etc.,
il ne reconnaitrait point de retour à la religion. Tout ce
qu'il pouvait faire, c'était d'avouer qu'il y avait plus
de religiosité. « L'observation des dimanches et fêtes,
« de l'abstinence et du jeûne, autant que la santé le
« permet, la fuite des spectacles, la cessation des
« mauvaises lectures et la fréquentation des sacre-
« ments, voilà, selon moi, reprenait-il, ce qui fait le

« chrétien. » Puis il ajoutait en soupirant : « Est-ce
« là ce qu'on voit de nos jours ? »

La musique d'un genre tout profane, en usage dans certaines églises, était encore un sujet d'affliction pour l'âme de Monsieur de Malet. Il en gémissait souvent avec ses amis, surtout après ces solennités où nos temples, envahis par une foule de curieux, plutôt que de fidèles, laissent à peine dans leur enceinte un coin où les personnes pieuses puissent se recueillir et prier. On l'entendait dire alors avec tristesse : « On veut du monde et non des chrétiens! » Ensuite, comme il saisissait promptement le côté ridicule des choses, il disait encore plaisamment :
« Mon Dieu, qu'avec cette musique on joue une
« petite pièce, et on aura encore une bien plus grande
« affluence. »

Il n'admirait pas davantage ce genre de prédication où, sous prétexte de combattre les ennemis de la religion, ses apologistes emploient en chaire leurs expressions et leur langage. Voici la manière dont il faisait connaître son opinion à cet égard : « Comment
« ne comprend-on pas que ce verbiage et ces mots
« correspondent à la pensée des incrédules, et que
« lorsqu'on s'en sert, ils ne les admettent pas dans
« le sens rigoureux et orthodoxe; mais dans celui
« qu'ils lui prêtent ? Telle est la raison de l'intérêt
« avec lequel ils écoutent le prédicateur et de l'as-
« sentiment qu'ils lui donnent. »

Comme Dieu et sa gloire étaient l'unique terme des désirs de Monsieur de Malet, ce qui devait favoriser l'accroissement de son règne, ou ce qui pourait le contrarier et l'affaiblir, devenait naturellement l'objet de ses pensées et de ses réflexions; celles-ci l'avaient amené à craindre que les épreuves de la religion ne fussent pas finies, que Rome fût de nouveau éprouvée par le ciel et que le Pontife régnant ou son successeur immédiat, ne bût de nouveau au calice amer de la persécution (*). Malgré ces craintes, il espérait, avant la fin des temps, un heureux coup de filet pour l'Eglise. Il s'exprimait ainsi : « La fin des « temps » car ses prévisions le portaient à croire que le monde n'était pas fort éloigné de son dernier jour.

Dans les années les plus rapprochées du terme de sa vie, on trouvait souvent notre vertueux prêtre préoccupé et inquiet sur l'avenir de l'Eglise en France. Au milieu des attaques, soit sourdes, soit ouvertes, qui l'ébranlaient, elle lui semblait ne pouvoir se soutenir cinquante ans encore sans un secours particulier du Ciel; et la protection de Marie sur ce royaume qui lui est consacré, lui donnait seule quelque espérance.

Il redoutait surtout un certain engouement qu'il voyait se produire pour la science. « On oublie trop, « disait-il, cette parole de l'apôtre : *Dieu rendra folie* « *la science du monde*, et cette autre : *Je ne veux savoir* « *parmi vous que Jésus, et Jésus crucifié*. Et n'est-ce « pas aussi dans cet admirable livre, aux pieds de « la sagesse éternelle, devenue folie pour les gentils, « que le docteur séraphique et l'ange de l'Ecole

---

(*) Ceci était écrit en 1840; Monsieur de Malet est mort en août 1843.

« reconnaissaient avoir puisé cette doctrine si pro-
« fonde et si étendue que les savants modernes
« consultent encore, la merveilleuse Somme de saint
« Thomas d'Aquin, quand ils cherchent une juste
« définition des choses? Maintenant, au lieu de se
« dépouiller de soi et de ce qu'on croit avoir, on
« veut aider Dieu même et lui prêter main forte,
« comme s'il avait besoin de nous pour son œuvre :
« de là l'inutilité de tant d'efforts. Quant à moi, je
« suis convaincu que si Dieu a des vues de miséri-
« corde sur notre patrie, il la sauvera en lui envoyant
« pour apôtre quelque nouveau François d'Assise,
« foulant aux pieds la science humaine, mais plein
« de celle du Saint-Esprit, offrant tout l'extérieur de
« la mortification et de la pauvreté, et ne recevant
« que des mépris de la part des sages du monde.
« L'orgueil du siècle me paraît avoir besoin d'un tel
« exemple et ne pouvoir être guéri que par lui. »

Malgré ce mépris de la science, Monsieur de Malet était loin de se montrer, pour les prêtres, ennemi de l'étude ; mais, selon lui, la science ne devait marcher qu'après la piété, à laquelle il la reconnaissait inférieure. Lui-même travaillait chaque jour, dans son cabinet, autant de temps que sa santé et les soins qu'il donnait, soit à l'instruction des religieuses de Lorette, soit à celle de leurs enfants, pouvaient le lui permettre. Il n'était pas ce qu'on peut appeler théologien, et pourtant les ecclésiastiques qui ont eu recours à ses conseils n'ont pas oublié avec quelle clarté et quelle fermeté tout à la fois, il savait donner une décision.

Voici la méthode qu'il avait suivie pour acquérir les lumières qu'il communiquait ensuite aux autres : lorsqu'un cas de conscience à résoudre lui était proposé, il cherchait d'abord dans ses souvenirs théologiques quelques principes d'après lesquels il pût en trouver la solution ; si ces principes ne se présentaient pas promptement à sa mémoire, il avait recours à ses livres pour y puiser les connaissances relatives au sujet dont il s'agissait ; puis, s'il lui restait encore quelque incertitude, il dissipait ses doutes en s'adressant à un confrère savant et expérimenté ; c'est la méthode qu'il conseillait aux jeunes ecclésiastiques d'employer pour repasser leur théologie, afin de l'étudier d'une manière moins pénible et plus fructueuse ; car, les principes dont on fait l'application se représentent aussitôt à la mémoire, dans une circonstance semblable. Il pensait que c'était encore le moyen d'éviter de donner des décisions par esprit de routine, ou par complaisance.

La théologie n'occupait pas exclusivement les loisirs de Monsieur l'abbé de Malet ; il n'était étranger à aucune question : les plus métaphysiques mêmes devenaient simples et claires sous sa plume. Il s'était surtout livré à une étude particulière des différentes facultés de l'âme, et c'est d'après les observations qu'il avait faites à cet égard, au sujet de ses amis ou des personnes avec lesquelles il se trouvait en relations, qu'il les représentait à son esprit. Il mandait à une d'entre elles, en août 1842 : « Jadis, « j'aimais à me rappeler la manière d'être des per- « sonnes dont s'occupait ma pensée ; aujourd'hui,

« mes souvenirs sont tout psychologiques, les remar-
« ques que j'ai faites sur l'âme et sur le caractère
« d'une personne la rendent plus facilement pré-
« sente à ma pensée. »

Afin d'être utile aux âmes qui se laissent trop facilement guider par leur imagination, il composa un opuscule intitulé : *Pensées psychologiques*, où tout ce qui regarde les facultés intellectuelles de l'homme est traité d'une manière courte et précise. Dans sa réponse à une dame qui lui avait adressé quelques reproches de l'avoir laissée si longtemps sans lui parler de ce petit ouvrage, Monsieur l'abbé de Malet fait connaître lui-même le motif de sa discrétion. Voici cette réponse :

« J'ai travaillé ces pensées de bien des manières
« depuis plusieurs années, et sans en être jamais
« satisfait. La crainte de n'être pas clair, ou de faire
« le savant, ce qui ne me conviendrait guère, était
« mon cauchemar. J'ai déchiré et brûlé bien des
« fois des cahiers entiers. Enfin, ayant encore quatre
« chapitres à faire, qui sont peut-être les plus impor-
« tants, et n'ayant pas le courage d'aller plus loin,
« sans savoir à quoi m'en tenir sur la netteté de
« mes idées, j'ai fait une sorte de conclusion, en
« attendant mieux, et me suis livré aux lecteurs à
« leurs risques et périls. Je ne pouvais, en cons-
« cience, vous comprendre dans ce guet-apens. J'ai
« attendu le *vox populi*. Quelques succès m'avaient
« un peu enhardi à me lancer vers M..., mais ce
« n'était point assez. Une dame chez qui l'imagina-
« tion joue un grand rôle, ayant eu recours à mes

« conseils, et ayant lu ce petit livre sans en con-
« naître l'auteur, me parut l'avoir goûté et compris :
« je me dis alors que ma fille n'en serait point
« effarouchée et ennuyée, et me disposai à vous
« l'envoyer.

« Vous voyez pourquoi et comment les choses se
« sont passées ainsi, et combien j'ai défendu, res-
« pecté vos loisirs avant de me décider à les
« troubler. »

Sans être littérateur, Monsieur de Malet parlait d'une manière intéressante des ouvrages nouveaux en ce genre ; il les jugeait sainement et sans prévention. Il écrivait dans une revue de bibliographie, entreprise sous la direction d'un pieux ecclésiastique, dans le but de mettre en garde contre les mauvais livres, en les faisant connaître aux personnes chrétiennes ; mais sa santé et ses nombreuses directions, ne lui permettaient de faire que des articles très-courts, sur les ouvrages composant la bibliothèque de Lille et celle de Gaume.

Il avait lui-même commencé une petite nouvelle du genre de celles qui forment ces deux collections. En la lisant, on regrette qu'elle n'ait pas été terminée. Le principal personnage est une jeune fille distinguée par ses agréments et sa naissance, appelée à la vie religieuse, et dont la vocation était combattue par ses parents. Léontine, c'est le nom de la jeune personne, flottait encore dans l'indécision sur la route qu'elle devait suivre. On lui offrait un parti brillant, selon le monde ; mais, Dieu parlait au fond de son âme, d'une voix dont les paroles l'ébranlaient, sans être encore assez parfaitement distinctes pour la déterminer définitivement, lorsqu'un léger incident vint la fixer dans une invariable résolution de se consacrer au service du Seigneur.

Entourée de sa famille, par une belle soirée d'été, en feuilletant des romances, Madame de Lévie laisse tomber ses yeux sur ce titre : l'*Enfant de Marie*; elle engage sa fille à se mettre au piano pour chanter un sujet qui devait sans doute lui plaire. Mais ce sujet allait jeter la consternation et la douleur dans ce cœur maternel.

Voici les paroles de la romance :

I.

Avant d'entrer en ménage,
La jeune Elzine, autrefois
S'en fut en pèlerinage
A Notre-Dame-des-Bois.
Et s'adressant à Marie,
Elle disait à genoux :
Ah ! faut-il, Reine chérie,
Faut-il donc prendre un époux ?

II.

Dès longtemps cette pensée
Est bien triste pour mon cœur ;
Mon âme en est oppressée
Et l'écarte avec frayeur.
Ah ! dites, je vous en prie,
Je vous en prie à genoux,
Ah ! dites, Reine chérie,
Faut-il donc prendre un époux ?

III.

Sitôt un léger murmure
Agitant l'ormeau voisin,
Une voix céleste et pure
Prononça ce mot divin :
Laisse l'époux de la terre,
Viens former des nœuds plus doux,
Viens, je veux être ta mère,
Mon Fils sera ton époux.

IV.

Attentive et palpitante,
Elzine entendit ces mots,
Et s'en retourna contente,
Le cœur dans un doux repos.
Elle disait : Pour la vie,
Seigneur, je me donne à vous :
Je suis l'enfant de Marie,
Je veux Jésus pour époux.

V.

En vain les fils de la terre
Ont combattu son dessein ;
En vain le courroux d'un père
Veut disposer de sa main.
Elzine en Dieu se confie,
Et répond ces mots si doux :
Je suis l'enfant de Marie,
Je veux Jésus pour Epoux.

VI.

Mais, conduite par sa mère,
Un jour on la vit enfin
Entrer dans le Monastère
Du hameau le plus voisin.
Devant l'abbesse attendrie
Elle disait à genoux :
Je suis l'enfant de Marie,
Je veux Jésus pour époux.

VII.

Si le Seigneur vous appelle
A former des nœuds si doux,
Soyez docile et fidèle,
Car il est un Dieu jaloux !
Venez, tout vous y convie ;
Venez, son cœur est à vous ;
Venez, enfant de Marie,
Prenez Jésus pour Epoux !

Le chant fini, Léontine a pris son parti : une conversation s'engage entre elle, sa mère et son frère. Dans le dialogue entre ces différents personnages, l'auteur explique, de la manière la plus claire et la plus raisonnable, les droits d'un père et d'une mère sur leur fille ; il montre, en même temps, la limite de ces droits, aussi bien que l'injustice du monde, dont il réfute la conduite par des raisonnements inattaquables. Nous en reproduirons ce court passage : « Confier le sort d'une jeune personne et « sa félicité tout entière à un homme que l'on

« connaît à peine, dont quelquefois les antécédents
« sont douteux, c'est chose toute simple, toute
« raisonnable ; c'est, selon le monde, agir fort pru-
« demment. Mais la donner à Jésus-Christ, consentir
« à ce qu'elle s'engage à son service après un long
« examen, un noviciat pénible, c'est agir à la légère,
« c'est s'exposer à des regrets ! Il faut exiger des
« garanties extraordinaires, élever des difficultés
« inouïes ; il faut épuiser la soumission de son
« enfant, la patience d'une communauté, et, pour
« ainsi dire, de Dieu lui-même. Telles sont en effet
« les pensées de bien des gens et souvent des plus
« pieux. »

Il n'est aucune objection, faite en pareille circonstance, que cette histoire ne reproduise ; mais à côté
se trouve toujours une réponse victorieuse. On dé-
plore à chaque ligne que ce petit livre, dont la
lecture aurait pu être utile à tant de personnes, n'ait
pas été livré à la publicité.

Monsieur de Malet avait encore commencé un
recueil de correspondances, intitulé par lui : *Lettres
d'un invalide.* Les premières lettres sont consacrées à
une description charmante du petit manoir que l'ancien
militaire a reçu en héritage, d'une excellente tante, et
qui va devenir le lieu de sa demeure. Dans ces pages,
comme dans presque tout ce qu'il écrivait, il retrace,
en l'appliquant à un personnage imaginaire, les
douloureux événements de sa vie. L'invalide a perdu
une femme adorée, un ange de vertus. Son unique
enfant lui a été enlevée d'une manière soudaine, et
il cherche la solitude, qui lui procure les seules

consolations solides, en lui permettant de les puiser dans le sein de Dieu.

L'invalide parle ensuite de son église, et sous l'apparence d'une fiction, Monsieur l'abbé de Malet fait connaître la manière dont il comprend le gouvernement d'une paroisse ; la vie et la conduite d'un bon prêtre ; il peint le curé qui donne à son héros les conseils les plus sages, sur les relations qu'il doit entretenir avec ses voisins. « La solitude, dit ce respec« table pasteur, a aussi ses dangers, surtout lors« qu'elle entraîne l'omission de certaines convenances
« de position. L'homme, ici bas, a des affaires, et
« il a besoin de distractions. Or, pour réussir dans
« les unes, et se procurer les autres, il doit entre« tenir des relations avec ses semblables ; car, on
« a souvent besoin d'un plus petit que soi.... Et si
« vous attendez pour visiter le maire, le juge de
« paix, le percepteur et les notabilités de votre
« petite ville, que leurs bons offices vous soient
« nécessaires, vous les trouverez prévenus contre
« vous, piqués contre vous, blessés de la négligence
« avec laquelle vous les aurez traités à votre arrivée.
« Ils se prêteront de mauvaise grâce à ce que vous
« demanderez d'eux. Ils vous blesseront à leur tour ;
« ils s'en vanteront ; ils s'encourageront à vous
« faire payer vos hauteurs, et vous vous trouverez
« brouillé avec des gens que vous rencontrerez tous
« les jours, dont il est dangereux de s'attirer l'ani« madversion. N'en faites pas votre société, d'accord,
« mais établissez avec eux des rapports convenables.
« Voyez-les le premier, puisque l'usage le veut

« ainsi, et votre prudence saura bien empêcher que
« ces relations ne dégénèrent en familiarité. Montrez-
« vous poli, bienveillant avec tout le monde ; rendez
« volontiers service ; ne prêtez pas l'oreille aux
« propos de la petite ville, et je vous réponds qu'on
« vous laissera vivre à votre fantaisie. »

L'invalide suit les conseils de son curé ; il fait des visites à ses voisins, les dignitaires de l'endroit, et en rend compte à ses amis d'une manière assez piquante, en commençant par le maire. « Celui-ci a
« fait sa fortune dans une boutique qu'il a quittée
« pour jouer un rôle dans le monde et acquérir des
« honneurs, aimant mieux, comme César, être le
« premier de son village, que de rester citoyen
« obscur parmi les habitants des villes. Afin de
« prendre couleur, il s'est logé dans une abbaye,
« qu'il a changée en une jolie habitation, et n'a
« pas manqué d'utiliser l'église, en en faisant une
« grange, une remise, ou même une écurie. Il
« s'épuise en vains efforts pour conquérir et con-
« server une popularité qui lui échappe, malgré les
« soins constants qu'il prend en toute occasion de
« tracasser le curé, de gêner les processions, de
« soutenir le maître d'école, d'une moralité douteuse,
« enfin, de ne paraître à l'église que dans les
« occasions officielles, et de s'y tenir avec tous les
« airs d'indifférence moqueuse qui semblent le mieux
« convenir à sa haute philosophie, sa *capacité*, sa
« dignité, etc. » Ces lettres, comme la petite nouvelle intitulée : *la Famille de Lévie*, sont restées inédites et inachevées.

Ces modestes travaux, et la composition de quelques cantiques spirituels, dont il a laissé un recueil pour ses chères filles de Lorette, étaient les distractions que Monsieur l'abbé de Malet donnait à son esprit : il s'occupait ordinairement d'une manière plus sérieuse. On a déjà parlé de ses *Esquisses religieuses*, et de ses *Pensées psychologiques*.

Reconnaissant qu'il tenait de Dieu un talent tout particulier pour conclure par voie de déduction et d'analyse, à l'époque où Monsieur de Lamennais publia son *Système philosophique*, il projeta, pour le réfuter, un ouvrage considérable, sur l'homme envisagé dans ses fonctions principales, et un Essai sur la certitude. Les plans d'un grand nombre de tableaux, qu'il fit alors, existent toujours. Mais, après avoir soumis son travail aux dignités ecclésiastiques, qui trouvèrent le silence plus opportun, Monsieur de Malet abandonna, par obéissance, ce qu'il avait entrepris par zèle pour la cause de Dieu.

Puisque nous avons essayé de faire connaître ses pensées et ses jugements sur les différentes questions qui s'agitent dans le monde, nous ne croyons pas devoir taire l'opinion bien arrêtée qu'il avait conçue du magnétisme animal, auquel il était très-opposé. Avec le célèbre médecin qui possédait sa confiance, il regardait comme incontestable que le phénomène appelé somnambulisme magnétique, donnerait lieu à certains faits présentant souvent tous les caractères d'une opération satanique. Nous avons sous les yeux une série de questions qu'il s'était posées sur cette matière, et toutes sont résolues dans le sens que nous venons d'indiquer. En conséquence, il ne croyait pas qu'il fût licite de recourir à ce genre de traitement. Au reste, appuyé sur l'expérience, il faisait remarquer que le succès ne répondait pas aux effets extraordinaires produits dans les séances; c'était pour lui une raison de plus pour soupçonner et redouter l'intervention de la puissance des ténèbres, qui n'a rien de solide dans ses prestiges.

Nous terminerons ce chapitre, destiné à faire connaître le genre d'esprit de Monsieur de Malet et sa manière d'apprécier le temps où il a vécu, par une nouvelle citation de l'ami auquel nous avons déjà emprunté quelques passages (*).

« L'avenir de la religion en France excitait les
« alarmes de ce vénérable prêtre ; il était convaincu
« que la ligue formée contre elle, vers la moitié du
« siècle dernier, avait seulement changé de tactique,
« et qu'au fond, la haine furieuse des hommes
« entrés dans cette ligue n'avait rien perdu de son
« fanatisme. Il croyait seulement, à plusieurs signes
« qu'il regardait comme certains, que la persécution
« n'aurait aucun caractère de violence, et que ce
« serait en pervertissant l'esprit de la jeunesse, en
« corrompant ses mœurs, en empêchant par degrés,
« à l'aide de moyens insidieux, le recrutement du
« sacerdoce, que cette faction parviendrait, à la
« longue, à bannir de notre patrie la foi de Jésus-

(*) Monsieur Jules Gossin.

« Christ. Il gémissait de l'impunité avec laquelle
« des livres et des gravures, également immondes,
« allaient porter partout, et même au fond des
« provinces les plus reculées, l'enseignement et
« l'image du vice en action.

« Il déplorait l'affaiblissement du sens commun
« et des lumières d'une grande nation, quand il
« voyait notre public dévorer des absurdités révol-
« tantes, dès qu'elles étaient dirigées contre des
« personnes ou des choses dignes de tous les res-
« pects, mais contre lesquels les pervers avaient eu
« l'art d'ameuter les passions furibondes de la mul-
« titude.

« Cette dégradation de la raison publique lui
« paraissait plus douloureuse encore, quand il rap-
« pelait l'infamie de quelques engouements pour
« des assassins, des voleurs et des empoisonneurs,
« transformés tout à coup en personnages intéres-
« ressants, parce qu'ils avaient mêlé de l'esprit à
« leurs forfaits.

« Il se demandait comment certains journaux
« avaient pu vouloir s'appeler : *le Voleur*, *le Tocsin*
« et *Satan*. Il y a seulement vingt ans, disait-il,
« que nulle entreprise n'eût eu la pensée de pren-
« dre des dénominations de cette espèce ; et comme
« cela est trouvé tout simple, et passe inaperçu, il
« faut que la raison et le sentiment de l'honneur
« aient décru chez nous avec bien de la rapidité.
« Mais où, et quand, cette effroyable décadence
« s'arrêtera-t-elle ?

« Ces sujets et d'autres encore animaient sa con-

« versation. On ne se lassait pas de l'entendre. En
« le quittant, on se sentait meilleur, car on avait la
« conscience d'être plus fortement attaché aux
« principes sacrés de l'honneur, de la religion, de
« la vertu.

« C'est seulement en présence d'un ou deux amis,
« que Monsieur de Malet se laissait aller à ces
« tristes, mais intéressantes causeries, dont je ne
« perdrai jamais le souvenir. Il souffrait aisément
« la contradiction, mais il voulait que dans ces
« intimes épanchements, l'on jetât toute son âme,
« comme de son côté il y mettait toute la sienne.
« Sans la simplicité et la confiance, les paroles de
« salon étaient pour lui un ennui et une fatigue (1). »

---

(1) Les sinistres prévisions de Monsieur l'abbé de Malet ne se sont, hélas! que trop bien réalisées dans notre malheureuse patrie.
(Note de l'Éditeur.)

CHAPITRE XXI.

Vie privée de Monsieur l'abbé de Malet. — Ses habitudes ordinaires. — Sa manière de se conduire avec ses amis, avec ses domestiques et les personnes d'un rang inférieur qui avaient à lui parler. — Son caractère, remarquable par sa droiture, sa justice, sa force d'âme, jointe à une grande sensibilité.

Jusqu'à présent, Monsieur l'abbé de Malet n'a paru à nos yeux que dans l'exercice des augustes fonctions du sacerdoce ou occupé de sujets graves intéressant la religion et la société ; il importe à la vérité de ce portrait que nous le montrions dans sa vie privée et dans l'intérieur de sa maison, avant d'essayer de pénétrer dans le secret de son âme pour y étudier ses vertus.

Ses habitudes étaient simples. En hiver, il sortait de son lit à quatre heures, faisait lui-même son feu ; puis, se recouchait jusqu'à cinq heures et demie. Alors il se levait, se rasait toujours seul, donnait un demi-quart d'heure à sa toilette, qu'il faisait également sans le secours de son domestique, commençait ensuite son oraison, et, à sept heures, se rendait à Lorette où les religieuses le voyaient souvent arriver en riant de ce que tout son monde dormait encore, au point de ne l'avoir pas entendu sortir. En été, il célébrait le saint sacrifice à six heures et demie, et en hiver, à sept heures un quart. Ses repas étaient brefs ; il les prenait ordinairement sur son petit bureau de lecture, et ne se mettait pas même à table. Il buvait, pour sa santé, disait-il, un mélange de limonade et de vin qui devait être bien peu agréable au goût.

Afin de toujours se rappeler sa profession ecclésiastique et de n'en jamais quitter l'habit, il s'était fait faire une robe de chambre noire, en forme de soutane, avec laquelle il couchait en toutes saisons ; lorsqu'il était en proie à de vives douleurs, il s'étendait sur le plancher de son salon, et après avoir renversé le fauteuil sur lequel il s'asseyait habituellement, il s'en servait pour appuyer sa tête. Il aimait, dans ses souffrances, cette imitation du bivouac, ainsi que la privation absolue de toutes les douceurs capables de flatter les sens.

La récitation de l'office divin, l'étude, la direction des consciences, tant au confessionnal que par lettres, occupaient un grand nombre d'heures dans sa journée. Malgré sa rupture avec le monde, il voyait encore quelques amis qu'il recevait avec un mélange de simplicité et de dignité aimable. Personne n'était plus affable ni plus bienveillant. Sa conversation offrait un extrême intérêt ; elle était à la fois sérieuse et grave, sans se montrer ennemie de la gaieté. Il riait volontiers des ridicules et des travers de notre temps, souvent même, il aurait été habile à lancer sur certaines célébrités contemporaines quelques-uns de ces traits malins qu'on cite et qui restent, mais sa vertu arrêtait, sur la corde même de l'arc, la flèche acérée qui allait partir. Connaissant le monde d'avant la Révolution par sa famille, par lui-même ; celui de la Révolution, du Consulat, de l'Empire et de la Restauration, on ne pouvait se lasser de l'entendre comparer les époques les unes avec les autres, et porter sur chaque événement, sur chaque personnage, des jugements dont on admirait autant la modération que la justesse. Lorsque la conversation tombait sur les guerres de l'Empire, il ne se refusait pas précisément à parler de ses campagnes, mais il le faisait avec sobriété, et si alors ses souvenirs se reportaient sur le général comte Auguste de Colbert, son ancien colonel, tué à la fleur de l'âge, dans la guerre d'Espagne de 1808, ses yeux se mouillaient de larmes et la vieille cicatrice de ce beau visage, rendait cette sensibilité plus touchante. Jamais il ne se glorifiait de ses anciens faits d'armes, quoique plus que personne, il eût pu en avoir le droit. Sa bravoure militaire avait été si remarquable pendant ses différentes campagnes, que tous les grades qu'il dut parcourir pour s'élever en trois ans, du rang de simple chasseur, jusqu'à celui de sous-lieutenant, lui furent conférés sur le champ de bataille, et, chose bien rare, il semblait rougir de l'avouer. Il est vrai qu'on pourrait en dire autant de toutes ses bonnes actions ; car, non-seulement il ne se faisait pas valoir et ne parlait jamais le premier de lui-même, mais quand il avait fait ou écrit quelque chose dont on le louait, c'était toujours, disait-il, à un ami qu'il en était redevable.

Un jour où il s'égayait un peu de la terreur

panique d'un respectable prêtre qui s'était enfui de France en 1830, son interlocuteur lui répondit en riant : Puisque les ecclésiastiques sont destinés à remplir une mission de paix, ils doivent, par état, redouter les apparences de la guerre, et leur robe ne les oblige pas à être tous aussi courageux que Monsieur l'abbé de Malet, ni à porter écrite sur leur visage la preuve qu'ils n'ont pas combattu en tournant le dos à l'ennemi. « Oh! reprit-il, je ne suis pas
« plus brave qu'un autre. Ce coup de sabre me fait
« plus d'honneur qu'il n'en mérite; c'était en réalité
« peu de chose, et si les blessures doivent porter
« témoignage en pareil cas, les miennes diront que
« je suis aussi poltron que brave; car, il me reste
« quatre cicatrices par devant et quatre par derrière. »

Cependant, lorsqu'il causait avec ses anciens compagnons d'armes, et qu'ensemble ils repassaient leurs campagnes d'autrefois, il s'animait à ce souvenir, et, sous l'habit du prêtre, on voyait battre encore le cœur du vieux soldat.

Il conserva toute sa vie avec ses camarades une aimable franchise qu'ils savaient apprécier. On a déjà dit qu'en quittant le monde, il avait foulé aux pieds tout ce qui fait l'objet de l'ambition et de l'estime des hommes ; que son titre et sa décoration n'étaient plus rien pour lui. Un de ses amis qui désirait la croix d'honneur, quand elle était moins facilement accordée qu'actuellement, et que les circonstances ne favorisèrent pas, bien qu'il l'eût méritée, lui disait un jour : « Vous devriez bien me
« donner votre croix, dont vous paraissez avoir

« perdu le souvenir. » — « Oh ! non, lui répondit
« Monsieur de Malet, vous ne l'aurez pas : vous
« avez, mon ami, trop de sujets d'amour-propre
« pour que je contribue à les augmenter. »

Véritable père pour ses domestiques, il aimait à rendre heureux tous ceux qui l'entouraient. A certains jours de l'année, il leur donnait de petits festins, auxquels chacun avait le droit d'inviter ses plus proches parents ; et, s'efforçant de leur rendre son service agréable, sans jamais se familiariser, il s'entretenait avec eux de leurs besoins, de leurs intérêts, et même de leurs peines de conscience ; il racontait assez volontiers à ses amis intimes ces petites anecdotes de son intérieur et de son ménage.

Un cuisinier qui l'a servi longtemps, et auquel il a donné les invalides, en lui payant une pension plusieurs années avant sa mort, quoique ses infirmités l'eussent obligé à se retirer, revenait une fois du sermon de Saint-Sulpice, la tête tout à l'envers. « Qu'avez-vous donc, lui dit son maître, vous paraissez tout bouleversé ? — Ma foi, Monsieur, il y a bien de quoi. Je viens d'entendre un sermon à Saint-Sulpice, et moi qui crois tout ce que les prêtres disent, je ne puis m'empêcher d'être bien effrayé, car on a prêché sur l'enfer ; et si cela est vrai, je ne sais où donner de la tête. — Vous avez raison de croire tout ce que les prêtres disent, lui répondit Monsieur de Malet. Mais, voyons cependant si vous devez autant redouter l'enfer pour vous-même. Accomplissez-vous vos devoirs de chrétien ? — Oui, Monsieur. — M'êtes-vous fidèle ? — Oui, Monsieur. — Voudriez-vous commettre un péché mortel ? — Non, Monsieur. — S'il en est ainsi, vous voyez donc, mon cher, que bien que le prédicateur ait dit la vérité, cela ne vous regarde pas. » Et il le renvoya consolé.

Il allait jusqu'à rire des petites malices des gens attachés à son service. Un jour de carême, il voulait se faire apprêter, par le même cuisinier, une soupe sans beurre, pour la collation, et avant de la commander, il lui demanda s'il pourrait bien y réussir. — Ma foi, Monsieur, je crois que oui, répondit celui-ci ; mais d'ailleurs, puisque c'est pour mortifier Monsieur, cette soupe sera toujours assez bonne.

Une autre fois, Monsieur de Malet ayant vu à la communauté de Lorette des haricots verts conservés qui lui semblaient mieux préparés que les siens, la sœur chargée de l'économat demanda la permission de lui en envoyer. Le lendemain, en revenant, il dit à la Supérieure : « Vos haricots étaient excellents ; « j'en ai fait manger à tout mon monde, et mon « cuisinier seul les a trouvés amers. »

Il était également affable avec les domestiques étrangers et les personnes d'un rang inférieur qui avaient à lui parler. Il les faisait toujours entrer et s'asseoir, en attendant qu'il eût écrit sa réponse. La Supérieure de l'hospice des vieillards assurait que les différents commissionnaires qu'elle lui envoyait s'estimaient heureux d'être choisis pour ce ministère, et ne tarissaient pas sur l'affabilité du saint prêtre. Un pauvre vieillard de cette maison avait souvent des sujets de peine qui le tourmentaient ; dans ces occasions, il se rendait près de Monsieur de Malet, lui déchargeait son cœur, et retournait chez lui pacifié. Son charitable consolateur avait la bonté de le recevoir et de l'embrasser comme un ami. Aussi, cet homme fut inconsolable de sa mort ; et malgré la distance, il voulut, avec plusieurs autres vieillards ses camarades, suivre son cortége funèbre jusqu'au cimetière du Père-Lachaise.

Tous les ouvriers travaillaient pour Monsieur de Malet avec un extrême plaisir. Il leur expliquait clairement ce qu'ils avaient à faire, aidait à l'ouvrage ceux qui venaient chez lui, surtout le menuisier, en souvenir de Notre-Seigneur, et n'oubliait pas les petits *pourboires*, ce qui avait mis près d'eux sa générosité en grand renom.

Les gens qui venaient à lui armés de finesse et d'astuce, étaient les seuls qui s'en plaignissent. Il avait un talent particulier pour les arrêter court et les déconcerter : ils étaient, il est vrai, peu sympathiques à son caractère, dont la loyauté formait un des principaux traits. L'habitude qu'il avait d'user de franchise en toutes choses, lui donnait un tact extraordinaire pour discerner les inclinations contraires. « Observez, disait-il, que ceux qui n'agis-
« sent pas franchement ont, le plus souvent, les
« yeux dans la même disposition que leur âme ; ils
« regardent de côté et presque jamais droit ; c'est,
« du moins, ainsi que je les ai toujours vus dans
« les rapports qu'ils essayaient d'avoir avec moi ;

« mais, grâce à Dieu, ces rapports ne duraient
« jamais longtemps. »

Quant à lui, dans les affaires les plus épineuses
et les plus graves, comme dans les plus simples et
les plus communes, il ne connaissait que la voie
droite. S'agissait-il d'entreprendre une œuvre ou de
la soutenir, d'éluder ou de repousser les attaques
des méchants, il ne sortait jamais de cette ligne, et
ne permettait pas plus de se servir de discours ou
de démarches détournées, que d'user de ruses, ni
de moyens contraires à la simplicité chrétienne. Sa
maxime était cette parole de saint François de Sales :
« La plus grande de toutes les finesses, c'est de
« n'en point avoir. »

Etre droit et être juste, sont deux qualités qui
vont rarement l'une sans l'autre, et Monsieur de
Malet les possédait toutes les deux à un égal degré.
Le sentiment d'indignation qu'il éprouvait à la vue
des injustices, se manifestait malgré lui sur son
visage, par un sourire de mépris mêlé de pitié. On
a vu que la crainte de se trouver involontairement
complice d'une action équivoque en ce genre, lui
fit pousser la délicatesse jusqu'à remplacer de ses
deniers une somme de 1,200 fr., enlevée d'une manière qu'il ne croyait pas légitime, à la communauté
dont il était le Supérieur.

La grande droiture de Monsieur de Malet, à laquelle il donnait le nom de simplicité des enfants
de Dieu, n'excluait cependant pas une grande prudence. Personne, au contraire, n'en donna des
témoignages plus éclatants. C'était chez lui une

qualité naturelle, fruit de ce rare jugement qu'on remarquait déjà à l'époque de sa carrière militaire ; mais, on remarquait que le Saint-Esprit l'avait encore perfectionnée, en lui accordant ses dons d'intelligence et de conseil. Dans les affaires civiles ou religieuses, il la faisait consister, pour lui comme pour les autres, à ne jamais se mettre en opposition avec aucune loi, à ne jamais donner prise à ses adversaires, ni par paroles, ni par actions, et à éviter toujours d'agir avec précipitation. On eût même été quelquefois tenté de dire qu'il donnait le temps d'agir contre lui, tant il redoutait les fausses démarches. Il ne négligeait aucun moyen humain, mais il ne voulait pas qu'on s'appuyât uniquement sur eux ; ce n'était qu'après l'oblation du saint sacrifice et la prière à la sainte Vierge, qu'il croyait pouvoir donner une décision sûre.

Comme, d'ailleurs, il ne désirait que la volonté de Dieu, et l'accomplissement de ses desseins en toutes choses, se reposant sur la Providence, il poursuivait avec la même tranquillité, et traitait avec une égale modération les affaires les plus importantes et les plus minimes, et se tenait dans de justes limites, entre l'empressement et la lenteur. Son zèle pour la gloire de Dieu, quelque ardent qu'il fût, ne lui faisait rien perdre de son calme. « Il ne faut pas, disait-il,
« vouloir le bien que Dieu ne veut pas, ou le vouloir
« plus que Dieu. Il faut aussi reconnaître qu'il est
« dans l'Eglise des temps de stérilité pendant lesquels
« les ouvriers évangéliques doivent s'attendre à tra-
« vailler beaucoup, et à produire peu de fruits.

L'important, dans ces circonstances, est de conserver ce qui existe ; c'est souvent tout ce que Dieu demande de nous. »

A cet esprit de prudence s'alliait, chez Monsieur le Malet, un rare discernement, qui lui faisait l'avance prévoir l'issue des événements, malgré les difficultés qui s'opposaient à la prévision du dénouement. Plus d'une fois il a su, par sa perspicacité, remédier à des inconvénients graves. Une personne fut soutenue et encouragée pendant dix-huit mois, par l'espérance qu'il lui donnait, contre toutes prévisions, que l'affaire qui la préoccupait aurait tel et tel dénouement favorable. Ce dénouement fut conforme à ses prévisions.

Il savait aussi apprécier les œuvres de piété, et, d'après les éléments qui servaient à les constituer, il les jugeait sainement dès l'origine. Monseigneur de Quélen l'avait choisi pour Supérieur d'une association qu'il venait de former, sous le nom de communauté Saint-Hyacinthe, et sur laquelle il fondait de grandes espérances pour le bien de son diocèse. Monsieur l'abbé de Malet refusa le poste qui lui était offert, et voici les motifs qu'il en donna ensuite à ses amis : « J'avais prévu que cette communauté
« ne marcherait pas ; qu'elle aurait autant de supé-
« rieurs que de grand-vicaires, tandis que j'en
« porterais seulement le nom ; que la règle ne serait
« jamais observée, et qu'enfin bientôt l'œuvre s'é-
« croulerait. » L'événement a justifié de point en point ses prévisions.

On trouvait encore dans le caractère de Monsieur

de Malet un remarquable courage, dont il donnait chaque jour des preuves, par la force d'âme avec laquelle il supportait ses souffrances. Les trente dernières années de sa vie furent une suite continuelle des plus vives souffrances ; mais il était parvenu à ce point de vertu de conserver, en les endurant, une parfaite égalité de visage, et même une amabilité et une gaieté habituelles. Il ne cessait de vaquer aux fonctions du saint ministère, ni de recevoir, que lorsque la maladie le contraignait à un repos absolu.

Qui n'aurait supposé qu'un caractère si fortement trempé fût incompatible avec une exquise sensibilité ? Il était cependant impossible d'en avoir plus que Monsieur de Malet.

Après vingt-sept ans de séparation, le souvenir de Madame de Malet n'avait jamais cessé d'être présent à son cœur. Cette parole de l'Evangile, qu'il avait fait graver à son tombeau, sur le linceuil de la croix qui sépare l'urne où reposaient les cendres de sa pieuse compagne, de celle qui attendait les siennes, que : « l'homme ne sépare pas ce que Dieu a uni ; » et cette exclamation qu'il fit entendre, peu d'heures avant d'expirer : « Ah ! chère Athanaïs, je vais bientôt te rejoindre ! » prouvent combien l'attachement qu'il lui conservait dans le Seigneur était vif et durable.

On sait déjà que la pensée constante qu'il conserva de cette épouse si chère, pendant les premières années qui suivirent sa perte, lui inspira le zèle particulier qu'il eut toute sa vie pour les âmes du purgatoire. Par suite encore de son affection pour

Madame de Malet, il se montra toujours un modèle de soins et de déférence pour Madame la baronne de Jumilhac, sa belle-mère. Il l'appelait maman, même en parlant d'elle, ce qui semblait presque singulier dans sa bouche ; mais il se croyait plus qu'un gendre : il remplaçait une fille. Madame de Jumilhac fut enlevée presque subitement par un catarrhe, très-peu d'années avant Monsieur de Malet. Cette mort l'affligea sensiblement, à cause des cruels souvenirs qu'elle évoquait.

Quoiqu'il eût perdu depuis trente ans l'unique fruit de son union, sa fille, qui n'avait vécu que dix-huit mois, jusqu'en 1843, on trouve dans ses livres de dépense annuelle une somme de dix francs, consacrée à l'entretien de la tombe de cette petite enfant, morte à plusieurs lieues de Paris, chez son grand-père de Jumilhac, qui habitait alors sa terre de Guigueville, près la Ferté-Aleps.

A l'attachement que Monsieur de Malet conservait pour sa femme, il faut encore rapporter les soins touchants qu'il donnait à une petite tourterelle qui lui appartenait. Le soir, l'oiseau avait son panier dans la chambre de son maître, mais il passait ordinairement l'après-midi à la cuisine, afin que la présence des domestiques l'empêchât de s'ennuyer d'une complète solitude. Pendant le froid d'un hiver un peu rigoureux, Monsieur de Malet le fit transporter sous une table de son salon. Une personne pour laquelle il avait de la bienveillance, étant venue le voir alors, remarqua la tourterelle, et en témoigna quelque étonnement. Il répondit, avec une expres-

sion de sentiment difficile à rendre : « C'est la tour-
« terelle de Madame de Malet ; le carreau de la
« cuisine était trop froid ; il donnait la goutte à ses
« vieilles pattes, et je l'ai apportée ici.... Elle est
« restée seule aussi.... Je dois en avoir pitié ! »

L'oiseau, de son côté, se montrait très-reconnaissant pour son maître ; il volait quelquefois sur son épaule, et lui faisait mille caresses. Le saint prêtre s'en amusait ; ce trait rappelle l'apôtre bien-aimé caressant une perdrix.

Pendant la dernière maladie de Monsieur l'abbé de Malet, le pauvre petit oiseau semblait redoubler d'affection ; on eût dit qu'il comprenait quelque chose à l'état de son maître. La veille encore de sa mort, il se promenait sur lui, et lui becquetait les doigts. Il périt lui-même, peu de jours après, soit de chagrin, soit, ce qui est plus probable, parce que dans la préoccupation des tristes soins qu'il avait à remplir, le fidèle domestique de Monsieur de Malet avait sans doute oublié de songer à la nourriture de la tourterelle.

Ces derniers détails paraîtront peut-être puérils à quelques personnes ; mais, mieux que tout ce qu'on pourrait dire, ils feront ressortir les nuances de ce caractère mâle, qui était en même temps si sensible, et que nous avions à retracer.

CHAPITRE XXII.

Charité de Monsieur l'abbé de Malet pour le prochain.

Après avoir fait connaître le genre d'esprit de Monsieur l'abbé de Malet, son caractère et son cœur, il reste à parler du trésor de vertus caché dans son âme. On comprendra combien cette tâche est difficile, et que tout ce que nous dirons restera toujours beaucoup au-dessous de la réalité.

En commençant par sa charité envers le prochain, nous avouerons qu'on essaierait inutilement de mettre en lumière toutes ses bonnes œuvres, d'autant plus que son humilité les lui faisait ensevelir dans le secret et l'oubli ; mais le Ciel a permis qu'une autre de ses vertus, l'amour de l'ordre, vînt, après sa mort, révéler les largesses qu'il répandait continuellement, sur toutes espèces d'infortunes.

Pénétré de cette parole de saint Paul, que « celui qui ne sait pas présider aux affaires de sa maison, ne saurait administrer celles de l'Eglise, » il se faisait un point de conscience de se rendre le compte le plus exact de ses dépenses et de ses recettes. Chaque année, un budget en était dressé par lui : il y prévoyait d'avance ce que lui coûterait sa table, son loyer, ses hommes d'affaires, ses domestiques, etc.

Enfin, une somme était ajoutée pour les dépenses imprévues. Il agissait de la même manière pour les recettes, avec cette différence que ces dernières étaient calculées au minimum, et les premières au maximum. L'excédant de la recette sur la dépense formait la bourse des bonnes œuvres, et se déposait, comme on le verra plus tard, dans une caisse appelée *Caisse de la sainte Vierge*, dont il tenait les comptes avec autant d'exactitude que les comptes de sa maison.

Ce travail était si bien fait, que les registres devenaient inutiles : une seule feuille de grand papier suffisait pour toute une année, et, d'un même coup d'œil, on pouvait voir l'emploi quelquefois de 29,000 francs. En 1832, les bonnes œuvres de Monsieur l'abbé de Malet dépassèrent ce chiffre. Nous ignorons si, à cette époque, il subit des revers de fortune ; mais ses comptes attestèrent depuis ce moment une diminution sensible dans ses recettes et ses dépenses. Une seconde feuille de papier était consacrée à ses dépenses personnelles. Nous avons tenu en mains, et nous avons examiné tous ces comptes, depuis le 1er janvier 1829, jusqu'au 2 août 1843, époque à laquelle, déjà atteint, depuis un mois, de la maladie qui le conduisait au tombeau, il cessa d'écrire.

Le total des aumônes de ces quelques années s'élève au-dessus de 200,000 francs. Il faut avoir lu ces pages, pour se faire une idée de la charité de Monsieur de Malet. Là, on la voit prendre toutes les formes, pour être secourable à tous les besoins. Tantôt c'est un fauteuil donné à un prêtre malade ;

une autre fois, c'est du vin de liqueur, d'un prix élevé, pour fortifier un vieillard infirme ; ici, c'est une provision de plusieurs fagots de bois, destinée à différents pauvres ; là, ce sont des tableaux pour des églises, des sommes pour des réparations de chapelles, et une multitude de billets de loterie. On y trouve même des bonbons pour les étrennes de petits pauvres, et jusqu'à une lanterne magique pour les enfants de l'Œuvre des catéchismes de Saint-Sulpice, appelée la *Petite Œuvre*. Il voulait procurer quelques innocentes jouissances à ces pauvres infortunés qui, dès le berceau, semblaient voués aux plus dures privations.

Les vieux militaires, les veuves, les victimes de la guerre civile avaient encore part à ses dons. Depuis quelques années, il en faisait de fort abondants aux Espagnols qui avaient soutenu la cause de Charles V ; et, comme il ne lui suffisait pas de soulager ceux qui souffraient à Paris, il étendait ses libéralités jusque dans les provinces les plus reculées, car on ne faisait jamais en vain appel à sa charité.

En adressant une aumône à une dame qui l'avait sollicitée de deux cents lieues, pour ces victimes de leur fidélité, il lui écrivait : « Vous pensez bien,
« ma chère fille, que ces petits envois pour les bons
« Espagnols doivent se passer en famille, et qu'au
« delà de votre petit cercle, il ne doit pas être
« question de moi. Ils n'ont d'ailleurs rien de bien
« sérieux, et il ne faut pas sonner la trompette pour
« si peu de chose. »

Le plus ordinairement donc, les personnes qui

recevaient ses aumônes ignoraient la source d'où elles provenaient. Dans l'impossibilité de les distribuer par lui-même, il avait recours à la bienveillance de ses amis les plus intimes, et afin de disparaître entièrement aux yeux des hommes, il employait les pieuses industries qu'invente habilement l'humilité chrétienne. Comme tout son superflu était donné à la sainte Vierge, et que c'était dans sa caisse qu'il puisait, à ses yeux la distribution lui en appartenait, et il pouvait sans équivoque dire que ces sommes venaient d'une dame aussi riche que généreuse. C'est ainsi que bien des gens assistés par Monsieur l'abbé de Malet, ne devaient se croire, et ne se sont crus en effet, jusqu'ici, redevables qu'à une généreuse bienfaitrice.

Il est vrai qu'il en résultait un petit inconvénient, lorsque, dans l'élan de leur reconnaissance, les personnes secourues promettaient avec ardeur leurs prières pour cette excellente dame. Qu'on juge, par exemple, de l'embarras où se trouva un prêtre chargé de porter un billet de 1,000 francs à une communauté dans la détresse, quand, fidèle à la recommandation de son ami dont il taisait le nom, et sous le voile de l'anonyme, il ne parlait que de la Reine du Ciel, il entendit répéter autour de lui ces paroles : « Ah ! que cette dame est bonne ! Dites-lui « combien nous prierons Dieu pour elle ! »

Monsieur de Malet était encore un des bienfaiteurs de l'hospice des vieillards, situé dans sa rue ; il y versait chaque année sa souscription, et d'une manière si gracieuse, que le collecteur s'estimait doublement heureux de l'aller recueillir, sûr d'entendre en même temps quelques mots aimables. Après les événements de 1830, la Supérieure de cette Maison se trouva un jour dans une grande sollicitude; se voyant sans ressources pour subvenir aux besoins de ses pauvres vieillards, elle s'adressa à la charité de Monsieur l'abbé de Malet, et ce ne fut pas en vain. Dans ce trésor toujours ouvert aux infortunes, elle puisa ce qui lui était nécessaire pour attendre des jours plus calmes, qui ramenèrent avec eux les ressources ordinaires.

Peu de temps après, un excellent prêtre, Monsieur l'abbé Krieff, entreprit une œuvre qui avait pour but de ramener à Dieu les militaires. Il eut même des succès consolants qui prouvèrent son opportunité : l'église de Saint-Valère, dont il était vicaire, offrit souvent l'édifiant spectacle d'un grand nombre de soldats qui assistaient aux saints offices, et s'approchaient des sacrements avec l'extérieur le plus recueilli. Monsieur de Malet voulut encore participer à cette bonne œuvre. Il envoyait à son ami des collections de bons livres, propres à encourager ses néophytes. Il se montrait toujours plein de zèle pour retirer des positions dangereuses et difficiles les personnes qui avaient le malheur de s'y trouver engagées. Souvent, dans ces occasions, il donna des conseils pleins de sagesse et de prudence.

Environ un an avant sa mort, une religieuse éloignée de Paris, qui élevait des petites filles d'une classe un peu inférieure, lui écrivit pour le prier de faire l'office du bon pasteur, et d'aller à la poursuite d'une de ses élèves, pauvre brebis égarée qui s'était enfuie du bercail. Les convenances ne permettant pas qu'il fît lui-même les démarches, il mit en campagne une bonne Supérieure, après l'avoir envoyée demander les conseils d'un magistrat éclairé. Pendant que la religieuse allait à la recherche de la jeune fille, le saint prêtre levait les mains au ciel, et en obtenait les grâces nécessaires pour la retrouver et la ramener dans la bonne voie. Il lui parla, la fit rentrer dans le devoir, et après avoir touché son cœur, en lui montrant les malheurs qui l'attendaient, ici-bas comme dans l'éternité, si elle s'abandonnait à ses passions, il la détermina à quitter Paris et à retourner près de sa pieuse institutrice.

Voici un autre trait qui révèle la délicatesse des sentiments et la grande charité de Monsieur de Malet. Il était un jour descendu pour confesser ; pendant qu'il était dans la rue et attendait que la porte du couvent s'ouvrît, une jeune fille s'approcha pour lui demander l'aumône. Comme il n'avait pas d'argent sur lui, il ne fit aucune réponse, mais, à peine arrivé à son confessionnal, le souvenir de cette pauvre jeune fille lui revint ; il sortit alors précipitamment de la chapelle, et demanda un franc à la sœur sacristine, en la chargeant de l'envoyer à la mendiante. Mais celle-ci n'y était plus. Il dit alors à la religieuse, avec un accent de tristesse : « Je crains que Dieu ne me rejette à mon tour, puisque j'ai refusé le pauvre. »

Afin de ne point encourir cette terrible exclusion de son royaume, dont Jésus-Christ menace au dernier jour, ceux qui ne l'auront point assisté dans la personne de ses membres souffrants, notre vénérable prêtre avait prié la Supérieure du couvent de Sainte-Marie-de-Lorette de lui faire connaître toutes les misères dont elle aurait elle-même connaissance, et lorsqu'elle se conformait à cette pieuse injonction, il la chargeait toujours d'avancer une somme proportionnée aux besoins. Il remit une fois jusqu'à cent francs pour une seule famille ; mais toujours en faisant promettre que le bienfaiteur resterait inconnu.

Si l'on ne vit jamais Monsieur l'abbé de Malet refuser son concours à une bonne œuvre sérieuse, bien établie, s'il est permis de parler ainsi, il était également impossible de le résoudre à prendre part à des entreprises soit de religion, soit d'humanité, qui n'avaient pour fondement que l'exaltation d'une imagination trop ardente. Il répondait, dans ces occasions, que la charité devait toujours être raisonnable, que si sa mesure est d'être sans bornes, il ne lui est pas permis d'être sans règles, et qu'avant tout, il fallait que la sagesse en fût la base. « Oh ! disait-il encore « quelquefois, combien voyons-nous d'œuvres pieuses « qui commencent par l'esprit et qui finissent par la « chair ? » Il désignait ainsi celles qui visaient d'abord le salut des âmes, mais qui avaient fini par dégénérer en préoccupations matérielles et quelques-unes mêmes, en spéculations industrielles.

On trouve dans les lettres de Monsieur de Malet une réponse à une demoiselle qui lui avait demandé, si elle devait donner une somme de quatre cents francs pour payer la première année de séjour au couvent d'une personne d'un caractère inconstant et léger, prétendant avoir depuis peu la vocation religieuse. Il s'oppose d'une manière formelle à cette charité mal entendue.

Dans une autre lettre, il se montre plus sévère encore, au sujet d'un prêtre, d'antécédents douteux, qui réclamait une recommandation ; il se refuse absolument à la donner, et termine par ces mots :

« Il y a deux choses que l'on prodigue aujour-
« d'hui avec légèreté : ce sont les recommandations
« et les serments. Quant à moi, elles me paraissent
« fort sérieuses pour ce monde et pour l'autre. »

C'était donc par principe même de charité que Monsieur de Malet se montrait rigoureux pour les personnes dont la conduite donnait droit de les suspecter, et il regardait comme une injustice de préférer le bien d'un individu à celui de la société, qu'une recommandation donnée mal à propos pouvait compromettre.

CHAPITRE XXIII.

Amour ardent que Monsieur l'abbé de Malet avait pour Dieu. — Sa foi. — Son esprit d'oraison. — Sa dévotion à la très-sainte Vierge.

Puisque la charité que Monsieur de Malet témoignait, en toutes circonstances, pour son prochain, n'était qu'un faible écoulement de celle qu'il avait pour Dieu, combien ne devait donc pas être abondante la sève qui produisait de tels fruits !

En effet, doué naturellement d'une sensibilité et d'une délicatesse de sentiments peu communes, dès qu'il se donna à Dieu, ce fut avec un amour tendre et généreux qui devait, si l'on peut s'exprimer ainsi, devenir plus tard la passion dominante de son âme. La lecture des ouvrages de saint François de Sales, et en particulier de son *Traité de l'Amour de Dieu*, contribua puissamment à enflammer et régler cet amour ; il finit par lui tenir lieu de tout, sans néanmoins être sensible. Pendant les dernières années de sa vie surtout, cet amour de Dieu lui donnait rarement de ces jouissances qui consolent l'âme, mais il lui avait fait mettre en pratique, ce qu'il regardait comme un principe incontestable de morale, qu'on ne doit jamais commettre la plus légère faute pour procurer le plus grand bien.

Les amis de Monsieur de Malet qui ont eu le bonheur de jouir de ses épanchements intimes, se rappelleront toute leur vie avec quelle expression il prononçait ces mots : « Notre-Seigneur, notre bon Maître. » Ses paroles, particulièrement au saint tribunal, exhalaient ce délicieux parfum de l'amour divin, et l'onction dont elles étaient accompagnées, pénétrait doucement l'âme, pour la porter vers le même amour.

Il suffisait de s'entretenir avec lui, de voir sa conduite, pour juger à quel point Dieu remplissait son cœur. Les épreuves de l'Eglise et de la religion, l'apostasie des prêtres, étaient pour lui des peines plus que personnelles ; et, depuis quelques années, les défections religieuses, qui ont désolé les malheureuses Eglises d'Espagne et de Pologne, le plongeaient dans une affliction profonde.

Quant à lui, bien que son éducation eût été faite au milieu des temps orageux où l'impiété avait envahi toutes les écoles, qu'il eût été privé de ces premières instructions qu'une mère chrétienne donne sur ses genoux, à ses enfants en bas âge, et même de celles d'un père, obligé de fuir sa patrie, il sut admirablement profiter des bons exemples dont il avait été témoin dans la famille de Jumilhac. Les principes qu'il y reçut avant et après sa première communion, firent sur son esprit et sur son cœur des impressions si durables, que ni les doctrines perverses, ni la licence de mœurs de cette époque désastreuse, ne purent jamais les affaiblir. C'était pour lui une douce consolation de pouvoir se rendre le précieux témoignage qu'il avait toujours conservé sa foi au milieu des camps. Il ajoutait même, avec satisfaction, que dans tout son régiment il n'avait connu qu'un seul impie, dont les discours irréligieux n'avaient eu néanmoins pour résultat que de le rendre méprisable à tous ses compagnons d'armes.

C'est à la vivacité de sa foi qu'il dut les sentiments de componction qui le pénétrèrent au moment où, poursuivi par la cavalerie ennemie, il tomba de cheval, et vit toute une colonne russe passer sur lui. Il a même avoué depuis, à un ami qui l'interrogeait sur les dispositions de son âme dans ce moment critique, qu'il croyait que Dieu lui aurait fait miséricorde, s'il l'avait alors retiré de ce monde, parce que son repentir était sincère et produit par l'amour, sans que la crainte des supplices éternels y eût aucune part.

Depuis cette époque, à peu près, la vie de Monsieur de Malet fut tellement animée de l'esprit de foi, qu'elle semble en être un seul acte perpétuel. Au moment même de son mariage, Madame de Malet, frappée de l'idée qu'une mort prochaine la menaçait, exigea de son mari qu'il l'exhortât chaque jour à franchir courageusement et saintement le périlleux passage du temps à l'éternité. On se rappelle avec quel zèle et quelle piété il remplit cette pénible mission. Après avoir perdu cette épouse accomplie, il sentit que Dieu seul pouvait consoler son âme et en combler l'abîme ; il se consacra totalement à son service. Plus tard, s'il trouva quelque satisfaction dans les soins qu'il donnait à sa petite communauté, c'était par l'espoir qu'en y réunissant un certain nombre d'enfants pauvres, les religieuses leur apprendraient à connaître et à aimer Dieu, en même temps que, par leurs prières et leurs bonnes œuvres, elles travailleraient au soulagement et à la délivrance des âmes souffrantes du purgatoire, pour lesquelles la même foi excitait en lui une particulière compassion. Enfin, s'il consacrait à la direction des âmes sa vie presque entière, c'était pour inspirer à toutes les personnes qui recouraient à ses conseils un sincère désir d'aimer et de glorifier Dieu ; car jamais, dans sa conduite, il n'était guidé par des vues humaines, et il ne disait pas une parole, ne faisait pas une action, ou ne donnait une décision sans pouvoir les motiver par des principes surnaturels, en même temps que raisonnables.

Monsieur de Malet ne comprenait pas ces preuves de la foi que l'on essaie de donner par de simples textes de l'Ecriture sainte, et encore moins la manière que l'on emploie souvent de prouver le dogme ou la morale par la raison : il appelait cette méthode « rationaliser la foi. » Selon lui, dans l'enseignement de la religion, on doit commencer, le plus tôt possible, par établir l'autorité de l'Eglise, autant pour donner à la croyance elle-même un fondement inébranlable, que pour faire un sujet de mérite à celui qui la professe. Le catéchisme du saint Concile de Trente était l'unique base des instructions qu'il faisait chaque jour dans la Maison de Lorette, et on peut dire qu'il se montrait aussi délicat sur la pureté de la doctrine que sur la pureté des mœurs elles-mêmes. Un mot tant soit peu équivoque sur la foi le choquait autant qu'une parole qui aurait blessé sa modestie.

En ce point, comme en bien d'autres, il partageait le sentiment de saint Vincent de Paul, qui préférait encourir l'indignation des personnes suspectes pour la foi, que de communiquer avec elles. Telle était la source de son éloignement invincible pour tous ceux qui avaient la réputation de professer les principes jansénistes ; et si, dans les dernières années de sa vie, on l'entendit déplorer le genre nouveau de prédications, et le style romantique qui s'introduisaient dans les chaires chrétiennes, comme dans certains ouvrages de piété, c'était toujours sous l'impulsion du même principe, et uniquement dans la crainte que ces nouveautés ne conduisissent insensiblement et involontairement leurs auteurs à altérer la pureté de la foi.

Guidé par ce grand esprit de foi, Monsieur l'abbé de Malet n'agissait jamais qu'en présence de Dieu. A l'autel, au confessionnal, en direction, il manifestait cette piété qui lui faisait regarder Notre-Seigneur comme exerçant par lui les fonctions du sacerdoce, et, pour ainsi dire, parlant et sacrifiant en la personne de son ministre. De cet esprit de piété découlait la scrupuleuse attention avec laquelle il observait les moindres cérémonies de l'Eglise, et cette maxime qu'il répétait souvent à ses confrères, « qu'un « prêtre doit encore plus tenir à la rubrique, que le « soldat à la consigne. » Toutes les personnes qui l'ont vu célébrer les saints mystères ont été frappées de la manière dont il s'acquittait de cette action : la dignité, l'aisance et le recueillement admirable qu'il y apportait, inspiraient la plus tendre dévotion aux assistants.

De ce même esprit de foi provenait encore le respect qu'il portait à l'autorité, et les témoignages de déférence qu'il donnait en toute occasion à ses supérieurs ecclésiastiques, auxquels il ne parlait jamais qu'avec la déférence qu'il aurait eu en parlant à Dieu lui-même. Au sujet des communautés dont le soin lui était remis, il eut à subir des épreuves qui lui furent très-sensibles, mais il savait se taire et souffrir, plutôt que de dire à ses supérieurs un seul mot capable de leur déplaire, ce qui ne l'empêchait pas de sentir vivement le manque de procédés ou de délicatesse qu'on pouvait avoir à son égard.

Les personnes moins éclairées des lumières d'En Haut que Monsieur l'abbé de Malet, apprendront avec étonnement jusqu'à quel point il portait la déférence et le respect, même envers ses amis, devenus ses supérieurs, dans la hiérarchie ecclésiastique. Il avait eu beaucoup de relations avec un vertueux prêtre, plus jeune que lui d'un grand nombre d'années, dont il avait décidé la vocation, et qui, bien qu'il fût lui-même très-capable de diriger les autres, l'avait établi l'arbitre des difficultés qui se rencontraient dans sa vie. Par ses conseils, ce prêtre ayant consenti à accepter le fardeau de l'épiscopat, Monsieur de Malet ne vit plus en lui que le caractère d'évêque, et ne crut pas pouvoir le traiter autrement qu'avec la considération due à cette dignité. Depuis ce temps, il ne voulut jamais consentir à s'asseoir sur un fauteuil en sa présence. Voici comment s'exprimait, à ce propos, le vénérable prélat dont il est ici question :

« ... Je ne me rappelle aucune chose grave de ma
« vie sacerdotale que je n'aie, pour ainsi dire, mise
« dans ses balances. Il a décidé plusieurs fois de ma
« vocation. A l'époque de mon épiscopat, je lui
« dois les lumières et la confiance qui ont accom-
« pagné mon acceptation.

« Depuis ce moment, mes relations avec lui devin-
« rent moins cordiales, et j'en gémissais intérieure-
« ment ; ce n'était pas seulement parce qu'elles
« étaient plus rares, c'était surtout parce qu'il croyait
« me devoir plus de respect. L'évêque fit un peu
« tort à l'ami. Le respect lui inspirait une petite
« pratique d'humilité, que je ne pus jamais lui faire
« supprimer. Lorsque je me trouvais avec lui, il ne
« voulait pas s'asseoir sur un fauteuil, il prenait
« une chaise.

« Ce n'est qu'après un assez long temps que je me
« suis aperçu de cet honneur qu'il faisait à l'évêque :
« je lui communiquai ma pensée, et il convint que
« je l'avais deviné ; mais il n'en continua pas moins
« à me traiter avec cette cérémonie. »

La foi et l'amour de Dieu sont deux vertus inséparables ; elles se prêtent un mutuel appui, un mutuel secours, pour se développer simultanément. Il serait difficile de dire à laquelle on doit attribuer ce profond chagrin que Monsieur l'abbé de Malet témoignait toutes les fois qu'il entendait le récit de quelque injure faite à Notre-Seigneur dans ses croix, ses images, mais surtout par la profanation de l'auguste sacrement de nos autels.

Parmi les fonctions sacerdotales, il plaçait au premier rang la célébration des saints mystères. Elle était à ses yeux la plus auguste et la plus redoutable, parce qu'elle élève le prêtre au-dessus des anges, met chaque jour un Dieu entre ses mains et lui donne autorité sur lui, puisque Jésus-Christ daigne descendre du ciel, chaque fois qu'il prononce les paroles de la consacration. Guidé par cet esprit de foi, il témoignait d'un zèle ardent pour la propreté des linges qui servaient aux saints mystères et d'une grande vénération pour les confrères vertueux et pleins de zèle pour la gloire de Dieu.

Ce sentiment de foi qui lui inspirait un si grand zèle pour l'honneur du saint sacrifice et du sacerdoce, le faisait aussi gémir sur la profanation de la première communion, surtout lorsqu'elle était le résultat de la négligence des ministres chargés de préparer ces enfants à cette action sainte. Il avait grand soin d'engager les amis à redoubler d'efforts pour éviter de tout leur pouvoir un tel malheur! Et il leur disait souvent que deux sortes de profanations l'effrayaient, surtout pour notre patrie : celle de l'Eucharistie, dans la première communion, et ensuite celle du sacrement de mariage. Ces crimes lui paraissaient devoir attirer la colère divine sur la France.

La récitation de l'office divin, l'étude, la direction des consciences, remplissaient, comme nous l'avons dit, une grande partie des journées de Monsieur l'abbé de Malet ; mais, quand on ne va pas dans le monde, et qu'on n'a pas de famille, il reste dans la vie beaucoup de loisirs. Ce temps, il l'employait en méditations, qui, chez lui, se tournaient en oraison continuelle, et lui permettaient, dans l'isolement où il vivait, de se passer aisément du commerce des hommes. Une nouvelle d'un journal, la mort d'une personne du monde qu'il avait connue, un événement heureux ou malheureux, en un mot, la moindre circonstance servait à reporter sa pensée vers Dieu.

Un jour, que par un temps horrible il revenait de l'archevêché, tourmenté par une peine intérieure, épuisé par la fatigue et la souffrance, et presque découragé, il rencontra, pour nous servir de ses expressions, un pauvre caniche tout couvert de pluie et de boue : celui-ci, arrivé à la porte de son maître, et la trouvant fermée, se coucha tranquillement, en attendant qu'il lui fût permis d'entrer. « Pauvre ani« mal, se dit alors Monsieur de Malet, il est plus « affectionné et plus attaché à son maître que je ne « le suis au mien ! Il attend patiemment qu'on lui « ouvre ; et, dans cette attente, il endure toute « l'intempérie de l'air, et moi, je ne veux pas « attendre qu'il plaise à mon Dieu de m'ouvrir la « porte de ses consolations, et je me plains de « l'orage qui est venu assaillir mon âme ! » Il se sentit consolé par ces réflexions, et s'anima d'un nouveau courage pour souffrir.

Il avait tellement l'habitude de ce commerce intime avec Dieu, qu'on ne le surprenait jamais seul, et aussitôt qu'une confession était entendue, ou une affaire réglée, sa volonté et ses affections, un instant distraites, reprenaient tout naturellement leur vol vers le ciel. Les puissances de son âme s'appliquaient le plus souvent à Dieu par un regard simple, qui lui tenait lieu de tout. « J'aime, disait-il, et je « ne puis exprimer autrement ce que je fais dans « l'oraison. » Cette oraison sèche et aride le conduisait à la mort à lui-même, et à la dépendance continuelle de la grâce. « L'âme parfaite doit, suivant sa « manière de s'exprimer, être sous la main de « Dieu, comme le cheval bien dressé sous la main « du cavalier qui le monte. » Il disait encore, en parlant de lui-même : « Ma voie est une voie d'at- « tente. Je dois me laisser aller à la Providence, « comme le liége au fil de l'eau. Il me faut vivre « comme un enfant de saint François de Sales, de « ce que je reçois chaque jour, sans provision pour le « lendemain. » Il étendait la pratique de cet abandon absolu jusqu'aux choses temporelles et aux affaires. Remettant toute chose entre les mains de la Providence, sans s'arrêter à prévoir l'avenir, sans faire de retour sur ce qui était réglé, il suivait ponctuellement ce qui lui paraissait être la volonté de son maître, et s'estimait toujours heureux de l'avoir accomplie, quoi qu'il pût lui en coûter.

Pendant ses longues heures de solitude, Monsieur de Malet aimait à repasser dans sa pensée les périls qu'il avait courus sur les champs de bataille ; les marques sensibles de la protection dont Dieu l'avait favorisé ; l'étrange série d'événements et d'épreuves qui avait changé l'officier de cavalerie en un ministre du Seigneur. Il louait Dieu de tant de miséricordes, et c'est dans son sein qu'il aimait à retrouver son épouse bien-aimée, sa pauvre petite fille si tôt ravie, et le père respectable, dont le sincère et édifiant retour à la religion lui avait causé tant de bonheur. Il ne parlait jamais sans attendrissement du vénérable abbé Coudrin, fondateur et Supérieur de Picpus, qui avait été, après Dieu, l'auteur de cette conversion. Enfin, en réfléchissant sur les infirmités de son corps, sur les besoins de son âme, et aussi sur les souffrances continuelles qui, sous ces deux rapports, étaient depuis longtemps devenues son partage, il éprouvait une douceur infinie en se rappelant que la confiance filiale qu'il avait placée en la très-sainte Vierge, dans les circonstances les plus critiques de la vie, n'avait jamais été trompée, et que c'était à sa protection qu'il était redevable du sacrifice complet qu'il lui avait été permis de faire à Dieu de tout lui-même.

Mais ici nous devons entrer dans de plus grands détails sur la dévotion que la piété inspirait à Monsieur l'abbé de Malet envers la sainte Vierge. Cette dévotion s'étendait à tout et se retrouvait partout, dans son cœur comme dans ses pratiques : elle marchait immédiatement après celle qu'il avait pour Notre-Seigneur. En un mot, l'amour qu'il portait à Marie répondait à celui qu'il avait pour Jésus : il ne croyait pas pouvoir être plus agréable au divin Maître qu'en aimant et en invoquant sa Mère. Il allait jusqu'à dire qu'après avoir rendu à

Dieu l'adoration, qui n'appartient qu'à lui, après avoir reconnu que la très-sainte Vierge n'est qu'une pure créature, qu'elle tient tout de Dieu, il n'y avait plus de bornes à mettre à l'expression de notre amour pour elle ; qu'on pouvait même *extravaguer*, c'était le mot dont il se servait, pour parler de sa gloire, de sa grandeur, de ses perfections.

Il se plaisait à faire remarquer que les théologiens, en donnant à son culte le nom d'hyperdulie, diffèrent de celui qu'ils emploient pour désigner les honneurs qu'on rend aux autres amis de Dieu, reconnaissent que cette créature privilégiée tient, près du Créateur, un rang beaucoup plus élevé qu'aucun des saints ou même des anges, dont elle est la Reine, et que, placée au-dessus de tout ce qui n'est pas la divinité, elle voit le Très-Haut seul au-dessus d'elle.

Il disait encore, pour exciter la confiance en la sainte Vierge, qu'il avait été vivement frappé de cette pensée d'un de ses serviteurs : que Jésus-Christ s'étant réservé de faire le bonheur de ses élus dans le ciel, pendant l'éternité, avait concédé à sa Mère le pouvoir de répandre sur eux ses grâces et ses faveurs, tandis qu'ils sont encore exilés sur la terre. Cette pensée lui paraissait d'autant plus juste, que le sang du Sauveur, par les mérites duquel les hommes reçoivent toutes les grâces, est en quelque sorte le sang de Marie. Aussi, ne présentait-il aucune requête au Fils, sans la faire passer par les mains de sa Mère.

Mais, s'il attendait tout de cette Distributrice des dons

célestes, il lui donnait tout également de son côté ; elle était, avouait-il, chez lui, la Maîtresse de la maison. On rencontrait sa statue dans son salon, dans sa chambre à coucher, dans son cabinet de travail ; c'était près d'Elle qu'il recevait ses visites, prenait son sommeil, et composait ses petits ouvrages. Lorsqu'il en terminait un, il ne le publiait jamais qu'après l'avoir laissé reposer quelque temps au pied de l'image de Celle qu'il avait chargée de la direction de sa vie.

Le 25 juin, jour anniversaire de sa naissance, il se levait à cinq heures du matin, heure à laquelle il était venu au monde, afin de réciter les litanies de la sainte Vierge. Chaque samedi de l'année, il entretenait des cierges allumés devant une statue de Marie, située au fond du jardin de Lorette, et qu'il avait fait travailler sur le modèle de celle qui protégeait le tombeau de Madame de Malet, en attendant qu'il allât lui-même reposer à son ombre : même pendant les cruelles douleurs de sa dernière maladie, il n'oublia pas de lui payer ce tribut accoutumé.

Pour témoigner de son profond respect envers la Reine du Ciel, il ne l'appelait jamais que la très-sainte Vierge. Il ne négligeait rien de ce qui pouvait contribuer à propager son culte, et avait mille pieuses inventions pour faire honorer cette tendre Mère ! Le nombre de ses médailles qu'il a répandues est incalculable.

S'il s'agissait d'une entreprise quelconque, il n'aurait jamais pris une détermination sans avoir au moins invoqué Marie intérieurement. Si l'une de ses fêtes arrivait prochainement, quand l'affaire permettait un retard : « Attendons, disait-il, voilà une fête « de notre bonne Mère ; elle nous donnera conseil ce « jour-là. » Lorsque la réponse devait être prompte, il paraissait supplier Marie, en serrant plus fortement son chapelet, qu'il tenait presque constamment entre les mains, s'arrêtait à une des médailles qui y étaient attachées, restait un moment dans le recueillement ; ensuite, comme s'il eût puisé la lumière dans le cœur de la très-sainte Vierge, il donnait une réponse aussi juste pour la pensée que claire dans l'expression.

C'était encore sous les yeux de Marie que Monsieur de Malet réglait les dépenses de sa maison. A l'exemple de Monsieur de Bretonvilliers, disciple de Monsieur Olier, et son successeur immédiat comme Supérieur de la vénérable communauté de Saint-Sulpice, il mit une statue de la sainte Vierge au-dessus du bureau qui renfermait son numéraire, afin de n'en prendre, en quelque sorte, qu'avec sa permission. C'était sous les auspices de Marie, que notre vénérable prêtre arrêtait les comptes de l'année, et il choisissait, à cet effet, les jours qui s'écoulent entre les fêtes de l'Assomption et de la Nativité ; il dressait alors son budget pour l'année suivante, et déposait dans un tiroir, sur lequel il avait fait incruster le chiffre de la sainte Vierge, tout ce qui n'était pas rigoureusement nécessaire à son entretien ou à celui de sa maison ; ce superflu formait ce qu'il appelait la *Caisse de la sainte Vierge*, et en devenait le trésor : lui, ne voulait plus en être que le très-humble économe.

On sera bien aise de lire quelques mots, écrits à ce sujet par un ami de Monsieur de Malet ; s'ils ne révèlent pas de nouveaux faits, ils donneront quelques développements à ceux qui précèdent (*).

« Monsieur de Malet ne se lassait point de penser
« à Marie ; il ne trouvait point de termes pour
« exprimer ses grandeurs, pour exalter ses vertus
« et pour se dévouer, comme il l'aurait souhaité,
« à son service. Du moins, avait-il voulu que l'image
« de cette sainte Mère fût toujours, et sous toutes
« les formes, sous ses yeux. Dans les nombreuses
« pièces de son appartement, la sainte Vierge appa-
« raissait, soit en tableaux, soit en gravures, soit en
« statues.

« Il l'aimait sous toutes les dénominations que la
« piété des siècles passés, et celle de nos jours, a
« inventées pour lui faire honneur. Notre-Dame des
« Vertus, Notre-Dame de Bon-Secours, Notre-Dame
« de Paix, Notre-Dame de Bonne-Espérance, Notre-
« Dame des Victoires. Toutes ces appellations, et
« tant d'autres qui ne disent rien au cœur de ceux
« qui ne croient pas, parlaient au sien un délicieux
« langage. A force de vouer à la Reine du Ciel le
« tribut de ses pensées, de ses affections et de ses
« prières, il avait conçu le projet de faire d'elle la
« Dame et la Maîtresse de lui-même, de sa maison,
« de tout ce qui lui appartenait.

« Il se plaisait à marquer du chiffre de Marie les
« livres d'une bibliothèque dont il aimait à prêter

(*) Monsieur Jules Gossin.

« les ouvrages. Il avait substitué ce même chiffre aux
« armoiries de sa famille, sur le papier dont il faisait
« usage pour sa correspondance.

« A l'avenir, ce ne sera plus lui qui distribuera
« aux pauvres les innombrables aumônes qui mar-
« quent toutes les heures de sa vie ; ces bienfaits
« seront les bienfaits directs et personnels de son
« auguste Patronne. Il ne veut plus être que le tré-
« sorier, l'agent d'affaires, le banquier, ou, pour
« mieux dire, le simple commis de Marie. Un meuble
« est fait à dessein : sur le principal tiroir est l'in-
« crustation du chiffre de la sainte Vierge, et sur la
« tablette de marbre, sa statue de bronze. C'est
« dans ce tiroir qu'il verse chaque année des som-
« mes considérables.

« Le don est consommé ; c'en est fait, et tout ce
« qui est dans ce tiroir a irrévocablement cessé de
« lui appartenir. Il a une autre caisse, dont il appli-
« que les fonds à ses besoins personnels ; mais
« toutes les aumônes doivent sortir de la *Caisse de*
« *la sainte Vierge*, et être distribuées de la part de
« la céleste Consolatrice des affligés, en taisant tou-
« jours et partout le nom de cet intendant d'une
« espèce si nouvelle. Il ne se réserve aucun mérite
« de ces libéralités ; il se borne à tenir note des
« sommes données, comme un bon et probe servi-
« teur, afin de pouvoir, au premier ordre, en rendre
« un compte fidèle à sa Maîtresse.

« Que les philosophes et les gens du monde rient
« tant qu'il leur plaira de tout cela ; j'avoue, pour
« moi, que je suis profondément touché de ce mou-

« vement du cœur, où l'humilité et la générosité
« ont trouvé si heureusement à se satisfaire. Abné-
« gation de sa propre gloire, adoption des pauvres
« de Jésus-Christ, larges et continuels sacrifices
« pour les soulager, en vue de Dieu, et pour
« honorer le Sauveur, qui a daigné revêtir notre
« chair : à ces traits, je reconnais l'inspiration si
« touchante de la piété catholique ; je m'incline
« devant de telles œuvres ; je remercie Dieu d'avoir
« mis de telles vertus dans le cœur des hommes, et
« je lui rends grâce aussi, d'en avoir été pendant
« dix-huit ans l'heureux témoin. »

Après avoir vécu sous les auspices de Marie, Monsieur de Malet espérait encore mourir à cette époque de l'année qu'il consacrait à lui rendre des hommages tout particuliers, c'est-à-dire pendant l'intervalle qui s'écoule entre les fêtes de son Assomption et de sa Nativité. Ces trois semaines étaient pour lui un temps de renouvellement intérieur. Il passait alors la revue de sa conscience, et se préparait à la mort. Il assurait que, pendant ces jours, placés sous sa protection spéciale, la sainte Vierge ne refusait aucune grâce. C'était donc le moment qu'il choisissait, comme nous l'avons vu, pour régler ses affaires spirituelles et temporelles, pour adresser des prières particulières à sa tendre mère, renouveler sa consécration de tout lui-même, à son culte et à ses intérêts, et l'établir gardienne des nouvelles résolutions qu'il prenait de servir plus saintement son divin Fils, pendant le cours de l'année suivante ; car, soit pressentiment, soit par suite d'une sorte de lumière intérieure que Dieu accorde quelquefois à des âmes privilégiées, depuis bien des années, il avait annoncé à ses amis qu'il mourrait du 15 août au 8 septembre. Il le leur avait même dit d'une manière si formelle, que ceux-ci ne pouvaient, chaque année, à cette époque, se défendre d'une véritable crainte de le perdre, et ils ne recouvraient leur tranquillité qu'après avoir passé les jours considérés par eux comme fatals ; alors, ils osaient espérer conserver, au moins un an encore, l'ami qui leur était si cher. Mais nous touchons au moment où ces tristes prévisions devaient se changer en douloureuse réalité.

CHAPITRE XXIV.

Dernière maladie de Monsieur l'abbé de Malet. — Sa mort.

Monsieur de Malet ne connut jamais que la souffrance, qui fut toujours sa compagne fidèle : il était souvent en proie à des accès de fièvre très-violents ; sa vue s'était affaiblie au point de lui interdire la lecture de tout manuscrit, et de le priver de la plus légère occupation pouvant distraire sa solitude, devenue plus pénible par la mort d'un ami dont il avait l'habitude de recevoir la visite tous les soirs, ce qui lui faisait dire, mais avec le sourire de la résignation sur les lèvres, « que Dieu le prenait par « tous les bouts, sans lui laisser le plus petit coin « de consolation. » Malgré toutes ces épreuves et ces infirmités, le fond de sa santé paraissait un peu moins mauvais que les années précédentes. « Je me « traîne plutôt que je ne marche, mandait-il, mais « enfin, je vais, et c'est l'essentiel. »

L'hiver de 1842, et le printemps de 1843 s'étaient écoulés sans qu'il éprouvât de ces crises douloureuses auxquelles il était sujet à ces deux époques de l'année, qui le retenaient dans sa chambre, durant trois semaines ou un mois, poussant des cris aigus, malgré tout son courage, ce que, dans

une lettre à un ami, il appelait *hurler*. Il écrivait pendant le carême de 1843 : « Je ne me sens
« pas aussi fatigué que je devrais l'être, ayant plus
« travaillé que je ne le fais ordinairement dans cette
« saison. » A la date du 6 juin, il mandait encore :
« Pour vous dire un mot de ma santé, vous saurez
« que je vais mieux, et que la veille de la Pentecôte,
« j'ai confessé près de quarante personnes, sans en
« être trop fatigué. »

Depuis quelque temps, il est vrai, les pressentiments de Monsieur l'abbé de Malet l'avertissaient que le terme de sa carrière n'était pas très-éloigné, puisqu'il finissait par ces mots une lettre du 30 juin :
« Priez un peu pour moi ; le jour baisse, et il me
« faudra bientôt aller où tant d'autres, plus jeunes
« et mieux préparés, m'ont précédé depuis long-
« temps. » Néanmoins, dans des conversations intimes avec une personne qui possédait toute sa confiance, il avait exprimé la pensée que sa vie serait encore de quatre ou cinq ans, qu'il croyait nécessaires pour affermir son petit Institut et y mettre la dernière main. Aussi s'y était-il consacré avec un nouveau zèle. Dans le courant de l'année 1842, il obtint de l'archevêché l'approbation des règles des religieuses de Sainte-Marie-de-Lorette, termina le petit office de la sainte Vierge et celui des morts, qu'il avait rédigé à leur intention, et enfin leur cérémonial, dans le mois de mai 1843.

C'est au milieu de ces occupations si humbles, mais qu'il considérait comme si honorables, de directeur et de supérieur d'une pauvre communauté, de catéchiste de pauvres enfants, que la maladie qui devait ravir à la terre ce prêtre vénérable vint le saisir au moment où ses amis s'y attendaient le moins. Il en fut atteint vers le milieu de juillet.

Une fièvre violente se déclara, le samedi 19. Il ne put dire la messe le lendemain dimanche, et passa ce jour et les suivants, comme il avait coutume de le faire quand il était malade, assis sur le tapis de son salon, ayant la tête et les reins appuyés sur son fauteuil, mis à la renverse. Le 25 était la Saint-Christophe, jour où l'on avait coutume de lui souhaiter la fête à Lorette. La veille, il se fit encore violence pour descendre et recevoir les vœux de ses filles, mais ce fut pour la dernière fois.

Il s'empressa d'appeler le médecin célèbre qui avait le bonheur d'être aussi son ami. Tous les efforts réunis de la science, de l'amitié et de la foi, devinrent inutiles ; le mal, loin de diminuer, faisait des progrès rapides, qu'aucun remède ne put seulement ralentir, quoique pendant près de cinq semaines on vit, attachés à ce lit de souffrances, plusieurs médecins expérimentés, heureux de seconder celui dont ils étaient les élèves, et qui, pleins de vénération et d'attachement pour Monsieur l'abbé de Malet, à l'exemple de leur maître, lui prodiguaient à la fois les inspirations de leur cœur et de leur talent.

Durant toute cette longue maladie, on ne sut qu'admirer davantage, de la patience, de la piété ou de la résignation du saint prêtre. En proie à de cruelles douleurs, à des vomissements continuels et violents, il se montra toujours plein de douceur à la vue de la croix et du calice, qui devenait plus amer de jour en jour. Malgré des tortures affreuses, que les hommes de l'art lui firent éprouver à la fin de sa maladie, son calme et sa sérénité ne se démentirent pas un seul instant.

Il était étendu sur un simple matelas, placé à terre près de son lit, vêtu et chaussé comme à l'ordinaire. Un pieux évêque, qui le visita à cette époque, fut accueilli par le malade avec une douce gaieté, et il mandait ensuite : « qu'il n'oublierait jamais cette « belle attitude, où il y avait du François-Xavier et « du Bayard tout à la fois. »

Le vendredi 18 août, Monsieur l'abbé de Malet demanda l'Extrême-Onction, et la reçut avec la foi la plus vive. Il souhaitait ardemment le saint Viatique ; mais le médecin crut devoir s'y opposer, à cause de fréquents vomissements. Cette consolation lui fut accordée le lendemain, et, malgré son extrême faiblesse, causée par vingt-cinq jours passés dans les plus violentes douleurs, ce fut à genoux, qu'il voulut recevoir la visite suprême de son divin Maître.

Quoique le mal s'aggravât de minute en minute, chacun espérait encore que le Ciel se laisserait fléchir par tant de prières assidues et ferventes qu'on lui adressait de toutes parts pour la guérison du saint prêtre ; lui seul, dès le jour où il se sentit frappé, comprit que sa maladie était mortelle ; il compléta ses dispositions testamentaires, écrivit une note de tout ce que son domestique devrait faire aussitôt qu'il aurait rendu le dernier soupir ; lui indiqua où il la trouverait, et poussa la présence d'esprit jusqu'à le charger de conduire son architecte au lieu de sa sépulture, avant le jour de son enterrement, afin qu'il examinât s'il ne serait pas nécessaire d'élargir l'entrée du caveau, parce qu'ayant pris beaucoup d'embonpoint depuis l'époque où il l'avait fait construire, il craignait qu'au moment de la cérémonie funèbre, on ne pût y introduire son cercueil.

Le 21 août, fête de sainte Françoise de Chantal, à laquelle il avait une dévotion particulière, cédant aux instances des personnes qui lui étaient attachées, et songeant, peut-être, à la communauté qu'il allait laisser orpheline, il invoqua cette sainte pour obtenir son rétablissement; mais, elle lui parut le rebuter, et plusieurs fois dans la journée il répéta à son médecin et à son domestique : « C'est fini! j'ai « demandé ma guérison à sainte Françoise de « Chantal; mais elle m'a renvoyé bien loin, et n'a « pas seulement voulu m'écouter. »

Il fit alors entendre à ses amis qu'il les quitterait vers la fête de saint Louis. Le 23 août, il eut des moments très-fréquents de délire, pendant lesquels il parlait de ses campagnes militaires, et croyait être en présence de l'ennemi, ce qui lui causait une extrême agitation. Dans les intervalles de calme, il ne parlait que de Dieu, de la sainte Vierge, et des saints qu'il honorait d'un culte de prédilection. Souvent il levait les yeux et les mains au ciel, en prononçant ces paroles : *In manus tuas, Domine, commendo spiritum meum* : Seigneur, je remets mon âme entre vos mains!

Le 24, il perdit presque entièrement la connaissance. Vers le soir, il la recouvra pour embrasser ses amis et leur adresser les adieux les plus touchants : « Adieu, mes amis, adieu, leur disait-il, je vous ai « bien aimés sur la terre, mais j'ai encore aimé « Dieu davantage. A l'éternité ! à l'éternité ! » Il leur serra la main et retomba dans son état ordinaire.

Le 25, veille de sa mort, vers les dix heures du matin, il dit jusqu'à trois fois à son domestique : « Embrassez-moi, mon enfant, et pardonnez-moi « toutes les peines que j'ai pu vous causer. » Et comme celui-ci répondait que c'était bien plutôt à lui à demander pardon : « Eh bien ! reprit le malade, « pardonnons-nous tous les deux ; » et il lui serrait la main en ajoutant : « Priez bien le bon Dieu pour « moi ; je vous promets de ne pas vous oublier. « Adieu, mon enfant ! Adieu. »

Dès le commencement de sa maladie, Monsieur l'abbé de Malet avait exigé de son domestique qu'il prît, en présence du crucifix, l'engagement de ne pas le quitter, et de ne laisser entrer aucune garde-malade pour lui rendre des soins, ni pendant sa vie, ni après sa mort. Dans les moments de délire ou d'affaissement, pendant lesquels il conservait à peine l'usage de ses sens affaiblis, et semblait ne voir, ni entendre, il cherchait encore des mains ce domestique et lui demandait si c'était bien lui qu'il touchait.

Le 25 août, dernier jour de sa vie, le souvenir de sa pieuse compagne fut plusieurs fois présent à sa pensée. On l'entendit prononcer ces mots : « Ah !

chère Athanaïs, je vais bientôt te rejoindre ! »
Cette journée se passa d'une manière très-pénible : sinaspismes, douches sur la tête, ventouses scarifiées, on mit tout en œuvre pour obtenir une crise favorable; mais ce fut inutilement, quoique le médecin, qui comptait plus sur le secours du Ciel que sur les efforts de la science, eût recours à la prière, et, avant d'appliquer les remèdes, se prosternât aux pieds de la sainte Vierge, en la suppliant de leur accorder de l'efficacité.

Vers les trois heures de l'après-midi, on porta le malade dans son lit ; il était jusque-là resté couché sur un matelas posé à terre. Le croyant près d'expirer, son médecin engagea un ecclésiastique, qui s'éloignait bien peu de ce lieu de douleur, à réciter les prières des agonisants.

Vers les sept heures du soir, retrouvant un moment la pleine jouissance de ses facultés, Monsieur l'abbé de Malet dit d'une voix forte à ceux qui l'entouraient : « Si vous avez encore quelque chose « à me demander, faites-le promptement ; car dans « un quart d'heure il sera trop tard. » Son médecin et ses amis se mirent à genoux ; son domestique regarda à sa montre, et en effet, un quart d'heure après, il perdit totalement la connaissance, pour ne plus la recouvrer : ce fut en vain qu'on lui adressa la parole. Le lendemain matin, à cinq heures et demie, le malade expirait dans la paix et rendait sa belle âme au Seigneur son Dieu, au commencement de sa soixantième année.

Il mourut, comme il l'avait désiré, un samedi, jour

consacré à la sainte Vierge, et selon qu'il l'annonçait depuis plusieurs années, entre les deux fêtes de l'Assomption et de la Nativité de cette glorieuse mère de Dieu. Son visage conserva après la mort cette mâle expression de noblesse qui frappait tous les regards, et produisait une émotion profonde. On aimait encore à contempler cette face vénérable, où resplendissait le calme et la sérénité du juste endormi dans le Seigneur.

L'exécuteur testamentaire autorisa l'extraction du cœur du saint prêtre, qui l'avait promis aux religieuses de Sainte-Marie-de-Lorette, ses chères filles. Le médecin chargé de faire cette opération remarqua avec étonnement le développement vraiment extraordinaire qu'avait pris cet organe, chez Monsieur l'abbé de Malet; il était, en grosseur, presque le double de celui d'un homme de sa taille et de sa force. On doit sans doute attribuer à cette cause le mauvais état habituel de sa santé.

Au bout de qurante-huit heures, son corps n'exhalait aucune odeur, et ses membres avaient conservé toute leur souplesse, comme pour rappeler, après sa mort, la disposition de dépendance totale de son âme et de tout son être entre les mains de Dieu, arrivée chez lui à une entière perfection.

Revêtu de ses ornements sacerdotaux et tenant entre les mains un crucifix, on déposa sa dépouille mortelle dans un cercueil de plomb. Les jeunes filles de Lorette, qui vivaient de ses bienfaits, et les orphelines de Madame de Saisseval, l'accompagnèrent jusqu'à Saint-Sulpice. Leur tenue modeste et recueillie attestait les sentiments de regret dont étaient pénétrées ces jeunes âmes. Ses funérailles furent honorées d'un grand concours. Elles ressemblèrent bien plutôt à un jour de triomphe qu'à un jour de deuil. Il y avait au fond des cœurs l'admiration et la louange pour une vie qu'avaient embellie et couronnée tant de vertus. L'éloge du défunt était dans toutes les bouches; des larmes coulaient en abondance : chacun avait à raconter un trait de charité, de bonté, de sûre et sage direction.

C'était le 28 août, trente-troisième anniversaire du mariage de Monsieur de Malet, et ce jour-là même il alla rejoindre dans la froide couche du tombeau, Mademoiselle Athanaïs de Jumilhac, sa très-chère épouse, afin de reposer avec elle jusqu'à la résurrection générale, à l'ombre d'une croix, au pied de laquelle il avait fait écrire d'avance ce verset de l'Evangile, que : *l'homme ne sépare pas ce que Dieu a joint.*

On voit son monument au rond-point du cimetière du Père-Lachaise, à l'angle de l'allée qui conduit à la chapelle des morts : une statue colossale de la sainte Vierge le surmonte. Monsieur l'abbé de Malet avait vécu sous les yeux de Marie, il voulut encore l'avoir pour gardienne de ses cendres et de celles de sa famille.

CHAPITRE XXV.

Portrait de Monsieur l'abbé de Malet. (*)

Le vénérable prêtre dont nous venons de terminer l'histoire, était d'une haute et forte stature, et les traits de son visage offraient le rare, mais bien agréable ensemble d'une régularité parfaite et d'une physionomie animée, que tempérait une expression habituelle de bienveillance.

Lorsqu'il n'écrivait, ni ne lisait, il tenait presque toujours en main un chapelet, et le gardait au confessionnal, et même dans son salon. Ses bras et ses mains avaient besoin de mouvement, et il leur laissait l'innocente distraction de jouer sans cesse avec les grains et les médailles de son chapelet. Cette particularité, toute petite qu'elle est, servira à rappeler celui que nous avons voulu peindre, comme dans les portraits, les objets accessoires aident à la ressemblance et la complètent. Sa belle figure annonçait une âme énergique, un caractère bouillant, un esprit prompt et résolu, mais aussi un cœur plein de bonté.

Il portait noblement la tête, et ses cheveux blancs,

(*) Ecrit par Monsieur Jules Gossin.

son vêtement ecclésiastique et sa large cicatrice, lui donnaient un air vénérable et imposant. Cette cicatrice, glorieux mais cruel souvenir d'un coup de sabre russe, qui, dans la guerre de 1807, lui avait fendu par moitié la joue gauche, produisait un singulier effet sur les personnes qui l'approchaient. Vu cent et cent fois, ce large sillon attirait toujours les regards, comme le premier jour; l'œil ne se lassait pas, pour ainsi dire, d'en prendre la mesure, et l'imagination ne pouvait se représenter, comment le bras de fer d'un Cosaque avait pu laisser une telle entaille dans une face humaine, sans la partager tout à fait. On frissonnait parfois de la blessure, comme si elle eût été encore sanglante : le balafré était si bon, et l'on comprenait si bien le prix d'une telle vie, que trente ans après le coup, on remerciait Dieu de n'avoir pas permis à la lame d'aller plus avant.

Tel a été Monsieur l'abbé de Malet, autant qu'il a été possible à l'amitié d'esquisser les principaux traits d'une vie si bien remplie. Il a passé sa vie à faire du bien, à l'exemple du divin Maître, et sa mort a été un deuil pour le clergé de Paris, pour tant de personnes du monde dont il était le consolateur et le guide, et surtout pour les religieuses de Lorette et leurs jeunes élèves, dont il était la Providence vivante ! Que sa cendre soit bénie ! et que ceux qui ont eu tant de motifs de l'aimer sur la terre, lui payent chaque jour le fidèle tribut d'un souvenir et d'une prière !

Qu'ils se souviennent toujours que Dieu, dans sa bonté, n'envoie pas inutilement ces hommes sur la terre : imitateurs de leur divin Maître, ils nous redisent par leurs actes, bien plus que par leurs paroles, ces mots de l'Apôtre : « Soyez mes imitateurs comme je l'ai été moi-même de Jésus-Christ (1). »

(1) I. Corinth., chap. xi, v. 1.

LETTRES

DE

MONSIEUR L'ABBÉ DE MALET

—◦◇◦—

I⁰

A UNE DAME.

25 mars 1831.

J'ai appris, Madame, avec bien de la consolation, que vos résolutions du premier de l'an n'étaient pas restées sans effet, et que vous n'aviez pas laissé interrompre l'heureuse chaîne qui vous unit à Notre-Seigneur par la fréquentation des sacrements. Pourvu que l'éloignement où vous êtes de votre confesseur, ne vous cause pas trop de fatigue, j'y vois plus d'avantages que d'inconvénients. Les rapports de société sont assez fréquents à la campagne, entre le presbytère et le château ; et ces rapports m'ont toujours paru nuire à ceux du confessionnal : ils ôtent de la liberté au pénitent et de l'indépendance au confesseur. Seulement, ayez un peu égard à votre santé, et pourvoyez au bien de l'âme en ménageant un peu le corps.

Notre position ici, et celle de la petite Maison de Lorette, ne peuvent être que bien précaires. Telle fut celle de Nazareth, et de la sainte Famille qui l'habitait. C'est un motif de confiance et de patience dont nous tâchons d'user au besoin. Mais le présent, quel qu'il soit, ne nous fait pas oublier le passé : aussi garde-t-on à Lorette un souvenir reconnaissant de Madame de ***.

Je pense que vous vous êtes réservé dans votre château une petite Maison de Lorette, une petite solitude où vous allez causer quelquefois avec Dieu. N'en doutez pas, Madame, Notre-Seigneur veut que vous vous donniez tout entière à son service, et il se plaira avec vous, si vous vous plaisez avec lui. Le bon Père Croiset et vos petites méditations y contribueront merveilleusement. Aimez surtout beaucoup la très-sainte Vierge, c'est une bonne Mère. Accoutumez-vous à lui conter vos peines, à la remercier de vos consolations, à lui recommander toutes vos affaires, et à la prier de les conduire Elle-même. Vous aurez souvent lieu de vous applaudir d'une pratique qui est à la fois facile et consolante.

Je ne veux pas terminer cette lettre sans vous remercier de votre offre obligeante ; mais je crois que Paris est le lieu où je dois achever de vivre. Puisse Dieu m'accorder la grâce d'employer saintement mon temps ! Veuillez, Madame, le prier queluefois à cette intention, et croire à mon entier et espectueux dévouement.

E. DE MALET.

IIe

A LA MÊME.

21 avril 1832.

Connaissant vos bontés, Madame, pour la petite Maison de Lorette, je me proposais de vous en donner incessamment des nouvelles. Votre lettre, que je reçois à l'instant, me fait seulement hâter la mienne de quelques jours. Du dimanche de la Passion au mardi suivant, trois religieuses et vingt-une enfants ont été atteintes du choléra. Une seule enfant a succombé à l'hospice, où une complication de maladies avait obligé de la transporter. Les autres ont été traitées à la Maison, et, quoique plusieurs aient été à l'extrémité, Dieu a tellement béni les soins qui leur ont été donnés, que toutes, en ce moment, sont guéries ou en pleine convalescence. Puisse cette épreuve être la dernière ! Mais il est difficile de se le persuader. J'ai eu à la même époque une ombre de choléra ; car je n'ai jamais été en danger. J'ai eu un domestique fort mal, et mon cuisinier en assez pauvre état ; nous ne savions plus où donner de la tête. Dieu ne nous a pas abandonnés, et peu à peu tout se remet, *cahin caha*. Pour moi, j'ai repris mes habitudes, et je dirai la messe demain.

Je connaissais quelques-unes de vos peines, et j'en devine quelques autres. Ces grandes entreprises font toujours un peu trembler ; car les meilleures têtes font quelquefois de grands mécomptes dans ces sortes de choses. Mais enfin, Madame, ce qui est impossible à l'homme est toujours possible à Dieu. Priez-le tout doucement de se mêler de vos affaires ; ayez la ferme confiance qu'il le fera ; recourez souvent à la très-sainte Vierge ; priez-la d'être votre Mère ; mettez votre ménage et vos affaires temporelles entre ses mains. Ne craignez pas de l'importuner ; vous lui appartenez, car vous êtes du Scapulaire ; soyez sûre qu'elle vous écoutera, et vous protégera quand le temps sera venu.

Que j'aurais envie de gronder au sujet de cette méditation ! Je suis assuré que vous voulez la trop bien faire, et que c'est cela qui vous la rend difficile, et peut-être ennuyeuse. Faites-en une simple conversation avec Dieu ; parlez-lui cœur à cœur de tout ce qui vous intéresse ; demandez-lui ses secours et ses avis ; faites-la en vous promenant, en travaillant, et même en vous taisant pendant que les autres parlent. Si vous ne pouvez pas vous servir de votre esprit, servez-vous de votre cœur, et ne pouvant pas réfléchir sur les motifs que vous avez d'aimer Dieu et de le servir, dites-lui tout simplement : Mon Dieu, je vous aime ; je veux être à vous ; je veux tout ce que vous voulez, etc., et vous aurez fait quelque chose de mieux qu'une méditation.

J'apprends avec bien du plaisir que vous profitez des occasions pour vous approcher des sacrements : vous y puiserez votre consolation et votre force. J'espère que vous voudrez bien regarder comme appartenant à votre bibliothèque les livres que vous a fait passer Madame de S... Je désire qu'ils vous rappellent quelquefois que vous m'avez promis une place dans vos prières, et aussi que je vous suis bien respectueusement dévoué en Notre-Seigneur.

IIIe

A LA MÊME.

17 septembre 1832.

Je prends bien part, Madame, à la nouvelle perte que vous avez faite, et je désire que votre santé n'en soit pas trop éprouvée. Je n'épargnerai rien pour être utile à la personne que vous me recommandez ; mais le temps est bien peu favorable. Il y a peu de monde à Paris, et chacun diminue son train plutôt qu'il ne l'augmente. Je n'ai, grâce à Dieu, besoin de personne ; je dis grâce à Dieu, car je ne crains rien comme les nouveaux visages, en fait de serviteurs.

Je ne sais si nous devons souhaiter ou craindre votre voyage du mois d'octobre. Paris est un si triste séjour, et si en proie à toutes sortes de choléra, qu'on n'est pas empressé d'y voir ses amis. Toutefois, Madame, vous ne pouvez douter du plaisir que l'on aurait à Lorette, en vous revoyant et en vous présentant cette petite Maison encore debout, toujours bénie de Dieu, et n'ayant point oublié les bontés dont Madame de *** l'honorait. Après avoir eu beaucoup de malades et de cholérines, cette petite communauté se trouve encore une des moins maltraitées jusqu'ici. Plusieurs ont perdu leur Supérieure et beaucoup de sœurs ; ces dames n'en ont perdu aucune, et n'ont eu que des malades parmi leurs enfants.

Je pense qu'au milieu de ses épreuves, Madame de *** continue à chercher, dans la fréquentation des sacrements, ses consolations et sa force ; et que, fidèle à toutes ses bonnes résolutions, elle préfère à tout, le bonheur de vivre et de mourir chrétienne, et bonne chrétienne. Aussi bien n'y a-t-il de félicité possible en ce monde que celle-là ! Que cette vie serait en effet peu de chose, si elle ne nous servait à acquérir l'Éternité ! Je termine cette lettre, comme un sermon, en souhaitant qu'elle soit votre heureux partage, et vous assurant, Madame, que je serai toujours prêt à y contribuer de mes prières et de mes conseils, étant, comme je le suis,

Votre dévoué et respectueux serviteur.

IV°

A LA MÊME.

31 janvier 1833.

Le but que je me propose ici n'est pas de vous inspirer la crainte d'offenser Dieu et de tout ce qui peut vous y conduire ; car, grâce à lui, il n'en est nullement besoin. Je désire seulement, Madame, vous aider à servir Dieu sagement et paisiblement. Cette pensée, qui est évidemment votre pensée principale, n'a besoin que d'être dirigée pour produire d'heureux effets, comme un bon arbre veut être taillé pour rapporter de bons fruits. Tâchez donc d'être aussi persuadée que je le suis moi-même de l'heureuse disposition que Dieu a mise dans votre cœur, et bien persuadée que vous voulez être toute à Dieu : travaillez à y parvenir en éloignant de vous les inquiétudes et peines d'esprit qui vous arrêtent parfois.

La première chose qui vous servira à accomplir votre désir est une exactitude raisonnable dans vos petits exercices spirituels. Il faut mettre en première ligne les prières du matin et du soir, et le petit examen de conscience qui fait partie de cette dernière : je dis petit, afin que vous ne vous en fassiez point un tourment. A côté de la prière du matin et du soir, je place un quart d'heure d'oraison. Mais il ne faut pas faire cet exercice avec la tête : c'est le cœur qui doit y jouer le grand et presque unique rôle. Si, par conséquent, vous ne pouvez pas maîtriser votre imagination, durant cet exercice, vous ne vous en tourmenterez pas ; car, ce n'est pas avec elle que se fait l'oraison. Vous vous contenterez d'opposer à ses écarts quelques affections du cœur, disant à Notre-Seigneur que vous voulez être à lui ; que vous voulez lui offrir telle peine que vous éprouvez ; que vous voulez supporter avec lui et en union aux siennes telle souffrance et telle contrariété ; que vous voulez vous détacher des plaisirs, des maximes et des illusions du monde, pour suivre les maximes de l'Evangile ; pour vous affectionner aux biens éternels, et pour n'avoir que des goûts raisonnables et solides tels qu'il convient à une chrétienne d'en avoir. Vous pourrez aussi quelquefois dire à Dieu que vous unissez vos sentiments à ceux de Notre-Seigneur, ou même de la très-sainte Vierge, dans telle ou telle circonstance. Enfin, vous terminerez ce petit exercice par un acte de confiance en Dieu. Du reste, faites votre oraison assise ou en vous promenant, mais toujours trois ou quatre heures après avoir mangé : si dans la soirée, ou un peu avant votre dîner, car je suppose que vous dînez tard, si, dis-je, vous pouvez facilement vous remettre pendant deux ou trois minutes en présence de Dieu, ce sera bien fait. Vous pourrez même en prendre occasion de renouveler, par quelques petits actes, le désir que vous avez de le préférer à tout, et l'absolue confiance que vous avez en sa bonté pour vous. Si

…s croyez à propos de vous disposer à l'oraison
 une petite lecture, il faut la faire courte, dans
nitation ou quelque autre livre de piété. Vous
 ıvez aussi puiser dans votre souvenir quelques
 ısées de votre lecture spirituelle. J'entends par
 ture spirituelle une petite lecture d'un quart
 eure faite dans un livre de piété, et que je vous
 ;age à faire tous les jours, quand vous le pourrez
 nmodément.

La fréquentation des sacrements ne vous est pas
 ıns nécessaire que les exercices spirituels. Je
 ıs engage à vous confesser tous les quinze jours
 moins, et à communier au moins tous les huit
 ırs, si votre confesseur vous le permet. Je vous
 :ommande de ne point trop approfondir vos exa-
 ıns, et surtout de ne point les faire en lisant
 . formules d'examen imprimées ; vous tomberiez
 ns des peines et embarras d'esprit dont ensuite
 us ne pourriez sortir, qui vous rendraient pénible
 service de Dieu et refroidiraient votre piété.

Il ne faut pas non plus vous effrayer de quelques
 tites fautes, et en prendre occasion de ne pas
 mmunier, lorsqu'elles vous arrivent entre l'absolu-
)n et la communion. Vous n'en faites point d'assez
 aves pour vous imposer une pareille privation,
 ıi, du reste, ne peut que vous être nuisible.

Il faut aussi avoir soin de mortifier doucement
 s inclinations naturelles, en les réprimant de temps
 .autres. Chez vous, l'inclination qui demande le
 us à être surveillée et mortifiée, c'est la vivacité.
 .ccoutumez-vous à souffrir avec douceur et patience

ce que vous ne pouvez empêcher, et à remédier paisiblement aux inconvénients auxquels vous pouvez facilement porter remède. Surtout, ménagez votre imagination. Ne l'écoutez pas et ne l'encouragez pas dans ses écarts. Lorsque vous sentez que l'inquiétude vous gagne, qu'une foule de pensées se pressent dans votre esprit pour vous représenter vivement des choses qui vous inquiètent et vous troublent, lorsque vous vous trouvez enlevée à vous même et au doux sentiment de la confiance en Dieu, pour vous chagriner du présent et vous effrayer de l'avenir, tournez votre cœur vers Notre-Seigneur; dites-lui que vous vous unissez à ses souffrances, que vous avez confiance en son secours, et qu'étant assurée de lui être agréable, vous ne voulez plus vous chagriner de rien. C'est ici le lieu de vous répéter que vos pensées contre la foi ne doivent point vous causer d'inquiétudes. Ce sont des choses qui se passent en vous, mais sans vous. Moins vous vous en inquiéterez, et moins vous en aurez. Un petit acte de foi qu'elles vous feront faire vous fera plus gagner auprès de Dieu, qu'elles ne peuvent vous faire perdre, durassent-elles six mois. Surtout, ne cherchez pas à les discuter avec vous-même, car vous ne ferez que les multiplier et augmenter votre trouble.

Il est à propos aussi de faire quelques œuvres de charité. Si vous avez occasion de faire quelques aumônes, surtout à la campagne, faites-les quelquefois vous-même, ajoutant aux dons quelques bonnes paroles, et voyant dans le pauvre que vous soulagez

Jésus-Christ lui-même. Bien entendu que ces sortes de visites ne compromettront pas votre santé et seront réglées par la prudence, dont on doit fort user en ce malheureux temps.

Si vous faites quelque travail des mains, tâchez quelquefois de le destiner aux pauvres ; c'est une chose agréable à Dieu, et qui vous sera grandement utile.

Je vous recommande, en terminant, la dévotion au très-saint Sacrement, et la dévotion à la sainte Vierge. Vous trouverez dans le quatrième livre de l'*Imitation,* dans les visites au Saint-Sacrement, de quoi nourrir la première. Surtout je vous recommande la communion spirituelle lorsque, assistant à la messe, vous ne pourrez pas y communier réellement. Ayez grande confiance en la très-sainte Vierge. Recourez à elle dans toutes vos peines, dans tous vos besoins. Dites quelquefois le chapelet en son honneur : par exemple, une fois par semaine. Dites-le quand vous voulez obtenir quelque chose de considérable par la protection de la sainte Vierge, ou quand vous éprouverez quelque peine un peu grave : vous trouverez dans cette prière secours et consolation.

Je termine cette suite d'avis spirituels en vous engageant fort à ne pas vous troubler, et à pratiquer doucement et humblement ce que vous trouverez suffisamment développé dans le *Petit Traité de la paix de l'Ame ;* et quant à ces petits conseils que je vous écris à la hâte, suivez-les à votre aise, lorsque vous le pourrez commodément ; et surtout n'en prenez pas un sujet de trouble, et ne vous y astreignez pas rigoureusement. Il faut servir Dieu comme un enfant bien né sert son père ; c'est-à-dire avec joie et avec amour ; et ne pas le servir comme un galérien, c'est-à-dire avec tristesse et avec crainte.

Vous avez sans doute un chapelet ; je pense que vous avez aussi un petit crucifix : ce sont deux meubles dont il faut user souvent. On se trouve quelquefois bien d'avoir un des deux à la main en faisant oraison. Je vous engage à avoir dans votre chambre une belle gravure de la sainte Vierge et de l'Enfant Jésus. Vous serez consolée de la regarder dans vos peines et de prier devant elle, quand vous voudrez obtenir quelque chose par l'entremise de la sainte Vierge auprès de son divin Fils.

V

A LA MÊME.

29 juin 1833.

Je suis bien aise, Madame, d'apprendre que le règne de Dieu s'affermit dans votre cœur de plus en plus, et je le remercie de vouloir bien m'employer à maintenir votre âme dans la douce et salutaire paix promise aux enfants de Dieu, aux personnes de bonne volonté.

Je me félicite d'être d'accord avec Monsieur le

Curé de Vichy sur le nombre de vos communions, et ne vois rien qui doive vous inquiéter dans tout ce que vous me mandez.

Je suis d'avis que, vous donnant à Dieu comme vous le faites, il ne serait pas à propos que vous dansassiez pour votre plaisir ; mais je vous loue d'avoir figuré à cette contredanse pour contribuer au plaisir des autres dans une réunion qui n'avait rien que de fort innocent. Ces occasions, il est vrai, se présentent rarement ; mais lorsqu'elles se rencontrent, un petit acte de complaisance fait de bonne grâce honore la dévotion, loin de la décréditer ; soyez fort en paix sur cet article.

J'en dis autant de votre rôle de tapisserie aux eaux. Ces sortes de réunions sont considérées par les uns comme un moyen de se rencontrer avec les connaissances, et par les autres comme une occasion de plaisir. J'entends plaisir tout vaniteux, tout mondain. Certes, la place de Madame de *** est toute marquée parmi les premiers, et ne le sera jamais parmi les personnes mondaines. Vous pouvez donc continuer votre rôle de tapisserie à Vichy en ne prenant part à toutes ces futilités qu'autant que cela est nécessaire pour une récréation douce et modeste prise chrétiennement avec le petit cercle d'amis qui vous environnent. Sans négliger, toutefois, les élévations de cœur à Dieu, lorsqu'elles se présenteront à vous tout naturellement. Imaginez que vous assistez avec quelques amis à un bal donné dans les Champs-Élysées, et vous aurez la mesure de la part que vous pouvez prendre aux bals de Vichy, et que bien certainement vous y prenez, car votre cœur est à Dieu. Or, un cœur tout à Dieu est bientôt affadi par ces plaisirs, que ceux qui suivent les maximes du monde trouvent de si bon goût.

Pour votre gaieté, faites-en un bon et fréquent usage ; puisqu'elle vient de Dieu, elle ne peut que vous conduire à Dieu. Peut-être même servira-t-elle à en conduire d'autres ; car la gaieté chrétienne a un grand charme pour gagner les cœurs à Dieu.

Je ne crois point que le respect humain soit pour rien dans la communion dont vous vous êtes abstenue. Je n'en ai jamais aperçu au fond de votre cœur. Non-seulement je n'exige pas de vous cette communion d'éclat, mais je vous engage à regarder comme suggestion de l'ennemi toute pensée qui vous en viendrait. Menez de bonne grâce une vie douce, modeste et chrétienne ; recevez notre divin Maître, non pas en cachette, mais en solitude, puisque c'est votre attrait ; sans trop fuir les regards, ne cherchez pas à être vue ; accoutumez-vous cependant à ne pas vous troubler, si l'on vous apercevait, et espérez que le monde ne trouvera pas, dans vos fréquentes communions, un sujet de scandale.

J'ai remarqué, Madame, que Dieu vous conduit en beaucoup de choses presque à votre insu. Je vous engage donc à avoir un peu confiance en votre manière de voir et de sentir. Lorsqu'une action vous paraît convenable à la première vue et vous laisse le cœur tranquille, vous pouvez croire qu'elle n'est pas désagréable à Dieu, jusqu'à ce que votre guide vous ai dit le contraire. Vous comprenez que je dis à la première vue ; car, pour la seconde, je ne m'y fie pas, et même je la défends : vous savez pourquoi. Vous connaissez combien de troubles excitent en vous les réflexions trop multipliées. Je désire que cette lettre, déjà un peu longue, contribue à vous maintenir en paix. Vous pouvez avoir confiance aux décisions qu'elle renferme ; car, comme vous me le dites, je vous connais bien. Elles sont d'ailleurs conformes à celles de Monsieur le Curé de Vichy, ce qui me donne en elles une nouvelle confiance.

Ne craignez point de m'exposer vos difficultés toutes les fois que vous croirez à propos d'avoir mon avis. Je suis heureux de contribuer à vous faire comprendre et expérimenter combien Dieu est bon pour les personnes qui vont à lui avec droiture et générosité.

Veuillez, Madame, ne point m'oublier auprès de Notre-Seigneur, et me croire, etc.

VIe

A UN MONSIEUR SON PARENT.

10 juillet 1833.

Si vous voulez être exaucé, mon cher ***, ne faites point de vœux pour ma santé ; elle est, je crois, sous le poids d'une condamnation à l'exil ou au bannissement, le tout à pérpétuité. La grippe ne pouvait pas passer par Paris sans m'accorder quelques instants ; et, quelque occupée qu'elle fût d'ailleurs, et quoiqu'on se l'arrachât, j'ai eu la consolation de la posséder une dizaine de jours, avec tout son équipage : maux de tête, de gorge, de reins, de bras, de jambes ; il n'y a rien manqué. Je crois même, en vérité, qu'elle me visite encore quelquefois *incognito*, tant je suis avant dans ses bonnes grâces.

Je conçois que votre arrivée et celle de ma cousine aient causé une heureuse et douce distraction à ***. Cela a dû être une véritable joie pour votre mère et pour vos frères et sœurs. Soyez auprès de lui mon interprète. Notre connaissance date déjà de bien loin. Je n'ai pas oublié le temps où il me faisait *manéger* dans un champ près du château de Guigueville ; certes, il ne croyait pas alors, ni moi non plus, qu'il travaillait à faire un soldat du Pape. Ainsi vont les choses : nous nous dirigeons d'un côté, selon notre fantaisie, et Dieu, quand nous le laissons faire, nous redresse peu à peu et nous dirige d'un autre côté, nous ramenant vers le but qu'il nous a assigné de toute éternité pour sa gloire et pour notre salut. Il faut donc le bénir de tout et le laisser faire, car il est aussi sage que nous le sommes peu.

J'ai écrit dernièrement à Monsieur C., et n'ai pas manqué de lui faire part de vos projets de voyage ; il aura grand plaisir à vous voir. Vous trouverez là un cousin qui y tient garnison dans ce moment. Je voudrais bien qu'il passât par les mains du Père C. ; il en aurait, je pense, grand besoin. C'est du reste un fort bon officier, et un bon garçon.

J'ai vu, il y a quelque temps, votre grand'mère, et je pense la voir ces jours-ci, car son domestique m'a dit que c'était son projet. J'ai toujours une véritable consolation à la voir ; il me semble que mon père entre avec elle, quand elle vient dans mon salon.

Adieu, mon cher ***, offrez mes hommages à ma cousine, dites mille choses pour moi à votre frère, et croyez à ma bien tendre amitié.

VIIe

A UNE DAME.

21 juillet 1833.

Je reçois à l'instant votre lettre, Madame, et l'heure de la poste me talonnant ; car vous savez que les bureaux ferment à midi, le dimanche, je ne vous répondrai que quatre mots. Puissent-ils vous tranquilliser, autant que mes paroles avaient coutume de le faire.

Ce que vous éprouvez est une véritable tentation du démon pour vous éloigner de la communion. Il vous a attaquée au moment où vous alliez changer de confesseur, afin de le faire avec beaucoup plus de sûreté. Et certes, je comprends votre trouble et votre peine, et suis loin de vous croire désobéissante. Demeurez en paix ; la confession que vous m'avez faite a été sincère. Vous n'avez jamais eu l'intention de me rien cacher. Vous avez pu omettre quelques détails qui probablement étaient peu nécessaires, et que j'ai même compris à demi mot. Si ces détails eussent été de telle nature que vous ne pussiez les omettre sans sortir de l'état de grâce nécessaire pour communier dignement, Dieu n'aurait pas souffert que vous demeurassiez si longtemps dans une pareille situation. Je n'aurais pas vu la communion vous profiter pendant six mois d'une manière évidente, et la paix de votre cœur augmenter chaque jour. Demeurez donc en paix, confessez-vous et communiez à votre ordinaire, sans vous inquiéter de tous ces souvenirs. Si cependant vous continuiez à être troublée, et si votre confesseur s'inquiétait, vous pourriez dire ces détails dans votre confession, mais ce serait pour la satisfaction de votre confesseur, et non pour vous préserver de faire une communion indigne ; car, je vous le répète, vous êtes en état de grâce, et les dispositions de votre cœur sont agréables à Dieu.

Ne vous étonnez pas de ce qui vous arrive, Madame ; il est peu de personnes que l'ennemi de Dieu ne visite de temps à autre, pour les troubler et détourner du service du Seigneur. Si j'avais pu douter un seul instant du bien que vous fait la communion, et de la volonté de Dieu à ce sujet, ce qui se passe suffirait pour m'éclairer. Certes, le démon ne ferait pas tant de bruit, si vous faisiez ses affaires, et se garderait bien de vous troubler. Il est d'ailleurs bien certain que tout ceci ne vient pas de Dieu. Si je vous tenais au confessionnal de Lorette, je vous le ferais voir clairement, mais, par lettre, ces explications seraient trop longues à donner.

Soyez donc en paix, Madame. Priez la sainte Vierge avec ferveur et tranquillité. Imposez-vous la loi de ne pas penser volontairement de quinze jours à ces sortes de choses, et vous les verrez probablement se dissiper peu à peu. Si vous en avez l'occasion, faites dire quelques messes pour les âmes du purgatoire, et demandez, en échange, à leurs bons anges de vous secourir. Ce sont autant d'armes que l'on emploie utilement dans ces circonstances.

Ne vous inquiétez pas de ces petites épreuves, elles prouvent que Dieu vous aime et vous veut tout entière. Abandonnez-vous donc doucement et en paix à la conduite de ce bon Maître.

Ne craignez pas de m'écrire ; vous en aurez peut-être besoin plus d'une fois. Faites-le tout simplement, quand vous croirez que cela peut vous être utile. Vous ne pouvez pas me déranger. J'ajoute, pour votre tranquillité, que je brûle vos lettres aussitôt que j'y ai répondu.

Je suis, etc.

VIIIᵉ

A LA MÊME.

11 novembre 1833.

Je prends bien part à vos épreuves et vous recommande de suivre les conseils de prudence que j'ai cru devoir vous donner précédemment, à ce sujet.

Jusqu'à quand vous laisserez-vous inquiéter de ces tentations contre la foi ? Elles n'ont rien de réel que par les inquiétudes qu'elles vous causent et le mal qu'elles vous font. Ces choses se passent en vous, mais sans vous ; et loin de vous en chagriner, vous devriez y trouver un sujet de consolations et de mérites. Pour cela il faudrait ne pas vous en préoccuper, et ne pas y mettre plus d'importance que vous n'en mettez aux oiseaux et aux mouches qui voltigent autour de vous. Tenez-vous-en à ce que je vous ai dit si souvent : votre foi est vive et sincère, je n'en connus jamais de meilleure qualité, et qui fût plus ferme et plus absolue. Laissez donc l'ennemi de tout bien jouer ses marionnettes dans votre imagination ; il cessera bientôt, lorsqu'il s'apercevra que vous ne le regardez pas.

Ne craignez point de m'écrire toutes les fois que votre tranquillité ou toute autre raison vous y engage. Je m'estimerai toujours heureux de concourir au bien de votre âme, et de vous aider dans vos bonnes œuvres.

Je me recommande à vos prières et me rappellerai de vous et de votre malade au saint sacrifice. Croyez d'ailleurs, Madame, à mon entier et respectueux dévouement.

IXe

A UNE DAME.

28 janvier 1834.

Je vous remercie, Madame, de votre souvenir et de vos vœux. J'en fais de bien sincères pour vous, priant Notre-Seigneur de vous faire expérimenter de plus en plus combien est doux le joug qu'il impose à ses amis, aux personnes de bonne volonté. Vous avez le bonheur d'en être, Madame ; aussi, tout en prenant part à vos peines, tant intérieures qu'extérieures, je suis, toutefois, sans aucune inquiétude. Vous êtes à Dieu pour le temps et pour l'éternité. Vous aurez ici-bas part à la croix de Notre-Seigneur, parce que, d'une part, vous êtes fille d'Ève, et que de l'autre vous êtes fille de Marie. Comme fille d'Ève, il faut subir les conséquences du péché originel, et comme fille de Marie, il faut faire le pèlerinage du Calvaire. Il faut donc souffrir un peu à ce double titre. Mais ayez confiance, car ces souffrances sont pour vous le gage du salut éternel. Je n'ai jamais vu personne dont le salut me causât moins d'inquiétude que le vôtre ; il me semble que c'est une affaire faite, et que Notre-Seigneur vous attire doucement à lui, et pour ainsi dire à votre insu. Faites donc de grands progrès dans la confiance en Dieu, et conservez la tranquillité d'esprit ; car c'est là ce qui importe le plus à votre avancement spirituel.

La petite Maison de Lorette va toujours assez bien. Ses habitants n'oublient pas les bontés de Madame de ***, et lui offrent l'hommage de leur profond respect. Permettez-moi d'y joindre l'assurance, etc.

Xe

A LA MÊME.

20 février 1834.

Je reçois votre lettre, Madame, et je m'empresse d'y répondre par le courrier ; car, ma réponse n'est pas de celles qu'on peut renvoyer à Pâques ou à la Trinité.

Il est de foi que tous les chrétiens doivent faire pénitence ; et le choix du carême, comme temps consacré à la pénitence, est un point de discipline général. Sur ces deux articles, vous trouverez tous es pasteurs d'accord. Mais, comme la manière de faire la pénitence, et notamment celle du carême, est susceptible d'être modifiée par le temps, par les lieux et par une foule d'autres circonstances qu'il serait trop long d'énumérer ici, les différentes façons d'envisager et d'apprécier ces circonstances amènent naturellement de la diversité dans les opinions. On faisait le carême d'une manière bien plus sévère dans les premiers siècles que dans les derniers, et la raison en est simple : c'est que les santés étaient généralement meilleures il y a dix-sept siècles qu'il y en a un. Cette raison, qui a de tout temps amené les modifications apportées à la manière de faire carême, doit également en apporter de nouvelles à celles en usage il y a cinquante ans ; mais, comme cette nécessité n'est pas encore suffisamment constatée, les premiers pasteurs se contentent de donner des dispenses personnelles, en attendant qu'il soit pris une disposition générale. Ne vous étonnez donc pas, Madame, de ces petits dissentiments ; ne donnez tort à personne, dites seulement que les uns ont plus raison que les autres.

Dès l'instant que votre Curé s'en fie à votre sagesse, vous devez être fort tranquille et ne vous livrer à aucune inquiétude sur ce que vous avez réglé ; car je le trouve réglé, fort sagement, et en prends très-volontiers la responsabilité devant Dieu. Toutefois, je vous engage à ne pas vous montrer difficile à accorder un peu plus de gras à ceux de vos gens qui vous en témoigneraient le besoin : l'intention de l'Eglise est de mortifier la sensualité de l'homme, mais non pas de détruire sa santé. Jugez de vos gens dans cette affaire comme vous en jugeriez dans toute autre, et accordez-leur tout ce qui vous paraîtra raisonnable.

Tout ce que Monsieur le Curé défend est permis ici : ce ne serait cependant pas une raison pour que ce le fût chez vous, parce que cette partie de la discipline varie avec les diocèses. Cependant, la teneur de l'ancien Rituel ne prouverait pas grand'-chose, si l'usage général de votre diocèse y avait dérogé, ainsi que cela paraît, puisque d'une part des prêtres graves le pensent ainsi, et que de l'autre Monseigneur l'Evêque, loin de s'opposer au nouvel usage, est au contraire le premier à s'y conformer. Prenez donc et faites servir à votre collation ces diverses choses sans scrupule, et faites-le à midi ou le soir, comme vous le jugerez à propos ; car ce dernier point ne fait plus de difficulté pour personne. Mais, faites tout cela sans chanter victoire, sans dire que vous avez reçu une décision de Paris, sans même blâmer votre Curé. C'est un jeune homme qui débute et qui a besoin de ne pas être découragé, ni déconsidéré. L'habitude du ministère rectifiera ses idées, comme elle rectifie chaque jour les miennes, et alors il lui sera facile d'être plus habile que moi.

En ce qui vous regarde, Madame, je trouve que vous faites beaucoup, mais beaucoup trop. Ce n'est pas là ce que nous avions réglé précédemment. Permettez-moi d'exiger que vous vous en teniez absolument à ce que règlera Monsieur le comte de ***.

Je le prie d'accepter en cette circonstance le titre de mon vicaire, heureux si je trouvais jamais l'occasion de lui servir d'aide-de-camp. Buvez hardiment vos verres d'eau sucrée, et suivez bien tranquillement ce que je décide ici, car c'est moi qui en réponds. Agréez, etc.

XIe

A UN MONSIEUR.

2 avril 1835.

J'apprends avec bien du plaisir que le mieux se soutient et se consolide un peu. Je vous en félicite, et aussi pour N..., qui est bien pour moitié dans ces félicitations.

Quand vous éprouverez de ces retours de chagrin, d'impatience, de tristesse, mettez-vous, bon gré mal gré, à quelque occupation manuelle ; d'abord, vous aurez peine à vous y décider, mais allez toujours votre train, peu à peu votre occupation fera diversion, et vous vous trouverez insensiblement soulagé. Nous sommes de grands enfants, nous avons besoin d'être amusés, autrement nous nous abîmerions en nous-mêmes et nous emprisonnerions dans nos propres pensées. Du reste, soyez bien obéissant à N..., et ne vous faites pas un tourment de vos Pâques. Notre-Seigneur a dit : Venez à moi, vous qui êtes dans la souffrance et la peine, et je vous soulagerai. Vous l'entendez, Notre-Seigneur n'a pas dit je vous tourmenterai, mais je vous soulagerai. Ne mettez donc rien du vôtre dans cette affaire, et tout ira bien.

Ne causez pas trop avec votre imagination sur la nouvelle position de N... et N... L'imagination est une traîtresse qui ne nous flatte que pour nous désespérer, et qui, commençant par nous exagérer le rose, finit par barbouiller de noir tous les tableaux qu'elle nous montre. Ses combinaisons et son coloris sont toujours au-delà de la réalité : d'ailleurs, le terrain où se trouvent placés vos parents est bien mouvant. Les principaux personnages et leurs conseillers ont un peu de ressemblance avec les enfants qui désirent avec autant de vivacité ce qu'ils n'ont pas, qu'ils se dégoûtent de ce qu'ils ont. Il faut donc attendre pour regarder cette position comme établie solidement. Quant au reste, il faut attendre tout de Dieu ; car les combinaisons humaines m'ont toujours semblé fort au-dessous de la gravité des circonstances dont nous sommes le jouet depuis cinquante ans.

Adieu, mon cher N..., offrez mille amitiés de ma part à N... J'entends que N... me sache gré de tout le bien que je vous veux, puisqu'en cela je travaille autant pour elle que pour vous. Soyez bien sage, bien reposé, et croyez à ma tendre amitié.

XIIᵉ

AU MÊME.

24 avril 1835.

Je vois, mon cher ***, que l'imagination a voulu prendre sa part de vos Pâques, et que, ne vous ayant pas tourmenté avant, elle a voulu prendre sa revanche après. Ne vous en étonnez pas, c'est une servante maîtresse qu'il n'est pas facile de réduire au silence, surtout lorsqu'on lui a laissé prendre un certain pied. Ne vous lassez pas d'obéir et de vivre en dehors de vous-même, c'est à ce prix qu'est mise votre tranquillité. Détournez-vous doucement et constamment des pensées qui vous attristent, qui vous engagent insensiblement dans des réflexions contentieuses ; j'en dis autant des désirs ardents, inquiets, empressés, qui veulent être à l'instant satisfaits. Il faut vous méfier de tout ce qui vous concentre et vous agite, soit intérieurement, soit extérieurement. Point de réflexions sur le passé, pas de sollicitude de l'avenir, une légère attention au présent, voilà la médecine que je vous prescris. Je sais qu'il est plus aisé de donner des conseils que de les suivre, surtout en matière d'imagination ; aussi, ne vous donné-je ces avis que comme des moyens utiles, qu'il est bon d'employer, mais qu'il ne faut pas se chagriner d'avoir omis.

Vous passerez incessamment par Paris. Je fais bien des vœux pour que votre voyage ne vous fatigue pas trop. Souvenez-vous que, pour le moment, il faut vous prêcher à vous-même la modération pour le bien, et que si vous voulez être agréable à Dieu, il faut y travailler sans vous en apercevoir. Je prends la responsabilité de votre inattention. Offrez, je vous prie, mes compliments à N..., et croyez à mon bien sincère attachement.

XIIIe

AU MÊME.

20 juillet 1835.

Je vois avec plaisir, mon cher ***, que le bon temps l'emporte chez vous sur le mauvais, et que vous n'avez plus que des réminiscences. Le temps, le bon régime et votre docilité achèveront de consolider cette imagination, de la calmer, et de l'empêcher de faire la servante maîtresse.

Je félicite N... de son entrée dans la cavalerie, et ne m'étonne pas qu'il ait trouvé le début un peu dur. Il en coûte toujours pour faire connaissance avec cette manière de voyager, et quelque usage que j'en aie fait, j'avoue que je ne l'ai jamais trouvée fort agréable.

Vous voilà à Saint-Sauveur, comme les chrétiens ici-bas, avec une montagne en face et un précipice derrière. Devant, le paradis, position difficile à enlever ; derrière, l'abîme, qui rend la retraite impossible. Toutefois, gravissez cette montagne paisiblement ; c'est une hauteur qui ne se couronne pas au pas de charge. Montez-la doucement, sans regarder derrière, sans regarder en avant, sans même trop regarder à vos pieds ; appuyez-vous sur la confiance en Dieu ; suivez pas à pas N..., et je vous réponds de l'heureuse issue du voyage.

Je vois que l'affaire L. R... a retenti jusqu'à vous ; c'est une de ces causes dont l'issue, quelle qu'elle soit, laisse toujours quelque chose à désirer. L'esprit n'est pas satisfait complètement. L'homme est, par ses antécédents et par sa tenue devant les débats, peu susceptible d'inspirer de l'intérêt. D'un autre côté, il semble que l'instruction de l'affaire et les débats à la Cour d'assises ont été dirigés avec une sorte de mollesse et de bienveillance, j'ai presque dit de partialité, en ce qui regardait Mademoiselle de *** et sa gouvernante. On ne peut aussi se dissimuler que L. R... était condamné par l'opinion publique avant même de paraître à la Cour d'assises, ce qui peut quelquefois influencer les jurés et les faire juger plus par entraînement que par conviction réelle, surtout lorsque l'instruction de la procédure, dénuée de preuves matérielles, n'offre que des considérations morales et circonscrit l'esprit du juré dans le domaine des conjectures. C'est du reste une affaire qui montre l'impuissance de la justice humaine, et la nécessité de la justice de Dieu. Heureux ceux qui vivent de manière à n'avoir à redouter ni l'un ni l'autre.

Notre baromètre est ici fort au variable, et ma santé aussi. Il n'en est pas de même de l'amitié que je vous ai vouée, et dont je vous prie de recevoir ici la tendre assurance.

XIVe

A UN MONSIEUR, SON PARENT.

14 décembre 1835.

Vous pouvez penser si je partage vivement votre joie et celle de ma cousine, et si je me figure facilement celle de votre grand'mère. Cette bonne cousine ne vous en voudra certainement pas de la reculer d'un degré et de la rendre arrière grand'mère. Pour moi, dussé-je en devenir grand-cousin, je n'en ferai pas moins chorus avec vous.

Je comprends parfaitement votre discrétion, et vous pouvez compter sur la mienne ; j'espère toutefois que vous n'éprouverez aucun désappointement, et que Dieu récompensera votre confiance et votre patience.

Je suis bien aise que la santé de cette bonne Madame de *** se soit remise. Je crois que la présence de Monsieur de *** n'y aura pas nui. Cette solitude continuelle, à un certain âge, est un accroissement de maux, car il n'est pas facile de s'occuper, et les pensées se tournent en noir. J'aime à voir que les vôtres ne sont pas encore toutes blanches, elles ont au moins gris blanc, et c'est une amélioration.

Je conçois le changement de vos projets. J'y perdrai le plaisir de vous voir et de vous embrasser; mais la raison est trop bonne et me cause trop de joie pour qu'il n'y ait pas compensation.

Offrez, je vous prie, mon cher C.., tous mes compliments, amitiés et félicitations à ma cousine. Et croyez à mon véritable attachement.

XV

A UN MONSIEUR.

11 janvier 1836.

Vous pouvez croire que vos vœux et ceux de N... me sont infiniment agréables, et que je suis touché de l'amitié que vous me témoignez l'un et l'autre. Si je ne vous étais aussi sincèrement attaché, je m'applaudirais presque d'avoir pu vous être bon à quelque chose; mais je vous aime trop pour m'applaudir de ce qui vous a causé de si cruelles souffrances. De la distraction et une grande soumission d'esprit, voilà le moyen d'éviter jusqu'aux traces de cette incommodité. Evitez, surtout au moral, toute espèce de contention et d'exaltation, et au physique toutes les fatigues excessives, aussi bien qu'un trop grand repos. Il y a bien peu de personnes qui n'éprouvent, dans le cours de leur vie, quelque chose de semblable à ce que vous avez éprouvé ; un peu de calme et de sagesse remédient promptement quand, comme vous, on écoute les conseils d'un ami. J'espère que votre enfant sera béni dès le sein de sa mère, et que le baptême qui lui sera administré par votre saint évêque lui apportera des grâces toutes spéciales. Nous voyons dans l'ancien testament que les enfants qui se faisaient longtemps attendre n'en valaient que mieux, témoin Isaac, Joseph, Samuel, saint Jean-Baptiste, etc. ; puisse-t-il en être de même de cet enfant si désiré !

La société de votre frère sera utile à la bonne Madame de ***. Il est déjà un personnage, et de plus, c'est un petit-fils. Je ne sais s'il ne vaut pas mieux pour lui n'avoir pas été reçu à l'école de Saint-Cyr. Quelle carrière que celle d'un sous-lieutenant d'infanterie par le temps qui court !

Je dirai la messe le jour de la Purification pour Madame de *** et pour son fruit, l'un portant l'autre, et aussi pour vous ; car il faut que nous ayons la sainte Vierge avec nous, dans cette affaire comme dans toutes les autres.

Offrez à N... les vœux et les compliments d'un véritable ami, et recevez-les aussi ; car je trouve ces sentiments pour vous dans mon cœur.

Ma santé n'est pas merveilleuse : à dire vrai, je la désirerais un peu moins mauvaise ; mais pour très-bonne, c'est une autre affaire.

XVIe

AU MÊME.

23 mars 1836.

J'ai bien envie de vous rétorquer tous vos compliments, mon cher ***, car je suis un peu ce que me fait la personne avec qui je cause. Il y a des gens avec qui je suis insupportable, pour eux comme pour moi, et plus j'en fais la remarque, plus le mal augmente. En général, j'ai besoin d'être à mon aise, et je le suis d'autant plus que je rencontre davantage d'échange de mes idées et surtout de mes sentiments. Une personne qui va droit à Dieu me ravit le cœur ; et quand le cœur est joyeux, la tête travaille facilement : *ex abundantia cordis os loquitur*.

Je vois avec plaisir que votre régime moral vous est favorable : il faut le continuer. Dans votre position, il faut s'accoutumer à se prêter au monde en se donnant à Dieu. Toutes ces choses s'accordent ensemble avec un bon esprit. Prenez de la distraction, accoutumez-vous à laisser vos réflexions glisser sur beaucoup de sujets, sans en approfondir aucun. Ce qui doit être approfondi l'a été suffisamment par vous. Avec la grâce du Seigneur qui ne vous manque pas, et à laquelle vous ne manquez pas, vous avez tout ce qui est nécessaire à un homme d'honneur et à un chrétien, pour suivre d'une manière honorable et chrétienne le chemin de la vie présente, et pour ne pas s'écarter de celui de la vie future.

Si jamais vous vous trouviez dans quelque circonstance spéciale, difficile, comptez plus sur Dieu que sur vous pour connaître le parti à prendre. C'est moins par la réflexion que par la soumission que vous découvrirez au besoin la vérité. Votre bon ange vous fera rencontrer, dans l'occasion, un livre, un ami, que sais-je? l'âne de Balaam pour vous enseigner à propos ce que vous aurez à faire, à éviter. Je ne puis vous dire combien de fois j'ai éprouvé pour moi et pour les autres, ce qu'a de consolant et d'exact ce passage du chapitre XXXIXe du IIIe livre de l'*Imitation*: *Fili committe mihi semper causam tuam; ego bene disponam i.. tempore suo; expecta ordinationem meam et inde senties profectum.*

Soyez donc en paix et confiant en Dieu dans toutes les circonstances. Soyez l'aveugle de Jésus-Christ, il sera votre guide et vous conduira par le cœur.

C'est commencer un peu tard à vous parler de N... Je suis ravi de la savoir mieux portante et contente. C'est mon vicaire auprès de vous, et je vois avec bien du plaisir que ses travaux ont été bénis du Seigneur. Votre paix est la sienne, et votre contentement le sien. Soyez bien soumis à ses décisions, et elle, bien résolue en les donnant. Lorsque le temps de la délivrance de Madame de *** approchera, il faudra qu'elle me désigne le jour où elle voudra que je dise la messe pour elle; je le ferai de grand cœur.

Quoique je vive un peu en religieux, je recevrai

bien volontiers, sous le patronage de votre gravité, la visite que vous me proposez, mon cher ***, étant fort disposé à saisir l'occasion d'être agréable et utile à vous et à tout ce qui vous est cher.

XVIIe

A UN MONSIEUR.

5 mai 1836.

Je vois, mon cher ***, que le printemps vous a dit un petit mot en passant, et qu'il est venu, pour vous comme pour moi, juste ce qu'il fallait pour nous faire souffrir. Vous avez eu des maux de tête, et moi j'ai hurlé trois heures de la violence de mes douleurs. J'ai été jaune, fiévreux, et maintenant je suis redevenu gaillard et bien portant, comme de coutume, ce qui n'a rien de bien merveilleux.

Je pense, ou plutôt j'espère que les maux de tête ont été plus extérieurs qu'intérieurs. Il faut du temps, de la patience, et force obéissance à ces sortes d'épreuves. Et surtout il ne faut pas s'étonner de ressentir parfois de nouvelles atteintes. Nos nerfs sont comme les cordes d'une harpe, l'influence de l'atmosphère s'exerce chez eux, les tend ou les relâche suivant l'occurrence, et le moral s'en ressent. Je suis sûr qu'on pourrait faire un baromètre qui marquerait la gaieté et la tristesse, l'impatience et l'apathie, l'inconstance et la ténacité, comme il y en a qui marquent la pluie et le beau temps, le fixe, le variable et la tempête. Un tel meuble nous serait fort commode ; on saurait comment il faut ce jour-là nous présenter les affaires pour être bien reçu, et nous saurions, de notre côté, de quelle trempe seraient nos impressions de la journée, et sous quels rapports nous devrions être en garde avec nous-mêmes.

J'ai lu avec édification la lettre de Monseigneur l'évêque de ***. Je vous félicite de l'avoir pour administrer le sacrement de Baptême à votre enfant, quel qu'il soit. Je veux bien croire, sur la parole de votre vénérable pasteur, que ce sera un garçon, car il appartient aux saints de faire des prophéties ; mais, ce serait une fille que, pour mon compte, je ne l'en recevrais pas moins bien. Tout ce que Dieu envoie doit toujours être bien reçu ; et je ne sais si, tout tout bien considéré, les filles ne donnent pas autant de consolations que les garçons. Toujours est-il vrai qu'il est bien plus facile d'en faire de bonnes chrétiennes, et c'est quelque chose que cela. Je me déclare donc hautement pour la petite fille, si, par impossible, Monseigneur n'avait pas prophétisé.

Ce que vous me mandez de N... ne m'étonne pas. La position de cette famille, d'ailleurs si digne de nos respects, est d'autant plus déplorable qu'il n'y a pas *hic et nunc* de remède. On est, à un certain âge, ce qu'on a été toute sa vie. Dieu seul pourra changer l'état des choses, et à l'égard des jeunes gens seulement ; il y a impossibilité absolue pour les autres. Ce voyage dont vous me parlez est, en effet, une étrange chose. Il ne peut que déconsidérer les visités sans être d'une grande utilité aux visitants. Mais c'est la maladie des parvenus que de vouloir frayer avec plus grands qu'eux. Napoléon lui-même y paya son tribut bien petitement et bien inutilement. Son mariage avec une archiduchesse ne l'éleva aux yeux de personne, et fit seulement voir, comme le disait la chanson d'alors, qu'il avait bien ses raisons, pour prendre une fille de bonne maison. Adieu, mon cher ***, offrez à N... mille amitiés, vœux et compliments, et croyez l'un et l'autre à mon bien sincère attachement.

XVIIIe

A UN PARENT. — FÉLICITATIONS.

21 août 1836.

Je reçois votre lettre, mon cher ***, et je me hâte de vous répondre quatre mots, car les bureaux ferment à midi le dimanche. Je commençais à trouver le temps un peu long, et à croire qu'il y avait quelque erreur dans les supputations; mais je vois que ma cousine n'a pas perdu pour attendre, puisque la petite fille est née, un samedi, jour de saint Bernard, si dévot à la très-sainte Vierge ! J'espère que ce grand saint attirera sur vous tous, et sur cette chère enfant, les bénédictions de celle qui est à la fois notre Mère et notre Reine. J'espère que Mademoiselle F... aura été bien reçue, quoiqu'on ne comptât pas absolument sur elle. Pour moi, qui y comptais, je vais bien prier pour elle et pour tous ; mais les prières de votre saint évêque y feront plus que les miennes.

Je vois que ma cousine a beaucoup souffert, et vous aussi, n'est-il pas vrai ? Je connais cette épreuve. Dites à ma cousine toute la part que je prends à sa joie et à ses souffrances. Vous me manderez l'époque de ses relevailles, afin que je dise la messe à son intention.

Adieu, mon cher ***, recevez toutes mes félicitations, et croyez à ma bien tendre amitié.

XIXe

A UNE DAME.

14 novembre 1836.

Les trois neuvaines dont Madame la comtesse de *** m'a demandé ce matin l'indication, consistent à réciter vingt-sept chapelets en vingt-sept jours, savoir : les neuf premiers en l'honneur de Notre-Dame de Paris, les neuf suivants en l'honneur de Notre-Dame de Grâce, et les neuf derniers en l'honneur de Notre-Dame des Victoires.

Il est à propos de faire quelques communions aux

mêmes intentions, et Madame de *** pourrait en faire une de plus par semaine que celles dont je lui ai parlé ce matin. Je la prie de croire à mon dévouement entier et respectueux.

XXe

A LA MÊME.

26 décembre 1836.

J'apprends avec bien de l'intérêt, Madame, la conversion officielle de Mademoiselle de *** ; je dis officielle, car en vérité son cœur était à Dieu depuis longtemps. Je me suis conformé à son désir, ou plutôt j'ai chargé Notre-Seigneur de l'accomplir lui-même, et j'ai offert le saint sacrifice à cette intention. Voilà une grande consolation pour votre amie, pour son père, et pour les autres membres de sa famille qui étaient déjà catholiques. Cette félicité n'est pas comprise de tous ; mais ceux qui s'occupent plus de Dieu que d'eux-mêmes, qui ne sont pas des gens de plaisir et d'affaires, mais des chrétiens en esprit et en vérité, ceux-là, dis-je, la comprennent, l'apprécient et désirent la mériter.

Je me trouve mêlé dans une affaire qui vous intéresse et n'en va pas mieux pour cela. Il s'agit de combiner de petits états pour votre comptabilité domestique. J'ai entre les mains le petit papier que vous avez envoyé au numéro 16, mais cela ne suffit pas. Madame la Supérieure m'a bien aidé de ses avis, cependant j'ai besoin de quelques éclaircissements. Il faudra que vous ayez la complaisance de me les fournir, la semaine prochaine. A dire vrai, complaisance n'est pas le mot : c'est courage qu'il faut dire. Eh bien ! vous commencerez l'année par cet acte de courage qui vous rendra brave pour tout 1837.

Veuillez, Madame, croire à mon dévouement respectueux.

XXIe

A LA MÊME.

23 février 1837.

J'apprends, Madame, avec bien de la peine que votre mauvaise santé a cru devoir aussi payer tribut à la grippe. Je désire bien que vous n'ayez pas de rechute ; et, pour cela je vous engage à ne pas insister pour les communions, si on y voit le moindre inconvénient. J'ai eu quelques atteintes de ce mal ; mais mon domestique l'a eu suivi de chute et de rechute, et est encore au lit, dans ce moment. N'ayant que lui, depuis que j'ai perdu mon cuisinier, vous pouvez penser que je ne suis pas très-bien soigné, et c'est ce qui fait probablement que Dieu permet que je ne tombe pas tout à fait.

Nous n'avons à Lorette, jusqu'ici, qu'une seule personne atteinte ; mais cette personne est l'âme de la Maison, et je ne puis vous dissimuler que cet accroissement de maux, nous donne les plus grandes inquiétudes. Je recommande donc à vos prières la Maison et la Supérieure, car en vérité, c'est tout un ; et cette bonne fille est dans un état tout à fait alarmant.

Je vous remercie des bonnes nouvelles que vous me donnez de Madame de *** ; je vous prie de lui offrir mes respects lorsque vous lui écrirez.

Pour moi, il ne me reste qu'à vous recommander de demeurer en paix au milieu de vos souffrances, quelles qu'elles soient, et qu'à vous offrir, etc.

XXIIe

A UNE DAME.

7 mars 1837.

On a agi bien prudemment, Madame, en vous empêchant d'entreprendre le voyage de Paris, avec votre santé, par un si mauvais temps. J'espère que le printemps améliorera l'une et l'autre, et que vous pourrez alors vous mettre en route sans inconvénients. Toutefois, je vous engage à suivre les lumières des autres plus que votre propre pensée sur cet article.

Vous êtes bien bonne de prendre autant d'intérêt à cette petite Maison ; il est vrai qu'on sait y apprécier les bontés de Madame de ***, et qu'elles ont trouvé des cœurs reconnaissants.

On a commencé une neuvaine à sainte Philomène. Puisse Notre-Seigneur y avoir égard ! Il n'y a plus qu'un miracle qui puisse conserver à cette communauté sa Supérieure ; c'est du moins ma manière de juger, et je ne me trompe guère sur ces maladies. Chaque semaine, l'affaiblissement de la malade est sensible, et il me paraît avoir fait de notables progrès depuis vingt-quatre heures. Que vous dirai-je, Madame ? Voilà ce que c'est que la vie. Ce serait en vérité bien peu de choses, si on ne pouvait l'employer à aimer et à servir Dieu, et si les peines qui l'accompagnent ne nous rendaient pas conformes à Jésus-Christ souffrant sur la croix, et à sa sainte Mère, abîmée de douleur sur le Calvaire.

Vous avez bien fait de communier ; il ne vous manque plus, pour être parfaite, que de savoir vivre en paix en dépit de votre imagination, et nonobstant les *ragotages*. C'est, selon sainte Thérèse, la folle de la maison ; vous êtes trop sensée pour vous laisser conduire par elle. Soyez donc en paix, Madame. Je prends tout ce que vous trouvez inquiétant sous ma responsabilité. Eloignez doucement de vous cette lutte qui ne peut que vous agacer et vous fatiguer sans utilité. Soyez douce et humble de cœur, et mettez votre tête dans votre poche, tout sera alors au mieux.

Adieu, Madame, priez pour moi ; priez pour cette

bonne fille, et surtout pour cette pauvre petite Maison, bien désolée en ce moment. Ne craignez point de me déranger en m'écrivant. Agréez, etc.

XXIIIe

A LA MÊME.

3 mai 1837.

Vous pouvez être bien tranquille, Madame, je connais toute votre méchanceté, et c'est pour vous aider à en guérir que je tiens tant à ce que vous approchiez exactement de la sainte Table. La demande que vous me faites d'en approcher plus souvent ne peut que m'être agréable et à Notre-Seigneur. Communiez donc au moins une fois de plus par semaine, pendant le mois de Marie, et demeurez douce, humble et paisible auprès de notre divin Maître. Il vous aime bien et a beaucoup fait pour vous. Au nombre de ses bienfaits, il faut compter les torts de vos proches; vous les eussiez trop aimés, et il vous voulait tout entière. La plupart des réflexions que vous faites sur leurs mauvais procédés sont peu volontaires, aussi bien que les petits mouvements d'aigreur qui tournent autour de votre cœur à ce sujet. Toutefois, tout en plaignant les personnes qui vous affligent, et en trouvant un peu dure leur manière d'agir à votre égard, ne perdez pas de vue que ce sont les moyens dont Dieu s'est servi pour vous éloigner du monde, et pour vous enlever à des occasions dangereuses où bien d'autres se sont perdues. Il n'est pas ordinaire de se dégoûter, à vingt et quelques années, des illusions du siècle pour tourner son cœur vers Dieu, s'attacher à son service et mettre sa joie à lui plaire. Il fallait bien que Notre-Seigneur mît un peu d'amertume dans vos rapports avec votre famille et avec tout ce qui pouvait attacher votre cœur, afin qu'élevant plus haut vos pensées et vos affections, vous aimassiez Celui qui seul mérite d'être aimé. Si vous avez aujourd'hui des peines, si vous tressez une couronne d'épines, c'est que là-haut on vous destine une grande joie et une couronne de roses célestes, que rien ne pourra faner.

Je vous remercie de vos bontés pour la petite Maison. Dieu a fait de grandes grâces à ces bonnes religieuses. Elles ont élu leur assistante Supérieure, non sans verser bien des larmes. Je m'aperçois déjà de la puissance des prières de leur Mère, de celle qui les avait laborieusement engendrées à Jésus-Christ. Vous avez une grande part sans doute à ses prières, car vous en aviez, Madame, une bien grande à son affection. Elle vous regardait comme faisant partie de sa communauté, ce qui était pour la Maison un grand honneur, et ce qui sera, je l'espère au moins, d'un grand profit pour vous. Recommandez-vous à cette bonne et bien sainte fille pendant ce mois de Marie ; demandez-lui une grande paix ; elle vous l'obtiendra, j'en suis sûr. Priez pour moi, Madame, et agréez, etc.

XXIVe

A UNE DEMOISELLE.

9 mai 1837.

J'aurais grand tort de demander des croix pour vous, Mademoiselle, car je vois que, grâce à Dieu, vous n'en manquez pas : peines de corps, de cœur et d'esprit, plus une occasion continuelle de contrariétés et d'impatience. En voilà, je pense, plus qu'il n'en faut pour vous sanctifier. Mais comme les croix ne nous sanctifient pas par elles-mêmes, mais par la manière dont nous les portons, je vous engage à puiser dans les visites au Saint-Sacrement, dans la prière et dans la communion, la force et la persévérance dont votre âme a besoin. Soyez en paix : nous avons un bon Maître, qui sait soutenir ses serviteurs dans les épreuves, et qui les attend au bout de cette vallée de larmes, pour les combler des marques éternelles de sa tendre amitié. Mais surtout n'augmentez pas vos croix en y pensant, pour les compter, les mesurer, les peser, vous en effrayer et vous en décourager, comme si vous deviez les porter toute seule.

Quant à celle de tous les moments, je vous engage à y accoutumer votre cœur, à y façonner votre volonté. La volonté de Dieu paraît vous y avoir attachée. Monsieur D... n'a pas voulu vous permettre d'en descendre. Il était pieux, sage, et connaissait à fond les circonstances dans lesquelles vous êtes placée. Il avait donc tout ce qui lui était nécessaire pour en bien juger, et nous aurions mauvaise grâce tous deux, moi surtout, d'en vouloir savoir plus que lui. Peut-être feriez-vous bien de vous rendre compte du caractère et de la capacité de votre élève une bonne fois, et de n'en pas vouloir tirer plus que ne comportent ses dons naturels et surnaturels. Je sais bien que le vieil homme viendra vous dire que, si elle ne fait pas ceci et cela on vous en saura mauvais gré, mais il ne faut pas l'écouter. Dieu ne vous demande pas d'en faire une merveille en science et en sainteté, faites le possible et non l'impossible, puis demeurez en paix. Tirez parti des bonnes qualités, il doit y en avoir quelques-unes ; ne vous préoccupez pas trop des mauvaises, de peur que, voulant arracher l'ivraie, vous ne détruisiez le bon grain. Vous me répondrez peut-être : Mais j'en souffre ! Soit ; et n'est-ce donc pas là le bon côté de l'affaire ? car, enfin nous ne sommes chrétiens que pour prier et souffrir.

Je vous comprendrai autant que cela sera nécessaire au bien de votre âme, et c'est l'important. Comptez un peu plus sur Dieu, Mademoiselle, et sur la grâce d'état du confesseur.

Vous avez donc bien peur que je ne fasse brûler ces lettres ? Rassurez-vous ; je ne procède pas ainsi dans des matières si délicates. Et dans tous les cas, ce ne serait point en traître et à l'improviste, ni en despote qui exige des autres une soumission absolue.

Je n'ai pas coutume de charger mes pénitents de règlements et de pratiques. Si je vous ai imposé quelques obligations, c'est pour vous fixer un peu, et restreindre de votre liberté ce qui me semblait excessif ; ne quittez pas ces liens, mais ne les serrez pas. Je ne veux point qu'ils vous gênent. Il faut savoir être exacte pour l'amour de Dieu, et être inexacte pour l'amour du prochain, et même pour l'amour de vous-même, quand les circonstances le demandent. Le choix de votre confesseur est convenable. Tous les confesseurs sont d'ailleurs indifférents ; jeunes ou vieux, ennuyeux ou aimables, quand on ne s'occupe avec eux que de confession et qu'on ne s'en préoccupe pas après s'être confessé.

Quant au choix du livre pour la lecture spirituelle, je vous laisse toute liberté ; seulement vous me direz, quand l'occasion s'en présentera : Je lis, ou j'ai lu tel ouvrage.

Demeurez donc douce et paisible au milieu des sécheresses et des contrariétés ; aimez le prochain comme vous-même, mais pour l'amour de Dieu. Donnez le change à votre impressionabilité, en détournant doucement votre attention de ce qui peut exercer sur elle de l'influence. Recommencez chaque jour, avec patience, l'œuvre de votre sanctification ; souvenez-vous de ce que dit La Fontaine de son renard :

> Il s'y prit d'abord mal, puis un peu mieux, puis bien ;
> Puis enfin, il n'y manqua rien.

C'est ce qui vous arrivera, si vous tendez à Dieu paisiblement, constamment et pieusement. Je serai toujours prêt à vous aider dans cette route difficile ; je vous prie d'en être persuadée, ainsi que de mon respectueux dévouement.

Vous faites sans doute le mois de Marie.

XXVe

A UNE DAME.

17 juin 1837.

Je ne pensais pas, Madame, que vous étendriez la lecture de Rodriguez au delà du Traité sur la conformité à la volonté de Dieu. Je l'avais marqué à cette intention et avec l'espérance que vous succomberiez à la tentation de garder les images qui servaient de marque. Le Traité sur l'examen est sans doute un de ceux qui vous convient le moins, non pas que tout ce qu'il renferme ne soit très-vrai et très-utile, mais ce sont choses qui ne vous concernent pas, et très-propres à vous troubler. Demeurez donc bien en paix, vous en tenant constamment aux petits conseils que je vous ai donnés à diverses époques, et les interprétant toujours d'une manière favorable au repos de votre âme. Votre foi est vive, votre désir de servir Notre-Seigneur sincère, et votre horreur de tout mal forte ; mais vous êtes un peu douillette sous ces divers rapports. La moindre pensée, la moindre ombre du mal vous agite, vous effraie, et vous commencez par vous condamner impitoyablement. Il y a des malades imaginaires et des pécheresses imaginaires : vous vous placez dans cette dernière catégorie, et je ne vous contrarierai pas. Je vous félicite, toutefois, d'avoir soutenu aussi résolument cet assaut, et de ne pas vous être éloignée de la communion. Voilà une victoire qui me donne grande idée de votre vaillance, et qui me montre que la paix de Notre-Seigneur s'établit en vous.

Vous voulez être fixée pour vos communions ; mais pouvez-vous l'être mieux que par ce que vous a dit votre confesseur ? Communiez toutes les fois que vous pouvez le faire facilement. Demeurez en paix, Madame, et ne fermez pas la porte de votre cœur à Notre-Seigneur, lorsqu'il vient s'y présenter de si bonne grâce.

Je n'ose me réjouir des souffrances de Madame de ***. Mais puisqu'elles existent, je suis bien heureux de savoir que vous en profitez pour lui témoigner votre affection et pour mener une vie pieuse, tranquille, éloignée de certaines tracasseries, et qui convient si bien aux dispositions de votre âme et aux exigences de votre santé. Profitez de cette circonstance que Notre-Seigneur vous a ménagée lui-même. Témoignez-lui en toute votre reconnaissance en le recevant doucement et humblement, sans peser ni compter le nombre de ses visites. Laissez-le faire, car il aime à visiter les forts pour assurer leur persévérance, et les faibles pour les fortifier. Il faut vous confesser tous les quinze jours à l'ordinaire, en ayant la facilité, et afin que votre cœur ne s'effraye pas de la fréquente communion. Soyez bien en paix, si vous ne voulez pas être grondée, car je ne suis inexorable que sur ce point. Adieu, priez un peu pour votre dévoué et respectueux serviteur.

XXVIe

A UNE DEMOISELLE.

17 juin 1837.

J'ai appris avec bien de la consolation, Mademoiselle, l'amélioration de la santé de Monsieur D... C'est une joie partagée par tous les bons prêtres du diocèse, et je fais bien des vœux pour que cette amélioration devienne une bonne santé tout entière. Vous feriez peut-être bien de l'engager à recourir au prince de Hohenlohe, s'il ne l'a pas déjà fait. Je serais bien content de le savoir en Champagne, il y serait moins seul qu'à la campagne où il se trouve maintenant ; et je crois qu'il se trouverait bien d'être moins isolé ; car la solitude est chose pénible à ceux qui souffrent et ne peuvent pas s'occuper.

Je prends part à votre croix ; et elle me paraît telle, que je suis tout à fait de l'avis de Monsieur D..., je vous permettrais, je vous conseillerais même un changement de position, s'il s'en présentait un bien convenable, c'est-à-dire bien sûr ; mais cela est bien hypothétique, et ne peut, au moins dans ce moment, être l'objet de vos réflexions.

La découverte que vous avez faite donne à la fois la clef de l'état de votre élève, et montre la difficulté de la guérison. Je la plains, je plains ses parents et vous par-dessus tout. Enfin, ce qui doit vous soutenir dans cette épreuve, c'est que cette croix vous est arrivée dans l'ordre de la Providence, et non dans l'ordre de votre propre volonté. Mettez entre elle et vos épaules le coussin de la patience, dirait le bon saint François de Sales, et vous en éprouverez de l'allégement. C'est au sixième livre qu'il faut commencer le *Traité de l'Amour de Dieu*. Les cinq premiers vous paraîtraient trop métaphysiques.

Si vous êtes assez heureuse pour avoir Monsieur D... à S..., vous ferez bien de lui faire toiser cette croix, afin qu'il prononce sur tout cela, car mon jugement est absolument à la suite du sien. Priez un peu pour moi et agréez, etc.

XXVIIᵉ

A LA MÊME.

23 août 1837.

Je trouve bien convenable que vous m'appeliez mon Père, puisque ma qualité de prêtre et de confesseur, fût-ce par intérim, l'autorise tout à fait. Mais il faut souffrir que je vous donne le titre de Mademoiselle. Vous n'êtes venue à moi que depuis bien peu de temps, trop peu pour que je vous appelle ma fille ; et même, je ne me sers de cette épithète qu'à mon corps défendant, et avec une sorte d'embarras avec les personnes que je confesse depuis longtemps. Tenons-nous en donc aux termes où nous sommes. Soyez Mademoiselle pour moi, et je serai Père pour vous.

Vous conduisez l'affaire de votre conscience, j'entends vos rapports avec votre confesseur, avec, passez-moi le mot, une sorte d'afféterie toute mondaine. Le doigt de Dieu n'est pas là. Je vous confesserai et vous dirigerai, tant que Monsieur D... sera malade ; s'il va mieux, je vous laisserai retourner à lui ; et s'il va plus mal, revenir à moi, sans en prendre la moindre humeur, sans vous en témoigner le plus petit déplaisir. Je me regarde au confessionnal comme un marchand à sa boutique. Si Notre-Seigneur m'envoie de l'occupation, je l'en remercie ; s'il me laisse les bras croisés, je ne m'en plains pas. Pourvu que mon maître soit content, je le suis toujours.

Mettez-vous donc bien à votre aise, tant avec Monsieur l'abbé D... qu'avec moi. Cherchez seulement le royaume de Dieu et sa justice, puis le reste vous viendra par surcroît. Vous voulez être ma fille, c'est-à-dire celle de Notre-Seigneur, et vous êtes encore une fille d'Ève, une vraie Marthe qui s'occupe de ce que pense, de ce que veut le confesseur, tandis qu'elle ne devrait s'occuper que de ce que pense, de ce que veut Dieu. Si, en venant a moi, vous cherchez Jésus-Christ, vous le trouverez, soyez-en certaine, je ne vous le refuserai pas. N'ayez donc que ce soin : tout autre est absolument inutile.

Je vous ai déjà rudoyée sur cet article ; il faut vous attendre à l'être encore, car vous en avez besoin.

Je crains bien, en effet, que Monsieur l'abbé D... n'éprouve qu'une amélioration passagère à son état. Je le savais en voyage, mais j'ignorais qu'il fût aux eaux.

Prions pour lui, priez pour moi, et agréez, etc.

XXVIIIe

A UNE DAME.

26 septembre 1837.

Je serais bien tenté de reprocher au bon Rodriguez votre supplément de confession, et je redoute, Madame, qu'à force d'aimer l'humilité, vous en veniez à trop craindre l'orgueil. Il faut lire ces sortes d'ouvrages avec beaucoup de discrétion, lorsqu'on a la bonne volonté de Madame de ***, jointe à une imagination vive. Dieu veut être aimé et servi, mais en paix, mais sans trouble et sans empressement.

Je ne vous crois pas médisante. Il peut se faire que, dans la chaleur de la conversation, vous laissiez échapper quelques mots que vous voudriez reprendre ensuite, mais comme il n'y a ni malice, ni habitude, il ne faut pas mettre à ces petits manquements une importance qu'ils sont loin de mériter. On s'humilie intérieurement de ces petites fautes, lorsqu'on s'en aperçoit, et l'on attend, pour s'en accuser, la confession suivante, sans s'éloigner de la communion le moins du monde.

Je m'étonne toujours de voir Madame de ***, avec son bon jugement, être la dupe du démon, bien qu'il l'attaque constamment de la même manière. Vous avez cependant un moyen infaillible de reconnaître que vos troubles viennent de lui et nullement de Dieu, c'est lorsque vous vous sentez portée à retarder vos communions et à les abandonner, sous prétexte d'indignité. Cette seule pensée devrait vous signaler la présence de l'ennemi, et vous mettre sur vos gardes. Si elle revient, n'en soyez plus ébranlée ; répondez à cet ennemi de tout bien : Je communierai par obéissance, et j'en laisserai la responsabilité à mon confesseur, qui ne craint pas de l'accepter. Ainsi, Madame, confessez-vous aux époques ordinaires et faites vos communions exactement, voilà la conclusion de ma lettre. Je dirai, lundi prochain, la messe pour vous et selon vos intentions. J'y ajouterai un petit mot pour votre bon ange gardien, dont l'Eglise célèbre la fête ce jour-là.

XXIXe

A UNE DEMOISELLE.

1er octobre 1837.

Puisque vous le désirez, je vous nommerai ma fille, bien que le nom ne fasse rien à la chose, et qu'il suffise que je vous aide à connaître et à faire la volonté de Dieu ; mais, puisque cela doit vous en faciliter les moyens, recevez donc ce titre au nom de Notre-Seigneur.

Que ce mot d'afféterie ne vous trouble pas ; j'ai

dû le prononcer. Quand vous y verrez mieux, vous en conviendrez vous-même.

En me comparant à un marchand, je n'ai pas confondu le sacrement que je dispense avec l'objet de son négoce ; j'ai comparé mes dispositions avec les siennes, et plût à Dieu que j'eusse pour gagner les âmes à Notre-Seigneur autant de zèle que ses semblables en ont pour acquérir des pratiques ! Ma voie est une voie d'attente ; je reçois ce que Dieu m'envoie, et renonce à ce qu'il m'ôte, sans lui en demander la raison, sans remerciements ni reproches à ceux qui viennent à moi. Je pense qu'ils ont eu de bonnes raisons pour venir, et de meilleures pour s'en aller ; puis, je tâche de demeurer en paix. Ce ne serait pas, du reste, me quitter que de retourner à Monsieur l'abbé D... Je vous ai toujours dit, et je vous le répète, qu'il est et qu'il doit demeurer votre confesseur, tant qu'il le voudra, ou plutôt tant qu'il le pourra. C'est à son défaut que je vous conserverai. Mais hélas ! je crains bien que cette question ne soit bientôt qu'une chimère ! Je tremble en le voyant si impressionnable et rongé par une fièvre incessante, à l'entrée de l'hiver. Quels progrès ne fera pas un mal de cette nature pendant la mauvaise saison, et que ne produira pas le mouvement du printemps ! J'avais appris avec plaisir son remplacement, pensant que le repos pourrait avoir un heureux effet ; mais maintenant, je le désire plus que je ne l'espère.

Il ne faut pas vous étonner d'être extrême en tout ; cela tient à bien des causes ; mais la vivacité et l'indépendance de votre imagination y jouent le premier rôle. L'imagination est une servante utile quand on la tient à sa place ; mais il faut prendre garde qu'elle ne devienne une servante maîtresse, car alors elle bouleverse la maison. Adieu, ma fille. Croyez à mon sincère et respectueux dévouement.

XXXe

A UNE DEMOISELLE.

5 octobre 1837.

Il y a, sans doute, des choses vraies dans le mal que vous dites de vous, Mademoiselle, mais vous voyez trop de choses à la fois ; cela vous éblouit et ne vous éclaire point. Ce n'est pas avec la tête que l'on marche dans le chemin de la perfection, mais avec le cœur. Grâce à Notre-Seigneur, vous êtes dans la route, mais vous avez encore de trop bons yeux. Vous marcherez droit, quand vous ne verrez plus si clair. Telle est votre voie : elle est en opposition complète avec votre humeur naturelle, et c'est de cette opposition que sont venus tous vos tourments. Le vieil homme ne meurt pas sans convulsions, son agonie est longue et douloureuse ; mais les crises, en se répétant, s'affaiblissent ; la grâce prend peu à peu le dessus, et les mouvements de la nature lui cèdent insensiblement le terrain. Tenez pour certain, comme si Notre-Seigneur vous l'avait dit lui-même, que vos sécheresses, vos impuissances spirituelles viennent de Dieu et vous conduisent à Dieu. Tenez également pour indubitable que les pensées contraires, que vos craintes sur cet état, que le doute où vous êtes, s'il n'a pas le démon pour auteur, sont autant de suggestions de l'ennemi, et des plus adroites. Si j'avais votre volonté entre mes mains, je vous ferais une grosse défense de jamais vous arrêter à ces pensées et d'entretenir ces inquiétudes. Je suis cependant content de vous les voir; c'est une preuve que Notre-Seigneur est avec vous et vous conduit. Ces sortes de tentations sont ordinairement l'épreuve des personnes appelées à l'oraison de recueillement, et elles ne cessent que quand elles ont une bonne fois pris la résolution de demeurer en paix dans cette voie d'attente, de nullité et d'ennui. Plus tard, je pourrai vous en dire davantage, mais vous ne faites que commencer. Seulement, soyez en paix sur ma parole, car je consens à répondre devant Dieu de toutes les fautes que votre soumission vous fera commettre.

Je ferai usage de votre corporal, recevez-en tous mes remerciements; mais, si vous voulez que j'étende votre volonté dessus, faites bien ce que je viens de vous dire, et demeurez bien en paix sur ma parole.

Je vous envoie un ouvrage qu'il faut lire et relire. C'est un ouvrage excellentissime. Son chapitre seul de l'oraison de Jésus-Christ est un trésor. Emportez-le d'abord à la campagne, et gardez-le ensuite dans votre oratoire, vous y trouverez tout ce qui vous est nécessaire. C'est d'ailleurs un ouvrage fort connu et fort répandu (*Intérieur de Jésus-Christ et de Marie*, par Grou).

Quand vous serez un peu moins clairvoyante, vous comprendrez facilement jusqu'à quel point la grâce réduit une âme à une sainte enfance ; et vous pourrez sonder toute la profondeur de cette parole de Notre-Seigneur : « Si vous ne devenez comme de petits enfants, vous n'entrerez pas dans le royaume des cieux. » Alors, si vous relisez la vie de Monsieur Hélyot, vous comprendrez que les actions des saints sont toujours admirables, bien qu'elles ne soient pas toujours imitables. Agréez, etc.

XXXIe

A UNE DEMOISELLE.

4 octobre 1837

J'attendrai, pour vous parler de vos nouvelles peines, que vous m'en ayez donné le détail, ma fille. Je les crois bien sérieuses jusque-là, mais ne les augmentez-vous pas ? Vous avez une imagination vive, ardente, qui ne contribue pas peu, je le pense au moins, à toutes vos peines, et qu'il faudrait un peu tempérer. C'est la folle de la maison, sainte Thérèse l'a dit, et elle s'y connaissait. Ce contre-temps qui prolonge votre séjour à la campagne vous sera utile, puisqu'il mortifie votre volonté. Voilà ce que c'est, on n'aime pas à se faire violence, à se mortifier soi-même, il faut que la Providence s'en mêle et charge les autres de nous mortifier.

Je ne sais trop quelle idée vous vous faites de la piété, de la dévotion. Il faut que vous la fassiez consister en des choses bien extraordinaires, bien rudes, bien taquinantes, pour lui en vouloir tant ! Vous dites qu'encore un peu, et vous ne vous croiriez appelée qu'à la manière d'être du commun des bons chrétiens. Eh ! ma fille, je vous assure que je me contenterais bien de cela, pour vous et pour moi, en attendant mieux. Celui-là est vraiment savant, dit l'auteur de l'*Imitation*, qui fait la volonté de Dieu et ne fait pas la sienne. Ne cherchez pas autre chose, car tout est là. Les bonnes directions sont courtes, et doivent accoutumer les personnes dirigées à se suffire à elles-mêmes, dans les circonstances ordinaires, pour tout ce qui tient à la perfection. Lorsque l'on est fixé sur le nombre des communions, sur les exercices de piété habituels, et sur son défaut dominant et la manière de le combattre ; quand, enfin, on sent un peu le prix des contrariétés, de la mortification, et que l'on a quelques règles sur la manière de la pratiquer, on a des provisions pour son année, et l'on peut s'adresser, avec un profit presque égal, à tous les confesseurs. S'il survient quelque peine inaccoutumée, quelques difficultés un peu embarrassantes, Dieu met toujours là quelqu'un pour venir en aide, ou bien on écrit à son directeur, et la réponse ne tarde pas.

Il est possible que la personne qui vous conduit

en ce moment, vous trouve meilleure quand vous jouissez de la ferveur sensible, parce que dans cette circonstance, elle vous trouve plus assidue à vos devoirs, à vos exercices spirituels, plus généreuse à vous oublier. Je crois qu'en effet, vous m'avez dit jadis que telle était votre coutume. Ce n'est pas parce que vous êtes consolée qu'il vous trouve meilleure, mais c'est parce que, étant consolée, vous êtes moins infidèle. Les dégoûts et les sécheresses sont chose excellente aux personnes qui en usent pour purifier leur affection et redresser leur intention ; mais elles sont chose fâcheuse aux personnes qui s'en découragent, qui abandonnent le service de Dieu et deviennent infidèles à la grâce. Il ne faut pas être comme les bateaux à vapeur qui ne savent plus marcher quand le feu s'éteint ; il faut être comme les galères qui savent marcher à la rame quand la voile leur devient inutile, dont les marins ne craignent pas de faire agir leurs bras quand Dieu leur refuse le vent. Demeurez donc douce, égale, maniable dans la main de Dieu, et soyez fidèle à son service, quoi que vous éprouviez. Priez pour moi, ma fille, et recevez, etc.

XXXIIe

A UNE DAME.

14 novembre 1837.

Le désir de la communion annonce une bonne santé spirituelle, et je ne m'étonne pas, Madame, que Notre-Seigneur vous en fasse sentir la nécessité. Je ne vous gênerai en rien sur cet article ; et puisque vous me demandez une communion au moins, et que je n'en puis accorder que deux au plus, car cinq et deux font sept, recevez ces sept communions, et continuez-les jusqu'à l'époque où vous viendrez me trouver.

Je connais vos croix ; j'en ai mesuré la longueur et apprécié le poids. Que vous les trouviez un peu lourdes, que vous fassiez, au moins intérieurement, la moue de temps à autre, aux personnes qui vous les ont taillées et imposées, cela n'a rien de bien étonnant, ni de bien inquiétant. Un jour vous en jugerez autrement, et vous vous réjouirez dans le Seigneur d'avoir eu cette part à son calice. Mais alors, les mauvais temps seront passés, et vous recueillerez dans la joie ce que vous avez semé dans les larmes. « Ils allaient en pleurant, ensemençant leur terre, dit David, et ils viendront un jour portant avec des transports de joie leur riche moisson. » Voilà ce qui vous arrivera, Madame, et à tous ceux qui ont souffert avec Jésus-Christ. Les pleurs que vous aurez versés en portant la croix ne vous seront pas reprochés, ne vous seront point imputés à mal ; et la petite moue que vous lui aurez faite ici-bas, n'empêchera pas votre joie d'éclater là-haut.

Il est cependant une croix que je vous défends bien de porter, car celle-là ne vient pas de Notre-Seigneur : c'est celle des terreurs paniques. Si la crainte de Dieu est le commencement de la sagesse, souvenez-vous que l'amour de Dieu en est la fin, le complément le plus parfait. Aimez donc ce bon Maître, servez-le de tout votre cœur, et demeurez bien humblement en paix. Daignez agréer, Madame, avec ce vœu, l'assurance, etc.

XXXIIIe

A UNE DAME.

6 février 1838.

Je pensais hier, Madame, que vous apprendriez avec plaisir mon rétablissement, et j'avais été sur le point de vous en faire part ; mais j'ai pensé que c'était mettre beaucoup d'importance à bien peu de chose, et j'ai posé ma plume. Aujourd'hui, votre lettre me met à mon aise, et je viens vous apprendre que je vais beaucoup mieux. J'ai dit ce matin la messe pour la première fois depuis trois semaines, je commence à confesser ; il ne faut donc plus qu'un peu de ménagements pour aller tout à fait bien. Je n'ose pas vous faire de reproches sur le désir que vous avez que je reste ici lontemps. Je suis entre les mains de Notre-Seigneur, et si je puis encore quelque chose pour son service, il sait que je ne refuse pas le travail. La crise que j'ai eue m'arrive, assez habituellement, tous les ans ; le grand froid l'a rendue plus violente, ainsi qu'une course que j'avais faite intempestivement. Les autres raisons, celle des journaux, car c'est à celle-ci, je pense, que vous faites allusion, y sont entrées pour bien peu de chose. Cette affaire me touche de fort loin et était plus pénible pour ceux de mes parents qui sont du même âge que ce Monsieur. Il y a longtemps que j'ai renoncé à toutes ces choses, et si j'ai réclamé, je l'ai fait plutôt pour mes parents que pour moi ; et aussi pour empêcher qu'on ne fît des dupes à l'avenir, en me citant comme un oncle à succession, moi qui ne suis pas même cousin, ni mes pères, depuis plus de deux siècles.

Je désire bien, Madame, que votre santé soit meilleure que la dernière fois que je vous vis ; je vous gronderais de ne m'en avoir pas dit un mot, si je ne préférais employer mes forces de convalescent à vous remercier de vos bontés, de vos prières, et à vous renouveler l'assurance, etc.

XXXIVe

A LA MÊME.

20 février 1838.

J'avais mis, Madame, sur le compte du dégel la prolongation de votre absence. Je pensais que l'état de la route vous avait effrayée, ou que votre mauvaise santé habituelle était devenue indisposition. Grâce à Dieu, il n'en est rien. Vous avez très-bien fait de vous pourvoir à ***, afin de ne pas interrompre vos communions. C'est un point auquel je tiens beaucoup, et Notre-Seigneur encore plus. Je vois avec plaisir que vous comprenez, et pour mieux dire, que vous sentez combien ce point de vos résolutions est essentiel à votre félicité, combien votre âme a besoin que vous ne vous en écartiez pas. Continuez à vous approcher de Notre-Seigneur sans crainte et sans hardiesse, mais avec une douce et humble confiance. Ce sentiment habituel est celui que Notre-Seigneur vous inspire par sa grâce et qu'il fortifie dans votre cœur par la sainte communion. Aussi, vous le savez, je ne suis sévère que pour une seule chose : c'est quand Madame de *** se laisse aller à ses grandes peurs. Toutefois, je vois avec bien de la consolation qu'elles deviennent plus rares, et j'espère qu'il viendra un temps où il n'en restera que l'ombre.

Je ne m'étonne pas que la lettre de Madame de *** vous ait paru d'un style bien différent. C'est que le cœur de votre tante a bien de l'analogie avec le vôtre, et que vous êtes faites toutes deux pour vous entendre, parce que le cœur de Jésus-Christ est en tiers dans les sentiments qui vous unissent ici-bas. Ces rapports-là doivent être conservés par vous à tout prix, dussiez-vous, dans cette vue, souffrir bien des tiraillleries de la part de telle autre personne que vous connaissez bien. Croyez etc.

XXXVe

A UNE DEMOISELLE.

26 février 1838.

Vous me consultez, Mademoiselle, dans un moment où vous êtes dans la nécessité de prendre un parti, et où il vous est impossible de l'espérer de Monsieur ***. Je vais donc vous répondre en présence de Dieu, et sans être arrêté par l'apparence de rudesse, de cruauté, de défaut de charité même, dont on pourra taxer ma décision.

Ce que l'on vous propose n'est point raisonnable, vu l'inconstance bien et dûment constatée de votre protégée. Quand l'année sera terminée, ou près de l'être, elle voudra probablement s'en aller, ou l'on trouvera bon de s'en défaire, et vous en serez pour vos 400 francs ; puis elle vous tombera de nouveau sur les bras, car toutes ces allées et venues n'auront ni fin, ni cesse. Elle est d'âge à pourvoir à ses besoins ; et dès qu'on lui en fournit le moyen, il est dans l'ordre de la Providence qu'elle s'en serve ; elle aura la grâce nécessaire pour se sanctifier dans cette position ; c'est à elle à en profiter. Il est vrai qu'une âme vaut plus de 400 francs ; elle vaut même beaucoup plus que tous les trésors de la terre, le sang de Jésus-Christ le témoigne assez. Mais si la charité doit être sans bornes, elle ne doit pas être sans règles ; et, dans les circonstances, cette dépense serait tout à fait déraisonnable. Cet enthousiasme d'un esprit léger pour une communauté dont elle entend parler pour la première fois, cette vocation pour la vie religieuse dans une personne qui n'a pu se fixer nulle part, me touchent peu. Ce n'est pas ainsi que la Providence conduit l'homme à ses fins, ce n'est pas à de tels signes qu'on reconnait le coup de la grâce. Le doigt de Dieu ne me paraît pas dans cette affaire ; je vous engage fort à ne point fournir d'argent à cet effet ; et je crois même, à vous dire vrai, qu'en obligeant cette jeune personne à pourvoir un peu elle-même à ses besoins, vous lui rendrez un plus grand service qu'en prolongeant, par trop, l'appui que vous lui prêtez. Je ne vous dis pas de l'abandonner, mais en l'aidant, exigez qu'elle s'aide, car je crois qu'elle en sera mieux et devant les hommes et devant Dieu.

Vous allez dire peut-être que je suis un homme bien dur, tout d'une pièce ; mais vous voulez mon avis, et je vous le dis naïvement. Recevez, etc.

XXXVIe

A UNE DAME.

20 mai 1838.

Il est vrai, Madame, que cette vie est peu de chose, mais elle nous sert à gagner le ciel, et c'est ce qui en fait tout le charme. Je vois avec bien de la consolation votre bravoure spirituelle, elle est vraiment méritoire, car elle vous a bien coûté à acquérir, et vous coûte encore à conserver. Il ne faut point cependant vous laisser entamer sur cet article, car de là dépend votre bonheur et votre perfection. L'ennemi de tout bien a grand soin de vous attaquer de ce côté, parce qu'il vous connait ; et comme il n'espère pas pouvoir vous tourmenter dans l'autre monde, il veut prendre sa part dans celui-ci. L'affection que vous avez pour Dieu est pure, l'intention que vous avez de l'honorer et de le servir en toute circonstance est droite ; en voilà plus qu'il n'en faut pour jouir de la paix promise aux personnes de bonne volonté. Jouissez-en donc de cette paix que le monde promet et que Notre-Seigneur donne ; et pour cela, n'écoutez pas la folle de la maison, c'est ainsi que l'imagination a été baptisée par sainte Thérèse.

C'est parce que Monsieur *** se laisse un peu influencer par la sienne, qu'il est si troublé, si inquiet, si malheureux. Hélas ! que saint François de Sales a bien raison de se demander ce qui peut suffire à celui à qui, ce qui suffit, ne suffit pas. Sans doute, un père de famille doit gouverner sa fortune de manière à assurer l'avenir de ses enfants, autant qu'il est donné à l'homme d'assurer quelque chose ; mais de quelle utilité peut être une sollicitude poussée à l'excès ? Faire ce qu'on peut et se confier à Dieu pour le reste : voilà le moyen de travailler sagement et paisiblement à ses affaires de ce monde ; voilà ce qui empêche de s'enorgueillir dans le succès, et de se désespérer dans les revers ; ce qui rend reconnaissant envers Dieu, indulgent envers soi-même, attentif à ses affaires, sans préoccupation, et abandonné à la Providence sans laisser-aller. Mais ce secret ne s'apprend que sur le cœur de Jésus-Christ ; c'est un trésor caché qu'il ne révèle qu'à ses amis, et qui, après le bonheur de lui plaire, est leur plus douce consolation dans ce monde. Il est certain qu'un tel état n'est point invariable, ni bien complet pour les pauvres gens tels que nous ; mais à force d'y tendre, on finit par en approcher, et, pour peu que l'on y participe, on sent la différence qu'il y a entre le service du monde et celui de Dieu, entre les mouvements de la grâce et les inspirations de la nature.

Je recommence à confesser depuis deux jours ; j'espère donc bien être à votre disposition lors de votre premier voyage. Je ne crois pas vous être aussi nécessaire que vous le pensez. Dieu vous a toujours conduite par la main. J'ai plutôt aidé que développé ce qu'il opérait en vous, et j'ai remarqué souvent que le changement de confesseur n'y a jamais apporté aucun obstacle sérieux. Ayez donc bon courage et une grande confiance, Madame, car ce que Dieu a fait pour vous est un garant de ce qu'il est disposé à faire ; vous n'en sauriez être trop persuadée. Agréez, etc.

XXXVIIe

A UNE DAME.

20 juin 1838.

Vous êtes bien bonne, Madame, de vous souvenir, en toute occasion, de ma mauvaise santé ; c'est sans doute la traiter au-delà de ses mérites et des miens. J'ai reçu votre lettre avec d'autant plus de plaisir qu'elle n'était pas motivée par quelque peine ; et j'ai pensé avec consolation que votre âme était en paix, et qu'il n'y avait rien de dérangé à l'ordre accoutumé.

Il est vrai que sainte Thérèse était à la fois une grande et aimable sainte, et qu'elle avait une générosité d'âme que Notre-Seigneur lui a fourni l'occasion de développer en bien des circonstances ; elle aussi eut ses épreuves intérieures ; elle avait payé de dix-huit ans de trouble cette paix que le monde promet de la meilleure foi possible, mais que Dieu seul peut donner. Je pense qu'elle ne vous coûtera pas aussi cher, et qu'elle ne se fera pas attendre aussi longtemps, si toutefois on peut trop payer et trop désirer le trésor que Dieu a promis ici-bas à ses amis, à ses enfants, aux personnes de bonne volonté !

J'ai bien des remerciements à vous faire, Madame, pour les bontés dont vous avez comblé les visiteurs de N... Je suis confus de tout le dérangement que vous avez voulu vous causer à cette occasion ; et tout en admirant votre charité, j'ai jeté un regard d'inquiétude sur notre discrétion. Acceptez donc, Madame, remerciements et excuses. Ce serait avec bien de l'empressement que j'irais moi-même vous les offrir, si, d'une part ma santé, et de l'autre ma vie d'ermite, pouvaient s'accorder avec ce pèlerinage. Daignez agréer, etc.

XXXVIIIe

A UNE DAME.

29 juin 1838.

Vous n'êtes pas assez indulgente pour vous, Madame, vous qui l'êtes tant pour les autres. Je ne serai pas de votre avis sur ce point ; et je suis au contraire fort content de votre courage et de votre obéissance. Vous voyez bien que votre volonté n'est nullement stérile, et que si elle est bonne dans ses désirs, elle l'est également dans ses déterminations. La communion vous est nécessaire ; il faut donc faire tout ce qui est nécessaire pour ne pas interrompre vos habitudes à cet égard ; c'est ce que vous vous êtes dit à vous-même ; et comme la confession était nécessaire, vous êtes allé vous confesser, quoique cela vous coûtât un peu. Que pouviez vous faire de mieux, je vous le demande ? Quant aux troubles dont vous m'exprimez la cause, demeurez en paix, bien en paix, Madame ; vous n'y êtes pour rien. Pour les petites tracasseries d'intérieur, réparez, par de bonnes paroles et par un bon visage, les petites impatiences et les petites moues, si tant est qu'il y ait lieu à réparation ; puis n'y pensez plus. Il faut s'accoutumer à être misérable, à connaître la misère et à ne pas s'en troubler.

Il y a bien un peu d'imagination dans cette réflexion que vous auriez mieux fait de ne pas vous marier pour vous consacrer à soigner votre famille. Vous êtes où Dieu vous veut et comme il veut, ce qui est l'important. Sans cesser d'aimer votre famille, et de prendre à tout ce qui la touche un tendre intérêt, tâchez de ne point vous en préoccuper. Ne vous figurez pas que ce qui est possible est probable, que ce qui est probable est certain, car c'est ainsi que va la tête lorsqu'on la laisse aller. A chaque jour suffit son mal. Notre-Seigneur envoie, avec les croix réelles, les grâces pour les porter et en profiter ; mais il n'est pas aussi généreux lorsqu'il s'agit de croix que l'on s'impose par la pensée, j'allais dire par l'imagination. Quels que soient les desseins de Dieu sur Messieurs ***. quelles que soient les épreuves dont ils puissent vous devenir l'occasion, croyez-moi, Madame, ne cherchez pas à devancer les événements par les conjectures ; jamais les choses n'arrivent comme on se les figure, et Dieu seul a le secret de l'avenir. Vivez donc au jour le jour ; donnez à Notre Seigneur votre cœur avec toutes ses affections ; priez-le d'en disposer à sa volonté, et de vous donner les grâces nécessaires pour être toute à à lui, car il vous veut toute, sans réserve et sans partage. Aimez-le en le servant, en vous calmant et en vous abandonnant ; devenez entre ses mains comme un petit enfant, car c'est ainsi qu'il faut être pour entrer dans son royaume, pour avoir part à son éternelle félicité. Adieu, Madame, ne vous pressez pas de venir, puisque vous vous êtes confessée. Agréez, etc.

XXXIXe

A UNE DAME.

19 septembre 1838.

Je connais votre peine, Madame, et je crois même en connaître mieux que vous l'étendue ; car je crois être au fait de ce qui se passe en vous mieux que vous ne l'êtes vous-même.

Vous avez le cœur aimant, c'est une qualité ; mais,

ne trouvant pas dans le cercle de vos devoirs de quoi satisfaire vos affections, vous vous troublez, vous vous livrez à des réflexions chagrines, à des récriminations pénibles, et cela est un défaut. Vos dispositions de bonté, vos craintes excessives sur des matières délicates, et le démon qui ne manque point cette occasion de vous tourmenter, viennent ajouter à ces peines et en prolongent la durée. Souvenez-vous bien, Madame, que sentir n'est pas consentir, et que, dans ce qui appartient à l'ordre des impressions, il faut s'en tenir à la décision générale du confesseur et ne rien examiner en particulier. La femme de Lot savait que le feu était à la ville dont elle s'éloignait, cela devait lui suffire ; mais, parce qu'elle voulut jeter sur cet incendie un regard inutile, elle devint une statue et ne fut plus bonne à rien. Laissez-vous conduire par votre Ange gardien, qui sera toujours d'accord avec votre guide ; fuyez paisiblement, sans regarder ce qui se passe, et en renouvelant vos actes d'amour de Dieu et de haine du péché ; autrement vous deviendriez statue, c'est-à-dire que vous n'approcheriez plus de la sainte table, ce qui vous rendrait inutile et inhabile au service du Seigneur.

Il est en général utile de dire au confesseur habituel, au guide que l'on a choisi, tout ce qui peut l'éclairer sur la position où on se trouve et sur les dispositions où l'on croit être ordinairement ; cette connaissance lui est nécessaire pour donner, dans l'occasion, les conseils convenables. Mais, il n'est point nécessaire, et il serait même quelquefois imprudent et peu charitable de faire les mêmes ouvertures à un confesseur auquel on n'a recours qu'en passant. On doit lui dire les péchés dont on se sent coupable, et n'y ajouter que ce qui est nécessaire pour qu'il en connaisse l'étendue. Ainsi, lorsqu'on a des tentations, imaginations et impressions où le confesseur ordinaire ne trouve point qu'il y ait de volonté, il suffit de dire : j'ai eu quelques pensées où, etc., auxquelles je n'ai donné occasion ni consentement, et dont, pour plus de sûreté, je m'accuse comme Dieu m'en connaît coupable. Et il ne faut rien dire de plus. S'il s'agit de mouvements de répugnance, d'éloignement ou de vivacité contre une personne qui y donne lieu, on dit succinctement la chose, en évitant ce qui peut faire connaître cette personne, dont il est d'ailleurs inutile de dévoiler les torts dans une confession faite en passant. Et, du reste, vos péchés habituels sont si peu consentis, qu'il n'y a aucune inquiétude à concevoir sur la manière de les accuser. Mais ce que Dieu demande de vous, Madame, c'est votre cœur, et il le veut plus entièrement que vous ne pensez. C'est pour cela qu'il a permis que vous soyez engagée dans une position où votre besoin d'aimer ne trouve pas d'aliment dans la créature ; c'est pour cela qu'il éloigne de vous des occasions, d'ailleurs indifférentes pour d'autres, mais non pas pour vous, parce que Dieu vous veut tout entière. Commencez donc par vous donner et redonner à lui, en reprenant vos communions. Demeurez douce, humble et paisible avec un si bon Maître. Vous pourrez, dans l'occasion, refaire ce vœu de huit en huit jours, mais à la condition expresse qu'il cessera, dès que la personne qui en serait blessée mettra le pied dans la maison où vous habiterez alors.

Je vais à l'ordinaire, et vous offre, etc.

XLe

A UNE DAME.

3 octobre 1838.

Je sais fort bon gré à Madame *** de vous avoir encouragée à m'écrire, Madame, et je vous remercie de l'avoir fait longuement. Vous auriez tort de vous priver de mes lettres, pour peu qu'elles vous soient une consolation. Dieu sait que je me porte volontiers au soulagement des âmes, surtout quand elles animent des personnes de bonne volonté. Ne vous imposez donc à cet égard aucune gêne, et ne faites aucune réflexion.

Je pense bien que les hautes oraisons de sainte Thérèse vous ont un peu étonnée ; mais, sans les comprendre, on ne peut se lasser d'admirer la manière simple et gracieuse dont elle s'exprime sur des matières si élevées. Cette comparaison d'un jardin, qu'on arrose d'abord à force de bras, puis au moyen d'une mécanique, puis enfin que Dieu se charge d'arroser lui-même par la pluie, est d'une justesse et d'une netteté remarquables. Ce qu'il faut imiter de cette grande et aimable Sainte, c'est le profond mépris de soi-même, joint à une confiance en Dieu sans limite, c'est cet amour simple, tendre, intime et presque familier qu'elle porte à Notre-Seigneur ; c'est enfin cette humeur tranquille et résolue avec laquelle elle supporte les difficultés et combat les obstacles qu'elle rencontre dans l'accomplissement de ses devoirs, dans l'exécution des missions qui lui sont confiées. Et je suis persuadé qu'avec l'aide de la grâce, Madame de *** n'en est pas aussi loin qu'elle le pense, mais dans des occasions moins considérables que celles où sainte Thérèse s'est sanctifiée. Comme vous êtes une sœur de cette grande Sainte, en votre qualité de membre de la confrérie du scapulaire, je dirais la messe pour vous, Madame, le jour de sa fête. Vous pourrez, après la communion, renouveler votre consécration à la très-sainte Vierge protectrice du Carmel, auquel vous appartenez par votre scapulaire. Vous pourrez la faire absolue, mais sans aucun vœu, en priant cette bonne Mère de disposer de vous pour la gloire de son Fils et en la manière qui lui conviendra. Vous mettrez votre volonté dans son tablier, et vous la laisserez faire. Vous ferez bien de commencer à cette intention une neuvaine le dimanche 7, que vous finirez le lundi 15, jour même de la fête de sainte Thérèse, et vous pourriez la faire consister dans la récitation quotidienne de l'hymne *Ave, Maris Stella*, qui est dans votre Journée du Chrétien, et de neuf *Ave Maria*, en l'honneur des neuf chœurs d'anges. Vous voyez que je mets les points sur les *i*, mais à condition que vous ne ferez tout cela qu'autant qu'il vous conviendra, et sans vous en tourmenter le moins du monde. Vous êtes bien bonne de penser à la pauvre petite Maison de Lorette, qui, du reste, n'oublie pas Madame de ***. Et moi, qui ne l'oublie pas davantage, j'ai cependant oublié ce matin sa commission, et je n'ai point dit à la Supérieure ce dont vous aviez eu la bonté de me charger pour elle.

Veuillez, Madame, en agréer mes excuses, et croire, etc.

XLIe

A UNE DAME.

18 décembre 1838.

J'ai bien aussi quelques excuses à vous faire, Madame, de vous avoir laissé partir hier sans vous réchauffer. J'ai admiré ma maladresse et j'en ai conclu que nous n'étions guère braves ni l'un ni l'autre, et que ma peur de vous faire peur faisait tort à ma politesse. Quoi qu'il en soit, excusez-moi et priez pour moi.

Je suis une bien pauvre ressource pour votre protégé ; je ne vois personne. Il y a bientôt vingt-trois ans que j'ai quitté le monde et que j'en ai été parfaitement quitté. Depuis ce temps, je n'ai guère que des rapports de conscience et rien de plus. Si vous connaissiez à Paris des Sœurs de la Charité, ce serait à elles que vous pourriez vous adresser avec espérance de succès, quoique votre protégé soit bien jeune. Je n'ose rien vous promettre, parce que je n'aperçois aucune voie pour arriver à faire ce que vous désirez. Toutefois, vous pouvez être certaine que si Dieu m'en faisait découvrir une, je serais bien empressé de vous le faire savoir.

Recevez en attendant, Madame, l'assurance, etc.

XLIIe

A UNE DAME.

2 janvier 1839.

Je connaissais déjà vos scrupules, Madame, et j'en avais bien ri. Mon Dieu! de quoi allez-vous vous préoccuper? Demeurez donc bien en paix sur cela; je ne fais point du tout attention à ces choses. D'ailleurs, je connais la bravoure de Madame de ***, et saurais bien à quoi attribuer son silence, s'il me venait en pensée de peser ainsi les paroles et les actions au poids du cérémonial. Pour votre pénitence, car vous en méritez une, je vous envoie un Mois de Marie qui vous rappellera le besoin que j'ai de vos prières, et la dévotion que je désire que vous ayez pour la sainte Vierge.

Recevez, etc.

XLIII

A UNE DAME.

21 janvier 1839.

Je crains bien, Madame, d'avoir fait ce matin une gaucherie. Vous étiez peut-être venue à Lorette pour que je vous donnasse la communion, et vous n'avez pas osé me la demander. Je n'en ai eu la pensée qu'après être remonté chez moi, et il était trop tard. Que cela ne vous décourage point. Venez une autre fois, je penserai à vous l'offrir. Vous feriez d'ailleurs fort sagement, je crois, de communier, de déjeûner et d'aller ensuite à la messe.

Recevez, je vous prie, mes excuses, mes offres, et croyez, etc.

XLIV

A UNE DAME.

31 janvier 1839.

Je ne suis point étonné de vos souffrances, Madame, mais j'en suis peiné. Je vous engage à vous bien ménager, à plus écouter les conseils de Monsieur de *** que vos propres désirs, et à savoir quitter

Dieu pour Dieu. Voyez le vieillard Siméon, dont il est question dans la présentation de Notre-Seigneur au temple. Il attendait depuis longtemps le Messie, sans se décourager ni s'ennuyer. Attendez aussi un peu Notre-Seigneur, ou plutôt demeurez-lui unie sur la croix aussi longtemps qu'il vous aimera mieux ainsi. Les anges ne nous envient point la communion, car Jésus-Christ est aussi bien leur nourriture que la nôtre ; mais ils sont jaloux, en quelque sorte, de ces souffrances par lesquelles nous sommes unis si étroitement au meilleur des Maîtres. Je ne permets donc, sous ce rapport, ni ne défends rien ; mais je prie Madame de *** de rester tranquille chez elle, non-seulement le jour de la Purification, mais même le lendemain et les jours suivants, pour peu que les personnes qui l'entourent l'y engagent. Cette petite condescendance sera pour elle une source de grâces. Quant au bouillon de veau, et tout autre aliment gras, elle peut et même elle doit, dans son état, en user sans scrupule.

Cette perte sera longtemps encore douloureuse à votre cœur ; mais, Madame, ne nourrissez point vos regrets par de chagrines réflexions. N'examinez point non plus ce que vous penseriez, ce que vous éprouveriez, s'il plaisait à Dieu de vous imposer d'autres sacrifices. Pourquoi se troubler l'esprit de choses qui ne seront point, très-probablement, des réalités ? Pourquoi demander à l'imagination des sujets de chagrins quand les événements vous en apportent de si véritables ? A chaque jour suffit son mal, mais pour suffire au mal de chaque jour, il ne faut pas se préoccuper de celui qui arrivera ou n'arrivera pas le lendemain. Ah ! je sais bien que Madame de *** n'est pas une sainte Thérèse ; mais telle qu'elle est, Dieu l'aime et lui fournit des moyens de sanctification dont elle sait profiter. Ne le lui dites pas, mais je n'ai point été mécontent d'elle dans cette circonstance. Et si elle joint à cela un peu plus de modération sur le présent, plus de réserve sur l'avenir, et une grande déférence aux désirs des autres, en ce qui regarde la santé, je lui destine un *satisfecit* complet.

Il n'est point mal d'attacher votre cœur aux personnes que Dieu lui-même veut que vous aimiez ; mais aimez-les sans préoccupations chagrines, sans sollicitude inquiète, et en accompagnant votre affection d'une confiance sans bornes à la Providence, et d'une soumission entière au bon plaisir de Dieu.

Que ce bon Maître soit le compagnon de vos souffrances, qu'il mette le calme dans votre âme et la possède entièrement ; c'est le désir bien vrai de votre dévoué et respectueux serviteur.

XLVe

A UNE DAME.

11 février 1839.

Il est vrai qu'un arlequin et Madame la comtesse de *** ne sont pas faits pour voyager ensemble ; je vous approuve fort, Madame, d'éviter de pareilles rencontres. Je vous trouve bien obéissante, ce qui ne m'étonne pas ; mais je m'en réjouis, parce que tout y gagne : le corps et l'âme.

Vous ne déplaisez pas à Dieu par votre tristesse, mais ne faites rien pour l'entretenir. Il faut se soumettre à cette obscurité et y marcher avec patience et confiance.

Je vous prie en grâce, Madame, de ne choisir pour venir à Lorette que le jour et l'heure qui vous conviennent. Pour moi, il m'est tout à fait indifférent de redescendre plusieurs fois.

Je lirai l'ouvrage que vous m'envoyez et tâcherai d'en pouvoir causer avec vous, mercredi.

Recevez, je vous prie, Madame, l'assurance de mon entier dévouement.

XLVIe

A UNE DAME.

9 mars 1839.

Quant aux lectures communes, vous savez, Madame, ce que je vous ai dit jadis : il faut être complaisante pour Monsieur de ***, quand les mœurs et la foi n'en sont pas blessées. Quant aux lectures particulières, je vous laisse libre aussi longtemps que durera votre langueur. Je m'en remets à votre jugement pour savoir écarter ce qui serait, je ne dis pas mauvais, car vous ne lisez pas de tels ouvrages, mais dangereux. Il y a, dans la plupart des productions nouvelles, de véritables infamies dont un cœur honnête s'éloigne, et doit s'éloigner nécessairement. Peu versé dans ces sortes de productions, je ne puis vous dire celles qui sont mauvaises, dangereuses ou indifférentes. Toutefois, ne lisez point les derniers ouvrages de Monsieur de Lamartine : le *Voyage en Orient*, *Jocelyn* et la *Chute d'un Ange*. Pour le choix de l'ouvrage, suivez plutôt la voix de votre conscience, en lisant, que tout ce que l'on pourra vous dire. Il y a aujourd'hui une foule de personnes chrétiennes qui ont sur cette matière d'étranges idées. Ainsi donc, sans vous tourmenter, commencez ce que vous croirez propre à vous distraire, et lisez aussi longtemps que vous ne trouverez rien qui blesse votre délicatesse. Passez ce que vous croirez devoir passer, s'il n'y a que quelques endroits peu convenables, et ne vous faites pas de tout cela une torture. C'est en vérité tout ce que je puis vous dire de plus clair à cet égard.

Je regrette bien de vous savoir si souffrante ; je le suis aussi un peu, mais je vais. Priez pour moi, Madame, et croyez, etc.

XLVIIe

A UNE DEMOISELLE.

19 mars 1839.

Je vous sais tout à fait gré, Mademoiselle, de m'avoir appris la mort de cette bonne Madame de M...; j'offrirai le saint sacrifice pour elle incessamment. C'est maintenant qu'elle comprend l'utilité du sacrifice qu'elle a fait à Dieu en quittant le monde, et le profit personnel que l'on retire de la dévotion pour les âmes du purgatoire. Suivons cette route, Mademoiselle, car tout passe, et bien vite, et même bien ennuyeusement dans cette vallée de larmes. Dieu seul mérite d'être aimé et servi ; lui seul nous restera lorsque ce monde nous manquera, lorsque, pour ainsi dire, nous nous manquerons à nous-mêmes.

Vous ne m'importunez point. Si quelquefois vous me trouvez préoccupé, la cause en est en moi ; une souffrance, une affaire tracassante, une peine fondée ou non, mais ordinairement fort étrangère à la personne que je reçois, en est l'unique motif.

Pour gagner l'indulgence de la prière, *En ego* (ô bon et très-doux Jésus), il faut prier en même temps pour les besoins de l'Église.

Dieu nous a accordé un sursis pour notre bonne Supérieure, un vêtement de sainte Françoise de

Chantal en a été l'instrument ; mais je crains bien que ce ne soit qu'un sursis. Priez pour nous, Mademoiselle, et recevez, etc., etc.

XLVIIIe.

A UNE DEMOISELLE.

28 mars 1839.

J'étais trop occupé hier, Mademoiselle, pour pouvoir répondre à votre lettre. Je m'empresse de le faire aujourd'hui. Vous pouvez penser que je prends grande part à votre joie. Outre votre contentement et celui de votre famille, j'avoue que j'aime ces petites justices de Providence : les bons ont tant besoin d'être encouragés dans ce monde, que leur réussite ici-bas me réjouit le cœur, bien que ce ne soit pas la plus importante.

Il faut être modéré dans la victoire, et détourner les yeux des torts du vaincu, le laissant à lui-même et à sa conscience, sous la main de la justice qui l'a frappé.

Vous voilà bien raccommodée avec la sainte Vierge. Priez-la un peu pour moi, et n'oubliez pas la neuvaine pour mes yeux ; mais n'allez pas me rendre aveugle.

Croyez, je vous prie, Mademoiselle, à mon dévouement respectueux.

XLIXe

A UNE DAME SA PARENTE.

11 avril 1839.

Permettez-moi, ma chère cousine, de vous charger d'une petite commission. Pour Monsieur Charles, c'est un fort bon garçon ; vous le connaissez, je pense, et je crois qu'il est aussi bon mari que bon cousin. Il me semble donc qu'en faisant passer par vos mains ces deux petits cadres, je leur donnerai une valeur qu'ils sont loin d'avoir par eux-mêmes. Offrez-les, je vous prie, à Charles, comme un gage d'amitié de ma part, et surtout, comme un signe de la protection de la très-sainte Vierge. Elle veillera sur vous tous, cette bonne Mère ; elle vous apprendra à traverser paisiblement cette vie, si féconde en vicissitudes, et à vous diriger avec sécurité vers la véritable patrie.

Hélas ! je viens d'apprendre une nouvelle bien triste, qui courait déjà Paris depuis cinq ou six jours. Edmond de M... est mort le 22 mars, à Palerme, après dix-huit jours de maladie. Sa fin a été fort chrétienne. Mais quelle affliction pour sa famille ! Enfin, ma chère cousine, qu'est-ce que la vie ? et que la distance qui nous sépare de l'éternité est peu de chose ! Ce n'est pas à vous qu'il faut rappeler de telles vérités ; mais elles s'échappent de la plume à la vue d'une existence brisée si promptement.

Adieu, ma chère cousine, priez un peu pour ce pauvre défunt, qui était mon filleul, et croyez, etc.

L^e

A UNE DAME.

Sans date.

Il est vrai, Madame, que ma famille vient de faire une nouvelle et bien douloureuse perte. Edmond de M..., mort à Palerme, le 22 mars dernier, était le frère d'O. de M... dont la femme, Mademoiselle de V..., est morte à Nice, il y a trois mois, après huit mois de mariage. Sa mort a été chrétienne. J'étais son parrain, et j'y prends conséquemment double part. Mais ses parents, encore à Nice, y sont dans une grande douleur. C'est ainsi que Dieu demande de nous, à certaines époques de la vie, des sacrifices bien méritoires, parce qu'ils sont bien pénibles.

Vous me croyez plus résigné que je ne le suis. Il y a peut-être chez moi un peu d'habitude. Et puis, l'excessive douleur que j'ai éprouvée jadis, et qui est plus engourdie que détruite, me rend peut-être un peu moins accessible à d'autres : toutefois, je n'oserais pas trop m'y fier, et je craindrais de n'être dans l'occasion qu'un faux brave, ou plutôt je l'ai déjà été plus d'une fois, lorsque j'ai vu périr quelques-unes de nos bonnes sœurs.

Je vous remercie infiniment, Madame, de l'intérêt que vous avez bien voulu prendre à cette affliction que Dieu nous envoie. Veuillez me le témoigner en priant un peu pour ce pauvre enfant, qui en a sans doute besoin.

Recevez, etc.

LIe

A UNE DAME.

18 avril 1839.

Je vous remercie infiniment, Madame, des détails que vous avez la complaisance de me donner sur ***; la personne qui les désirait en sera pleinement satisfaite. Ce n'est pas cependant pour vous offrir cet hommage de ma reconnaissance que je vous écris ce petit mot, c'est tout simplement pour vous la prouver en vous mettant en pénitence. Je vous engage donc à ne point presser votre voyage ici, et bien entendu à continuer vos communions. Je prends cette responsabilité sur moi. Tenez-vous paisible et aimant Dieu. Priez-le avec confiance, sans réflexions importunes. Souvenez-vous que la maladie et l'abandon filial sont deux degrés excellents pour arriver à Notre-Seigneur. Ce monde est si peu de chose, qu'il faut bien en tirer parti pour le ciel ; sans cela qu'en ferions-nous ? Au milieu des épreuves qu'on y rencontre, et des incertitudes qui nous effraient, avançons chemin. L'éternité bienheureuse est devant nous ; elle nous attend, elle nous encourage : encore quelques instants, nous en jouirons, nous la possèderons, elle sera nôtre. Il n'est pas nécessaire que nous comptions nos pas, que nous voyions ce qui se passe en nous et autour de nous ; que nous nous rendions compte du pourquoi et du comment des événements qui nous touchent. Qu'il nous suffise de savoir que nous sommes dans la bonne route et que nous avançons chemin. Faisons comme l'aveugle qui s'appuie sur son guide et marche paisiblement au milieu des ronces et des épines, sans s'en rendre clairement compte, sans les voir, bien qu'il les sente quelquefois plus qu'il ne voudrait.

Je vous remercie de votre charité pour mon filleul, dont la fin a été toute chrétienne. Ma santé va assez doucement ; cependant, elle me laisse la faculté de me livrer à mes petites occupations. J'en rends grâce à Dieu. Priez pour moi, et recevez, etc.

LIIe

A UNE DAME.

12 mai 1839.

Soyez bien tranquille, Madame, car vous n'avez jamais spéculé sur la mort de personne, ni pour vous, ni pour les autres. Vous ne feriez pas casser la patte d'une mouche, si cette mouche était votre prochaine ; et le genre humain ne finirait pas, s'il n'avait d'autre cause de mort que vos désirs. Votre esprit a un peu trotté sur la chute de cette bonne dame. La possibilité des suites, pour elle et pour ses sœurs, vous a frappée. Elle a amusé, surpris votre imagination. Le bonheur de vos amies, et non le malheur de leur sœur, a touché votre cœur un instant. Enfin une petite vapeur passait pour ainsi dire inaperçue, quand vous avez voulu la regarder de plus près, en mesurer la longueur, la largeur, en distinguer parcelle par parcelle toutes les nuances, et vous en avez fait un bel et bon orage. Permettez-moi, sans me donner pour un soleil, de venir dissiper tous ces nuages. Reprenez vos communions et ne pensez plus à cela : ce n'est rien, moins que rien. Votre cœur là-dessus en sait autant que moi, votre esprit seul est troublé. Faites-le taire, et retournez à Notre-Seigneur, je prends sur mon compte toute cette grande affaire.

Je n'exige point que vous soyez trois semaines sans vous confesser ; mais je désire que vous ne teniez pas si rigoureusement à la règle des quinze jours, que vous ne sachiez pas aller trois semaines sans vous troubler et sans interrompre vos communions. Voilà une lettre qui doit vous pousser au besoin quelques jours de plus. Venez quand vous pourrez, et ne cessez point vos communions : telle est la conclusion de mon discours.

Ma santé va comme la tête de Madame de *** quand elle est troublée, mais elle n'a pas, comme elle, de longs et bons moments.

Agréez, etc.

LIIIe

A UNE DEMOISELLE.

17 mai 1839.

Je ne demanderai rien à Dieu de ce que vous me priez de lui demander. Je ne lui demande pour vous qu'une seule chose, c'est que votre tête, fort spirituelle, mais fort bretonne, ne se butte pas contre ce que vous appelez en riant votre voie. Dieu vous persuadera plus tard ces choses, mais le temps ne me paraît point encore venu. C'est la pensée qui me frappe toutes les fois que je cause avec vous, ou plutôt que vous me parlez de vos dispositions habituelles. Lisez, croyez-moi, doucement, et relisez sans prévention l'*Intérieur de Jésus et de Marie*. Ce qui ne vous touche pas un jour, vous fera impression un autre, et vous finirez par comprendre que la piété ne consiste point dans le sentiment, et qu'il vient un temps où l'activité naturelle doit être usée pour laisser de l'espace à l'action de Dieu. Mais vous ne goûtez point, et je dirais presque vous ne voulez point goûter ces choses, si je ne me rappelais mes anciens méfaits.

Adieu, Mademoiselle, priez un peu moins, si vous voulez prier mieux ; ne marchez pas tant, si vous voulez avancer ; et ne faites point tant attention à ce qui se passe en vous, si vous voulez le connaître. Quand vous verrez dans ces paroles des vérités et non des contrevérités, Dieu aura exaucé votre dévoué et respectueux serviteur.

LIVe

A UNE DEMOISELLE.

21 juin 1839.

Voici, Mademoiselle, ce livre, véritable enfant prodigue, dont le retour vous ferait tuer le veau gras, s'il ne revenait pas à la maison paternelle un vendredi.

La bonne Mère N... me l'a fait remettre, et je m'empresse de vous le renvoyer. J'y joins les dix francs dont je suis votre débiteur, en attendant le beau tableau qui doit m'arriver en échange, si les habitants de V... ont du savoir-vivre. Il me semble en effet qu'en pareille circonstance on doit faire les honneurs à l'étranger. Quoi qu'il en soit, j'ai payé ce que je dois, advienne que pourra. Vous devez, je pense, être en fête pour la Saint-Louis de Gonzague. Dites-lui, je vous prie, un mot pour moi, à charge de revanche, et croyez, etc.

LVe

A UNE DAME.

13 juillet 1839.

Il est vrai, Madame, que Monseigneur Flaget est reparti pour son diocèse, c'est-à-dire pour les États-Unis d'Amérique. Je ne sais même point le lieu de son embarquement, et je pense que ce serait maintenant temps perdu de le poursuivre avec une lettre.

Votre amie peut, il me semble, recourir au prince de Hohenlohe, ou faire quelque neuvaine à la sainte Vierge, ou à saint Vincent de Paul, dont l'octave commence le 19, chez les Lazaristes, rue de Sèvres. Si vous voulez me tenir au courant de ce qui sera décidé, je m'unirai aux prières et dirai la messe à cette intention.

Je vois que vous vous faites volontiers la consolation des affligés ; je vous en félicite, Madame, car c'est le moyen de vous rendre agréable à Notre-Seigneur et de lui témoigner l'étendue de votre reconnaissance. Il est vrai qu'il a bien de la douceur pour Madame de ***, mais je crois aussi que, de son côté, elle aime à s'en rendre digne. Pour y parvenir sûrement, ayez en lui une confiance absolue ; témoignez-la lui en toutes circonstances et notamment à l'article communion.

Priez un peu pour moi, Madame, et croyez, etc.

LVIe

A UN MONSIEUR.

13 juillet 1839.

Je n'ai qu'un quart d'heure pour ne pas manquer le courrier, mon cher *** ; je ne vous répondrai donc que quatre mots. Puisse ma lettre ne point vous paraître peu charitable ; mais vous me demandez mon avis, je vous le dois en conscience et le voici :

Votre Évêque a trois fois raison ; ne vous mêlez ni de cette affaire, ni de cet homme ; faites-lui du bien, si vous le jugez à propos, en lui donnant du pain, mais ne le recommandez point, mais ne l'introduisez point dans une famille honnête. Certes, je ne vous dis point de le décrier, de faire connaître sa conduite, son renvoi de plusieurs diocèses ; mais ne le recommandez point ; c'est mon *delenda est Carthago*. Mais que deviendra-t-il ? Hélas ! mon cher ***, je l'ignore ; tout ce que je sais, c'est qu'il ne faut point s'exposer à introduire un loup dans une bergerie. Et que peut-on attendre, ou plutôt que ne doit-on pas craindre d'un prêtre qui s'est fait renvoyer de trois diocèses ? Je connais de réputation Monseigneur l'Évêque de ***, et suis bien persuadé qu'il ne s'est point défait d'un professeur de son Séminaire sans raison. On a essayé l'œuvre dont vous parlez ; on cherche encore à former des maisons de retraite pour des prêtres interdits ou approchant ; je doute que l'on obtienne d'heureux résultats, par des raisons trop longues à expliquer ici.

Offrez mes respects et amitiés à ***, et croyez, mon cher ***, à ma tendre amitié.

LVIIe

A UN MONSIEUR.

10 août 1839.

Pour être persécuteur, mon cher ***, il faut frapper avec injustice et persévérance le prochain dans son honneur, dans sa personne ou dans ses biens. Mais lui refuser sa protection, même à tort, c'est le désobliger et non le persécuter.

Lorsqu'un homme, lorsqu'un prêtre vous prie de lui procurer une place, il vous donne et à vos conseils, le droit de le juger ; et la société, que votre recommandation peut compromettre, vous en fait un devoir.

Dire qu'un prêtre, par cela seul qu'il a été interdit dans un diocèse, est indigne de tout intérêt, ce serait aller trop loin ; mais tenir pour très-suspect un prêtre chassé de trois diocèses, et craindre, en le protégeant, de coopérer à placer un loup à la tête d'un troupeau, c'est porter un jugement sage, c'est décliner une terrible responsabilité.

Votre somnambule, mon cher ***, ne m'étonne point, et ses sermons ne m'empêcheront pas de croire à une intervention directe ou indirecte du démon, dans la crise somnambulique. Sa présence dans celle-ci me paraît démontrée par un trait même de ses serments. Si les âmes jouissaient de la vue de Dieu, de la vision béatifique avant d'être unies aux corps, elles n'auraient pas reçu en Adam la tache originelle qui les rend indignes de cette vision, tant qu'elles n'ont pas été régénérées par les eaux du baptême ; le dogme du péché originel serait donc faux et conséquemment celui de la rédemption ; et si celui-ci était faux, que deviendrait le sacrifice de la messe, qui n'est autre que le sacrifice de la croix, ou plutôt que deviendrait le christianisme, qui est fondé tout entier sur ce mystère de la rédemption, sur ce mystère d'un Dieu fait homme et mourant en croix pour nous racheter des peines de l'enfer, de l'esclavage du péché et nous mériter la vie éternelle ? Or, voyez-vous, le démon fait toujours ainsi quand il parle des choses de Dieu ; il mêle l'ivraie au bon grain, et pour cause. Je n'approuve point N... de s'être fait spectateur de cette jonglerie, et, par la même raison, je ne louerai point Monsieur *** d'aller y faire acte de présence. Si la chose est indifférente, pourquoi trouver mauvais que N... y assiste ? Et si vous la croyez suspecte, pourquoi y assisteriez-vous vous-mêmes ? Ne pensez-vous pas que votre exemple puisse, comme celui de N..., avoir de funestes suites ? Quant à cette permission, si jamais elle a existé, il me semble que le refus de la donner par écrit suffit pour en faire apprécier la valeur. Dans des choses aussi graves, celui qui n'a pas le courage de son opinion n'y a pas grande confiance.

Adieu, à Dieu mon cher ***, croyez-moi, etc.

LVIIIe

A UNE DAME.

17 octobre 1839.

Vous êtes un peu trop discrète, Madame, vous auriez dû me faire connaître d'une manière plus positive ce qui rendait vos communions difficiles à ***. Vous m'en avez bien dit quelque chose, mais c'était si peu que j'ai mal compris le motif de votre embarras. Pourquoi vous feriez-vous, dans cette circonstance, une si grande violence? Il s'agit de prolonger un peu le délai que je vous avais fixé, et je ne vois aucun inconvénient à le faire.

L'état de grâce est l'état habituel de votre âme, et vos fautes sont de fragilité et non de malice; je ne vois donc aucun obstacle à ce que vous continuiez vos communions jusqu'à votre retour, sans aller d'ici là à confesse. Ne vous tourmentez pas à propos de cette décision; suivez-la avec la même tranquillité d'âme que je la donne, et témoignez votre reconnaissance à Notre-Seigneur en communiant. Je conçois bien que la privation de cette nourriture céleste vous soit sensible; c'est la paix de l'âme, sa nourriture, sa joie, sa vie. Recevez donc comme Zachée ce divin Maître qui s'invite lui-même, et dont le plus grand bonheur est de se donner aux enfants des hommes. Vivez pour lui, et conservez longtemps sa présence dans votre cœur, lorsque vous avez la consolation de recevoir sa visite. Il vous traite en enfant gâté; Soyez pour lui une fille de Marie. Soyez humble, douce, aimante et recueillie, mais surtout paisible et confiante.

Il y a beaucoup de dires contradictoires sur la santé de notre premier Pasteur. Autant que j'en peux juger, les personnes les mieux instruites se taisent de peur d'être citées; c'est une preuve qu'elles n'ont rien de satisfaisant à publier. Je crois son état grave, plus que grave; et, si j'en reste là, c'est pour faire l'homme important qui craint d'être cité, ce qui ne me convient guère. Monseigneur est de retour à Paris d'hier, un peu soulagé par les ventouses, et puis c'est tout. Priez, Madame, pour le présent et le futur.

Agréez, etc.

LIXe

A UNE DAME.

20 novembre 1839.

Je suis bien honteux, Madame, de vous avoir causé de l'inquiétude par mon silence. L'idée de vous donner avis de votre réception dans la confrérie ne m'est pas même venue. J'ai fait votre commission dès le lendemain du jour où je vous vis, et le surlendemain j'avais votre diplôme et celui de Mademoiselle J. Dès que je les ai eus entre les mains, je les ai enfermés soigneusement dans mon tiroir, vous attendant de pied ferme avec un contentement de moi, dont je rougis aujourd'hui. Excusez-moi donc avec votre indulgence ordinaire, et que cette circonstance ne me prive pas une autre fois de vos commissions. Quant aux diplômes, je les garde jusqu'à votre retour, sauf cependant votre volonté, bien entendu. Mais le paquet serait si volumineux, qu'il pourrait faire scandale à N*** ; on le prendrait pour un brevet de Pair.

Je vois avec consolation que vous pouvez visiter Notre-Seigneur à votre aise, et que vous n'êtes pas seule à lui offrir l'expression des sentiments qu'il vous inspire. Les amis de Dieu s'entendent à demi-mot et même sans se parler. On n'est pas longtemps dans certaines églises, sans sentir que ceux qui prient çà et là y vont de tout leur cœur, sans éprouver un je ne sais quoi, qui prévient en faveur du pasteur et du troupeau. Votre âme m'en semble toute contente et toute reposée ; faut-il que ma négligence et ma mauvaise santé aient troublé cette paix ? Je suis désolé de ne pas être tout à fait malade pour avoir au moins une bonne raison à vous donner. Jamais crise ne serait venue plus à propos. Mais je n'ai pas été assez heureux pour cela.

A Dieu, Madame, croyez à mon parfait et respectueux dévouement.

LXe

A UNE DAME.

30 décembre 1839.

Il est vrai, Madame, que cette perte m'a été douloureuse à plus d'un titre, et que cela n'a pas peu contribué à me rendre pesant le travail des fêtes ; mais que Dieu soit béni de tout ! Vous-même, Madame, vous êtes souffrante, et je crains que vous ne le soyez plus que vous ne le laissez paraître. Je désire bien que vous vous ménagiez. Au besoin, je l'exigerais ; mais je sais combien vous êtes docile et raisonnable. Ne venez point à Paris avant d'être bien remise. Vous trouverez où vous êtes les secours nécessaires pour continuer vos communions. Si vous avez besoin de faire sonner la grosse cloche, écrivez-moi, je vous répondrai. Mon Dieu, Madame, que je vous envoie de grand cœur cette bénédiction. Puisse-t-elle attirer sur vous toutes celles de Notre-Seigneur ; puisse-t-elle donner à votre âme la plénitude de la paix du Seigneur, de cette paix que les anges ont promise aux personnes de bonne volonté, et à laquelle vous avez tant de droits. Vous savez que vous pouvez, en temps extraordinaire, demeurer un mois sans me venir voir. Soyez donc bien tranquille.

Je ne terminerai pas non plus sans vous renouveler l'assurance de mon dévouement respectueux qui vous est acquis depuis longtemps, et que n'ébranlera pas l'épreuve de 1840. Adieu, Madame, nous allons prier pour vous à Lorette ; à Dieu.

LXIe

A UN MONSIEUR.

Sans date.

Je vous vois avec bien du plaisir, mon cher ***, entreprendre des lectures qui tournent au profit de votre esprit et de votre cœur. Les conseils que vous me demandez me fournissent l'occasion de vous en donner deux fort importants, sans quoi le genre d'études que vous embrassez vous serait peut-être plus nuisible qu'utile.

Le premier avis, mon cher ***, regarde la lecture de l'*Histoire ecclésiastique* de Fleury. Cet ouvrage, quoique fort remarquable, n'est pas exempt de taches. Fleury, élevé dans les préventions parlementaires contre la Cour de Rome, n'a pas toujours su s'en défendre comme historien ; il a quelquefois aussi vanté l'ancienne discipline au point de faire procès à la nouvelle, bien qu'il dût savoir que la discipline n'est pas comme la doctrine, qu'elle est susceptible des modifications que comportent les circonstances, et que l'Eglise n'est pas moins infaillible quant à l'ensemble de sa discipline, qu'elle ne l'est dans l'ensemble et les détails de son enseignement. Ainsi, en lisant Fleury, il faut toujours être en garde contre les préventions parlementaires défavorables à la Cour de Rome, et contre les louanges excessives qu'il donne à l'ancienne discipline au détriment de la nouvelle. Quand je parle de l'*Histoire* de Fleury, c'est, bien entendu, de la partie qu'il a écrite lui-même ; car la suite est l'ouvrage d'un janséniste fougueux, et un chrétien doit s'en interdire la lecture.

Le second avis regarde le dogme et la morale, c'est-à-dire la doctrine enseignée par l'Église. Ce n'est que dans les livres qui en traitent expressément, que vous devez l'étudier : voilà, mon cher ***, où il faut étudier la doctrine de Jésus-Christ, telle qu'elle est enseignée par l'Eglise. Si vous vouliez la chercher dans l'Ecriture sainte seule, vous risqueriez de vous égarer à la suite des protestants, confondant, par exemple, un point de dogme avec un point de discipline, et jugeant que le sens d'un texte est formel, lorsqu'il ne l'est pas du tout. Quand, en effet, Jésus-Christ et ses apôtres commencèrent la prédication de leur doctrine, ils ne s'exprimèrent que de vive voix, et confièrent leurs enseignements à la seule mémoire de leurs auditeurs. Plus tard, ces auditeurs rédigèrent leurs souvenirs et y mirent un peu du leur, et c'est pourquoi saint Mathieu écrivit son évangile, afin de redresser les erreurs que l'on avait faites sur quelques points, et d'empêcher qu'on en fit sur quelques autres. La même raison engagea saint Pierre à faire rédiger le second Evangile par saint Marc, et saint Paul à en demander autant de saint Luc ; enfin, saint Jean, effrayé de l'hérésie de Cérinthe qui attaquait la divinité de Jésus-Christ, rédigea son Evangile vers la fin du premier siècle. Jamais ces écrivains sacrés n'eurent l'intention de donner un corps complet de doctrine en écrivant les divers évangiles, et bien que les vérités enseignées par Jésus-Christ et ses apôtres s'y trouvent en grande partie, toutefois, il est certain que beaucoup encore demeurèrent confiées à la mémoire des chrétiens. Plus tard, et à diverses occasions, ces dernières furent recueillies, mentionnées et éclaircies dans les ouvrages d'écrivains ecclésiastiques connus sous le nom de Pères de l'Eglise, et dont les œuvres sont connues sous le nom de Tradition. C'est dans ces deux sources, l'Ecriture et la Tradition, que le corps des évêques, ayant pour chef le Souverain Pontife, puise son enseignement et les décisions qu'il rend dans les Conciles généraux. Tout catholique doit une soumission entière et complète à ces décrets des Conciles œcuméniques et aux Constitutions des Souverains Pontifes parlant *ex cathedra*. C'est donc là et non dans des textes isolés de l'Ecriture qu'il faut chercher la doctrine de Jésus-Christ.

Après ce long exorde, il ne me reste qu'une chose à vous répondre, mon cher ***, c'est que le corps des Evêques assemblé à Trente a dit : « Anathème à ceux qui prétendraient que l'Eglise erre, lorsqu'elle enseigne, comme elle l'a toujours enseigné, que le mariage ne peut être dissous par l'adultère de l'une des parties, et que ni l'une ni l'autre, non pas même la partie innocente, qui n'a point donné sujet à l'adultère, ne peut contracter d'autre mariage pendant que l'autre partie est vivante, etc. » Vous voyez d'après cela que l'Eglise n'a point entendu le texte de saint Mathieu dans le sens où vous l'entendez, et il me serait facile de vous en déduire les raisons, si je ne craignais pas de dépasser les bornes d'une lettre ordinaire. Quant à Bossuet, je vous assure qu'il n'a jamais eu la moindre incertitude sur ce point, lui défenseur si intrépide et si orthodoxe des décisions de l'Eglise assemblée à Trente.

J'ajouterai enfin, mon cher ***, et c'est mon dernier mot, que s'il y a dans le mariage des questions qui sont du ressort de la discipline, celle-ci n'est pas du nombre, l'indissolubilité du mariage étant une question dogmatique.

Pardonnez-moi, mon cher ***, cette longue dissertation ; mais vous ne savez pas ce que c'est qu'un théologien parlant théologie ; autant vaudrait un invalide parlant batailles.

Je ne blâme pas la lecture que vous faites du nouveau Testament ; mais je vous engage à la faire pour vous édifier, et non pour y chercher la doctrine de l'Eglise : cette marche serait dangereuse. Adieu, etc.

LXIIe

A UNE DAME.

24 janvier 1819.

Si vous preniez, Madame, autant de précautions pour votre santé que pour la mienne, il ne viendrait dans la tête de personne de vous gronder ; je crois même que l'on pourrait, jusqu'à un certain point, vous accuser de douilleterie.

Puisque Monsieur le comte de *** n'y voit point d'inconvénient, je crois que vous ferez bien de venir demain matin à Lorette, et je vous y préviendrai. Vous pourriez même, à la rigueur, y communier sans entendre la messe, soit là, soit ailleurs. Il n'y a point de règle sans exception, et votre santé est une véritable exception à la règle, quelle qu'elle soit. C'est une exception ambulante, à peu près comme la mienne, qui n'est cependant pas si mauvaise que le prétendent les caquets du voisinage.

Je vous attends donc demain ; mais approvisionnez-vous pour un mois ; car je ne veux vous revoir qu'à l'approche du carême, vers la fin de février.

Recevez, etc.

LXIIIe

A UNE DAME.

18 février 1840.

Peut-être êtes-vous maigrie, Madame, et c'est ce qui vous fait trouver votre manche large ; je ne puis au moins en admettre d'autre cause. Demeurez donc en paix et continuez avec confiance les communions que votre santé ne vous empêche pas de faire. Mais soyez prudente et obéissante, afin de vous débarrasser une bonne fois de ce rhume. Ces petites irritations sont excellentes pour fournir matière à s'humilier, mais non à se troubler. Il faut, sous ce rapport, aimer jusqu'à la misère, et jusqu'aux petites fautes qu'elle fait commettre. Demeurez humble et paisible au pied de la croix. Dieu ne vous demande point autre chose.

Lorsque vous lisez la vie des différents saints, vous pouvez vous convaincre que chacun d'eux a pour ainsi dire sa physionomie particulière ; et cela n'a rien d'étonnant, car, grande est la variété dans les productions de la grâce, semblables, en cela, à celles de la nature. Dieu demande en raison de ses dons ; et l'attrait qu'il donne pour la pratique de telle ou telle vertu, est sa manière d'indiquer l'usage qu'il veut qu'on fasse de ses bienfaits. Ne rien demander, ne rien refuser, était la devise de saint François de Sales ; c'est le legs qu'il a fait à ses filles de la Visitation : que ce soit le vôtre, Madame, mais acceptez-le sans en prévoir la conséquence, sans chercher à vous en réjouir ou à vous en effrayer.

Je me traîne plus que je ne me porte ; mais j'ai jusqu'ici fait mon petit travail, ce qui est tout pour moi. Adieu, Madame, soyez calme et prudente, et agréez, etc.

LXIVe

A UNE DEMOISELLE.

29 février 1840.

Pour qui me prenez-vous, Mademoiselle, avec votre Nicole ? Pareilles gens ne se chauffent point à mon feu, je vous assure, c'est bien assez qu'ils l'allument. Mais j'ai à votre disposition, et par conséquent à celle de Madame votre tante, la partie de l'*Année Chrétienne* du Père Croiset, qui traite du carême et explique un peu longuement, mais très-convenablement, les épîtres et évangiles de ce temps. Vous pouvez donc faire prendre cet ouvrage chez moi, quand cela vous conviendra.

La Mère M. garde toujours la chambre, mais on dit qu'elle ne va pas mal. Pour moi, je pourrais aller mieux, sans faire crier au miracle ; mais enfin, je vais, c'est l'essentiel.

Recevez, etc.

LXVe

A UNE DAME.

2 mars 1840.

Je suis, Madame, le véritable coupable, le seul à blâmer dans cette affaire. J'eusse mieux fait de m'informer des usages du diocèse de ***, avant de vous manifester ma pensée ; je vous aurais évité ce désappointement et à Monseigneur l'Évêque ce petit embarras. Il me pardonnera, je pense, cette bévue, et vous me traiterez dans cette occasion avec cette indulgence particulière dont vous m'honorez, ce qui ne m'empêchera pas de demeurer, comme le corbeau, honteux et confus.

Puisque Notre-Seigneur l'a décidé ainsi, il faut croire qu'il viendra à votre secours d'une autre manière et qu'il vous sanctifiera par la privation. Demeurez en paix, Madame, aimez ce divin Maître, et soyez persuadée qu'il veillera toujours sur vous, comme il l'a fait jusqu'ici.

Je n'ai point, en effet, prétendu céder ma place à ce Monsieur ; vous êtes toujours ma fille aînée du monde, et le droit d'aînesse est chez moi un grand bonheur.

Je suis honteux de vous avoir fatiguée par une correspondance si longue et si inutile ; je vous en renouvelle toutes mes excuses et vous prie, Madame, d'agréer, etc.

LXVI

A UNE DAME.

12 avril 1810.

C'est une grande grâce, Madame, que Dieu vous fait, en vous donnant le désir habituel de faire sa volonté. La nature, toujours un peu empressée, même dans les bons désirs, s'en sert à la vérité pour vous tourmenter un peu ; mais, au fond, la source de cet embarras d'esprit est si bonne et si pure, que je ne peux me résoudre à vous en gronder.

Il n'y a point d'avarice dans votre fait. Jamais Madame de *** et une avare n'habitèrent dans la même robe. Il y a dans cette pensée un grand désir de rendre service à vos amis, combattu par une grande crainte d'aller contre la volonté de Dieu, et rien de plus. Ce sont deux bons et généreux sentiments qui, dans cette circonstance, n'ont rien d'hostile l'un à l'autre ; et même je crois que vous plairez à Dieu en donnant cette petite somme, mais sans engagement pour l'avenir, sans vous croire autorisée à agir de même dans des circonstances différentes, et surtout pour des sommes plus considérables. A chaque jour suffit son mal, et chaque jour aussi reçoit sa consolation. Ce que Dieu fait cette fois par votre main, il veut peut-être le faire plus tard par celle d'un autre ; contente du présent, demeurez en paix sur l'obscurité de l'avenir.

Je suis heureux d'apprendre que votre santé s'améliore ; j'en profiterai pour revendiquer mon droit d'aînesse, après Pâques. Je vais, c'est beaucoup. Priez pour moi, Madame, et croyez, etc.

LXVIIe

A UNE DAME.

12 juillet 1840.

Je suis bien touché, Madame, de l'intérêt que vous voulez bien prendre à la nouvelle perte que ma famille vient de faire. Plus prévue que les précédentes, elle devait être moins douloureuse. Mais, lorsqu'en deux ans de temps, la même branche perd son chef, un fils, une belle-fille et deux petits-fils, en un mot trois générations, le dernier évènement s'envenime de tous ceux qui l'ont précédé. Le baron de M... approchait de quatre-vingts ans ; et, depuis quelques années, chaque année était une année de grâce. Il envisageait ainsi les choses ; c'est pourquoi la mort l'a trouvé prêt.

Veuillez, Madame, joindre vos prières à celles de ses parents ; j'y ai grande confiance, et vous demande de m'accorder aussi un secours plus particulier que de coutume, car j'ai quelque raison de crier au secours, et plus haut qu'à l'ordinaire.

Recevez, je vous prie, l'assurance du respectueux dévouement, etc.

LXVIIIe

À UNE DEMOISELLE.

11 août 1840.

Ce n'est point par vous seule, Mademoiselle, que je sais la visite que vous avez reçue à ***, et que je connais vos occupations. On m'a dit tout cela hier, et j'ai eu l'air de tout apprendre. Si vous trouvez à cela quelque chose de répréhensible, vous voudrez bien porter ce péché avec les autres, au bon curé qui vous reçoit si bien cette année.

Je suis le très-humble serviteur des quinze samedis ; je ne croyais pas cette dévotion si efficace. Je la tiens maintenant pour miraculeuse, après l'effet qu'elle a produit en vous et aux environs. Deux mois passés paisiblement à *** me semblent une circonstance merveilleuse dans votre vie, qui, d'ailleurs, en est assez bien pourvue.

J'aime à vous voir gouvernante. En dirigeant les autres, on se perfectionne dans l'art de se diriger soi-même. Plaisanterie à part, je crois ces enfants en fort bonnes mains, et je leur souhaite une aussi bonne aubaine tous les ans.

Vous avez une aptitude particulière à vous tourmenter. On vous prouve que vous n'êtes pas dans la tiédeur ; on croit être bien avancé. Point du tout, vous avez en poche une distinction qui remet tout en question ; je n'y suis pas dans l'effet, mais dans la cause. Belle conclusion ! Que vous serez donc heureuse, Mademoiselle, lorsque vous vous contenterez de n'y pas voir plus loin que le bout de votre nez, en fait de dispositions spirituelles. Mais pour cela il faut devenir pauvre d'esprit, et nous tenons encore à ces richesses-là. Je ne vous oublierai pas devant Dieu. Priez aussi pour moi, Mademoiselle, et croyez, etc. etc.

LXIXᵉ

A UNE DAME SA PARENTE.

18 août 1840.

Je vous remercie, ma chère cousine, de la marque de confiance que vous me donnez, et de l'occasion que vous me fournissez de vous être bon à quelque chose. Vous avez bien souffert, et vous souffrez encore, n'est-il pas vrai ? Car je vois votre pauvre âme tiraillée entre des affections et des devoirs différents ; ce qui est une épreuve, surtout en matière de salut. C'est pour vous tirer de cette anxiété le plus promptement possible, que je vous réponds de suite ; ce n'est pas cependant sans avoir bien médité vos questions, sans en avoir bien recommandé la solution à Notre-Seigneur.

Je vous dirai d'abord que vos questions sont posées fort nettement, et que je les ai très-bien comprises. Voici la réponse que je crois devoir y faire : Lorsqu'il s'agit de faits et d'une législation où l'iniquité a régné, où le droit naturel et le droit positif ont été torturés et faussés dans tous les sens, mais toujours dans le but d'opprimer une classe d'hommes sans aucune défense, il en résulte dans les transactions privées une obscurité et des difficultés inextricables, surtout lorsque cet état de choses a surgi subitement et s'est ensuite prolongé sous toutes les formes et sous toutes les faces, pendant cinquante années, sans préjudice du courant. De là, dans le for extérieur comme dans le for intérieur, des embarras que l'on peut bien lever un à un, mais non par des maximes générales, par des décisions qui puissent s'étendre à une multitude de cas. Je vous dis ces choses, ma chère cousine, pour donner, autant qu'il est en moi, à ma réponse l'autorité nécessaire à votre tranquillité.

Vous venez à moi avec une volonté docile, avec un désir sincère de connaître votre devoir et de le suivre, je vous réponds également avec un désir vrai de vous mettre dans la voie du salut. Croyez-moi donc, et pour toujours, lorsque je vous dis de ne plus vous préoccuper de cette affaire, de demeurer en paix dans la possession de votre fortune, sans conserver aucune inquiétude à cet égard. Les créanciers de Monsieur de *** eussent eu dans sa fortune un gage suffisant de leurs créances ; s'ils n'ont pas été payés, c'est leur faute ou celle de la nation, mais ce n'est pas celle de Monsieur de ***, ou celle de Monsieur ***, car ma réponse est pour une succession comme pour l'autre.

Ce peu de mots, ma chère cousine, répond, il me semble, à toutes vos questions, sauf celle du mensonge. Il est possible qu'il y en ait eu un dans la signature que vous avez donnée, mais ce mensonge ne vous constitue pas débitrice des créanciers qui n'en ont pas moins eu la faculté de se faire payer par l'Etat, soit au moment de la première confiscation.

soit au moment où fut accordée l'indemnité. Dès l'instant que les biens laissés en France suffisaient pour l'acquittement des dettes, la lésion de l'émigré ne vient pas du fait de l'émigré, mais du fait de l'Etat, et même quand les biens n'y auraient pas suffi, ce serait encore une question, l'Etat s'étant substitué purement et simplement aux droits de l'émigré, et non sous bénéfice d'inventaire, et ayant par cela même donné aux créanciers un gage suffisant. D'ailleurs, ma chère cousine, il n'est pas donné à l'homme de suivre le fil ; vouloir y promener sa pensée, c'est s'engager dans un labyrinthe sans issue ; c'est se créer un tourment d'esprit, une peine de conscience, dont il est impossible de sortir d'une manière satisfaisante. Vous avez fait amplement ce que vous deviez faire, vous avez consulté avec le désir de connaître votre devoir, et de l'accomplir par testament, puisque évidemment vous ne pouvez le faire autrement pendant que vous êtes en puissance de mari ; vous avez donc fait tout ce qu'une jeune chrétienne pouvait faire dans les circonstances. Maintenant, vous devez croire que Dieu n'aurait pas permis qu'une si bonne volonté demeurât sans lumière, et que plusieurs personnes s'abusassent dans la réponse qu'elles vous ont donnée. Restez donc en paix, ma chère cousine, et désormais, chassez comme une pensée dangereuse, j'ai presque dit mauvaise, toute réflexion sur ce sujet. Lorsqu'il vous surviendra encore quelque envie d'examiner de nouveau cette affaire, opposez à votre entendement cette fin de non-recevoir : Mon cousin m'a défendu, au nom du Seigneur, de revenir là-dessus, et je veux m'en tenir à cette décision. Si la tentation dure, car c'en est une, recommandez-vous à la très-sainte Vierge ou à sainte Anne d'Auray, en disant quelques *Ave Maria*, vous sentirez la préoccupation se dissiper, et le calme revenir dans votre cœur.

Dieu ne fait pas de miracles inutiles, et lorsqu'il a fourni à plusieurs personnes les lumières nécessaires pour éclairer une âme sur son état, il veut qu'elle n'en demande pas davantage. Je finis comme j'ai commencé, en plaignant vos souffrances, ma chère cousine, et cependant en vous félicitant. Dieu a ordinairement des desseins de miséricorde et de tendresse sur l'âme qu'il fait passer par ce creuset. Vous savez que les anges annoncèrent la naissance de Notre-Seigneur comme un gage de gloire pour Dieu, et de paix pour les âmes de bonne volonté. Vous êtes de bonne volonté, vous avez la paix, mais vous n'en savez pas jouir. Faites du progrès dans cette science, car c'est à la fois la science du bonheur et du salut.

Vous pouvez compter sur un secret absolu. Je brûle votre lettre. Je garde la note jusqu'à ce que vous m'ayez dit de vous la renvoyer ou de la brûler. Je préfèrerais ce dernier parti, crainte des tentations. Je vais à l'ordinaire, pas trop bien.

Adieu, ma chère cousine, priez pour moi, et croyez à mon affection dévouée et respectueuse.

Si vous aviez besoin de nouveaux éclaircissements et encouragements, ne craignez pas de m'écrire, ni de me fatiguer : ce travail m'est possible, et je serais heureux de vous être bon à quelque chose.

LXXe

A LA MÊME.

21 août 1840.

J'apprends avec bien du plaisir, ma chère cousine, votre bonne résolution, et suis persuadé que votre fidélité à la tenir vous rendra bien heureuse. Je regarde donc votre affaire comme terminée, et je viens à celles qui sont l'objet de votre dernière lettre.

Il ne faut pas confondre le manque de foi avec les pensées contre la foi. Votre foi est véritable, et il faut qu'elle ait été bien enracinée pour avoir résisté à cette goutte d'eau incessante qui finit ordinairement par pénétrer les plus durs rochers. Il n'est pas rare de voir les jeunes personnes élevées avec une sorte de raideur religieuse accueillir facilement ce qui peut les refroidir pour la religion ; et lorsque l'affection et l'estime qu'elles ont pour leur mari facilitent ce refroidissement, il en est bien peu qui conservent les fruits d'une éducation chrétienne. L'état actuel de votre âme, la peine que vous causent les tentations contre la foi, les lectures que vous avez faites pour la fortifier, enfin la disposition où vous étiez de sacrifier votre fortune à votre salut, voilà, croyez-moi, ma chère cousine, des preuves positives que cette vertu n'a point faibli chez vous, et que vous n'avez pas suivi le torrent.

Les livres que vous avez lus sont excellents ; s'ils vous ont fait du mal, c'est que vous avez manqué de direction et d'éclaicissements dans l'occasion. Je connais assez la trempe de votre esprit pour être persuadé que deux heures de conversation détruiraient, en grande partie au moins, les mouches dont le bourdonnement fatigue votre pensée. Quoi qu'il en soit, croyez-moi, ne tenez aucun compte de ces tentations ; et sous quelque forme et à quelque occasion qu'elles se présentent, ne vous en effrayez pas, ne les regardez pas ; dites seulement à Notre-Seigneur que vous l'aimez de tout votre cœur, et que vous croyez tout ce que l'Eglise enseigne. Plus tard, il serait facile de prendre d'autres moyens ; mais celui que je vous enseigne sera probablement suffisant.

La bonne harmonie étant ce qu'il y a de plus désirable en ménage, une femme chrétienne doit tout faire pour la maintenir, hors le péché. Mais où commence le péché ? Question délicate et quelquefois bien difficile à décider. Toutefois, ma chère cousine, quoique les circonstances où vivent aujourd'hui les femmes mariées présentent des inconvénients de plus d'une sorte, il ne faut pas croire que la paix de l'âme soit, dans de telles positions, chose impossible. Voici, pour la musique, la règle de conduite que je vous conseille et dont je prends la responsabilité : ne chantez point cette musique et ces paroles pour votre satisfaction personnelle, et ne portez pas les autres à la chanter. Mais prêtez-vous à accompagner et même à chanter ces morceaux pour la satisfaction de votre mari, et pour entretenir des relations qui lui sont agréables. Vous pouvez, dans les circonstances où vous vivez, aller jusque-là sans offenser Dieu. Mais, quoique je dise qu'il ne faut pas les chanter pour votre satisfaction personnelle, je ne vous défends pas de prendre à leur exécution le goût et le plaisir qui animent l'artiste dans le *coup de feu*; ce serait trop demander. Faites donc ces choses pour accomplir une des obligations du mariage ; prêtez-vous-y de bonne grâce, en tâchant de ne pas faire trop large la part de la nature, mais sans en concevoir du scrupule.

Quant aux domestiques hommes, donnez-leur le temps et les moyens d'accomplir leurs devoirs de chrétiens ; portez-les, par votre exemple et quelquefois par de douces paroles, à servir Dieu ; engagez-les, autant que possible, à aller à confesse dans le carême, mais à cet égard n'allez pas plus loin. Surtout, n'ayez pas l'air de régler sur les pâques votre conduite à leur égard. Il y a déjà assez de sacriléges sans ceux-là. En définitive, la principale responsabilité du serviteur ne repose pas sur vous ; triste consolation, je le sais ! Du reste, les localités exercent nécessairement de l'influence sur une décision de cette espèce, et le confesseur doit être consulté sur ce point, parce qu'il est meilleur juge de l'esprit du pays qu'un prêtre placé à quatre-vingts lieues de distance, et à Paris surtout. Je vous engage cependant, ma chère cousine, à voir, sans préoccupation, ce que les circonstances vous permettent de faire *raisonnablement* et d'abandonner le reste à la Providence. Malgré le temps où nos pères ont vécu, les principes restent les mêmes, mais leur application est modifiée par les difficultés que présente une société catholique de nom, mais voltairienne de fait. J'ajouterai, ma chère cousine, qu'où vous manquez d'autorité, il n'y a plus de devoir.

Maintenant, si vous me le permettez, je vous engagerai à vous procurer un ouvrage intitulé : *Règles de la Vie chrétienne,* par l'abbé Primart. Si votre libraire de Rennes ne l'a pas, engagez-le à vous le faire venir. L'éditeur est Monsieur Gaume, rue Pot-de-Fer-Saint-Sulpice, 5. Cette lecture vous est nécessaire et vous fera grand bien. Je pense que vous faites chaque jour une lecture spirituelle dans un livre de piété bien choisi. Si vous pouvez y joindre l'assistance à la messe, dans le cours de la semaine, vous faites bien. Je serais heureux d'apprendre que vous dites un peu de chapelet.

Voilà, ma chère cousine, tout ce que je trouve à vous écrire sur votre lettre, et j'espère que ce ne sera pas la dernière occasion que vous me fournirez de vous témoigner le désir que j'ai de vous être agréable, et de vous offrir l'hommage de mon dévouement entier et respectueux.

LXXIe

A LA MÊME.

3 septembre 1840.

Il ne faut pas, ma chère cousine, juger trop sévèrement l'hésitation qui s'élevait dans votre cœur au sujet du renoncement à votre fortune du vivant de Monsieur de N... Lors même que Dieu eût demandé de vous le sacrifice de votre bien, il me semble fort douteux qu'on l'eût exigé pendant la vie de votre mari, car lui aussi avait ses droits. Nous ne pouvons rien, d'ailleurs, sans le secours de la grâce dans l'ordre du salut, et Dieu ne vous la donnait point pour vous résoudre à un dépouillement qu'il n'exigeait pas. Le démon avait circonvenu votre pauvre âme de ses piéges, et la droiture de votre esprit se débattait contre du scrupule qu'accueillait la délicatesse de votre conscience. Demeurez bien en paix, ma chère cousine, sur toutes ces choses, votre bon ange ne vous en aimera que mieux.

Il y a des grâces si particulières attachées au chapelet, vous trouverez dans cette prière tant de secours intérieurs et extérieurs, que je vous encourage fort à tenir la résolution dont vous me faites part. En général, je conseille peu de prières vocales, j'aime mieux un peu de conversation intérieure avec Notre-

Seigneur. Ayez quelques pratiques, mais en petit nombre, et ne les augmentez pas facilement. Puisque vous entendez la messe dans la semaine, je vous engage à y faire le moins que vous pourrez usage de livre. Commencez, par exemple, à vous mettre en présence de Notre-Seigneur, au moment de l'élévation, et demeurez ainsi jusqu'à la communion du prêtre, ou du moins jusqu'au *Pater*. Pendant ce temps, causez respectueusement, mais avec aisance, avec ce bon Maître; dites-lui ce que vous sentez, ou ce que vous désirez sentir pour lui; recommandez-lui ce qui vous touche; ou, ce qui est encore mieux, demeurez à ses pieds comme Marie, sans vous inquiéter, comme Marthe, en beaucoup de soins. Si vous prenez goût à cet exercice, ma chère cousine, ce sera pour votre âme le plus important et le plus fructueux de la journée; et je ne doute pas que vous ne vous accoutumiez peu à peu à l'étendre à toute la messe. Du reste, ne vous effrayez pas des distractions, des ennuis et des imaginations qui, dans le commencement, vous assiégeront. La tête sert peu aux exercices de la piété, car Dieu n'aime l'homme que pour son cœur et ne veut de ce cœur que l'amour. L'ouvrage que je vous ai conseillé vous sera d'un grand secours; il se lit très-facilement, et demande pour cela à être lu plusieurs fois. Du reste, évitez dans cette lecture, comme dans tous vos exercices, la contention, le tourment et surtout une exactitude qui ne serait pas dans l'ordre. Il faut savoir sacrifier, dans l'occasion, à sa santé, à ses devoirs envers les autres, et quelquefois même à leur propre plaisir, quelques-unes de ses pratiques habituelles. On les reprend plus tard, ou l'on y supplée par quelques élévations de cœur vers Dieu.

Quant à la fréquentation des sacrements, vivez de manière à ce que votre confesseur puisse vous faire communier souvent. Ne refusez point les communions qu'il vous proposera, et n'ayez à cet égard aucune terreur panique.

Adieu, ma chère cousine, priez pour moi et croyez à mon dévouement respectueux.

LXXIIe

A UNE DAME.

2 décembre 1840.

C'est venir vous chercher bien loin, Madame, et cependant je ne crains pas de vous importuner. Une voix amie et chrétienne vous est toujours agréable, parce que vous savez la comprendre. J'en suis si convaincu, que vous auriez déjà reçu de mes nouvelles, si votre adresse m'avait été connue plus tôt. Madame votre sœur me l'a envoyée hier, et j'en profite avec bien de l'empressement. J'ai su par Monsieur *** que la furie du Rhône et de la Saône vous avait retenue longtemps à Lyon, trop, peut-être ! C'est au moins ce qu'un rapprochement de dates m'a fait présumer.

Je vous plains de toutes vos douleurs, et ne doute pas qu'elles ne vous soient profitables. Tout profite aux amis du Seigneur : en souffrant, ils apprennent à se servir, et en se servant, ils apprennent à souffrir. Vous n'en êtes point à votre apprentissage, j'allais dire malheureusement, tant ma foi est facile à s'affaiblir et à s'étonner ! Mais, quoique la nature en puisse dire, il faut toujours que force reste à la grâce et que nous convenions, s'il le faut, en pleurant, ce qui est bien permis, que Dieu se montre encore notre ami et notre père lorsqu'il nous afflige, et plus encore notre père, dans les épreuves et dans les consolations. Cette vie passe vite ; les journées paraissent longues, mais les années sont courtes ; et c'est le motif d'une douce paix pour l'âme, quand elle arrive à leur terme en aimant et en servant Dieu. Alors on trouve sa sécurité plus dans les souffrances chrétiennement endurées que dans les joies, même innocentes de cette vie ; comme au ciel, on trouvera plus de consolation et de gloire dans le souvenir des jours mauvais que des moments de bonheur. Ceux-ci paraissent alors bien peu de chose, les autres sont des trésors que la rouille ne détruit pas et que ne craignent point les voleurs.

Ces considérations, toutefois, ne m'empêchent pas, vous pouvez le croire, Madame, de prendre part à votre peine et de vous bien recommander, ainsi que Mademoiselle votre fille, au saint autel. C'est une consolation pour moi de vous savoir au milieu de véritables amis et dans une famille dont vous avez si heureusement peint l'intérieur. L'amitié chrétienne adoucit bien des amertumes et allège les plus lourdes croix. Notre-Seigneur ne la dédaigna pas, et je suis heureux de savoir que vous en jouissez dans un moment où les secours vous sont si nécessaires. Priez pour nous, Madame, et en particulier pour celui qui vous est si absolument dévoué en Notre-Seigneur.

LXXIIIe

A UNE DAME.

25 décembre 1840.

Est-ce une gronde ou des remerciements qui font l'objet de cette lettre? C'est en vérité, Madame, ce que je ne puis définir. Gronder quelqu'un qui s'est donné tant de peine, qui offre un si beau présent, ce serait être bien mal appris. Mais, d'un autre côté, accepter une telle merveille, c'est un peu embarrassant. Saint Vincent de Paul et saint François de Sales ont refusé en semblables circonstances; je trouve qu'ils ont bien fait, et voilà que je n'ose les imiter. Ce sera donc le remerciement qui l'emportera. Mais, Madame, comment avez-vous fait une telle entreprise et avez-vous eu la patience de la conduire à bonne fin? On voulait hier que je devinasse, et je m'en défendais de mon mieux. Mais quand on m'a dit que cet ouvrage avait occupé sept ans, il ne m'a pas été difficile de nommer l'ouvrière.

Pour me conformer à votre désir, j'ai célébré la messe ce matin, revêtu de cette belle aube ; toutefois, j'en étais intimidé. Je me prenais pour l'âne chargé de reliques, et n'avais pas le courage de me regarder passer.

Je crains bien que ce mauvais temps ne vous éprouve ; il m'a retenu au coin de mon feu plus que je n'aurais voulu ; je ne m'en plains pas, cependant, car il m'a laissé faire mon petit travail de Noël assez facilement. Recevez de nouveau tous mes remerciements, permettez-moi d'y joindre l'hommage de mes vœux pour cette nouvelle année et celui de mon respect, etc.

LXXIVe

A UNE DAME.

31 décembre 1840.

Je m'étais figuré une partie de vos peines et fatigues, Madame et très-chère fille, car il faut bien, au moins une fois par an, vous donner ce nom. Si ce n'était le contentement qu'aurait eu ce pauvre défunt, je vous féliciterais d'avoir échappé à cette dernière épreuve, même au prix d'un aussi pénible voyage. Ce que vous me mandez des affaires que l'on vous a laissées à débrouiller est bien déplorable, mais n'est point rare aujourd'hui. Que de gens gâtent à plaisir la petite portion de bonheur qui leur est échue en ce monde, et quittent la réalité pour courir après l'ombre ! Qui pourra contenter, dit saint François de Sales, celui à qui, ce qui suffit, ne suffit pas ? Et c'est aujourd'hui l'histoire de bien des gens ; on demande aux plaisirs, aux affaires, un contentement que Dieu n'a promis qu'aux personnes de bonne volonté, et l'ennui, la souffrance, souvent même la ruine sont les seuls fruits que produisent tant de vains désirs et ordinairement de trop coupables soins. Je vous engage, Madame, à vous mettre sous la protection de la bienheureuse Marie de l'Incarnation, parisienne comme vous, veuve comme vous, et qui eut aussi à arranger des affaires bien mauvaises, résultat des erreurs de son mari. Vous êtes au milieu de vos amis, vous êtes dans un chef-lieu de cour royale, où vous devez trouver aide et conseils ; faites ce que vous pourrez raisonnablement ; priez Notre-Seigneur de vous aider ; ayez surtout grande confiance en la très-sainte Vierge ; peut-être, avec de tels soins et de tels protecteurs, recouvrerez-vous quelques débris de ce naufrage. Pour moi, comme Moïse, j'élèverai mes mains vers le ciel ; et, comme elles élèveront en même temps la divine hostie, j'espère que ce ne sera pas en vain.

Je ne me donnerai point le tort de refuser Mademoiselle votre fille. Lorsque vous me parlâtes d'elle la première fois, elle n'avait que neuf ans, je craignais de lui faire peur ; je ne vous connaissais pas, et j'ignorais jusqu'à quel point la confession de la mère et de la fille pourrait me laisser libre au saint tribunal.

Depuis lors, les circonstances ont changé. Mademoiselle votre fille est devenue moins susceptible de s'effrayer ; et quant à vous, Madame, je suis dans une parfaite tranquillité d'esprit. Je serai donc tout à fait à la disposition de Mademoiselle votre fille pour une fois ou pour plusieurs ; heureux si je puis contribuer à lui rendre le service de Dieu plus cher et plus doux, si je puis l'aider à devenir, et pour toujours, une véritable enfant de Marie.

Recommandez-moi à ses prières, accordez-moi une part dans les vôtres, et recevez, Madame et chère fille, les vœux de nouvel an, et les hommages d'un Père qui vous est entièrement et respectueusement dévoué.

LXXVe

A UNE DAME.

11 février 1841.

Il y a longtemps, Madame, que je respecte votre convalescence et que ma mauvaise santé ménage la vôtre. Que devenez-vous sous ce beau ciel glacé, qui gèlerait la ferveur même ; et comment vous traite ce triste hiver, troisième du nom ? J'espère, sans trop oser m'en flatter, que le soleil de *** est moins endurant que le nôtre, et qu'il aura dissipé l'enceinte continue qui opprime celui-ci. Maladies à guérir, forces à réparer, et affaires tristes et embrouillées à éclaircir, à terminer ; voilà une série de choses difficiles, douloureuses à subir. J'en souffre avec vous, je voudrais dire pour vous, si le bon usage que vous faites et ferez de tant de peines n'était pas pour vous le gage d'une douce et éternelle félicité. Vous recueillerez dans la joie, mais vous semez dans les larmes ; et c'est ce qui préoccupe toujours un peu les Pères, car il est bien temps de me souvenir qu'en 1841 je dois vous appeler ma fille.

J'ai oublié de vous féliciter sur votre dernière production ; ma critique est demeurée sans occupation dans cette circonstance, et j'ai lu ce petit ouvrage avec bien du plaisir. J'en dis autant de ses aînés que je viens de relire tout d'une haleine, car c'est ma ressource et consolation dans les moments de souffrance, et l'hiver n'est point mon bon temps.

Je voudrais bien que la bienheureuse Marie de l'Incarnation vous eût donné quelques preuves de sa puissante intercession. Je la prie pour vous, pour Mademoiselle votre fille, et j'aime à espérer que vous êtes maintenant moins souffrante et moins accablée d'affaires et de sollicitudes.

Croyez, etc.

LXXVIe

A UNE DAME.

8 juin 1841.

Je vous suis pas à pas, dans votre longue convalescence, ma chère fille, car ce chemin est vraiment pour vous celui de la croix. C'est aussi celui du ciel, mais un peu raboteux. Toutefois, n'augmentez pas l'ennui du voyage et l'aspérité du chemin, en vous créant des peines et vous trouvant des torts que vous n'avez point. Sentir n'est pas consentir. Le sentiment est de soi chose indifférente ; le consentement lui donne seul de la valeur. Sentir les révoltes de la nature contre la maladie, contre les inconvénients qui en résultent, humainement parlant, et même contre cette divine Providence qui envoie de telles épreuves, n'est point un mal ; c'est la matière première de la vertu, tout aussi bien que du péché. Si vous donniez, sans doute, à ces provocations dangereuses un assentiment délibéré ; si vous agissiez en conséquence, si, en un mot, vous faisiez ce que vous ne faites pas, ou plutôt le contraire de ce que vous faites, sans doute Notre-Seigneur ne serait pas content. Mais, grâce à Dieu, il n'en est pas ainsi. Vous acceptez, tant bien que mal, soit ; mais enfin vous acceptez d'un esprit soumis cette maladie avec ses inconvénients. Vous abhorrez ces sentiments de murmure ; que voulez-vous de mieux, ma fille ? N'est-ce point là faire un acte de vertu ? Ne vous y trompez point, la joie dans les souffrances est plutôt une récompense qu'un mérite ; si elle en était un, le Saint des saints l'aurait eu. Il n'aurait pas dit au jardin des Olives : *Que ce calice s'éloigne de moi ;* il n'eût pas eu besoin des consolations d'un ange. L'une de ses dernières paroles n'eût pas été ce cri douloureux de l'âme : *Mon Dieu ! mon Dieu ! pourquoi m'avez-vous abandonné ?* Recevez donc humblement et paisiblement, dans la partie supérieure de l'âme, la volonté de Dieu, quelle qu'elle soit ; adhérez-y quand même : mais si la partie inférieure se soulève, si elle jette les hauts cris, ne vous en inquiétez pas. Je connais assez votre cœur pour pouvoir vous assurer qu'il est à Dieu et qu'il y demeurera toujours. Soyez donc en paix, ma chère fille, ce n'est pas ainsi que Notre-Seigneur traite ceux qui lui sont indifférents.

Je vous écris tous les mois, mais ne vous croyez pas pour cela obligée de me répondre. Je saurai de temps à autre de vos nouvelles par Madame ***, à moins, cependant, que Mademoiselle votre fille ne vous serve de secrétaire pour m'en dire un petit mot. Offrez-lui d'avance mes remerciements et recommandez-moi à ses prières, je ne vous oublie point toutes deux dans les miennes.

En voilà bien long, Madame, mais ma plume vous suit volontiers sur votre croix. Puisse-t-elle ne pas l'accroître ! Ce n'est pas l'intention de votre Père, ma chère fille. Adieu à Dieu !

LXXVIIe

A UNE DAME.

7 juillet 1841.

Je respecte infiniment, Madame, les motifs qui ont dicté la décision de Monsieur le prédicateur des dames de *** ; mais comme je n'ai jamais rien entendu enseigner de semblable, et que l'ouvrage de Monseigneur l'évêque du Mans sur les indulgences n'en dit rien, nous laisserons vos chapelets reposer en paix entre vos mains. Il est certain que ce serait peu convenable de laisser des enfants en faire un joujou ; mais s'ils voulaient mêler au respect dû à ces objets de piété quelque enfantillage, je ne verrais pas la nécessité de s'y opposer. Dans tous les cas, je vous le répète, ces chapelets n'auraient point perdu l'indulgence, quelque mauvais usage que l'on en eût fait. Soyez bien tranquille sur cet article.

Quant à cette méditation, je n'ai eu pour la défendre que de trop bonnes raisons ; elle autorisait une tête de votre connaissance à faire de la très-mauvaise besogne, je ne l'ai point oublié. Si cependant, au lieu de deux petits quarts d'heure d'oraison, vous vouliez faire deux petits quarts d'heure de recueillement, je pourrais vous en permettre l'essai. Vous vous mettriez donc en présence de Dieu par un acte d'amour. Vous le chercheriez dans votre cœur pour lui dire que vous l'aimez ou que vous désirez l'aimer, et pour produire, paisible, quelques actes courts des sentiments qui domineraient alors dans votre âme : l'amour, la confiance, l'humilité, l'abandon, vous en fourniraient assez. Si vous sentiez votre âme attirée au recueillement, vous laisseriez les actes distincts pour demeurer douce, aimante et tranquille en présence de Notre-Seigneur. Vous êtes le temple de l'Esprit-Saint ; entrez dans ce temple par la porte de l'affection, et demeurez-y autant que possible, paisible et silencieuse devant la Majesté du Seigneur, au milieu des ténèbres et de l'obscurité. Lisez, à ce sujet, un chapitre de l'*Intérieur de Jésus et de Marie* dont le titre est, je crois : *De l'oraison de Jésus-Christ*. Où pourriez-vous, d'ailleurs, trouver rien de mieux, et de meilleurs sujets de méditation, s'il en était besoin, que dans cet excellent ouvrage ? Ce que je dis du recueillement dans les deux petits quarts d'heure, je le dis également de la manière d'entendre la messe, car cela s'applique à tout. Toutes ces méthodes sont excellentes pour distraire l'âme des soins extérieurs, et pour la discipliner et l'initier à la vie intérieure ; mais quand ses habitudes de piété sont prises, lorsqu'elle a acquis une certaine facilité à se tourner vers Dieu, il faut qu'elle simplifie ses actes, qu'elle se garde de la multiplicité des moyens, des belles préoccupations et réflexions de l'esprit. Des actes d'amour, d'abandon à la conduite de la Providence, de soumission à la volonté de Dieu lui suffisent pour se mettre et se remettre en présence du Seigneur, et pour arriver à un recueillement paisible dans le sein de Dieu, dont les imaginations, les souvenirs et les distractions ne la tirent point. Goûterez-vous ce petit mot, Madame? Je le désire; car c'est là le chemin par lequel Notre-Seigneur vous appelle à lui. Me fais-je bien comprendre? Je ne sais; mais, si je ne suis pas assez clair, j'espère que Notre-Seigneur suppléera à mon insuffisance et vous apprendra la pratique de ce saint abandon. Accoutumez-vous aussi à prier et à vous entretenir avec Dieu plus par la pensée que par la parole. Il n'est pas nécessaire de nommer tous ceux que vous lui recommandez. Une élévation du cœur en dit plus que tous les discours du monde. Priez pour moi, Madame, et croyez, etc.

LXXVIIIe

A UNE DAME.

9 juillet 1841.

Je ne m'attendais guère, ma chère fille, aux nouvelles que vous me donnez de ma lettre de 1840. Le fait est que j'avais attribué votre silence au compliment qu'elle renfermait sur vos nouveaux drames. Cela ne m'avait pas empêché cependant de vous en faire un plus tard. Si je suis incorrigible, c'est votre faute.

Votre soldat m'a fait rire. Il m'a rappelé mon

jeune temps, et un certain camarade que j'eus lorsque j'étais simple chasseur à cheval, vivant et couchant en chambrée. Ce brave homme, qui depuis fut tué assez près de moi, était Flamand de nation et ivrogne de profession. Le vin l'attendrissait, comme c'est assez l'ordinaire, et lui rappelait les dévotions de son pays et de son enfance. Pour s'en acquitter dignement, il allait voler aux gardes d'écurie leurs chandelles, les coupait par petits bouts qu'il établissait sur les pieds de nos lits et sur nos planches, au risque de tout salir et de tout brûler ; et malheur à qui aurait troublé cette illumination en l'honneur de la très-sainte Vierge. Vous voyez que j'étais à bonne école pour devenir un serviteur de Marie.

Mais je ris, et je n'en ai cependant nulle envie. Vous êtes souffrante, toujours souffrante et encore souffrante. Vous vous résignez mieux que nous. Il est vrai que ce chemin est celui du ciel, et que dans ce saint voyage tout profite, même les répugnances et les impatiences. Les répugnances sont matière à mortification, et les impatiences matière à humilité. Vous tirez parti de tout cela, je vous en assure, et les pauvres âmes du purgatoire aussi. C'est une consolation de penser que ce qui nous est si pénible adoucit les douleurs de nos frères, et que nos larmes éteignent les flammes dont ils sont dévorés. Que d'amis nous acquiert une semaine de souffrances et de contradictions ! Que de remerciements elle nous vaudra, et que de secours elle nous procure ! Nous sommes quelquefois fatigués de souffrir, et honteux de si mal souffrir ; mais ces pauvres âmes en profitent, et en jugent bien autrement : elles trouvent du bien où nous voyons du mal, et nous en aiment plus absolument et plus parfaitement.

Il est vrai, d'ailleurs, que la souffrance et les épreuves sont le véritable purgatoire de l'âme en ce monde, le moyen le plus efficace d'en éviter un bien autrement douloureux. Elles expient nos fautes en nous acquérant des mérites ; et cette expiation, moins rigoureuse que celle de l'autre vie, a de plus l'avantage d'être fructueuse. C'est chose admirable de penser que les âmes du purgatoire, qui peuvent tout pour leurs amis de l'Église militante, ne peuvent cependant rien pour elles-mêmes. Il leur est donné d'obtenir pour les autres, mais non de mériter pour elles, tant Dieu tient à encourager cette touchante dévotion. Conservez-la bien, ma chère fille ; c'est la plus charitable et la plus profitable.

Puisque Mademoiselle votre fille aime les neuvaines, je vais lui en indiquer une de trois semaines, en laquelle j'ai grande confiance. Elle commence le jour de l'Assomption, et finit le jour de la Nativité de la sainte Vierge. C'est un petit mois de Marie. Cette dévotion fut celle de Monsieur Olier, fondateur du séminaire de Saint-Sulpice et curé de cette paroisse. Je dirai la messe le jour de l'Assomption en union à cette neuvaine, et j'en mets l'intention à la disposition de Mademoiselle votre fille. Bien entendu, cependant, que toutes nos demandes se termineront par l'adhésion du jardin des Olives : *Non sicut ego volo, sed sicut tu.* Adieu, ma très-chère fille. Prions et souffrons les uns pour les autres, à Dieu !

LXXIXe

A UNE DEMOISELLE.

23 juillet 1841.

Je joins, Mademoiselle, aux *Règles de la Vie chrétienne*, la *Vie de sainte Magdeleine de Pazzi*. Je ne l'ai point encore lue, mais je pense qu'elle doit être bien extraordinaire, et c'est ce que vous m'avez demandé.

Vous n'êtes pas dégoûtée, vraiment! Quoi, vous voudriez connaître toujours et à point nommé la volonté de Dieu! Mais vous dépenseriez en consolations sur la terre les joies de l'éternité ; et, sous ce rapport, cet avantage serait un grave inconvénient. Songez que Notre-Seigneur a renvoyé saint Paul à Ananie, et si votre Ananie vous renvoie à vous-même, ne craignez pas alors de vous décider selon les lumières du moment, car alors votre volonté sera celle de Dieu.

Puisque vous ne savez plus à quel saint vous vouer, vouez-vous à la sainte Vierge, entre les deux Notre-Dame. Recommandez-lui toutes vos affaires, votre séjour à ***, la *compatiscence* de votre Ananie, comment trouvez-vous ce mot? Enfin tout ce qui vous intéresse, car la sainte Vierge obtient tout à cette époque. Priez-la alors pour moi, je ne vous oublierai point de mon côté, vous n'en doutez pas, car, vous savez combien je vous suis respectueusement dévoué en Notre-Seigneur.

LXXXe

A UNE DAME.

8 août 1841.

Il est vrai, ma bien chère fille, que ces convalescences où l'on a la plénitude de ses facultés sans en avoir l'exercice, sont extrêmement pénibles à la nature. On a de la vie juste ce qu'il en faut pour souffrir et s'ennuyer. C'est alors que l'on sent tout le poids de sa croix et que l'on fait provision de mérites. Ne vous figurez pas, en effet, que ces plaintes vous rendent moins agréable à celui qui sur la croix disait : *Mon Dieu ! mon Dieu ! pourquoi m'avez-vous abandonné ?* Vous faites votre purgatoire, ma fille ; et, n'en déplaise à Madame votre sœur, vous êtes en voie de devenir une sainte ; car, faire la volonté de Dieu et ne pas faire la sienne, souffrir et s'ennuyer avec soumission à la très-sainte volonté de Dieu : voilà le chemin du ciel. Il me semble que vous pourriez dire l'*Ave, Maris Stella* entre les deux Notre-Dame ; j'en ferai autant, et ensuite nous nous réjouirons ou nous nous résignerons, selon le bon plaisir de Dieu.

Mademoiselle votre fille prend le style épistolaire à rebours. Il n'admet ni la contrainte, ni la gêne. On commence sa lettre avec une ou deux idées dans la tête, comme on commence une conversation ; l'on met la bride sur le cou à sa plume, et l'on arrive à la dernière page sans s'en apercevoir. C'est le moyen d'écrire d'une manière naturelle, aisée, et de s'accoutumer à traiter dans une lettre toute espèce de sujets avec toute espèce de personnes :

On s'y prend d'abord mal, puis un peu mieux, puis bien ;
Puis enfin, il n'y manque rien.

Je voudrais que pour bien écrire une lettre, on suivît la méthode qu'un bon curé employait pour mal prêcher. Il s'appelait Monsieur de Cagny, et était en ce temps-là curé de Bonne-Nouvelle. Il passait, sans exagérer, le quart de sa vie en chaire, et parlait de tout, à propos de tout. Il faisait de longues et virulentes excursions en politique, ce qui n'était guère de saison, sous le régime impérial. Le préfet de police Dubois, ennuyé d'entendre sans cesse parler des prônes, des sermons, des gloses, des exhortations, des allusions et récriminations de l'inépuisable prédicateur, voulut en finir et l'envoyer prêcher aux murailles de Vincennes. Un de ses amis l'en détourna. Vous ne connaissez donc pas Monsieur de Cagny, lui dit-il ? Avant de monter en chaire, il ne sait pas ce qu'il va dire ; quand il y est, il ne sait pas ce qu'il dit, et quand il en est descendu, il ne sait pas ce qu'il a dit. C'était sans doute le moyen de faire un mauvais sermon, mais je soutiens que c'est le moyen de faire une fort agréable lettre. Je suis persuadé que Madame de Sévigné ne s'y prenait point autrement, et j'engage Mademoiselle *** à faire de même.

Sous Louis XV, les ministres tenaient pour certain qu'on ne devait jamais risquer de nouvelles mesures dans les provinces méridionales à l'époque de la canicule. Vous auriez été plus tranquille, et vos reverbères éclaireraient encore, si l'on eût mis en pratique ce vieil axiome administratif. Il est vrai de dire cependant que la canicule de 1841 ne semblait pas exiger de pareils ménagements. Adieu, ma très-chère fille, que Notre-Seigneur porte un petit coin de votre croix. Recommandez-moi aux prières de Mademoiselle ***, et même à ses larmes, comme je me recommande à vos souffrances, et croyez, etc.

LXXXIe

A UNE DAME.

8 septembre 1841.

Je ne laisserai point finir cette belle journée sans vous remercier de votre lettre, ma chère fille, et sans vous témoigner la part que je prends à cette amélioration de votre santé. J'ai terminé ce matin le cours de mes *Ave, Maris Stella*, et je serais bien consolé d'apprendre que votre mieux continue, s'affermit et devient santé. Que, cependant, la volonté de Dieu s'accomplisse, car elle est le véritable modérateur de nos désirs et la source du vrai bien !

Je ne sais si vous êtes destinée à écrire longtemps sur un livre. C'est un régime que je connais et dont je suis obligé d'user pour les écritures un peu prolongées. Comme il y a vingt ans que cet état dure, j'ai acquis une grande expérience. Je vais vous en indiquer un résultat, vous en ferez usage si vous le jugez à propos. J'ai donc pris un carré de carton de la forme et la grandeur d'un almanach de cabinet; j'y ai placé une douzaine de feuilles papier ordinaire, point pressées, bien à l'aise, et formant ainsi un doux matelas. J'ai mouillé ensuite une nouvelle feuille de papier, débordant mon carton, tout autour d'un bon pouce, et, l'ayant placée sur les autres feuilles, je l'ai collée et j'ai replié l'excédant derrière le carton. Lorsque le tout a été sec, j'ai eu un bureau bien plus léger qu'un livre, plus maniable et sur lequel je n'avais à maintenir qu'une seule feuille de papier, le matelas dissimulant la dureté du carton. Je souhaite que vous n'ayez pas besoin de cette recette ; mais, si vous aviez besoin de ce ménagement, je serais heureux d'avoir contribué à vous le procurer, même par mes souffrances.

Votre entreprise de l'office de la très-sainte Vierge me paraît téméraire. Je vous engage à ne faire que le strict nécessaire, et à réserver vos forces pour la messe et la sainte communion. Encore, ne faites point d'imprudences, surtout à l'approche de l'automne. Le démon cherche à profiter de tout, même de notre bonne volonté, pour nous empêcher d'être utiles à l'œuvre du Seigneur. L'amour de Dieu doit être sans bornes dans l'affection, mais discret dans l'expression.

Que l'état de ces pauvres Espagnols est touchant ! Que les gens Anglais, Français, Espagnols, qui causent de telles misères, contractent une grande responsabilité devant Dieu !

Veuillez, ma chère fille, agréer, etc.

LXXXIIe

A UNE DAME.

2 octobre 1841.

Je ne veux point laisser partir Monsieur votre père sans lui donner un petit mot pour vous, ma chère fille. Comment êtes-vous ? Vous ménagez-vous ? Ne faites ni prières prolongées, ni sorties imprudentes. On ne peut pas toujours ce qui est possible, car le possible doit être raisonnable et modéré, et l'impossible existe où commencent les graves inconvénients.

On m'a demandé si je consentirais à corriger les épreuves de vos productions. Vous ne doutez point que la réponse ne soit affirmative. Vous savez que je suis tout à fait heureux de vous être bon à quelque chose. Je croirais avoir ma part dans les succès de

Madame de Sainte-Marie, si j'avais été assez heureux pour être son correcteur d'épreuves. Qui sait si par la suite je ne me ferais pas mettre pour cela dans le Mercure, comme Laristolle, à l'occasion de la mort de l'amiral Ruyter :

> J'étais sur le vaisseau quand Ruyter fut tué ;
> Et fus chercher le feu que l'on mit à l'amorce
> Du canon, qui lui fit rendre l'âme par force.

Je vous ai recommandée aujourd'hui aux saints Anges gardiens ; je les ai priés d'être votre appui et votre consolation. Ce sont nos vrais amis. Ils nous apprennent à aimer les vrais biens, à les rechercher, et nous en facilitent la possession. Nos infidélités ne les découragent pas. Ils nous suivent, ils nous assistent, ils nous aiment, en un mot, et ne nous laissent à nous-mêmes que quand nous sommes arrivés à la possession du souverain bien. Qu'ils vous conduisent donc, et Mademoiselle votre fille, dans les sentiers du Seigneur. Le chemin en est rude, mais il est sûr, mais il a été tracé par Notre-Seigneur, mais il a été suivi par sa sainte Mère et par tous les Saints, mais il aboutit au Ciel, où nos amis nous attendent, où Notre-Seigneur veut se donner à nous et pour toujours.

Adieu, ma chère fille, priez pour moi ; à Dieu.

LXXXIIIe

A UNE DAME.

18 octobre 1841.

C'est bien moi, ma chère fille, qui dois vous envoyer mes billets francs de port ; ils auraient au moins ce mérite. Monsieur votre père a bien voulu se charger de vous en remettre un. Je prends bien part à la consolation réciproque qui résultera pour vous trois de cette entrevue. Je dis entrevue, car le congé n'est pas long, vu la distance. Pourquoi les chemins de fer ne sont-ils pas arrivés à la Camargue ? Vous recevriez nos visites entre le déjeûner et le dîner.

Je vois que la conduite des cardinaux est livrée à la publicité dans la ville de ***, et que les Princes de l'Église n'y doivent aller que sous bénéfice d'inventaire et lorsqu'ils sont saints. Je vais étudier le patois languedocien pour comprendre les anecdotes languedociennes de Mademoiselle votre fille. En attendant, ma fille, soyez soigneuse de vous mieux porter ; je suis heureux d'avoir pu vous aider dans vos écritures, mais ce pupitre, il faut en convenir, n'est pas fort tentant. Je pense que cette lettre trouvera Monsieur votre père près de vous.

Veuillez me rappeler à son souvenir et croire, etc.

LXXXIV

A UNE DAME.

21 novembre 1841.

J'ai à répondre à deux de vos bonnes et aimables lettres, ma chère fille, et je ne veux pas laisser passer le mois de novembre sans mettre à jour ma correspondance.

Il ne faut point songer au lendemain, ma fille ; à chaque jour suffit son mal. L'aveugle se laisse bien conduire par un petit chien, pourquoi ne nous laisserions-nous pas conduire par notre bon Ange ? Souvenez-vous de ces braves paladins qui, trouvant une nacelle sur le bord de la mer, s'y installaient sans défiance et sans crainte, laissant au vent le soin de leurs destinées, et se préparant aux terribles aventures aussi bien qu'aux bonnes. Laissons donc à la Providence le soin de notre petite barque ; contentons-nous de parer la vague actuelle, de diriger la proue vers l'étoile de la mer. Le reste est le secret de Dieu, tout ce qu'il fait est bien fait ; tout ce qu'il vous enverra vous sera donc utile, car tout est occasion de profit pour ceux qui aiment le Seigneur, et vous l'aimez, ma fille !

En me proposant pour correcteur d'épreuves, je n'avais pas songé qu'il fût nécessaire de collationner exactement avec le manuscrit. J'avoue qu'à cet égard mes yeux refuseraient le service ; je ne lis plus que les lettres moulées.

Le Père B... ne croit pas qu'Anacharsis soit à l'index. C'est, du reste, un de ces ouvrages qui ont fort contribué à préparer la grande Révolution de 89 par leurs utopies républicaines. Les diverses écoles de l'antique philosophie y sont bien classées et leurs systèmes exposés. J'ai relu plusieurs fois l'introduction de cet ouvrage, qui me plut alors comme résumé historique. Je crois bien que si l'on mettait à l'alambic les 6 ou 7 volumes de Barthélemy, il n'en sortirait que la philosophie du XVIIIe siècle et la république dans leur beau idéal. Beauté qui ne me séduit guère, mais qui réduit le philosophisme du XVIIIe siècle à l'incrédulité, et qui ne voit dans la république que la pire des organisations sociales.

Le pire des états, c'est l'état populaire !

Vous pouvez croire, ma fille, que j'ai grand plaisir à résoudre vos questions. Ma course dans le midi est la plus grande des chimères ; je ne puis aller à dix minutes de chez moi sans en être malade.

Les Carmes ont été vendus 600,000 francs au diocèse de Paris. Il est question pour les Carmélites de l'achat d'une maison qu'occupaient précédemment les religieuses de Port-Royal, rue de Vaugirard, en face Saint-Nicolas. Vous ai-je dit que le Monastère de la Visitation, rue des Postes, est allé à Boulogne-sur-Mer, et que mes voisins de la rue du Regard vont habiter à la place de ces bonnes filles? Ce départ laisse un vide dans notre faubourg. Engagez Mademoiselle votre fille à faire une neuvaine avec moi ; je la terminerai le 8 décembre, en disant la messe à l'intention de cette neuvaine. Vous ne nous laisserez pas prier seul, je pense.

Croyez à mon bien absolu dévouement.

LXXXV

A UNE DAME.

23 décembre 1841.

Je ne veux pas finir l'année sans vous écrire, ma chère fille, et sans vous offrir, pour l'année prochaine, mes hommages et mes vœux. Je prie Notre-Seigneur et sa sainte Mère de veiller sur vous et sur Mademoiselle votre fille d'une manière particulière, de vous couvrir l'une et l'autre de ses plus chères bénédiction et protection.

J'ai enfin reçu votre dernier petit ouvrage, il m'a procuré une distraction et récréation fort agréables. J'ai cependant un peu grondé Urbain de sa tranquillité, lorsque sa sœur et sa cousine sont si tourmentées ; mes vieilles mains me démangeaient ; j'aurais, il me semble, mis flamberge au vent. Urbain m'a répondu que mon discours sentait à la fois le jeune homme et le vieil homme, je suis demeuré de son avis.

Je ne connais Monsieur C... que sur la parole d'autrui, que sur les analyses qui m'en ont été faites. Nous en sommes l'un et l'autre au même point. Il passe pour avoir beaucoup de véhémence, de la vivacité de foi et une connaissance étendue de l'Écriture. On lui reproche de tomber dans l'excès et de se laisser entraîner par les idées dominantes. On dirait qu'il aime à flatter les passions populaires. Il confond, dit-on, le mépris des riches avec le mépris des richesses, la haine de la hiérarchie sociale avec le dangers des grandeurs, et l'amour des pauvres avec l'apothéose des prolétaires. La politique est aussi mêlée à ses discours, ce que je n'approuve point dans un prédicateur. Ne me vendez pas près de Mademoiselle votre fille et de vos amies, car on me dirait anathème.

La neuvaine que j'avais proposée à Mademoiselle L... était à votre intention ; j'ai fait tout seul celle de l'Immaculée-Conception, et je fais maintenant avec vous celle de Noël. Dieu aura égard, j'espère, à nos désirs et à votre soumission. Que vous dirai-je de plus, ma fille? si non que je vous vois d'ici vous sanctifiant humblement et paisiblement aux pieds de Notre-Seigneur ; que, tout en désirant votre santé, je conçois l'utilité de cette épreuve, et que je baise la main qui vous frappe, tout en tâchant d'affaiblir ses coups. Aimez notre divin Maître, quelle que soit la manière dont il vous témoigne ici-bas son affection ; car, elle est d'autant plus grande, que le calice est plus amer, la croix plus lourde et le délaissement plus complet. Croyez, etc.

LXXXVIe

A UNE DAME.

27 janvier 1842.

Que vous faites bien de ne pas reculer, ma fille, et combien je compte les jours qui séparent encore le climat de *** du printemps ! J'espère que le mois prochain apportera pour vous d'heureux changements à la température, si neigeuse pour nous en ce moment.

Un de mes amis me disait dernièrement sur l'apôtre de *** quelques mots dont je vais résumer la pensée. Il a revu ses anciens sermons, il a corrigé bien des inexactitudes, pour ne rien dire de plus ; il a modéré des passages effrayants par leur véhémence, mais ses nouveaux auraient besoin d'être remaniés à leur tour ; faute de mieux, il les a hérissés de déclamations politiques et d'invectives toujours déplacées en chaire, où l'on doit éviter de confondre le pécheur avec le péché. C'est cette diversité de manière qui motive les jugements opposés portés sur ce prédicateur, etc. Je m'en tiendrai à cette solution et je m'y tiendrai comme sur un terrain neutre. Si Mademoiselle persévère dans son jugement, je dirai qu'elle n'a entendu que les bons sermons ; et si mon interlocuteur persévère dans le sien, je dirai qu'il n'a entendu que les faibles. Au moins, de ce juste milieu, je demeurerai en paix avec tout le monde, et surtout avec Mademoiselle votre fille, ce à quoi je tiens fort.

J'ai promis quelques articles de huit à dix lignes dans une revue ; j'y donne mon avis sur les ouvrages de Gaume et de Lille, ce que je dis pour vous montrer ma franchise et confesser ma témérité. Mais je ne passe que pour compléter les feuilles.

Offrez, je vous prie, mes compliments à Mademoiselle ***. Maintenant qu'elle m'a parlé des fleurs de son prédicateur, je souhaite qu'elle ait à me parler des fruits, j'entends des fruits durables et nombreux que semble présager un tel succès. A Dieu ! Qu'il soit votre consolation et votre force, qu'il dirige votre plume comme il l'a toujours fait ! C'est le vœu de celui qui vous est dévoué en Notre-Seigneur.

LXXXVIIe

A UNE DAME.

12 février 1842.

Je viens de relire le mandement de Monseigneur l'évêque de ***. Il m'a paru clairement rédigé, et vous pouvez vous y tenir pour ce qui regarde la viande, les œufs, le beurre, le lait, etc. Quant à l'heure de onze heures et demie, je la trouve un peu trop rigoureuse. Ici, nous nous contentons de onze heures, et je vous engage à en faire autant. Votre collation sent trop l'anachorète ; il faut plus diversifier les mets. Au dîner, retranchez, si vous voulez, quelques friandises, quelques sensualités ; mais à cette condition qu'on ne s'en apercevra point, et que vous n'en souffrirez point le moins du monde. Vous voilà parfaitement rentrée dans la légalité.

Vous avez bien fait de ne pas parler de cette rencontre, cela serait un renouvellement de pensées et d'affliction. Cette position est bien triste pour tous. Que de peine se donnent certaines personnes pour altérer leur petite part de bonheur sur la terre ! Et qu'il y a peu de gens qui prennent le chemin de la félicité. Tous le cherchent, tous prétendent l'avoir trouvé ; la plupart font fausse route. Heureux encore lorsqu'ils s'en aperçoivent à temps et savent retrouver leur chemin. Suivez le vôtre, Madame, c'est le bon, du moins c'est le seul qu'on puisse suivre avec sécurité. Mais, afin de ne pas manquer de forces en route, souvenez-vous bien que je ne veux pas que vos austérités anachorétiques fassent le moins du monde souffrir votre estomac. Je le prends sous ma protection, et vous demanderai compte de vos procédés à son égard. Croyez, etc.

LXXXVIIIᵉ

A UNE DAME.

26 mars 1842.

Il faut, ma fille, que je vous fasse ma confession entière sur ces *Pensées ;* ce sera ma meilleure excuse. Je les ai travaillées de toutes manières, depuis bien des années, sans en être jamais satisfait. La crainte de n'être pas clair et de faire le savant, ce qui ne me conviendrait guère, était mon cauchemar. J'ai déchiré et brûlé bien des fois des cahiers entiers. Enfin, ayant encore quatre chapitres à faire, qui sont peut-être les plus importants, et n'ayant pas le courage d'aller plus loin, sans savoir à quoi m'en tenir sur la netteté de mes idées, j'ai fait une sorte de conclusion, en attendant mieux, et je me suis livré aux lecteurs à leurs risques et périls. Je ne pouvais, en conscience, vous comprendre dans ce guet apens. J'ai donc attendu le *vox populi.* Quelques félicitations m'avaient un peu enhardi à me risquer vers ***, mais ce n'était point assez. Une dame chez qui l'imagination joue un grand rôle, ayant eu recours à mes conseils et lu ce petit livre sans en connaître l'auteur, me parut l'avoir goûté et compris. Je me dis alors que ma fille n'en serait peut-être pas trop effarouchée et ennuyée ; je me disposai, en conséquence, à vous l'envoyer, après, toutefois, avoir mis cette idée en loterie, et voici comment : Si je trouve l'adresse de Madame ***, j'expédierai ces *Pensées;* mais si je ne la retrouve pas, je demeurerai clos et coi, et voilà que le premier papier sur lequel je tombe, en disant ces mots, me présente votre adresse. Vous voyez maintenant pourquoi et comment les choses se sont passées ainsi, et combien j'ai défendu et respecté vos loisirs, avant de me résoudre à les troubler.

Je suis assez mauvais appréciateur des prédicateurs, n'étant point en position de les entendre. Mon jugement s'en forme sur ce que l'on m'en dit ; et les mémoires sur lesquels je me fonde peuvent laisser fort à désirer. D'après ce que j'ai entendu dire, votre prédicateur du Carême serait un homme assez ordinaire, comme talent ; on lui trouve en chaire un air coquet, une sorte de préoccupation de sa personne et de sa chevelure. Il est un des premiers qui ont mis le romantisme en sermon, ici du moins. Dépassé par les enfants perdus de son école, il est aujourd'hui traité de classique par eux, la pire de toutes les injures, puisqu'elle met un homme au nombre des élèves de Bourdaloue, de Fénelon et de Bossuet. Quoi qu'ils en disent, cependant, cet orateur plaît ; il est constamment suivi. Mais il faudrait se garder de le mettre sur la même ligne que Monsieur ***, dont les défauts sont compensés par une verve, une énergie et un esprit de foi fort remarquable : « Talent qui peut absoudre un siècle qui l'admire. »

Je pense comme vous, ma fille, sur l'état de la religion en France. Ce qu'il y a de bon est encore ce qu'il y a de meilleur en Europe. On le sait à Rome, et on en convient.

Mais où en est votre santé ? Madame votre sœur me dit toujours : Bien pour la saison, ce qui me fait prendre patience. Nous ici, nous sommes toujours mal. Grippés et regrippés, et encore grippés, on tousse, on crie aux douleurs. J'ai commencé mercredi ma grande journée de confession avec une fièvre de cheval ; vers le milieu du jour j'allais mieux, et le soir je n'étais pas mal. J'ai bien remercié Notre-Seigneur de m'avoir soutenu dans ce travail. J'aurai bientôt le temps d'être malade, et j'en userai s'il y a lieu.

Je voudrais bien faire passer cinquante francs à votre amie pour son œuvre et si bonne œuvre espagnole ; pourriez-vous m'en indiquer le moyen ?

Offrez mes compliments à Mademoiselle *** sur son cours de prédicateurs, et recevez, etc.

LXXXIXe

A UNE DAME.

10 avril 1812.

Je suis bien aise que mes mémoires soient confirmés par le jugement de Mademoiselle ***. Monsieur *** pourrait donner ce qu'il a de trop au prédicateur du Carême, mais il n'a rien à emprunter de lui. Ce que je dis toutefois, sous réserves, car le prédicateur de l'Avent n'est pas mon homme, quoique je rende justice à certaines qualités de ses discours. Il a généralement plus d'entraînement que de logique, plus de vigueur que de mesure. Ce que vous me racontez de l'autre est pitoyable. Voilà l'homme ! Ce que vous me dites et ce que m'écrit votre amie de ces pauvres Espagnols est bien triste, bien noble et bien touchant. Il n'y a que la vérité qui soit ainsi servie ; il n'y a que la justice d'où naissent de pareils sentiments. Le mauvais droit peut avoir de l'éclat, du brillant, peut inspirer des dévouements énergiques ; mais ce calme du cœur, cette abnégation de soi-même, cet abaissement sans faste, et cette douleur sans plainte : voilà ce qu'il ne peut donner.

> Tant que la faveur (de la fortune) vous seconde,
> Vous êtes les maîtres du monde,
> Votre grandeur nous éblouit ;
> Mais, au moindre revers funeste,
> Le masque tombe, l'homme reste,
>   Et le héros s'évanouit.

Et puisque je suis aux souvenirs poétiques, voilà pour ma pénitence psycologique ou pour la vôtre, un cantique qui ira parfaitement avec un accompagnement de bise à grand orchestre :

LA CROIX.

I.

Loin des plaisirs et des soins de la terre,
Je veux, Seigneur, docile à votre voix,
Je veux gravir les rochers du Calvaire
Pour m'attacher à votre noble Croix.

II.

C'est le trésor que le ciel nous envie,
C'est le seul bien digne de notre choix ;
Il fut jadis recherché par Marie ;
Je veux comme elle avoir part à la Croix.

III.

La Croix sera désormais mon partage :
A la porter je borne tous mes droits ;
A ses amis, pour unique héritage
Jésus légua son exemple et sa Croix.

IV.

Si de l'enfer éclate la tempête,
Si du serpent j'entends l'odieuse voix,
A ces dangers, pour dérober ma tête
J'irai, Seigneur, m'abriter sous la Croix.

V.

Quand de la mort, perçant la nuit profonde,
Je braverai la rigueur de ses lois,
Mes yeux verront, sur les débris du monde,
Se déployer l'étendard de la Croix.

VI.

Oui, mon Sauveur paraissant dans sa gloire,
Sur les humains reprendra tous ses droits ;
Et les élus, célébrant la victoire,
Pour étendard adopteront la Croix.

VII.

Je veux aimer la Croix avec constance ;
Dès ce moment j'en accepte le poids.
La Croix devient mon unique espérance :
Et je veux vivre et mourir sur la Croix.

Puis, ma fille, vous aurez pour la petite pièce une allocution à un héros de Juillet, sur l'air de *Joseph :*

I.

Dis-moi, héros, ce qu'il te reste
Du grand triomphe de Juillet?
Sur ton dos toujours même veste,
Même vide dans ton gousset.
L'hiver, sans chaussure et sans gloire,
Et grelottant sur le Pont-Neuf,
Tu trembles malgré ta victoire
    Des 27, 28 et 29.

II.

Mais à ce débat politique
Ami, pourquoi prêter ton bras ?
Pourquoi faire le héroïque
Pour des mots que tu n'entends pas ?
Nous payons ton apprentissage,
Tandis qu'errant sur le Pont-Neuf,
Tu fumes devant ton ouvrage
    Des 27, 28 et 29.

III.

De sauver la triste patrie
Et de réformer les abus,
Mon cher héros ! je t'en supplie,
Désormais ne te mêle plus.
Laisse aller notre destinée
Sans vouloir nous donner du neuf.
C'est bien assez de l'équipée
    Des 27, 28 et 29.

XC[e]

A UNE DAME.

Sans date.

Je ne sais trop que répondre à votre demande sur saint Joseph. Je ne vois toutefois qu'une seule de nos principales prières où il aurait pu trouver place : le *Confiteor*, près de saint Jean-Baptiste. Tous deux sont des Saints de l'ancien Testament et non du nouveau. En cette qualité, on ne dit point le *Credo* à leur messe, mais je ne vois pas pourquoi on ne les a pas réunis au *Confiteor*. Cependant il me semble, en y réfléchissant, qu'on y aura donné place à saint Jean-Baptiste, en sa qualité de prédicateur de la pénitence.

Vous voudrez bien, ma chère fille, faire toucher chez votre directeur de la poste aux lettres le petit mandat que je vous envoie pour les Espagnols. J'espère que Notre-Seigneur fournira à votre amie des motifs plus considérables d'exalter ses bontés et ses miséricordes, mais tout aussi concluants pour se défier d'elle-même et pour s'anéantir dans son indignité. Recevez, etc.

XCI[e]

A UNE DAME.

29 avril 1842.

J'espère que votre soleil est rentré dans ses droits. Si cela n'est pas, envoyez-le nous, le nôtre le réchauffera. Plaisanterie à part, je me flatte que la température de *** est aujourd'hui ce qu'elle doit être, et que vous vous en trouvez bien. C'est du moins, vous n'en pouvez douter, l'objet particulier de mes vœux et de mes prières.

Je me permets de vous adresser le mandat sur la

poste pour les messes promises à votre amie. Il y en a cinquante-trois, vous voudrez bien les lui remettre.

Nous allons commencer le mois de Marie, vous aurez grande part au nôtre. Je dirai la messe pour vous et Mademoiselle ***, le jour même de la Pentecôte ; je la dirai aussi pour votre amie et son œuvre, le dimanche 29 mai. Vous pensez bien, ma chère fille, que ces petits envois pour les bons Espagnols doivent se passer en famille, et qu'au-delà de votre petit cercle, il ne doit pas être question de moi. Ils n'ont, d'ailleurs, rien de bien sérieux, et il ne faut pas faire sonner la trompette pour si peu de chose ; il n'y a que l'humilité de votre amie qui puisse en pâtir.

Dans ma dernière lettre, je vous ai accablée d'un cantique ; j'ai suivi le conseil de Figaro : ce qui ne vaut pas la peine d'être dit, on le chante. Du reste, on ne peut se dissimuler que les peines de ce monde ne soient de vrais trésors de miséricorde dans la pensée de celui qui nous en gratifie. Aussi, tout en désirant que le présent et l'avenir vous soient un peu moins âpres, je ne puis que me réjouir du passé, car ce sont là des biens acquis qui vous suivront, que la rouille ne peut détruire, que les hommes ne vous déroberont point. Adieu, ma fille ; à Dieu. C'est là notre dernière fin, notre drapeau et notre joie ; seul il sait aimer, seul il est digne de nos affections.

XCII^e

A UNE DAME.

27 mai 1842.

Je ne veux pas, ma fille, laisser le mois de mai devenir juin sans répondre à votre dernière et aimable lettre. Je l'aurais fait plus tôt, mais j'ai été souffrant et nonobstant très-occupé, relativement parlant, car, en fin de compte, qu'est-ce que je fais ? Comment allez-vous ? Votre soleil a-t-il eu sa restauration ? Je m'étais, jusqu'ici, fort peu inquiété de l'état du baromètre et de la girouette de ***, mais j'ai bien changé de visées depuis que vous y êtes et que j'ai, grâce à vous, ébauché quelques rapports avec Madame de *** et les siens, au nombre desquels il faut compter ses chers Espagnols. Qu'ils sont malheureux ! qu'ils sont maltraités ! Et que ceux qui agissent ainsi dans la prospérité méritent de connaître les longs et tristes jours de l'adversité ! Je ne les leur souhaite pas ; mais Dieu est juste, et pour être patient, il n'en est pas moins terrible, quand son heure est arrivée.

Nous avons eu ici une terrible catastrophe. J'y ai perdu un de mes pénitents, jeune avocat qui ne manquait point de talent. Les journaux en ont parlé ; il se nommait Lepontois. Son frère, riche négociant de Lorient, arrivé depuis peu de jours à Paris, a péri avec lui, ainsi que leur cousin. Une jeune nièce de quatorze ans a été sauvée, quoique brûlée quant aux pieds et aux mains.

Je connais des personnes qui ont manqué ce convoi, et probablement leur convoi, de cinq minutes. Paris en a été dans la stupeur. On ne saura jamais la vérité quant au nombre, et on ne pourra jamais l'exprimer quant à la manière. Il y avait des personnes, conservant encore forme humaine, assises et en braise. Il faut être prêt et toujours prêt.

Je pense que la grippe d'une part et les bons Espagnols de l'autre retarderont bien les fruits littéraires que promettait ···. Je demande quelquefois à Gaume s'il ne voit rien venir ; et, comme ma sœur Anne de Barbebleue, il ne me répond rien de bon.

Croyez, etc.

XCIII^e

A UNE DAME.

25 juin 1842.

Je ne sais quand ·· vous rendra à Paris ; mais je crois que, malgré les mauvais procédés de température, il ne faut pas le quitter qu'il n'ait réparé tous ses torts. Il me semble qu'à cet égard je suis trop père, et que je désire un peu trop la santé pour ma fille. Après tout, le bon usage des souffrances est le plus court chemin du salut, celui où Dieu soutient avec le plus de tendresse sa créature, la route où l'on marche près de Marie, côte à côte avec le Saint des saints. Cependant, ne devenez pas trop vite une sainte, puisque cela effraie Madame votre sœur.

Il est vrai que cette conversion se présente avec beaucoup d'éclat. Celui qui en est l'objet cherche à s'y dérober, dit-on ; je l'approuve. On le montrait un peu trop ici, j'ai craint que cela ne dégénérât en mode. Quelques années consacrées à Dieu dans la solitude seront une digne action de grâce et une préparation utile aux desseins de la Providence, car *vous les reconnaîtrez à leurs fruits.* La conversion d'un juif demande de grands ménagements ; le *Sanguis super nos* semble encore peser sur eux après leur baptême. Le démon les poursuit avec une rage remarquable, et leur persévérance n'est pas moins étonnante que leur conversion. J'unis, cependant, mes actions de grâces aux vôtres, et de grand cœur.

Comme vous, ma fille, j'ai eu un faible pour l'homme de l'Empire ; j'étais jeune, je voyais succéder en France un gouvernement vigoureux à une anarchie dégoûtante ; la trompette enchantait mes oreilles, la victoire éblouissait mes yeux. Je combattais à l'avant-garde de cette grande et gigantesque armée, dont les succès, plus brillants que solides, nous ont en définitive attiré nos humiliations ; que de raisons ou de prétextes pour crier : *hosanna ! hosanna !*

Des réflexions plus sérieuses sur les causes et sur les effets, sur les droits et sur les devoirs, sur les conditions essentielles au bien-être social, m'ont ramené par conviction à la légitimité, et m'ont attaché à ce principe comme à une vérité. C'est par amour pour la France que j'ai cessé de faire cause commune avec cet homme extraordinaire, désigné, au moins je le crois, dans l'Apocalypse par le nom d'Apollion, exterminateur. Mais ces choses, heureusement, sont abandonnées aux disputes et opinions humaines, et n'intéressent point l'amitié de ceux qui sont unis dans le Seigneur. Adieu.

Recevez, etc.

XCIV^e

A UNE DAME.

26 juillet 1842.

J'avais prévu, ma chère fille, votre bonne et déplorable excuse ; ainsi, comme votre père, vous êtes souffrante par tous les temps. C'est bien triste pour vous, bien douloureux pour vos amis, et vous savez si je suis du nombre ! Je ne vois dans tout cela que les âmes du purgatoire qui puissent y trouver leur compte. C'est une consolation pour votre bon cœur, une joie pour les saints Anges, ainsi qu'un soulagement pour ces nobles exilés. Je dis nobles, car ce sont des enfants de Dieu, des élus destinés à la compagnie des saints dans la cour céleste. Vous recevrez un jour leurs remerciements, ma fille ; ceux-là ne seront pas de l'eau bénite de cour, des protestations de la terre, mais l'expression d'une tendre et éternelle reconnaissance.

Tous les détails dont vous me parlez sont vrais. Ce chemin que Louis XV fit ouvrir pour aller de Versailles à Saint-Denis, et de là à Compiègne, sans passer par Paris, à qui il ne pardonnait point sa révolte pour les grains, avait conservé le nom de la cause qui le fit tracer. Ce qui vient d'arriver ne le lui ôtera pas.

Il est difficile de se défendre de je ne sais quelle crainte mystérieuse, en mesurant le quand, le comment et le pourquoi d'un tel événement. Quelle triste année ! et le septième mois n'est pas encore fini ! La mort subite d'un maréchal, puis d'un ministre, le tremblement de terre d'Haïti, l'incendie d'Hambourg, l'accident du chemin de fer et celui du chemin de la Révolte, que cela est lugubre, et de quoi sera-t-il suivi ? Ces maisons d'Haïti renversées sur ces mêmes nègres qui les ravirent à leurs maîtres égorgés par eux. Et maintenant, comprenez, ô hommes ! Instruisez-vous, vous qui jugez la terre !

Je vois avec consolation que vous trouvez à lire quelques petits ouvrages. Il faut vous livrer entièrement à votre goût, à votre attrait sur cette matière. Il y a des temps où l'on ne peut lire qu'un seul ouvrage, et d'autres où l'on ne saurait regarder celui qui seul suffirait à nos besoins. Ce sont des fantaisies spirituelles qu'il ne faut pas contrarier. Si l'esprit souffle où il veut, il nous conduit par les moyens qui lui plaisent ; il ne faut ni le gêner, ni le contrister. Que vous dirai-je de plus, ma chère fille, sinon que je souffre de vos souffrances, que je prie pour vous de grand cœur, et que je me console d'être séparé de vous devant les hommes par la pensée que je vous suis uni devant Dieu.

Croyez, etc.

XCV

A UNE DAME.

27 août 1842.

Il faut bien que les infirmes se consolent ensemble, et que, se soutenant mutuellement, ils se traînent ainsi vers la vie éternelle. C'est pour moi une douce consolation que la lecture de vos lettres, bien qu'elles ne m'apportent pas les nouvelles que je leur demanderais, si elles y pouvaient quelque chose. Vous avez raison de ne pas songer à quitter ***. Malgré leurs caprices, le Midi est toujours le Midi, et Paris toujours Paris. La chaleur a cependant été étouffante cet été. Nous avons, depuis peu, quelques gouttes de pluie, mais elles nous sont données par aspersion, absolument pour nous montrer qu'il en existe encore dans le firmament.

Je crois avoir oublié de vous parler, dans une dernière lettre, de cette abjuration et de ce mariage si pieux, si édifiant, si consolant pour le ciel et pour la terre. Deux cœurs ainsi unis le sont à la vie et à la mort ; et voilà sans doute une de ces affections commencées sur la terre qui se perfectionnent dans le ciel, selon le bon saint François de Sales.

Je pense un peu comme vous, ma fille, sur notre céleste Mère ; j'ai toujours peur de lui ôter quelque chose Aussi, comptai-je lui faire une bonne part dans les honneurs de ma messe de demain, dont je vous ai destiné l'intention.

Jadis j'aimais à me rappeler la manière d'être des personnes dont s'occupait ma pensée. Aujourd'hui mes souvenirs sont psycologiques. Les remarques que j'ai faites sur l'âme, sur le caractère d'une personne me la rendent plus facilement présente. Mais ce que vous me dites de ma position, à l'égard de Mademoiselle votre fille, est vrai, puisque je n'ai point eu l'occasion de faire à son sujet ces sortes d'observations. Adieu, ma chère fille, que nos souffrances nous réunissent dans le cœur de Marie, et puissions-nous *parachever* dans le ciel l'amitié pieuse que nous avons commencée sur la terre.

Croyez, etc.

XCVI*

A UNE DAME.

24 octobre 1842.

Il me semble en vérité, ma chère fille, que je ne vous ai pas écrit depuis un siècle, et cependant je suis en retard d'un couple de jours. Mais aussi j'ai été fort occupé depuis une quinzaine A quoi? me direz-vous. Mais à faire un livre, non pas comme Madame ***, mais comme beaucoup d'autres. Je coupais à droite et à gauche de petits morceaux de papiers imprimés, je les collais sur une grande feuille de papier blanc, les uns au bout des autres, j'écrivais de temps en temps une ou deux lignes, et ainsi j'ai fait un volume, petit et peu épais à la vérité, mais c'est toujours autant pour la postérité. Et n'allez pas dire qu'un livre fait ainsi n'est qu'une rapsodie, car ce n'est rien moins qu'un office de la sainte Vierge et des morts, latin-français, à l'usage de la petite Maison de Lorette, et certes j'aurai des lecteurs tout aussi bien que Madame de ***. Quel auteur pourrait sans présomption en dire autant ? Vous allez donc mieux ? Ah! puisse ce mieux se consolider et devenir un assez bien habituel. Quant à moi, puisqu'il vous faut de mes nouvelles, je vous dirai que je n'en sais rien pour le moment. Je me souviens d'avoir eu un gros rhume, parce que ma poitrine s'était avisée de prendre octobre pour décembre. Je dois cependant lui rendre cette justice qu'elle a reconnu son erreur et a repris son train ordinaire. J'ai eu de la fièvre, un peu mal aux yeux, voire même aux pieds ; mais je n'en ai pas moins bon pied, bon œil, pour un voltigeur de l'Empire.

Que je suis donc heureux d'avoir pu vous distraire un moment et procurer à Mademoiselle des tentations d'avance et de générosité Mais si j'en crois les conjectures, ce sera la générosité qui aura la victoire, et je me félicite. Péché pour péché, celui-ci a meilleur air et porte la grâce avec lui. Mais un autre péché dont je ne l'absous point, dont je ne vous absous point vous-même, c'est de laisser jeûner votre chère enfant. Je suis si convaincu que vous avez tort l'une et l'autre dans cette circonstance, que je vous en ferais un cas de conscience fort grave à toutes deux, si vous étiez ici. Ah ! ma chère fille, croyez-moi, ne dédaignez pas ma triste expérience, faites cesser absolument ces jeûnes, et ne laissez jamais faire maigre tout un carême à Mademoiselle ***. Vous ne connaissez pas toute l'importance du conseil que je vous donne, et que je pourrais motiver avec tant de force ! Mais enfin si vous avez confiance en moi, et si Mademoiselle *** est disposée à en avoir, accordez m'en cette preuve. Plus de jeûnes, et l'abstinence avec tous les adoucissements permis dans votre diocèse. Vous me trouvez peut-être bien insistant, mais je ne puis vous exprimer tout ce que cette partie de votre lettre m'a inspiré de craintes.

Tâchez que Mademoiselle *** ne m'en veuille pas trop de mes conseils, mais engagez la à les suivre. Priez pour moi et croyez, ma chère fille, à mon dévouement respectueux.

XCVIIᵉ

A UNE DAME.

10 décembre 1842.

Saint François de Sales conseille quelque part, Madame, à sa Philothée de se mettre de quelque confrérie et association pieuse selon son attrait ; mais de ne pas trop multiplier ces liens, afin de ne pas s'accabler de dévotions particulières, ou de négliger les anciennes en faveur des nouvelles. Le Rosaire vivant est de celles que Dieu semble avoir bénies d'une manière évidente, dans ces derniers temps, et l'on fait très-bien de s'y associer. Mais si vous entrez dans cette nouvelle confrérie, cela ne vous distraira-t-il pas des premières que vous avez choisies ? De votre réponse dépend la détermination que je vous engage à prendre. Cependant, ne vous brouillez pas avec vos vieilles dévotions, parce qu'elles ne vous font pas obtenir tout ce que vous souhaitez. Ce serait faire comme les Dames portugaises qui mettent leur statuette de saint Antoine de Padoue en pénitence, quand elles n'éprouvent pas la protection du Saint. Dieu, qui nous a créés sans nous, qui nous a rachetés sans nous, ne nous sauvera pas sans nous. Et là est le secret du peu de résultats qu'obtiennent souvent les prières adressées pour le salut du prochain. Dieu donne la grâce demandée, mais la personne qui en est l'objet la refuse, la rejette, la néglige au moins, et se perd ! Jacob eut le droit d'aînesse d'Ésaü ; mais c'était bien librement qu'Ésaü le lui avait promis pour un plat de lentilles. Que d'Ésaü préfèrent ici-bas les plaisirs et les intérêts présents aux biens éternels ! C'est leur faute et non celle de Dieu. Du reste, les peines de ce monde arrivent aux Saints pour les sanctifier, et c'est justement de cela qu'ils remercieront Dieu et se réjouiront dans le ciel. Je n'ai point entendu parler de vos nouveaux sujets de chagrin. Je vous félicite des consolations que cette conversion vous donne. Vous voyez comme Dieu aide ceux qui ne dédaignent point son secours. Recevez, etc.

XCVIII^e

A UNE DAME.

11 décembre 1842.

Dans les pratiques de pure dévotion, il faut avoir égard, Madame, à l'attrait que vous sentez pour celles qui vous sont proposées. C'est ordinairement le signe de la volonté de Dieu. Ce qui convient aux uns ne convient pas aux autres, et si Dieu établit beaucoup de fontaines dans le champ de la grâce, ce n'est pas pour que chacun de ses amis boive de l'eau de toutes, mais pour que l'on puisse à l'aise faire son choix. Cet attrait, que vous m'avez déjà manifesté et que vous me manifestez encore aujourd'hui pour travailler au soulagement des âmes du purgatoire, et notamment les plus délaissées, ne serait-il pas un signe que Notre-Seigneur veut se servir de vous pour ouvrir une nouvelle source de grâces pour la sanctification des vivants et le soulagement des morts ? Ce n'est pas la première fois que j'en ai la pensée, et je crois vous en avoir parlé déjà. N'allez pas vous effrayer, et ne me dites pas un gros *non*. Pensez-y devant Dieu ; commencez une neuvaine à cette intention, vendredi prochain ; dites, pour connaître ce que le Seigneur demande de vous, un *Ave, Maria*, un *Jésus, fils de Marie, éclairez-nous*, et enfin un *Requiem æternam, dona eis Domine, et lux perpetua luceat eis, requiescant in pace*. Voilà les prières de cette neuvaine. Si les hommes suent sang et eau pour tirer des entrailles de la terre de l'eau dont ils n'ont guère besoin, pourquoi ne chercherait-on pas à tirer du ciel de nouvelles grâces pour désaltérer les pauvres âmes qui languissent en Purgatoire ?

Toutefois, Madame, ne craignez pas de me dire non ! mais après la neuvaine. Priez un peu pour moi et croyez, etc.

XCIXᵉ

A UNE DAME.

23 janvier 1843.

Lorsque vous voyez arriver une lettre *franco*, vous pouvez dire : voilà une lettre pour nos Espagnols et non pour moi. C'est au sujet de trente messes que je fais cet étalage. Veuillez remettre ces trente francs à votre amie, pour faire acquitter ces intentions par qui de droit.

Vous avez raison de rendre à Madame Le Prince de Beaumont la justice qu'elle mérite. Un auteur a dit d'elle qu'elle écrivit des ouvrages avec un bon sens et une piété qui n'étaient plus de son siècle. Depuis, Madame Campon, Madame Guizot et compagnie durent principalement le succès des leurs à ce qu'elles y avaient mis de philosophique et d'anti-religieux, ce qui était tout un.

Les Espagnols ont une certaine bulle de la croisade qui les suit partout, et en vertu de laquelle ils font maigre en mangeant les extrémités des animaux, c'est-à-dire la tête, y compris les épaules ; les pieds de derrière, y compris les gigots. Madame de Motteville rapporte, dans ses Mémoires, que la reine Anne d'Autriche vit avec plaisir le départ de D. Juan d'Autriche, parce qu'il faisait, ainsi que sa suite, gras en carême, ce qui scandalisait fort la cour et la ville. Mais à propos de ce nom de Madame de Motteville, avez-vous lu ses Mémoires ? C'est un excellent ouvrage, où il y a bien de la piété, de la connaissance du monde, jointes à une manière de narrer pleine d'intérêt. Croyez, etc.

Cte

A UN PRÊTRE.

1er février 1843.

Je vous félicite de la paix où vous êtes, mon bien cher frère, et je ne m'en étonne pas. Je m'attendais à votre détermination, tant j'ai de confiance en votre guide intérieur. La méthode que je vous ai indiquée doit être suivie par vous dans l'habitude de la vie, et même dans les affaires les plus graves, quand vous ne pouvez pas recourir à votre guide. J'entends ici par guide la personne qui a toute votre confiance, et non le confesseur, qui n'est que confesseur. Usez bien de ce conseil, il est pour vous de grande importance, je le crois sûr : il est le fruit de beaucoup de réflexions *in Domino*, et les résultats sont en sa faveur. Suivez cette règle par obéissance, de peur que des décisions spéciales ne contrarient à votre égard les voies du Seigneur, et que vous ne désobéissiez en croyant obéir. *Amen*.

Restez bien en paix sur votre marche spirituelle ; elle est de Dieu. Votre conduite est moins d'aller que de vous laisser aller. Restez étendu dans votre petite nacelle, laissant l'Esprit de Dieu enfler les voiles, l'amour de Dieu tenir le gouvernail, et Marie, *Stella Maris*, éclairer la navigation. *In pace, in idipsum dormiam et requiescam.* Votre action consiste à vous maintenir confidemment dans cette petite barque ; le danger serait d'en sortir ou de l'agiter, car, sans vous en douter, vous naviguez sur les grandes eaux.

Adieu, bien cher frère, croyez à mon tendre et durable attachement.

CI*

A UNE DAME.

17 février 1843.

C'est un grand profit, ma chère fille, d'être votre père. Votre bon cœur d'une part, et votre riche imagination de l'autre, font d'un pauvre sire un portrait de fantaisie auquel il ne manque que la ressemblance. C'est le cas de dire que la prétendue copie a plus de prix que l'original. Laissons donc cette copie dans la tête de Monseigneur l'Évêque de Tortose, puisqu'elle me vaut le secours de ses prières ; mais je lui conseille de s'en tenir à l'œuvre de votre pinceau.

Les comptes-rendus dont je vous parlais sont faits pour une revue intitulée : *Bibliographie catholique*. Cette revue a pour objet de recommander les bons ouvrages et de signaler les mauvais. C'est un ecclésiastique de Saint-Thomas d'Aquin qui l'a fondée et qui la dirige. Je n'y ai accepté que le plus petit rôle, assez grand d'ailleurs pour moi, trop peut-être ! Mes articles servent à terminer les pages, quand quelques blancs gênent le compositeur.

Je pense comme vous, ma fille ; j'aime mieux mon coin du feu et mon état valétudinaire que les joies et les grandeurs de ce monde : plaisirs si ennuyeux, joies si tristes, grandeurs si mesquines, dont le joug est si lourd et qu'on cesse d'aimer sitôt qu'on en jouit, a dit Corneille.

Adieu, ma fille, croyez, etc.

CII^e

A UN MONSIEUR SON PARENT.

8 mars 1843.

J'ai reçu dernièrement une notice dont je vous prie d'agréer tous mes remerciements, mon cher ***. Elle prouve que vous n'êtes pas seulement archéologue de nom, mais de science, et que vous prenez à nos vieux monuments un intérêt réel et éclairé.

Pardonnez seulement à nos bons curés de campagne de n'être pas des aigles en archéologie. Si malhabiles et si maladroits qu'ils puissent être, ils ne le seront jamais autant que les architectes des deux derniers siècles. Une grande partie des églises d'Italie étaient *remodernées*, dès le siècle de Louis XIV ; ainsi s'exprima un écrivain de cette époque. Les piliers étaient redevenus colonnes, les ogives, archivoltes, et l'on s'en applaudissait. Napoléon s'est vanté d'avoir enfin terminé la fameuse cathédrale de Milan, et savez-vous comment ? En appliquant au portail gothique d'un monument tout gothique cinq portes et cinq fenêtres style grec, très-riche et très pur, mais dont les frontons ou triangulaires, ou à cintre surbaissé, font au milieu de ces ogives, de ces aiguilles, l'effet le plus malheureux. Quant au badigeon, lorsqu'il est nécessaire pour raccorder la réparation nouvelle avec le ton du monument, il me semble qu'il faudrait lui donner une teinte qui le mette en harmonie avec ce ton, et non raccorder le monument avec le plâtre neuf. C'est ainsi que l'on procéda, sous l'Empire, dans la restauration de la porte Saint-Denis, et plût à Dieu qu'on en eût fait autant pour celle du Louvre ! Mais je ne pense pas que j'écris à un savant, moi le moins savant des hommes ! Pardonnez ma témérité, mon cher ***, et croyez, ainsi que ma cousine, à mon bien tendre attachement.

CIII^e

A UNE DAME.

16 mars 1843.

Il paraît que c'est au commencement de chaque semaine que Monsieur votre père vous écrit, ma chère fille. Je me mettrai donc en mesure de lui envoyer mes lettres quelques jours d'avance.

Que ces communions étayant ces protestations d'innocence font mal ! Que de craintes elles excitent ! Que de pensées odieuses elles soulèvent ! A quoi notre divin Maître s'est-il réduit, s'est-il résigné ? Et cette jeune personne, à quelle école est-elle ? Qu'y doit-elle apprendre, et quel avenir lui prépare-t-on ? Que produiront ces tête-à-tête avec Marie Capelle ?

Je désire bien que votre amie échappe à ce vilain rhumatisme. Dites-lui, je vous prie, toute la part que je prends, sinon comme amateur du moins comme connaisseur, à ses souffrances.

Voilà une bien cruelle catastrophe à la grande terre de la Guadeloupe. Cela fait mal à lire, et ne peut être représenté à l'imagination sans briser l'âme. Qu'est-ce donc que cette vie ? et qu'est-ce que tout ce qui excite ici-bas les désirs de l'homme ? 70 secondes, et tout est brisé, détruit, anéanti. On commence une phrase avec le sourire du bonheur, et l'on est devant Dieu, on est jugé, condamné peut-être, avant d'avoir atteint un point et une virgule, avant d'être arrivé à la phrase incidente. Tous ces gens s'étaient levés quelques heures auparavant gais, bien portants, rêvant plaisirs et affaires, au moins le plus grand nombre. Ils avaient fait des projets pour la journée ; ils buvaient, ils mangeaient comme au temps du déluge, et leur dernière heure, 11 heures 35 minutes, allait sonner. Ah ! vanité des vanités ! Mais je radote, ce n'est pas à vous qu'il faut rappeler de telles pensées. Prions les uns pour les autres, afin que Jésus-Christ nous trouve prêts à cette heure inconnue qui doit nous conduire à ses pieds. Adieu, à Dieu.

CIV^e

A UNE DEMOISELLE.

12 avril 1843.

Vous avez passé un triste hiver dans votre solitude à la campagne. Je fais bien des vœux, Mademoiselle, pour que le retour du printemps adoucisse un peu vos peines, et diminue la longueur de vos journées. Chacun souffre ici-bas, c'est le plus clair du triste héritage que nous ont laissé nos premiers parents. Tirons-en parti pour une meilleure vie, et nous remercierons un jour Notre-Seigneur de ce qui nous afflige maintenant le plus. J'apprends avec plaisir que vous vous résignez un peu. Restez donc humble, paisible, soumise aux dispositions de la Providence sans les scruter, sans les critiquer, passez-moi ce mot, qui va peut-être au-delà de ma pensée. Priez un peu notre bonne Mère pour moi, j'en ai besoin à bien des égards, pour bien des tracas. Je trouve ces peines très-légères lorsque je les compare aux vôtres, mais tout est proportionné dans l'œuvre de Dieu. A petit mercier petit panier, dit saint François de Sales. Recevez, etc.

CV^e

A UNE DAME.

20 avril 1843.

Ce n'est pas par hasard, ma chère fille, que ma lettre est arrivée en temps utile à Monsieur votre père ; je m'arrangerai pour qu'il en soit toujours ainsi, cela ne me dérange en rien.

Votre petit chien est tout à fait intéressant ; et puis que l'on vienne, avec Descartes, nous faire de cela une poupée à ressort, une machine sans appétits, ni sentiments, ni discernement ! Et voilà où la raison humaine arrive avec ses spéculations. Que serions-nous donc sans la révélation ? Aurions-nous jamais pu arriver à cette réponse si simple du catéchisme : *Dieu nous a créés pour le connaître, l'aimer, le servir, et pour arriver, par ce moyen, à la vie éternelle ?*

Notre Carême a été ici assez fervent. Je vous dirai à l'oreille que Monsieur ***, l'ami de Mademoiselle votre fille, a prêché à Saint-Sulpice avec succès, mais avec un peu de déficit, comparativement à la station d'il y a trois ou quatre ans ; c'est ce que m'ont dit toutes les personnes qui m'en ont parlé ; la diversité de leurs positions ne me permet pas d'attribuer l'unanimité de leurs jugements à une prévention commune. Sa Passion a été fort belle. Je vous verrai avec plaisir faire sur le Rhône le petit voyage dont vous me parlez. Mais, comme le balancier, il faudra retourner au point de départ ; car notre climat demande à n'être vu que de loin par vous, pendant quelque temps encore. Je ne plaide pas là une cause paternelle ; mais pour les pères, perdre c'est gagner, quand leurs pertes deviennent profit pour leurs enfants.

Je suis un peu fatigué, mais pas comme je devrais l'être ; j'ai fait plus que de coutume, tout ce temps-ci. Aidez-moi à en remercier le Seigneur. Recevez, etc.

CVIe

A UNE DAME.

5 mai 1843.

Je suis heureux, ma chère fille, de pouvoir causer avec vous à une si grande distance, de pouvoir vous faire partager mes lectures et de connaître votre opinion. Je pense comme vous sur le but de la Bibliographie catholique. L'idée en est parfaite, et l'exécution satisfaisante, sans cependant avoir rien de fort remarquable. Il y a des articles d'histoire qui le sont davantage ; ils viennent d'un professeur jeune, pieux et universitaire, ce qui ne se rencontre pas toujours. La plupart des articles ont pour auteurs des ecclésiastiques qui écrivent à leurs moments perdus. Du reste, les frais sont plus que couverts; à la vérité, il n'y en a point à faire pour la rédaction. Ce qui coûte assez cher, c'est l'achat des mauvais ouvrages, car les écrivains et libraires véreux ne les envoient pas gratis, comme vous pouvez penser. Il faut convenir que la littérature d'aujourd'hui est hideuse. Il semble que l'on soit appelé à lire les ouvrages d'une maison de fous ou de gens ivres, quand on les lit, bien entendu.

Si Mademoiselle votre fille a eu mal à l'estomac après un carême raisonnable, que lui serait-il arrivé après un qui aurait été excessif pour son âge ? Je ne m'enorgueillis pas de cette indisposition, mais je l'enregistre en faveur de ma décision. Je ne vous oublie pas dans mon Mois de Marie. Priez pour moi. Recevez, etc.

CVII^e

A UNE DAME.

6 juin 1843.

Mon mois de mai s'est assez ridiculement passé, ma chère fille. D'après l'avis d'une sainte Visitandine, j'avais fait une prière afin d'obtenir de ne point sortir pour présider une assemblée dont je ne me souciais pas de diriger les délibérations. Il en est résulté une fièvre épouvantable qui m'a empêché de mettre le nez dehors, mais qui ne m'a pas empêché de diriger de loin cette assemblée. Aussi suis-je bien résolu de mettre les points sur les i, lorsque je traiterai avec cette sainte.

L'arrivée de ma lettre avec son bordereau rouge vous annonce assez que cette missive ne vous regarde pas. Ce sont cent messes qui sont venues me chercher, et que votre amie voudra bien distribuer aux respectables prêtres espagnols. Vous aurez la peine de les recevoir et de les transmettre. Il faut bien que la fille ait part aux œuvres de son père, j'entends aux bonnes.

Pour vous dire un mot de ma santé, vous saurez que je vais mieux, et que la veille de la Pentecôte, j'ai confessé près de quarante personnes sans en être trop fatigué. Priez pour moi, et recevez, etc.

CVIII^e

A UNE DAME.

30 juin 1813.

Je vois, ma fille, que votre santé n'est pas encore forte, et je m'attriste de vous savoir si près de Notre-Seigneur et si loin du Saint-Sacrement. Tout profite à ceux qui aiment Dieu : voilà ce qu'il faut se dire et attendre.

*** est le paradis des prédicateurs. Il suffit de s'y présenter pour y faire fureur. Il y a bien des choses à dire sur ces talents là. Celui dont la bonne femme mesurait l'éloquence aux mollets, n'avait pas été trouvé ici fort exact ; force lui avait été d'interrompre une station prêchée à ***. Celui qui règne dans ce moment, ou plutôt qui régnait au moment que vous m'écriviez, ne passe pas pour une merveille de talent et de bon ton. Du reste, cela fait honneur au *** : plus l'on est pieux et moins on est sévère pour les prédicateurs. C'est sans doute pour cette raison que nous sommes si difficile à contenter.

Il est vrai que l'on rencontre parmi les jeunes

gens pieux, ou soi-disant tels, un bon nombre d'esprits de travers ; cependant, je n'en concluerais pas qu'il y a beaucoup de bons esprits parmi ceux qui ne le sont pas. Il y a, j'en conviens, des personnages qui semblent n'adopter la religion que pour la rendre ridicule ; esprits étroits, tracassiers, ignorants de toutes choses, et s'en faisant une vertu. Mais que ces autres jeunes gens, livrés à leurs rêveries et à leurs passions, ont aussi de petitesses, de présomption, d'ignorance ! Vu de loin, c'est quelque chose ; de près, ce n'est rien. Au milieu de braves gens qui ne s'y connaissent pas, ils parlent science comme Sganarelle, latin. Mais s'ils rencontrent un homme qui présente une objection, qui exige un éclaircissement, ils n'y sont plus. Je causais assez fréquemment, il y a quelques années, avec une jeune-France, maintenant devant Dieu. Il ne manquait ni d'esprit, ni d'une instruction superficielle. De temps en temps il parvenait même, à force d'éloquence, à faire réduire de dix ans à huit ans de travaux forcés, la peine de quelque client en Cour d'assise. Mais qu'y avait-il dans cette tête ? Rien. Il soulevait à propos d'un escroc, en police correctionnelle, toutes les questions sociales les plus ardues ; si on l'argumentait, il répondait les choses les plus étranges. Il finissait par convenir qu'il n'avait pas le sens commun, car il était bon garçon, mais il recommençait l'instant d'après. Et comment en eût-il été autrement ? Dissipation d'esprit, absence d'instruction et de logique, fougue d'imagination et confiance en soi-même, n'est-ce pas plus qu'il n'en faut pour pousser à dire et à faire bien des sottises? Voilà une tirade qui vous annonce que j'ai eu cinquante-neuf ans, il y a quatre jours, n'est-il pas vrai, ma fille? Priez un peu pour moi; le jour baisse, et il faudra bientôt aller où tant d'autres, plus jeunes et mieux préparés, m'ont précédé depuis longtemps.

CIX^e

A UNE DAME.

2 juillet 1843.

D'après ce que vous me mandez, Madame, vous êtes plus habile en éducation qu'en instruction, et Madame de *** en instruction qu'en éducation. Votre aptitude est la meilleure, la plus essentielle, parce que l'éducation forme le cœur, et l'instruction l'esprit. L'homme brille à la vérité par l'esprit, mais il n'est heureux que par le cœur. C'est, d'ailleurs, par le cœur que l'on va au ciel. Je vous engage fort à causer avec votre amie de cette affaire et de toutes celles où vous pensez qu'elle peut vous être utile par ses conseils, ce n'est point là manquer à la charité.

C'est, je l'avoue, un grand inconvénient que de mettre les enfants en rapports habituels avec des compagnons d'une classe inférieure; le langage, les manières en souffrent, les mœurs mêmes peuvent être compromises, aujourd'hui surtout. Mais un autre inconvénient, c'est de les placer dans une position de supériorité qui les accoutume à dominer, et les dégoûte des relations avec leurs égaux, avec les gens de leur sorte, sur lesquels il ne leur serait pas possible d'exercer une telle suprématie. Voilà ce qui dégoûte tant de jeunes gens bien nés de la bonne compagnie, et qui les conduit à chercher dans la mauvaise, des complaisants et des adulateurs, pour leur argent, bien entendu.

Pour l'oraison, la messe, etc., préférez votre recueillement à tout. Ne vous faites pas un tourment de vos discours et recommandations au bon Dieu. Spécifiez, faute de mieux ; mais préférez à tout le recueillement. Ensuite, souvenez-vous que ce recueillement ne vient pas de nous, mais du Seigneur, qu'il le donne quand il lui plaît, et que souvent il nous en prive pour notre plus grand bien.

Veuillez, Madame, être comme Notre-Seigneur, et recevoir toutes mes recommandations et compliments pour tous, et sans spécification. Recevez, etc.

CX

A UNE DAME.

23 juillet 1843.

Il est très-possible, et même très-probable, que ces revers de fortune soient dans les vues de la

Providence un bonheur pour Mademoiselle ***. Que de jeunes personnes ont dû à une position trop heureuse selon le monde, une union qui a été une source de peines et de périls ! Quelquefois, en considérant les pauvres enfants élevés à Lorette, j'admire la vanité des jugements du monde. Leur pauvreté excite la pitié, lorsque peut-être elle devrait éveiller son envie, car ces enfants reçoivent, dans l'ordre du salut, des secours dont sont privées bien des jeunes personnes riches, et jouissent d'une paix et d'un contentement de cœur inconnus à ceux qui les plaignent.

Je conçois l'embarras de vos amis pour trouver un jeune homme qui leur donne de suffisantes garanties ; cependant, il ne faut pas non plus trop exiger : la part de la nature humaine se trouve partout. Hier soir, j'avais une conversation avec un fort bon jeune homme, et j'avais bien de la peine à lui faire entendre raison. La charité de saint Vincent de Paul c'est, à l'entendre, la petite charité ; la grande charité est bien autre chose : c'est la régénération complète des masses, et surtout des ouvriers, par l'instruction religieuse ; c'est la destruction des vices, etc., etc., obtenue par une suite de procédés méthodiques ; c'est le paradis sur la terre ; c'est la révocation de cette terrible sentence : *Il y en a beaucoup d'appelés, mais peu sont élus.* L'orgueil est au fond de toutes ces pensées ; comme Prométhée, on veut faire mieux que Dieu !

Adieu, ma fille ; puisse notre mauvais temps ne point aller frapper à votre porte, ni à votre tête.

Je vais tâcher de le conserver le plus longtemps possible dans mes entrailles, à cet effet. Priez pour moi, et croyez à mon entier et respectueux dévouement.

CXI^e

A UNE SUPÉRIEURE DE LA VISITATION.

J'ai lu avec bien de la consolation la lettre que vous m'avez envoyée, ma chère Mère ; c'est vraiment l'esprit intérieur de la Visitation qui anime cette bonne Sœur. La pratique de l'abandon n'est pas toujours si facile, j'en conviens, et les visitandines ne sont pas toutes appelées à s'y livrer avec la même perfection ; mais, je crois que c'est de ce côté-là que toutes sont attirées, et que Notre-Seigneur les appelle à lui. C'est surtout à elles que Dieu adresse cette parole : *Marchez en ma présence et soyez parfait.* Or, marcher en présence de Dieu, c'est marcher hors de la présence de soi-même.

Il faut, sans doute, voir ses misères et les grâces dont on est l'objet, mais il ne faut pas les regarder longtemps ; il ne faut pas les compter, les analyser, les disséquer. Pendant ce temps, on néglige d'aimer, et pourtant, dit saint François de Sales, Dieu ne veut de l'homme que le cœur, et du cœur que l'amour ! Aimez, dit saint Augustin, et faites ce que vous voudrez. En effet, qui aime bien Dieu le sert toujours bien.

CXIIe

A UNE MAÎTRESSE DES NOVICES.

Pourquoi vous tourmenter de l'avenir, ma chère fille? le présent ne vous suffit-il pas? Chaque jour fournit sa croix et sa grâce, chaque pas nous conduit à l'éternité. Le défaut des femmes du monde est de toujours regarder leur figure; celui des religieuses est de toujours regarder leurs âmes. Si vous voulez que Notre-Seigneur se souvienne de vous, il faut vous oublier.

J'ajouterai, ma fille, que vous n'offensez pas Dieu dans tout cela, mais que vous gênez le développement de sa grâce, et l'extension de son règne en vous, par vos craintes et vos serrements de cœur perpétuels.

Si, de vous dire que je prends sur ma responsabilité tout ce qui vous effraie, pourvu que vous suiviez mes conseils, peut vous être un motif de repos, je le fais très-volontiers. Mais, ma chère fille, sachez souffrir sans vous inquiéter, et sentir sans vous troubler.

DIFFÉRENTS TÉMOIGNAGES

RENDUS A LA MÉMOIRE

DE

MONSIEUR L'ABBÉ DE MALET.

En lisant ces pages consacrées à retracer les vertus de Monsieur l'abbé de Malet, et en voyant tant de perfections réunies dans un seul homme, on se sera peut-être senti tenté de nous accuser de cet enthousiasme aveugle qui dissimule les défauts du héros qu'il exalte.

Cependant, il est certain que, parmi le grand nombre de personnes entièrement différentes de position et de caractère, qui eurent des relations avec ce saint Prêtre, ou qui recoururent à ses lumières, il n'y eut qu'une voix pour rendre justice à la rare solidité de son jugement, à la sagesse de ses conseils, à la bonté de son cœur, aux charmes de sa conversation et à la solidité de sa piété.

TÉMOIGNAGES.

Nous ferons ici quelques citations, autant pour nous servir de pièces justificatives que pour montrer à quel point les opinions humaines, ordinairement si diverses, se réunissent toutes pour rendre à Monsieur l'abbé de Malet un seul et unique témoignage d'admiration.

Un ancien magistrat, homme grave, et lui-même remarquable par ses vertus (*), écrivait ces lignes :

« On peut comparer, dit le proverbe indien, un
« homme vertueux à un arbre très-élevé et couvert
« d'un épais feuillage, qui, tandis qu'il est lui-même
« exposé aux rayons brûlants du soleil ou aux fureurs
« de l'ouragan, offre à une foule d'êtres animés une
« fraîcheur délicieuse ou un sûr abri, en les couvrant
« de ses rameaux. »

« Les larges et profondes rivières, dit encore un
« auteur des bords du Gange, les arbres immenses,
« les plantes salutaires et les personnes vertueuses
« ne naissent pas pour elles-mêmes, mais pour
« l'utilité générale.

« Ces deux figures disent à merveille ce que fut
« Monsieur de Malet pour son prochain, dans le cours
« de sa carrière ecclésiastique. »

« J'ai vu et suivi de près Monsieur l'abbé de Malet,
« mandait après sa mort un homme du monde, encore
« jeune, et je puis dire que je ne l'ai pas vu démen-
« tir un moment sa sainteté, sa douceur, sa longa-
« nimité, sa patience résignée et angélique dans ses

(*) Monsieur Jules Gossin.

« continuelles souffrances. Je ne sais ce qu'on pou-
« vait le plus admirer en lui, de la maturité de son
« jugement, de la justesse de ses vues ou du charme
« de son commerce, de la bonhomie spirituelle et
« franche de sa gaieté, de la sérénité habituelle de
« son âme si belle et si sainte, ou de la solide ins-
« truction qui, au milieu de sa modestie, enveloppait
« tout cela. Que de fois je m'arrachais d'auprès de
« lui par force, après de longues heures passées à
« l'interroger, à l'écouter ! Que de fois je l'ai quitté
« content, pénétré, encouragé ! Dans combien de
« circonstances sa tendre amitié ne m'a-t-elle pas
« enlevé l'amertume ou l'agitation qui m'avaient
« poussé chez lui comme chez un consolateur et un
« médecin, à la suite de pensées ou d'évènements
« pénibles ? De combien d'attentions appropriées à
« mon caractère, à ma position, n'ai-je pas été
« l'objet ? Ce que je ne dis pas pour m'enorgueillir,
« chose qui serait, à un certain point, pardonnable,
« mais pour rendre justice à tous les trésors que
« Dieu avait renfermés dans ce cœur incomparable,
« et que bien d'autres ont pu apprécier comme
« moi. »

On trouve ces mots dans la lettre d'une femme fort instruite, et que notre respectable Prêtre appréciait :
« Monsieur l'abbé de Malet n'est plus..... J'ai lu
« avec un douloureux plaisir tous les détails qu'on
« m'a écrits sur ses derniers moments : c'était un
« saint et, en même temps, l'homme le plus aimable
« qu'on pût voir. Il avait une charité ardente, enfin

« les vertus les plus parfaites et les qualités les plus
« attrayantes qu'on aime à rencontrer dans un
« homme de son caractère. »

La supérieure d'un hospice écrivait, peu de jours après la mort de Monsieur de Malet :

« Ce saint Prêtre avait un talent extraordinaire
« pour débrouiller certaines choses embarrassantes
« et douteuses, et surtout pour rétablir la paix. Une
« personne, en rapport avec plusieurs autres placées
« sous son autorité, souffrait depuis longtemps de ne
« pas trouver le moyen de remédier à des désunions
« et des désaccords qui régnaient dans sa maison.
« Elle prit le parti d'aller consulter Monsieur l'abbé
« de Malet; par sa soumission aux conseils de cet
« homme de Dieu, elle travailla avec zèle au rétablis-
« sement de la paix, et y réussit après deux ans
« d'efforts. La mort du saint Prêtre fut pour elle un
« sujet d'affliction profonde ; elle regrettait surtout
« de ne l'avoir pas connu plus tôt et de n'avoir pu
« profiter, bien des années auparavant, de ses avis si
« salutaires. Une seule chose lui procurait quelque
« consolation : c'était le sentiment de l'efficacité des
« prières qu'il lui avait promis de faire pour elle. »

La Maîtresse des novices d'un Monastère, dont Monsieur l'abbé de Malet avait été supérieur, mandait encore :

« On ne peut décrire ni sa sagesse, ni sa pru-
« dence, ni sa discrétion ; toutes ces vertus étaient
« parfaites chez lui ! Mais surtout, comment peindre

« sa noble franchise, qui ne lui permettait ni de
« déguiser son sentiment, ni de fléchir quand une
« action avait quelque chose de douteux ou d'incer-
« tain. Sa conduite était si droite, et sa manière
« d'agir toujours appuyée sur des motifs si justes
« et si mûrement raisonnés, qu'il était impossible
« de jamais le trouver en défaut !

« On ne saurait mieux peindre la conversation de
« Notre-Seigneur sur la terre, que Monsieur l'abbé
« de Malet ne l'a fait par sa conduite. Avec quelle
« bonté il accueillait les simples novices ! Quelle
« fermeté il mettait cependant à maintenir le devoir !

« Enfin, ses procédés avaient quelque chose de
« si bon, si digne, si droit, si animé de l'esprit de
« Dieu, si plein de noblesse et en même temps si
« humbles, qu'on ne savait, en le voyant, quelle
« vertu était en lui plus dominante : néanmoins, la
« bonté nous semblait encore les surpasser toutes. »

Afin de ne pas prolonger à l'infini ces citations, nous terminerons par le témoignage du vénérable Évêque, dont il a déjà été question plusieurs fois dans le courant de cette vie de Monsieur l'abbé de Malet, en rapportant en totalité une lettre consacrée par le Prélat à l'éloge de son ami, et dont nous avons déjà fait connaître plusieurs phrases au lecteur :

« J'ai toujours admiré dans notre ami une rectitude
« de jugement et une pénétration d'esprit qui lui
« faisaient merveilleusement débrouiller les difficultés
« qu'on lui portait. Deux occupations semblent s'être
« partagé sa vie. Dans sa vie d'homme du monde

« il a beaucoup observé ; dans sa vie solitaire il a
« beaucoup réfléchi. Il avait le coup d'œil sûr, et
« aurait pu bien juger du premier coup : néanmoins,
« il ne s'en rapportait pas à ses premières impres-
« sions, et il voulait ordinairement les soumettre à
« l'épreuve d'un examen approfondi et de ferventes
« prières. Je suis porté à croire qu'il ne se décidait
« à rien d'important sans cela. C'est ainsi du moins
« qu'il en a agi avec moi, dans toutes les circonstances
« où je me suis adressé à son expérience et à son
« amitié ; et ce n'est pas peu dire, car je ne me
« rappelle aucune chose grave de ma vie sacerdotale
« que je n'aie, pour ainsi dire, mise dans ses balances.
« Il a plusieurs fois décidé de ma vocation. A l'époque
« de mon épiscopat, je lui dois les lumières et la
« confiance qui ont accompagné mon acceptation.

« Depuis ce moment, mes relations avec lui de-
« vinrent moins cordiales, et j'en gémissais inté-
« rieurement ; ce n'était pas seulement parce qu'elles
« étaient plus rares ; c'était surtout parce qu'il
« croyait me devoir plus de respect. L'évêque fit un
« peu tort à l'ami. Ce respect lui inspirait une
« petite pratique d'humilité que je ne pus jamais
« lui faire supprimer. Lorsque je me trouvais avec
« lui, il ne voulait pas s'asseoir sur un fauteuil, i
« prenait une chaise.

« Ce n'est qu'après un assez long temps que je
« me suis aperçu de l'honneur qu'il faisait à l'évê-
« que : je lui communiquai ma pensée, et il convint
« que je l'avais deviné ; mais il n'en continua pas
« moins à me traiter avec cette cérémonie.

« J'ai voulu l'amener à N... comme grand-
« vicaire ; j'ai fait plus, et je n'ai pas fait assez,
« puisque je n'ai pas réussi. Je l'ai proposé pour
« un évêché. Je croyais qu'il m'appartenait de ma-
« nifester ce trésor caché, puisque Dieu m'avait mis
« à même de le si bien connaître. Mais sa vocation
« était de rester sous le boisseau, où le retenait à
« la fois son humilité et sa santé. Il est de la
« magnificence de Dieu de laisser ainsi dans l'obscu-
« curité des âmes tout à fait supérieures, comme
« de laisser dans les entrailles de la terre et dans
« le fond des mers des richesses qui n'en sortiront
« jamais.

« J'aurais bien d'autres choses à vous dire de sa
« patience et de sa bonté pour les pécheurs. J'en
« connaissais un pour qui son zèle fut admirable :
« il l'amena à tout ce qu'il y avait de possible.

« Je regrette d'avoir dit si peu et si mal. Je livre
« ces souvenirs à votre amitié. »

TABLE.

Pages

CHAPITRE PREMIER. — Naissance de Monsieur de Malet. — Son caractère dans les premières années de son enfance. — Il est mis en pension d'abord à Paris, puis à Saint-Germain-en-Laye. — Il sort de pension................. 1

CHAPITRE II. — Entrée de Monsieur de Malet au service. — Il est blessé à Iéna et reçoit la Croix d'honneur des mains de l'Empereur. — Blessé de nouveau à Eylau, il échappe à la mort d'une manière presque miraculeuse. — Prisonnier sur parole, il rentre dans ses foyers..... 8

CHAPITRE III. — Monsieur de Malet accomplit la promesse qu'il avait faite à Dieu sur le champ de bataille. — Il se retire du service et obtient sa retraite. — Il épouse Mademoiselle de Jumilhac. — Sa conduite en 1815. — Il perd sa fille. — Maladie de Madame de Malet. — Son voyage aux eaux. — Sa mort. — Résignation de Monsieur de Malet dans ces malheurs accablants.......... 18

CHAPITRE IV. — Monsieur de Malet se décide à quitter le monde. — Il dépose son épée et l'anneau de son mariage aux pieds de Notre-Dame-de-Paix, dans la chapelle de Picpus. — Il entre au Séminaire d'Issy. — Sa conduite dans cette maison................................ 30

CHAPITRE V. — Monsieur de Malet quitte le Séminaire. — Il se retire rue de l'Arbalète. — Il reçoit le Diaconat. — Il abandonne son traitement de la Légion d'honneur à un officier breton. — Sa santé s'altère de plus en plus. — Il conçoit le désir de fonder un établissement pour soulager les âmes du Purgatoire. — Dieu lui en fournit l'occasion. — Arrivée à Paris de la Sœur Marie de Lorette 42

Chapitre VI. — Abrégé de la vie de la sœur Lorette, jusqu'à l'époque de son arrivée à Paris............. 49

Chapitre VI (suite). — La sœur Marie de Lorette descend à Paris, rue Mezières. — Sa visite à Monsieur de Malet. — Il devient le premier bienfaiteur de son œuvre. — La sœur Lorette reçoit quelques aumônes et prend un logement plus convenable, rue des *Vieilles-Tuileries*, actuellement nommée rue du *Cherche-Midi*. — Monsieur de Malet l'engage à faire une neuvaine aux âmes du purgatoire, pour monter une chapelle. — Elle est exaucée le troisième jour........................... 57

Chapitre VII. — La sœur Lorette conçoit le désir d'avoir Monsieur de Malet pour Supérieur ; elle le demande à Monseigneur de Quélen, archevêque de Paris. — Elle obtient la promesse qu'il lui en donnera les pouvoirs, après son ordination. — Monsieur de Malet engage les religieuses de Lorette à dire chaque jour une dizaine de chapelet pour les âmes du purgatoire, et à demander, par leur intercession, le retour de la bienveillance de Monseigneur l'archevêque, prévenu contre leur Institut. — Le prélat accorde la permission de faire bénir la chapelle des religieuses de Lorette. — Fragments de lettres. 65

Chapitre VIII. — Monsieur de Malet est ordonné prêtre. — Monseigneur de Quélen veut le fixer à l'archevêché. — Il reçoit les pouvoirs de Supérieur des religieuses de Lorette. — Divers fragments de ses lettres............. 75

Chapitre IX. — Monsieur de Malet va habiter rue du Regard. — Triste état de sa santé. — Sa patience. — Sa résignation au milieu des épreuves ; fragments de lettres témoignant de ses dispositions. — Difficultés qui surviennent entre Monsieur de Malet et le Supérieur général des religieuses de Lorette. — Pour satisfaire à un sentiment de justice, qu'il croyait blessé, Monsieur de Malet donne une somme de 1200 francs, et se démet ensuite de la supériorité de la Maison de Paris......... 89

Chapitre X. — La communauté de Lorette reste sans Supérieur à Paris. — Monseigneur l'archevêque déclare qu'il ne veut la conserver dans son diocèse, qu'à la condition qu'elle relèvera uniquement de l'Ordinaire. — Le Supérieur général consent à une séparation. — Monsieur l'abbé de Malet est de nouveau nommé Supérieur, et, comme représentant de l'archevêque de Paris, il reçoit le vœu d'obéissance des religieuses. — Il devient fondateur du nouvel Institut, qui prend le nom de Sainte-Marie-de-Lorette... 102

Chapitre XI. — Origine de la compassion toute particulière que Monsieur l'abbé de Malet portait aux âmes du purgatoire. — Son zèle pour les soulager. — Lumières que Dieu lui donnait sur leur état. — Abrégé des règles qu'il prescrivit aux religieuses de Sainte-Marie-de-Lorette, touchant la dévotion envers ces âmes affligées. 109

Chapitre XII. — Règles des religieuses de Sainte-Marie-de-Lorette, par rapport aux différentes œuvres auxquelles leur Institut se consacre, pour contribuer à l'amélioration de la classe pauvre. — Bonté touchante de Monsieur l'abbé de Malet envers les enfants élevées par ces Dames, et dont il s'était fait le père..................... 121

Chapitre XIII. — Amour de Monsieur de Malet pour la pauvreté. — Règles qu'il a données aux Religieuses de Lorette touchant la pratique de cette vertu............ 131

Chapitre XIV. — Estime qu'avait Monsieur l'abbé de Malet pour les communautés régulières et ferventes. — Soins particuliers qu'il prend de former la Mère Lorette aux vertus religieuses... 144

Chapitre XV. — Portrait de la Mère Marie de Lorette. — Ses vertus. — Sa mort.................................... 160

Chapitre XVI. — Nouveaux soins que prend Monsieur l'abbé de Malet de former les religieuses de Lorette aux vertus de leur état.. 167

Chapitre XVII. — Monsieur l'abbé de Malet, afin d'inspirer à ses filles de Lorette une plus grande dévotion à la très-sainte Vierge, la leur fait reconnaître pour première Supérieure et pour Fondatrice. — Dévotion qu'elles doi-

TABLE.

vent avoir ensuite à saint Joseph, à différents saints et aux anges 187

Chapitre XVIII. — Bonté avec laquelle Monsieur l'abbé de Malet pourvoyait aux nécessités temporelles des religieuses de Sainte-Marie-de-Lorette 198

Chapitre XIX. — Amélioration de la santé de Monsieur l'abbé de Malet. — Elle lui permet de se livrer à son zèle pour le salut des âmes et de se consacrer à leur direction. — Talent particulier qu'il avait reçu pour ce ministère difficile 209

Chapitre XX. — Monsieur l'abbé de Malet est accusé de rigorisme. — Il refuse plusieurs dignités ecclésiastiques qui lui sont offertes. — Ses opinions politiques. — Ses jugements sur l'empereur Napoléon, sur la réaction religieuse qui suivit 1830, sur la musique dans les églises. — Ses pensées sur l'avenir de la religion en France. — Ses petits travaux littéraires. — Sa manière d'envisager le somnambulisme magnétique. — Citations d'un ami de Monsieur l'abbé de Malet 227

Chapitre XXI. — Vie privée de Monsieur l'abbé de Malet. — Ses habitudes ordinaires. — Sa manière de se conduire avec ses amis, avec ses domestiques et les personnes d'un rang inférieur qui avaient à lui parler. — Son caractère, remarquable par sa droiture, sa justice; sa force d'âme, jointe à une grande sensibilité 252

Chapitre XXII. — Charité de Monsieur l'abbé de Malet pour le prochain 265

Chapitre XXIII. — Amour ardent que Monsieur l'abbé de Malet avait pour Dieu. — Sa foi. — Son esprit d'oraison. — Sa dévotion à la très-sainte Vierge 273

Chapitre XXIV. — Dernière maladie de Monsieur l'abbé de Malet. — Sa mort 291

Chapitre XXV. — Portrait de Monsieur l'abbé de Malet... 300

Lettres de Monsieur l'abbé de Malet 305

Différents témoignages rendus à la mémoire de Monsieur l'abbé de Malet 494

René Haton, libraire-éditeur,
33, RUE BONAPARTE, PARIS.

AUGUSTE MARCEAU

CAPITAINE DE FRÉGATE

COMMANDANT DE « L'ARCHE D'ALLIANCE »

par un Père Mariste

Nouvelle édition, revue avec soin, considérablement augmentée, et fixée définitivement.

2 beaux vol. in-12 avec portrait. Prix : 6 fr. Par la poste : 7 fr.

Aux nombreuses marques d'approbation qui ont signalé l'apparition de ce livre, viennent chaque jour s'ajouter de précieux témoignages de l'intérêt général excité par la biographie du capitaine Auguste Marceau. Nous nous contenterons ici de reproduire l'appréciation d'un supérieur de séminaire :

« Cet ouvrage est intéressant non seulement pour le fond et les détails, qui entraînent le lecteur; mais par la mise en œuvre, qui est parfaite. L'auteur fait parler souvent son héros, dont le langage énergique et assaisonné de sel marin emporte la conviction ; et quand il reprend lui-même la parole, il le fait avec tant d'à-propos et d'autorité que l'âme chrétienne et le directeur des âmes ont à faire de part et d'autre une ample moisson de maximes spirituelles et d'exemples pratiques pour la conduite de la vie.

« C'est à la fois un bon ouvrage, et une bonne œuvre, dont le modeste auteur a voulu rester caché dans les rangs de la pieuse congrégation. Je lis beaucoup de vies, comme chargé de distribuer annuellement plusieurs centaines de volumes de prix, j'en ai trouvé peu qui pussent convenir à un aussi grand nombre de lecteurs, à tous, pour mieux dire. Cette vie héroïque a sa place partout, dans le monde comme dans le cloître, à l'armée et dans la marine, comme dans les maisons d'éducation et les bibliothèques paroissiales. »

Extrait de la lettre de Mme la Supérieure générale des Filles de la Charité de saint Vincent de Paul :

« ... La vie du capitaine Marceau est certainement une de ces vies dont on rencontre peu d'exemples. Car la piété solide et vraie est bien rare dans les personnes de sa profession. Mais elle ne devient que plus édifiante, lorsque l'on voit le travail de la grâce dans cette âme qui y a si généreusement correspondu, et c'est avec une pieuse satisfaction que j'ai accueilli ce saint et généreux modèle. »

« P.-S. J'ajoute, Monsieur l'Abbé, que nous serions d'avis, avec Monsieur notre Supérieur général, de propager ce livre dans les hôpitaux militaires surtout. »

La VIE DE MARCEAU a été honorée d'un bref de S. S. Pie IX.

Annecy. — Ancienne Impr. Burdet, J. NIÉRAT et Cie, successeurs.

www.ingramcontent.com/pod-product-compliance
Lightning Source LLC
Chambersburg PA
CBHW051138230426
43670CB00007B/856